파란하늘에서 찬란한 별무리를 보다

창세기 2-1

| 이정석 지음 |

아 브 라 함

그 리 고 이 삭 과 야 곱

쿰란출판사

수많은 시간 속,

그 역사 속에서 아버지(이재삼 집사)

당신의 아들로 태어난 것에

감사드립니다.

추천사

이번에 평소에 신뢰하는 이정석 박사께서 《파란 하늘에서 찬란한 별무리를 보다》와 《순전한 미소에 하얀 꽃을 묶다》를 출판하게 된 것을 축하하고 독자들과 함께 기뻐하는 바입니다. 이정석 박사는 2013년 8월 《모든 것은 여기로부터 시작되었다》는 제목의 창세기 1장에서 12장까지의 해설서를 출판한 바 있는데, 저는 이 책을 읽고 큰 감동을 받았습니다. '창세기에 관해서 이보다 더 좋은 책을 쓸 수 있을까' 하는 생각이 들 정도로 이 책은 성경과 모세오경에 대한 서론적인 고찰과 함께 창세기 본문에 대한 명료한 해설서였습니다. 제가 그냥 '해설서'라고 말하지만 사실은 주석과 해설과 설교를 균형 있게 포괄하는 책이었습니다.

무엇보다도 히브리어 성경 원문의 의미를 천착하되, 구약의 역사와 지리 문화적 배경에 대한 깊은 이해를 바탕으로 이 책을 썼다는 점에서 경탄하지 않을 수 없었습니다. 이 책을 읽고 놀란 점은 이정석 박사는 역사신학을 전공하여 박사학위를 수득하신 역사신학자인데, 성경언어와 성경신학에 대해서도 해박한 실력의 소유자이고, 어떤 점에서 구약신학자들이 보지 못하는 점을 헤아리는 깊은 통찰력이 있었다는 점입니다. 그래서 저는 이정석 박사에게 앞으로 계속해서 이런 류의 책을 써서 한국교회에 기여하면 좋겠다고 제안한 바 있습니다. 물론 저의 제안 때문만은 아니지만 이렇게 두 번째 책을 출판하게 된 것을 매우 잘한 일이라고 생각하고, 이런 점에서 축하하고 기뻐하지 않을 수 없습니다.

이정석 박사의 이 책은 앞서 출판한 책과 마찬가지로 3가지 특징이 있습니다. 첫째는 개혁주의 신학적 기초에서 이 책을 기술했다는 점입니다. 물론 '개혁주의 신학은 이것이다' 라고 말하고 있지는 않지만 이 책 전편에는 개혁주의 신학 전통에서 성경 본문을 읽고 해설하고 있습니다. 이런 점에서 이 책은 신학적으로 신뢰할 만하고 개혁주의 신학을 보다 선명하게 보여줍니다.

둘째는 창세기 본문에 대한 깊은 연구의 결실이라는 점입니다. 기존의 연구서나 다른 서적을 적당히 편집하거나 원용하는 등 풀과 가위로 엮은 것이 아니라 저자의 깊은 연구와 묵상으로 저술한 책이라는 점입니다. 이런 점에서 이 책에는 새로운 그 구엇(something new)이 있습니다. '새로운 그 무엇'이란 바로 저자의 성경언어에 대한 이해, 구약의 세계를 헤아리는 안목과 통찰력이 가져온 결실이라고 생각합니다.

셋째는 이 책이 실용적 가치를 지니고 있다는 점입니다. 앞에서 언급했지만 이 책은 창세기 본문에 대한 단순한 해설만이 아니라 본문에 대한 주석과 해설, 그리고 본문이 가지는 현실적 의미를 밝혀주는 설교와 적용까지 담고 있습니다.

그래서 저는 이 책이 성경에 대한 값진 안내서라고 생각합니다. 무엇보다도 신학적 건실성은 우리에게 신뢰를 주고 있습니다. 성경을 옆에 두시고 성경과 함께 이 책을 읽으시면 성경에 대한 이해는 물론 신앙생활에 큰 유익이 있을 것으로 확신합니다. 이런 점에서 저는 이 책을 기꺼이 그리고 확신을 가지고 추천합니다.

2016년 1월 1일

이상규 목사(고신대학교 교수, 개혁신학회 회장)

머리말

〈창세기〉를 다시 읽고자 아담 언약과 노아 언약에 대한 부족한 이야기를 나누었고, 이를 《모든 것은 여기로부터 시작되었다》 책 안에 모아 세상에 부족한 민낯을 내밀었습니다. 그리고 부족한 글임에도, 이상규 교수님께서 이야기를 계속 이어갈 것을 독려하셔서 용기를 내어 아브라함 언약 이야기를 시작했습니다. 그리고 아브라함 언약을 이야기한 《파란 하늘에서 찬란한 별무리를 보다》란 글을 다시 내놓게 되었습니다.

이 책이 아브라함 언약이라고 해서 '아브라함'만 이야기하는 것은 아닙니다. 이는 아브라함 언약 안에 있는 '이삭'과 '야곱'까지 포함한 이야기입니다. 사실 이삭과 야곱 이야기에서는 새로운 언약이 등장하지 않습니다. 오직 조상 곧 아브라함의 언약을 그 후손들에게 확증하고, 아브라함의 후손들이 자신들의 삶 가운데 그 언약을 어떻게 반영하고 있는지를 보여주고 있습니다.

모세가 들려주는 아주 먼 과거의 이야기(history), 곧 아담과 노아의 이야기 안에는 커다란 사건들이 전개되고 있습니다. 우리 인류의 조상인 아담과 그의 아내의 타락과 이에 따른 심판 문제(에덴 동산에서의 추방), 노아 시절에 있었던 인류의 타락과 그에 따른 심판 문제가 있습니다(인류의 대홍수). 아담의 문제, 하와(이브)의 문제, 그리고 형제 살인의 주인공인 가인의 문제가 있습니다. 그리고 노아에게 말씀하신 대로 인류가 육신이 된 문제 곧 하나님께서 말씀하신 대로 "나의 영이 영원히 사람과 함께하지 아니하리니 이는 그들이 육신이 됨이라"(창 6:3)라고 하신 말씀이 있습니다.

아브라함의 언약은 아담의 문제, 하와의 문제, 그리고 가인의 형제 살인 문제에 대해서 깊은 탐구를 제시하고 있습니다. 그렇기 때문에 《모든 것은 여기로부터 시작되었다》와는 별도로 《파란 하늘에서 찬란한 별무리를 보다》의 이야기를 해야 했습니다. 특히 '현존하는 인간', 다시 말해서 아담의 타락 이후에 현재 이 세상을 살아가고 있는 모든 인간에 대한 보다 깊은 이해를 보여주는 모세에 의한 하나님의 말씀인 〈창세기〉는 하나님과 인간 사이의 관계를, 언약을 통해서 새로운 관계를 형성하고 있습니다. 그래서 노아 언약과 아브라함의 언약에는 분명한 차이점들이 있습니다. 그래서 얼마간 구별해서 읽는 것도 도움이 될 줄로 압니다.

부족한 글을 출판하도록 독려해 주신 이상규 교수님의 격려는 이 책을 세상에 내며 가지는 부끄러운 마음을 극복하게 해주었습니다. 이 책이 출간될 수 있도록 후원해 주신 백경희 집사님과 이 책이 주일학교와 성경공부에 유익됨이 있도록 함께 고민해 준 김경미 전도사, 두꺼운 이 책을 성실하게 읽어 준 노규협 집사의 수고에 진심으로 감사드립니다.

끝으로 지금은 세상을 떠나셨으나 암 투병 중에도 아들에게 "죄송해하지 말아라"라고 힘없이 말을 건네주신 아버지의 한마디로 용기와 슬픔을 간직하고 이 원고를 서랍에서 꺼냅니다.

2015년 9월

이정석 목사

목차

사마리아 오경(The Samaritan Torah)

모세의 오경에는 〈창세기〉, 〈출애굽기〉, 〈레위기〉, 〈민수기〉, 그리고 〈신명기〉가 있다. 현재 프로테스탄트 교회에서 보고 있는 것은 '레닌그라드 사본'으로 현존하는 것 가운데 최고(最古) 사본으로 유일한 사본이다. 물론 이보다 앞선 알렙포 사본(Aleppo Codex)이 있었으나 현재는 일부가 소실되어 구약 전체가 보존된 최고의 사본은 레닌그라드 사본뿐이다. 이 사본을 출판한 것이 바로 '비블리아 헤브라이카 슈튜트가르텐시아'(BHS: Biblia Hebraica Stuttgartensia, 1977)다. 이것을 정리한 유대인들이 마소라 학자들이기 때문에 이 사본을 마소라 본문(Masoretic Text, MT)이라고 한다. 이에 대해서는 '구약성경 사본 3'에서 다시 이야기할 것이다.

그런데 1631년 서방 학계에, 그동안 사라진 것으로 알려진 '사마리아 오경'(the Samaritan Pentateuch) 곧 '사마리아 토라'(the Samaritan Torah)가 알려지게 되었다. 이 책은 사마리아 언어로 기록되어 구약 전체가 수록되어 있다. 기존 마소라 본문과 비교해서 수천 곳에서 차이점을 보이고 있는데 대부분은 문법구조, 단어의 차이(모음체계) 등으로 의미상의 사소한 차이점들이 지적되었다. 하지만 제단 예배에 있어서는 첨예한 차이점을 보이고 있다. 예를 들어 아브라함이 아들 이삭을 제물로 드린 곳이 예루살렘인 '모리아 산'이 아니라 사마리아로 되어 있다. 다시 말해서 제의적인 장소의 종교적 의미가 예루살렘이 아니라 사마리아로 변경되어 있다.

사마리아 오경은 1616년 이탈리아 여행가 발레(Pietro della Valle, 1586–1652)가 다마스커스에서 처음 입수한 후 여러 사본이 발견됨으로 여러 이본(異本)이 있음이 증명되었다. 하지만 게제니우스(F. H. W. Gesenius, 1786–1842)는 이것이 마소라 사본보다 가치가 없다는 것을 확인했다. 사마리아 오경은 사마리아인들의 종교적 경향 내지 관심을 잘 반영하고 있다. 한편 게제니우스는 사마리아 오경이 마소라 본문에 비해서 보다 높은 가치가 있는 것은 아님을 주장했고, 이후 사마리아 오경에 대한 관심은 급격히 감소하게 되었다. 현재는 사마리아 지역의 종교를 연구하거나 제단 예배를 제외한 부분에서만 연구되고 있다.

프롤로그

아브라함의 이야기를 시작하기 이전에 프롤로그를 통해서 〈창세기〉 1장부터 12장 9절까지의 이야기를 회고하고 시작해야 할 것 같습니다. 과거를 회고하는 일은 아주 중요한 일입니다. 물론 여기서 말하는 '과거'란 현존하는 인간의 원인 곧 인간의 기원을 말하는 것입니다. 성 아우구스티누스(St. Augustine, 354-430)는 자신의 책 《신국론》에서 행복에 관해서 다음과 같은 말을 하였습니다. "이성적 혹은 오성적 선, 그 존재를 행복하게 만드는 선은 하나님이 아니고는 없습니다"(XII, 1, 2.). 그리고 이어서 말합니다. "오직 자기를 창조한 분을 통해서만 지복에 이를 수 있습니다. 그분을 얻으면 행복하고 그분을 잃으면 비참합니다"(XII, 1, 2.). 인간의 행복은 자신을 창조하신 그분에게로 가까이 감으로 얻어지는 것이며, 이것은 우리의 진정한 과거로 회귀하는 것을 의미합니다.

인간은 무로부터(ex nihilo) 창조되었다고 할지라도 아무것도 아닌 무(nothingness)에서 오진 않았다는 사실을 인식하는 것이 중요합니다. 바로 그곳에 '계신 분'이 바로 현존하는 인간의 조상이자 원인(αἰτία, 아이티아)인 아담을 창조하셨습니다. 성 아우구스티누스를 실존적으로 연구한 한나 아렌트(Hannah Arendt, 1906-1975)에 따르면, 아우구스티누스는 만약에 인간이 자신이 왔던 곳으로 돌아간다면 그 인간은 자신의 창조주와 만나게 될 것이라고 주장했다고 합니다. 이를 절대적 과거로의 귀환(redire)이라고 합니다. 이 절대적 과거로의 귀환만이 인간의 행복을 말할 수 있는 곳입니다. 그리고 이 과거로의 귀환을 거부하는 것을 교만(superbia)이라고 합니다.

모든 것이 시작된 그 기원을 회고할 뿐만 아니라 그곳으로 돌아가려는 것은 모든 행복의 뿌리를 찾는 유일한 길입니다. 그렇기에 처음 '아담' 때를 회고하는 것이 중요합니다. 그리고 '노아' 때의 일을 기억하는 것은 우리 자신의 행위를 위해서 중요한 일입니다.

'난 흙에서 태어났다'

현존하는 이 세상이 인간을 무엇이라고 규정한다고 하여도 가장 분명한 인간의 기원(ἀρχή, 아르케)은 바로 '인간은 흙에서 태어났다'라는 사실입니다(창 2:7). 또한 인간은 세상 가운데에서 창조되었습니다(창 1:26). 다시 말해서 시간 순서의 관점에서 볼 때에 시간과 공간, 그리고 삶의 장소인 세상이 먼저 창조되었고, 인간은 그 이후에 그 세상 안에서 창조되었습니다. 그러므로 인간은 그 기원에서 이미 세상과 결부되어 있습니다.

우리가 창조주에 대한 기원을 생각하지 않는다면 우리는 항상 세상 안에 머물게 되어 세상이란 조건에 예속되어 살아가게 될 뿐입니다. 그런 인간은 물론 자신이 세상의 모든 것을 다스릴 권한이라도 있는 것처럼 자신의 기원으로 돌아가길 거부하고 세상을 사랑하는 자로 전락하게 됩니다. 하지만 이 세상 모든 것의 시작에서 우리 모두는 "흙이니 흙으로 돌아갈 것"이라는 불안한 선언을 만나게 됩니다(창 3:19; 전 3:20). 인간은 반드시 '죽을 삶'(vita mortalis) 혹은 '살아 있는 죽음'(mors vitalis)이란 사실을 벗어날 수 없습니다. 인간은 그 죽음으로 인해서 우리가 그토록 사랑하는 세상을 잃어버리게 될 것입니다. 세상에 대하여 '소유하려는 욕망'(appetitus habendi)은 죽음으로 인해서 '상실의 두려움'(metus amittendi)으로 바뀝니다. 그래서 인간은 세상 안에서 결코 행복할 수 없게 됩니다. 죽음을 극복하지 않고서는 행복이란 있을 수 없습니다. 성 아우구스티누스의 깊은 성찰은 이와 같이 현존하는 인간의 성격을 가장 명확하게 말하고 있는 것으로 보입니다.

하나님께서는 '현존하는 인간'이 그저 '먼지'(dust, עָפָר, 아파르)일 뿐이라는 사실을 알고 계십니다(시 103:14). 문제는 우리 자신이 이 사실을 망각하고 있다는 점입니다. 우리 자신이 '흙'이라는 기원을 망각하지 않는다면 인간의 능력의 한계와 제한성을 겸손하게 받아들이게 될 것입니다. 이사야 선지자의 외침처럼 "무릇 우리는 다 부정한 자 같아서 우리의 의(צְדָקָה, 쩨다카)는 다 더러운 옷 같으며 우리는 다 잎사귀같이 시들므로 우리의 죄악이 바람같이 우리를 몰아가나이다"(사 64:6, MT 64:5)라는 고백이 마음에서 일어나게 될 것입니다.

또한 "주는 우리 아버지시니이다 우리는 진흙(חֹמֶר, 호메르)이요 주는 토기장이시니 우리는 다 주의 손으로 지으신 것이니이다"(사 64:8, MT 64:7)라는 사실 안에서 진정한 행복과 위로를 만날 수 있을 것입니다. 왜냐하면 주의 백성들은 흙으로부터 태어났으나 '불 가운데 다시 태어났기 때문'입니다(요 3:5). 최초의 인류인 아담이 비록 흙에서 태어났지만 하나님께서 그에게 '생명의 호흡'(the breath of life, NIV)을 불어넣으셨기에 그는 진정한 생명의 존재가 되었습니다(창 2:7). 그는 완전히 새로운 존재가 되었습니다. '흙'이 불 속에 들어가 '그릇'이 되었을 때, 그것은 여전히 흙이지만 결코 이전의 흙이 아닙니다. 그것은 수천 년 동안 땅 속에 묻혀 있는 그릇이 다시 흙으로 돌아가지 않는 것처럼 완전히 새로운 것입니다.

'흙'인 현존하는 인간이 불 가운데에서 다시 태어나는 것과 흙인 최초의 아담에게 생명의 호흡이 주어지는 것은 의미에 있어서 동일성이 있습니다. 다시 말해서 우리 주 하나님 예수 그리스도께서 "진실로 진실로 네게 이르노니 사람이 거듭나지 아니하면 하나님의 나라를 볼 수 없느니라"(요 3:3) 하신 것은 〈창세기〉에서 최초의 인류 아담과 동일한 것으로, 성 아우구스티누스가 말한 기원으로의 회귀(redire)를 말하는 것입니다. 하지만 흙으로 빚어서 우리를 만들어 주신 하나님을 반 푼어치도 믿으려 들지 않는 것, 배은망덕(背恩忘德, ungratefulness)만이 유일한 신념이라고 확신하고 있는 것이 바로 현존하는 인간의 본성 곧 인간성(nature)입니다. 아마도 우리가 흙이기에 흙으로 만들어진 우상에 대한 인식이 쉽고 명확한 것인지도 모르겠습니다. 이처럼 더 친숙하고 익숙한 것들에 대한 깊은 동질성 같은 것이 우리의 영혼에 깊이 뿌리내려 있습니다.

일하며 예배하며 지켜라

하나님께서는 세상을 창조하신 이후에 그 세상 안에서 인류를 창조하셨습니다. 그리고 '에덴'이란 곳의 동쪽에 '동산'(garden)을 별도로 만드셨습니다. 하나님께서는 아담을 그곳에 두시곤 그것을 경작하며 지키게 하셨습니다(창 2:15). 여기서 '경작하다'라고 번역한 히브리어는 아바드(עָבַד)로 '일하다'(to work)란 뜻을 가지고 있습니다. 만약에 어떤 행위(work) 곧 일(עָבַד, 아바드)이 농사와 관련된 것이라면 '경작하다'라고 읽습니다. 일반적인 경우에는 그냥 '일하다'라고 읽습니다. 그런데 만약에 그 일이 하나님과 관련된 것이라면 '봉사하다', '섬기다'라고 읽습니다(출 7:16). 이는 종교적 의미를 실행하는 뜻에서 '섬기다'(to serve)라고 읽으며, 헬라어로 읽어서 '예배하다'(λατρεύω)란 뜻을 가집니다.

히브리어 아바드(עָבַד)를 헬라어 구약성경인 칠십인역(Septuagint)에서는 '라트류오'(λατρεύω)라고 읽습니다. 헬라어 '라트류오'는 '일하다', '봉사하다'란 뜻을 가집니다. 동사 라트류오에서 파생한 명사 라트레이아(λατρεία)는 일반적으로 '봉사', '일', '노동'을 의미합니다. 이 낱말은 신약성경 안에서 '예배'와 관련해서 읽습니다(요 16:2; 롬 9:4, 12:1; 히 9:1). 특히 〈마태복음〉에서 "예수께서 말씀하시되 사탄아 물러가라 기록되었으되 주 너의 하나님께 경배하고 다만 그를 섬기라 하였느니라"(마 4:10)라고 말할 때에 '섬기다'가 바로 '라트류오'(λατρεύω)로 히브리어 아바드(עָבַד)와 관련된 것입니다. 이는 인간을 창조한 목적(goal)이 '일하는 것'이며 '예배하는 것'임을 의미합니다. 다시 말해서 일하기 싫어하는 것 혹은 하나님께 대한 예배를 거부하는 것은 창조의 목적에 위반된 존재임을 말하는 것입니다. 이는 화살이 과녁에서 벗어난 것과 같습니다.

〈데살로니가전서〉에는 다음과 같은 사도들의 지시 사항이 있습니다.

> "또 너희에게 명한 것같이 조용히 자기 일을 하고 너희 손으로 일하기를 힘쓰라 이는 외인에 대하여 단정히 행하고 또한 아무 궁핍함이 없게 하려 함이라"(살전 4:11-12).

위의 본문은 문법적으로 네 개의 부정사(infinitive)로 구성되어 있습니다. 이들 부정사의 문법적 성격을 살려서 〈데살로니가전서〉 4장 11절을 다시 읽으면 아래와 같습니다.

> **'조용하기'를, 그리고 '자신의 것을 하기'를, 그리고 '너희들 자신의 손으로 일하기'를 '힘씀'은 우리가 너희에게 지시(명령)한 것과 같다.**

거룩한 경전(聖經)은 우리에게 '조용한 삶'(a quiet life, NIV)을 살도록 애쓸 것을 말씀하고 있습니다. '조용히 자기 일을 하고'(개역개정)에서 '조용함'(ἡσυχία, 헤쉬키아)은 문법적으로 부사(adverb) '조용히'가 아니라 부정사 '조용하기'(ἡσυχάζειν, 헤쉬카제인)로, '자기 일을 하기'(to do your own business, KJV)와 연결되지 않습니다. 이는 '조용하기'(to be quiet) 곧 '조용한 삶'을 살아갈 것을 말하는 것입니다. 또한 사도들은 '자기의 것을 하는 것'과 '손으로 노동하는 것'을 구별하고 있습니다. 만약에 수사학적으로 이 둘이 동일한 것이라면 앞에서 언급한 헤쉬키아(ἡσυχία) 역시 노동과 관련해서 읽어야 합니다. 하지만 헤쉬키아(조용함)는 노동(일)에 관한 것은 아닙니다. 사도들은 '자기 자신에게 주어진 의무'를 이행할 것과 '손으로 노동하는 것'을 구별해서 말하고 있습니다.

조용한 삶, 그리고 자신에게 주어진 의무 곧 사회적 혹은 종교적인 의무를 이행하는 삶, 그리고 경제적인 영역에서의 노동은 사도들이 지시한 것과 같은 일입니다. 이는 '외인들' 곧 교회 공동체에 속하지 않은 사람들에게 교회 공동체에 속한 사람들에 대한 오해가 생기지 않도록 하기 위한 목적과 경제적으로 궁핍한 삶을 살지 않게 하는 목적을 가지고 있습니다(살전 4:12). 이는 조용한 삶과 더불어 인간의 의무 곧 도덕적, 종교적 의무를 이행할 것을 말한 것입니다. 우리에게는 하나님을 예배할 의무가 있으며 하나님과 함께 한 약속(십계명)을 이행할 의무가 있습니다. 또한 사도들은 정당한 경제적 활동에 참여할 것을 말하고 있습니다. 노동하고 예배하는 것은 교회 공동체의 삶이자 모든 인간의 삶이어야 합니다.

인간은 일하고 예배하는 존재, 곧 아바드(עָבַד)란 말 안에 담고 있는 의미를 이해하는 존재입니다. 성경은 특정한 사상을 논술하는 신학 논문이 아닙니다. 이것은 삶(a life)을 이야기함으로 거룩함에 도달하게 하는 것입니다. 여하튼 성경은 아바드(עָבַד)뿐만 아니라 '지켜야 할 것'이 있는 존재로 인간을 이야기합니다.

창세기 2장 15절에서는 아바드(עָבַד)와 더불어 '솨마르'(שׁמר) 곧 '지키다'(to keep), '감시하다'(to watch)라는 말씀을 하고 있습니다. "강한 자가 무장을 하고 자기 집을 지킬 때에는 그 소유가 안전"한 것처럼(눅 11:21) '지킴'은 평온함(εἰρήνη, 에이레네)을 위한 것입니다. 이는 아담이 자신의 평온함을 지켜야 함을 의미하는 것입니다. 다시 말해서 아담이 소유한 평온함에 대하여 어떤 방식으로든 그 평온함을 흔들 무엇인가가 있으며, 아담은 이를 충분히 지켜낼 능력이 있어서 그것을 지켜내야 함을 뜻하는 것입니다.

70인역 구약성경에서의 '지키다'(φυλάσσω)는 히브리어 솨마르(שׁמר, keep, guard) 혹은 나짜르(נצר, guard, watch)와 서로 상호 교환이 가능한 낱말입니다. 특히 이 '지킴'은 현존하는 인간에게 신성한 언약(the divine covenant)인 십계명의 거룩한 요구에 대한 태도를 나타냅니다. 여기서 중요한 것은 인간이 십계명의 요구에 완전하게 반응할 능력이 있는가의 문제가 아닙니다. 그 십계명을 지키려는 삶의 태도 자체를 말하는 것입니다.

타락 이전의 아담과 타락 이후의 현존하는 인간 사이에는 능력에 있어서 분명한 차이가 있습니다. 그럼에도 불구하고 인간의 창조 목적에 있어서 '지켜야 할 것'이 있다는 삶의 태도에 있어서는 동일성이 있습니다.

아담은 "선악을 알게 하는 나무의 열매는 먹지 말라"(창 2:17)라는 신성한 말씀을 지키지 못했습니다. 이는 아담이 '불순종'했음을 의미합니다. 의미론(semantics) 안에서의 의미(meaning)가 말하는 것은 구체화된 것이 아니라 추상화된 것을 말합니다. 다시 말해서 성경 안에서는 '불순종'이라는 구체적인 표현이 등장하지는 않습니다. 그러나 아담은 하나님의 말씀을 자신의 삶 안에서 지켜가지 못했으며, 이것이 추상(abstractio) 곧 의미하는 바는 '불순종'입니다.

불순종의 원인

'선악을 알게 하는 나무의 열매'는 도덕적인 판단을 포함하고 있어서 '선'과 '악'(good and evil)으로 읽습니다. 그러나 도덕적 판단과 더불어 '좋은'(טוֹב 토브, good), 그리고 '나쁜'(רַע, 라, bad)의 정동적(情動的, emotion) 판단을 포함합니다. 한편 한글 번역에서는 '알게 하는 나무'라고 했지만 히브리어 원문을 직역하면 '좋은, 그리고 나쁜 그 앎의 나무'(עֵץ הַדַּעַת טוֹב וָרָע, the tree of knowledge of good and evil, KJV)라고 읽을 수 있습니다. 다시 말하면 '알게 하는 나무'가 아니라 '앎의 나무'입니다. 이는 아담이 '불순종'하기 이전에는 모든 판단을 하나님께서 하셨음을 의미합니다(창 1:4, 10, 12, 18, 21, 25, 31).

하지만 불순종한 아담은 현존하는 인류의 직접적인 기원으로 모든 판단의 근거를 자기 안에서 찾기 시작했습니다. 다시 말해서 불순종하기 이전의 아담은 '좋고 싫은' 정동적 판단을 하나님의 뜻에 의존하고 있었습니다. 하나님께서 '보기에 좋았다'라고 말씀하신 그것이 자신에게 가장 좋은 것으로 인식했습니다. 그러나 불순종한 아담과 그의 직접적인 후손인 현존하는 인류인 우리는 '좋고 싫은' 판단을 하나님에게서 찾는 것이 아니라 오직 자기 자신 안에서 찾습니다. 자신이 하나님처럼 되어 판단의 주체가 되었습니다. 그래서 성경은 "그들의 눈이 밝아져 자기들이 벗은 줄을 알고 무화과나무 잎을 엮어 치마로 삼았더라"(창 3:7)라고 말하고 있습니다. 자신의 벗은 모습을 하나님께서 '보기 좋다'라고 말씀하셔도 불순종한 아담은 자기 판단으로 그것을 싫어했습니다. 여기서 불순종한 아담에게 하나님의 판단 따위는 중요하지 않게 되었습니다. 중요한 것은 오직 자신이 '싫다'(רע, bad)라는 생각, 감정이 있다는 사실뿐입니다.

아담의 불순종은 그 자체로 끝나는 것이 아니라 새로운 문제를 불러왔습니다. 인간이 가치 판단의 주체자로 등장함으로써 하나님의 판단(심판) 자체를 부정하는 존재가 되었다는 점입니다. 이는 인간 영혼에 뿌리박힌 죄의 본성을 반영한 것입니다. 그러나 모세는 불순종한 아담의 직접적인 후손인 현존하는 인간의 불순종하는 이 타락한 본성보다 더 깊은 것을 이야기하고 싶어 합니다. '아담은 왜 하나님의 말씀을 지키지 못했는가?'에 대해서 모세에게 들은 대답은 다음과 같습니다.

"아담에게 이르시되 네가 네 아내의 말을 듣고 내가 네게 먹지 말라 한 나무의 열매를 먹었은즉 땅은 너로 말미암아 저주를 받고 너는 네 평생에 수고하여야 그 소산을 먹으리라"(창 3:17).

아담은 '하나님의 말씀'과 '아내의 말' 사이에서 사랑하는 아내를 선택했습니다. 아마도 누군가는 자기의 좋은 판단대로 아담에 대해서 '남자답고 아름다운 사랑'이라고 칭찬하며, 신의 뜻을 저버리면서까지 아내와 함께하고자 했던 아담을 높이 평가하려는 죄의 본성을 부끄러운 줄도 모르고 숨기지 않고 말하고자 할 수도 있을 것입니다. 악인들은 악을 행한 것에 대하여 부끄러워 하지 않고 오히려 자신을 과시하는 훈장처럼 말하곤 합니다. 그러나 아담은 스스로를 지키지 못했을 뿐만 아니라 아내도 지키지 못한 어리석은 선택을 한 사람입니다.

유대인들은 랍비들 가운데 율법의 해석 기준이 되는 인물들에게 존경의 표현으로 '가온'(גאון)이란 호칭을 붙입니다. 그래서 '가온들'의 해석은 다른 랍비들의 가르침보다 중요하게 여깁니다. 이들 가운데 중세기에 가온 사아디아(Saadia, Gaon, 882/892-942)는 아담의 불순종에 대해서 언급한 바가 있습니다. 그는 아담이 정념(πάθος, passions)으로 인해 아내에 대한 무절제한 사랑에 빠졌기 때문에 올바른 판단을 하지 못했다고 하였습니다(Saadia Gaon, The Book of Beliefs and Opinions, 373-377). 사아디아는 종교에 있어서 아마도 절제(moderatio)를 가장 중요한 요소로 인식했던 것으로 보입니다. 가온 사아디아는 정념에 빠진 사랑(passionate love)을 이교도의 사랑 혹은 불신자들의 사랑이라고 갈하였습니다. 이는 중세기의 이슬람 사회의 일부다처제에 대한 비판을 포함하고 있기는 하지만 아담이 하나님을 경외하지 않는 사람들처럼 아내를 사랑한 잘못에 대해서는 충분히 동의할 수 있는 독해로 보입니다. 사실 모세는 '무슨 이유로 아담이 하나님의 말씀을 지키는 일을 포기하고 아내의 말에 순종하기로 했는지'에 대한 선택의 원인에 대해서는 전혀 밝히고 있지 않습니다. 그래서 정념(정욕)의 문제를 언급한 가온 사아디아의 독해에 귀를 기울이게 됩니다.

불순종은 죄입니다. 이는 신성한 언약을 지키지 못한 죄입니다. 다시 말해서 약속을 어긴 것은 도덕적인 죄이며 동시에 관계적인 죄로 '사귐'의 단절을 의미합니다. 그러나 모세는 그 죄와 더불어 불순종의 기원을 찾아가고자 노력하고 있습니다. 그것은 '옛 뱀'이자 '마귀'이며 '용'이라고 불리는 존재입니다(계 12:9).

성경에 등장한 '뱀'은 자연 생태계 안에서 경험되는 뱀을 의미하는 것이 아닙니다. 자연 생태계 안에서의 뱀은 '생각하는 것'과 '말을 하는 것'과 같은 기능을 할 수 없습니다. '뱀'이 말을 하는 것은 하나의 상징으로 '유혹하는 자', '대적하는 자' 혹은 기교적으로 능숙함을 가진 능란한(crafty) 자를 의미합니다. 그러나 이 옛 뱀의 중요성보다 더 깊은 불순종의 원인은 바로 아담이 하나님보다 아내를 더 사랑했다는 사실입니다. '사랑'은 치명적 독으로 우리 앞에 놓여 있습니다. 아내보다 하나님의 말씀을 더 사모하는 아담의 모습을 마음으로 그려 봅니다.

타락 이후의 인류, 하나: 형제 살인

뱀은 여자를 유혹할 때 '너희들이 하나님처럼 된다'(הֱיִיתֶם כֵּאלֹהִים)고 말했습니다(창 3:5). 아마도 아담이 끝까지 순종의 길을 걸었다면 인류는 분명히 하나님처럼 되었을 것입니다. 이처럼 구약의 창조와 신약의 구원은 동일성을 가지고 있습니다. 다시 말해서 '그리스도와의 연합'의 문제가 있습니다.

만약에 아담이 불순종하지 않았다면 그는 그리스도께 접붙임으로(롬 11:17 이하) 하나님이신 그리스도와 하나 됨으로(요 17:23) '하나님처럼 되었을 것'입니다. 그러나 아담은 범죄했고, 그리스도께서는 그 죄를 감당하심으로 창조의 뜻 곧 그리스도와의 연합을 성령 안에서 이루셨습니다. 우리는 분명히 창조와 구원의 동일성을 인식하고 있습니다. 하지만 '여자'와 그녀를 잘못된 사랑 가운데 품었던 '아담'은 불순종의 길을 선택함으로써 스스로 판단자의 자리에 올라섰습니다. 이는 불행한 삶, 비참한 삶이며, 하나님으로부터 멀어지는 삶이었습니다. 이는 빛으로부터 멀어져 빛을 상실한 삶이며, 선으로부터 떨어져나가 선을 상실한 삶이었으며, 동시에 부패한 존재로 현존하는 인간이 어떤 인간인지를 드러내는 이해입니다. 빛의 결여, 선이 결핍된 현존하는 인류는 채울 수 없는 부족함, 결핍성을 가지고 있습니다. 빛이 없는 곳에서 스스로 빛이 일어날 수 없듯이 인류의 결핍성을 결코 스스로 채울 수 없습니다. 스스로의 능력으로 '충만'이란 있을 수 없습니다.

성 아우구스티누스는 《신국론》에서 다음과 같이 말하고 있습니다.

"지고한 하나님(the supreme God), 불멸의 선(the immutable good)에게 착 밀착됨으로써 지복(blessedness)을 확고히 얻게 되어 있습니다. 또 지복(至福, perfectly blessed)에까지 채운다는 사실이 아니면 가변적이라는 자신의 부족함을 결코 채우지 못하고, 하나님이 아니고서는 그 무엇도 그 부족함을 채우기에 충분하지 못합니다. 바로 이런 점에서 하나님께 착 밀착되지 않는 것(not to adhere to God)은 명백한 부패(a fault)입니다. 일체의 부패는 자연본성을 손상하고 따라서 자연본성에 상반됩니다(XII, 1.)."

'하나님께 착 밀착된' 존재가 아니라 오히려 하나님으로부터 쪼개져 분열된 현존하는 인간의 존재 상태를 '부패함'이라고 말합니다. 이는 '죽음' 혹은 '타락'이란 말로 상호 교환하여 사용할 수 있는 동일한 의미입니다.

하지만 반대로 하나님께 착 밀착된 존재, 다시 말해서 하나님께 접붙임을 받은 존재(롬 11:24), 몸인 교회의 머리가 되신 주님(골 1:18)과 그분의 지체(고전 6:15, 12:27)로 그리스도와 연합한 존재, 하나님과의 일치를 통해서 아담과 여자는 '하나님처럼' 됨을 의미합니다. 성령 하나님께서는 그리스도께서 우리를 자기 자신과 효과적으로 연합시키시는 사랑의 끈입니다(존 칼빈, 《기독교 강요》, 3권 1장 1.).

결과적으로 하나님께 착 밀착되지 않은 현존하는 인간 존재의 상태를 말한다면 그것은 부패이며 타락입니다. 불안, 절망, 구토, 죽음의 확실성, 고독감, 무의미성, 부조리 등으로 실존적인 인간을 설명할 수도 있을 것입니다. 철학의 도움을 받는다면 보다 명석하게 설명할 수 있는 도구를 얻는 것으로 유익한 점도 간혹 있습니다. 그러나 인간의 죄성을 이해하지 못하는 상황에서 명석한 설명은 큰 도움이 되지 않습니다. 여하튼 부패한 인간의 가장 단적인 행위(work)가 바로 형제 살인입니다. 아벨을 죽인 가인의 삶입니다. 그리고 이 형제 살인은 하나님이신 예수 그리스도의 죽음에 대한 직접적인 예표(typology)입니다.

하나님으로부터 쪼개져 분열된 현존하는 인류를 상징하는 '가인'은 의인 아벨을 살해함으로(창 4:8; 마 23:35) 하나님께 표를 받아 죽임을 면하게 됩니다(창 4:15). 이는 형제 살인에 대한 그 어떤 긍정적인 암시를 담고 있는 것이 결코 아닙니다. 오히려 성경은 형제 사이의 다툼을 철저하게 금하고 있습니다. 모세의 경우에는 야곱(이스라엘)의 형제 에서(에돔)와의 전쟁을 피하기 위해서 에돔 땅을 우회하기도 했습니다(민 20:21). 그리고 율법은 "너는 에돔 사람을 미워하지 말라 그는 네 형제임이니라"(신 23:7)라고 명확하게 기록하고 있습니다. 또한 선지자 오바댜의 글을 보면, 형제 이스라엘의 어려움을 방관한 에돔에 대한 심판을 선언하셨습니다(옵 1:12). 외적으로 형제를 죽이지 않았다고 하여도 형제의 어려움과 곤경에 대하여 아무 행위도 하지 않는 무위(無爲)의 죄가 있습니다. 형제 살인의 진정한 의미는 예표 안에서만 독해가 가능할 것입니다.

의인 아벨의 경우처럼 의로운 그리스도께서는 우리의 '형제'가 되시기 위해서 성육신(the Incarnation)하셨습니다. 성경에 기록되어 있기를, "거룩하게 하시는 이와 거룩하게 함을 입은 자들이 다 한 근원에서 난지라 그러므로 형제라 부르시기를 부끄러워하지 아니하시고"(히 2:11)라고 하였습니다. 여기서 '거룩하게 하시는 이'는 성자 하나님이신 예수 그리스도를 지시하는 것이며, '거룩하게 함을 입은 자들'이란 하나님과 착 밀착하게 된 성도를 지시합니다. 이 둘이 '하나로부터'(ἐξ ἑνός) 곧 성부 하나님으로부터 난 자들이므로 '형제'라고 부르게 됩니다. 그런데 이 의로운 형제 그리스도를 죽임으로써 구원의 표를 얻게 됩니다. 가인이 아벨의 피를 보았으나 하나님으로부터 표를 얻는 것과 대구(parallelism)를 이루고 있습니다. 그리스도의 성육신(the Incarnation)의 계시는 바로 형제 됨으로 이해할 수 있습니다.

타락 이후에 하나님과 분리된 현존하는 인간들은 그 형제가 되신 그리스도 예수님의 죽음을 통해서 다시금 하나님과 연합하게 됩니다. 그리고 성령 하나님께서 바로 이 연합의 실질적인 끈, 곧 사랑의 끈이 되십니다. 결국 우리 이야기의 모든 시작은 〈창세기〉에 있으며, 세상의 기원에 대한 이야기는 세상의 종말 때에 완성될 구원과 대구(parallelism)를 이루고 있습니다.

타락 이후의 인류, 둘: 하나님과의 동행

타락한 이후에 인간의 현존 상태는 부패하고 타락한 존재입니다. 이것은 하나님과 분리된 상태, 사귐의 단절, 빛의 상실, 선의 결여 등을 의미합니다. 여기서의 인간은 결코 자신의 힘으로 하나님과 착 밀착된 상태, 하나님과 연합된 상태를 이룰 수 없습니다. 하지만 타락 이후에도 에녹의 경우처럼 '하나님을 스스로 걸었으며'(וַיִּתְהַלֵּךְ חֲנוֹךְ אֶת־הָאֱלֹהִים, 창 5:24), 노아의 경우처럼 '의로운 사람이며 당대에 완전한 자로 하나님을 스스로 걸은 노아였습니다'(אֶת־הָאֱלֹהִים הִתְהַלֶּךְ־נֹחַ אִישׁ צַדִּיק תָּמִים הָיָה בְּדֹרֹתָיו, 창 6:9). 다시 말해서 타락한 이후에도 하나님의 은혜(חֵן)를 받은 선택받은 이들은 하나님과 어느 정도 밀착된 삶의 태도를 유지하고 있었습니다. 현존하는 거의 모든 인간들이 하나님과 분리되어 세상과 착 밀착되어 살아갔음에도 불구하고 선택받은 이들은 세상이나 대중의 세력에 전혀 영향을 받지 않고 살아갔습니다. 선택받은 이들의 삶의 태도에서 일괄적으로 읽게 되는 말이 있습니다. 그것은 바로 '할라크'(הָלַךְ, walk)의 재귀형인 히트파엘형으로 '히트할레크'(הִתְהַלֵּךְ) 곧 '스스로 걷다'입니다. 이는 하나님의 은혜(חֵן)가 현존하는 인간을 다시금 회귀시켜 하나님과 밀착하게 만듦으로써 스스로 '하나님을'(אֶת־הָאֱלֹהִים) 곧 '하나님과 함께 걷게 함'이란 삶의 태도를 나타내게 만듭니다. 아름다운 도그마(δόγμα)의 표현을 빌린다면 아래와 같습니다.

"그러하므로 그분의 성령으로 말미암아, 또한 그분께서는 영원한 생명을 나에게도 보증하시고, 지금부터 나를 진심으로 기꺼이 그리고 언제라도 그를 위해서 살도록 만드셨습니다."

- 하이델베르크 요리문답 문답1의 답변 중에서,

and therefore, by his Holy Spirit, He also assures me of eternal life, and makes me sincerely willing and ready, henceforth, to live unto him, heidelberg catechism. 1.

성령 하나님을 통해서 우리는 주님을 위해서 기꺼이(willing), 그리고 언제라도(ready) 살아갈 수 있도록 새롭게 창조되었습니다. 거듭 태어났습니다. 이는 하나님의 은혜(חֵן)로 우리가 주님의 길을 걷는 삶을 살아가도록 새롭게 창조된 현존 인류를 말하는 것입니다.

〈창세기〉에서는 직접 목적어로 '하나님을'(אֶת־הָאֱלֹהִים) '걷는다'라고 쓰고 있습니다. 이는 '하나님과 함께 걷는다'는 말로, 하나님께서 하신 말씀 혹은 그분의 약속 안에서 살아감을 의미합니다. 에녹의 경우 어떻게 살아갔는지는 정확하게 알 수 없습니다. 그러나 의인 노아가 하나님의 말씀 안에서 방주를 만들면서 살았음을 우리는 알고 있습니다. 그리고 이런 삶은 하나님께서 베푸신 은혜(חֵן)로 인한 성도의 견인(Perseverance of the Saints)임을 우리는 충분히 이해하고 있습니다. 주님의 말씀에 기꺼이 순종하면서 참고 인내(perseverance)하는 성도의 견인을 노아 언약 이야기에서, 충분하지는 않아도 필요한 만큼은 이야기를 나누었습니다.

언약

아담과 관련해서 주어진 언약을 '아담 언약'이라고 하며, 노아에게 주신 언약을 '노아 언약'이라고 합니다. 이 두 언약은 왕이 일방적으로 그 신하에게 베푼 은총과 같은 선물(the royal gift)로 주어집니다. 그런데 '선물'이 어떻게 '언약'이 될 수 있는가에 대한 이해가 필요합니다. 왜냐하면 약속의 기본적(본질적) 성격은 쌍방 사이에 이루어지는 것이기 때문입니다. 그러나 '언약'에는 보다 많은 의미가 담겨 있습니다.

'언약'(약속)의 기본적(본질적) 성격 가운데 하나는 그것을 지켜야 한다는 것입니다. 바로 솨마르(שמר, keep, guard)입니다. '지켜야 한다'는 말은 그것이 삶의 규범이자 법으로 작용함을 뜻합니다. 율법은 언약 안에서 이해되어야 합니다. 그런데 노아 언약에서는 인간이 지켜야 할 것은 없고 오직 하나님께서 지키실 것만 제시되어 있습니다. 예를 들어 하나님께서는 노아에게 "내가 너희와 언약을 세우리니 다시는 모든 생물을 홍수로 멸하지 아니할 것이라 땅을 멸할 홍수가 다시 있지 아니하리라"(창 9:11)라고 약속하셨습니다. 이 약속은 반드시 지켜지는 약속으로 인간에게 부과된 내용 없이 오직 하나님께서 지키실 것만 제시되어 있습니다. 이러한 성격으로 인해서 '선물'이라고 말하는 것입니다.

또한 언약(약속)은 미래의 일들을 현재에 고착시키는 성격을 가지고 있습니다. 다시 말해서 약속은 미래에 있을 내용을 지금(현재) 결정하는 것입니다. 그리고 그 약속을 지킴으로 미래는 현재에 약속한 것으로 고정되게 됩니다. 이는 미래에 그렇게 될 것임을 말하는 것입니다. 그래서 모세에게 시내 산에서 주신 언약 가운데 있는 십계명을 약속으로 읽게 됩니다. 다시 말해서 '살인하지 말라'는 말씀은(출 20:13; 신 5:17) 첫째 '지켜야 한다'는 의미에서 이는 규범이나 법의 성격을 가지게 됩니다. 둘째, 다가올 미래의 어느 때에는 우리가 '살인하지 않는 인간'이 될 것이라는 인간의 존재의 변화를 약속한 것입니다. 그래서 〈신명기〉에서는 "여호와께서 그의 언약을 너희에게 반포하시고 너희에게 지키라 명령하셨으니 곧 십계명이며 두 돌판에 친히 쓰신 것이라"(신 4:13)라고 하였습니다. 여기서 '언약'을 '지켜라'라고 하면서 율법인 십계명을 언급하고 있습니다. 십계명은 하나님께 받은 선물인 동시에 그렇게 될 우리의 미래에 대한 약속이자 우리가 지켜야 할 규범이자 삶의 법으로 종교적 도그마입니다. 이것은 약속입니다.

여하튼 아담과 노아 언약은 심판의 문제와 관련을 맺고 있으며, 동시에 오실 메시아(מְשִׁיחָא) 곧 그리스도(Χριστός)와도 관련을 맺고 있습니다. 여기서 히브리어 메시아(מְשִׁיחָא)는 헬라어로는 그리스도(Χριστός)로 이 두 단어는 의미상 상호 교환 가능한 낱말입니다. 그리고 이 낱말은 심판과 관련해서 미래에 있을 종말의 심판에 대한 인식을 과거에 있었던 심판 안에서 이해할 수 있도록 도움을 줍니다(마 24:37; 눅 17:26).

아담 언약의 내용은 앞으로 '뱀의 후손'과 '여자의 후손' 사이에 있을 전쟁에 관한 것으로(창 3:15), 미래에 오실 메시아에 대한 약속을 담고 있습니다. 여기서 그리스도께서는 '여자의 후손'으로 예표되고 있습니다. 그리고 성경은 '여자'에 대한 깊은 관심을 지속적으로 보여줌으로써 우리에게 '여자의 후손'이라는 문제를 언제나 회상하도록 돕습니다.

노아 언약의 내용은 타락한 인간으로 인해서 더 이상 땅을 저주하지 않으실 것을 약속하셨습니다(창 8:21). 여기서 인간의 현존재는 하나님과 분리된 악한 존재로 규정됩니다. 그리고 "땅이 있을 동안에는 심음과 거둠과 추위와 더위와 여름과 겨울과 낮과 밤이 쉬지 아니하리라"(창 8:22)라고 약속하심으로, 다음에 있을 심판에서는 '땅'이 완전히 소멸되어 사라질 것을 암시하고 있습니다. 이 본문은 '땅'의 영원함에 대한 약속이 아니라 '새 하늘과 새 땅'에 대한 암시를 제공하고 있습니다(계 21:1).

성경에서 홍수(물)로 사람이나 짐승이 멸망하는 일은 없을 것이라는 약속은 사람이나 짐승이 영원히 존재하게 될 것이라는 약속이 아닙니다(창 9:11). 이는 '지금의 땅' 곧 현존하는 세계가 있는 동안만으로 제한된 일입니다. 미래에 있을 심판의 모습은 분명히 '새로운 땅' 곧 새로운 세상의 새 창조를 암시하고 있습니다.

아담 언약에서는 그리스도께서 '여자의 후손'으로 예표되었다면, 노아 언약의 경우에는 언약의 증표로 제시된 것이 '무지개'입니다(창 9:13). 우선 '여자의 후손'에 관한 문제를 생각해야 합니다. 왜냐하면 성경의 일반적인 언어 표현은 '남자의 후손'으로 이야기하기 때문입니다. 예를 들어 아담이 셋을 낳고(창 5:3-4), 셋은 에노스를 낳습니다(창 5:6). 또한 아브라함이 이삭을 낳았다고 말합니다(창 25:19; 대상 1:34). 우리는 남자가 아이를 낳을 수 없다는 사실을 잘 알고 있음에도 불구하고 일상적인 언어 표현(일상 언어)에서는 '남자가 아이를 낳는다'는 언어 습관을 따르고 있는 것입니다. 사실 이러한 일상어는 우리의 경험 곧 가계의 계보를 구성하는 것과 관련을 맺고 있습니다. 그런데 성경에서 '예수님'만을 마리아 곧 여자의 후손으로 다루고 있습니다(마 1:16). 이는 '여자의 후손'이란 표현 안에서 '동정녀'(παρθένος)에 의한 출생을 암시하는 것이라고 말할 수 있습니다.

또한 노아 언약에서 언급된 '무지개'가 자연현상 가운데 있는 무지개와는 완전히 다른 것임을 기억해야 합니다. 하나님은 "내가 내 무지개를 구름 속에 두었나니 이것이 나와 세상 사이의 언약의 증거니라"(창 9:13)라고 말씀하셨습니다.

모세는 '무지개'라고 쓰지 않고 '나의 무지개'(קַשְׁתִּי) 곧 하나님의 무지개를 '그 구름 속에'(בֶּעָנָן) 두셨다고 말하였습니다(창 9:13). 이 '무지개'(bow)는 '활'(bow)이란 뜻도 있는데 이는 무지개의 모양이 활과 같은 모양이기 때문에 같은 형태로 읽기도 합니다. 여하튼 '하나님의 무지개'는 '하나님의 영광'을 의미하는 것입니다(겔 1:28; 골 1:27; 계 4:3).

세 번째 이야기: 아브라함 언약기

〈창세기〉는 언약과 인물을 기준으로 본다면 일곱 마디로 대별(大別)할 수 있을 것 같습니다. 첫 번째 이야기는 아담 언약기(言約紀), 두 번째 이야기는 노아 언약기, 세 번째 이야기는 아브라함 언약기입니다. 아브라함 언약기는 언약적 삶을 이야기하는 것으로 '이삭 이야기'와 '야곱 이야기'가 네 번째와 다섯 번째를 이룹니다. 그리고 유다와 요셉 이야기가 이어집니다.

한편 앞의 기준과 달리 〈창세기〉를 시간적(역사적) 기준으로 보면 여덟 마디로 구별할 수 있습니다. 이 경우에는 창세기 1장과 2장에서 언급된 절대적 과거의 영역이 창세기 50장에서 언급된 절대적 미래와 평행(parallelism)을 이루어 여덟 마디를 이룹니다.

아브라함 언약기는 두 부분으로 구성되어 있는데 하나는 '밭'(땅)에 관한 것이고(창 15:7), 다른 하나는 '씨'(후손)에 관한 것입니다(창 15:5). 여기서 네 번째 이야기가 '밭'에 관한 축으로 이삭과 리브가의 이야기가 나오고, 다섯 번째 이야기가 '씨'에 관한 축으로 야곱과 그의 씨들(아들들)의 이야기로 나옵니다. 여섯 번째 이야기가 유다와 다말 이야기이고, 마지막 일곱 번째 이야기가 요셉의 이야기입니다. 그런데 '씨'(זֶרַע, 쩨라)라고 표현하는 것은 아브라함 언약기에서 직접 사용한 낱말이기 때문에 성경을 그대로 따른 것입니다(창 15:3). 반면에 '땅'(אֶרֶץ, 에레쯔)을 '밭'으로 읽은 것은 성경에는 없으나 '씨'에 대응하여 병행(parallelism)하게 표현한 것입니다. '씨'와 '밭'의 이야기라고 표현한 것에 대해서 마음에 불쾌함이 없기를 소원합니다.

우리의 이야기는 세 번째 이야기인 아브라함 언약기로부터 본격적으로 시작해서 '이삭과 리브가', 그리고 '야곱'의 이야기를 할 예정입니다. 먼저 세 번째 이야기인 아브라함 언약기는 '파란 하늘에서 찬란한 별무리를 보다'란 제목을 붙였습니다. 하나님께서 아브람과 언약을 세우실 때, 아브람을 밖으로 이끌고 나가서 "하늘을 우러러 뭇별을 셀 수 있나 보라"고 말씀하셨습니다. 또 이어서 아브람에게 "네 자손(זֶרַע, 쩨라)이 이와 같으리라"고 하여 아브람에게 그의 '씨'(후손, 단수형)에 관한 약속을 해주셨습니다(창 15:5). 이것이 '파란 하늘에서 찬란한 별무리를 보다'란 제목이 의미하는 바입니다.

하나님께서 아브람을 밖으로 이끄실 때는 한낮으로, 파란 하늘에는 태양이 뜨겁게 타오르고 있었습니다. 육체적인(physical) 눈으로는 태양빛으로 파랗게 물든 하늘에서 별을 볼 수 없었습니다. 그러나 아브람은 오직 믿음으로 그 파란 하늘에 찬란하게 빛나는 별무리를 바라보았습니다. 진정으로 그는 '파란 하늘에서 찬란한 별

무리를 보았습니다.'

성경은 이를 기록하길, "믿음(πίστις, 피스티스)은 바라는 것들의 실상(ὑπόστασις, 휘포스타시스)이요 보이지 않는 것들의 증거(ἔλεγχος, 엘렝코스)"(히 11:1)라고 하였습니다. 아브람은 진정으로 자신이 볼 것을 믿음 가운데 그 본질(ὑπόστασις, substance, KJV)과 대면했습니다. 눈에 보이지 않는 것에 대한 확신에 도달했습니다. 믿음입니다. 그는 물질적(physical) 한계를 초월한(meta-physical) 눈으로 본질을 바라보았습니다.

거룩한 사도는 "우리가 소망으로 구원을 얻었으매 보이는 소망이 소망이 아니니 보는 것을 누가 바라리요"(롬 8:24)라고 하였습니다. '바람'(ἐλπίς, 엘피스, hope)은 눈에 보이지 않는 것이며, 눈에 보이지 않기에 믿는 것입니다. 만약에 그것이 눈에 보인다면 그것은 믿음이나 소망의 대상이 아니라 관찰과 분석(analysis), 해부(anatomy)의 대상이 될 것입니다. 우리가 자신의 바람을 이야기할 때에 항상 눈에 보이는 것을 언급하는 이유는 우리가 불행하기 때문입니다. 다시 말해서 하나님으로부터의 사귐이 끊어졌거나 오직 자신의 생존본능, 자기보존의 본능, 수동적 충동, 권력에의 의지 등을 충족하기 위한 유용성의 사귐을 하고 있기 때문입니다. 사귐의 대상을 임의로 교체 가능한 존재, 곧 대체 가능한 존재로 취급하고 오직 이기적인 유용성만으로 사귐을 하고 있기 때문입니다. 하지만 아브람은 물질적인 것들을 초극하여 한낮의 태양 아래에서 파란 하늘에 반짝이는 찬란한 별무리를 믿음 가운데 보았으며, 소망했으며, 믿었습니다. 하나님의 말씀을 '그대로' 믿었습니다.

〈창세기〉 15장을 보면 하나님께서는 아브람에게 그 후손(씨, 창 15:5)과 그 땅(밭, 창 15:7)에 대한 약속을 하시고 이어서 하나님 스스로를 위하여 3년 된 암소와 3년 된 암염소와 3년 된 숫양과 산비둘기와 집비둘기 새끼를 가져올 것을 지시하셨습니다(창 15:9). 이에 아브람은 하나님께서 지시하신 모든 것을 준비하고 그 중간을 쪼개어 서로 마주 대하여 놓았습니다(창 15:10). 그리고 솔개가 그 사체 위에 내릴 때에는 아브람이 쫓아내며 하나님을 기다렸습니다(창 15:11). 이윽고 "해 질 때에" 하나님께서 찾아오시어 언약을 세우셨습니다(창 15:12).

창세기 15장 12절에 분명히 "해 질 때에"라는 표현이 있다는 것은 앞의 본문 곧 1절부터 11절까지는 아직 해가 하늘에 있었음을 의미하는 것입니다. 이는 아브람이 하늘에서 별무리를 본 것이 분명히 해가 지기 이전이라는 의미입니다. 그러므로 아브람은 '파란 하늘' 곧 아침인지 점심때인지 확정할 수는 없으나 육체적인(physical) 눈으로 별을 볼 수 없는 파란 하늘에서 별을 보았습니다. 이를 통해 아브람의 소망이 믿음 가운데, 그 실상(ύπόστασις, substance)에 도달했다는 사실만은 분명히 알 수 있습니다.

'분리', 그 새로운 의미

성경, 아니 적어도 〈창세기〉 안에서 '떠남'과 '점착'(粘着)이라는 주제는 대단히 중요한 의미를 가지고 있습니다. '떠남'은 항상 '~으로부터' 떠나는 것으로 분리되는 대상이 무엇인가에 따라서 그 의미가 달라집니다. 만약에 피조물인 인간이 자신의 기원이신 창조주로부터 떠나 분리된다는 것은 부패(vitium, fault)이며, 분명한 오류(error)이자 실수(mistake)입니다. 그리고 그것은 오류이든 실수이든 죄

(ἁμαρτία, 하마르티아)입니다. 하지만 만약에 '떠남'이 세상으로부터 떠나 자신의 기원을 회상하고 그곳으로 회귀하는 것은 회복이며 오류에 대한 치유입니다. 이는 '점착'도 마찬가지입니다.

하나님께 착 밀착되어 연합된 것은 행복과 선, 빛, 사랑을 의미하지만 세상에 점착(adhesion)된 것은 부패와 불행, 선의 결여, 빛의 상실, 사랑의 결핍을 의미합니다.

모세는 이미 창세기 2장에서 남자와 여자 사이의 신성한 결혼의 의미에서 "남자가 부모를 떠나 그의 아내와 합하여 둘이 한 몸을 이룰지로다"(창 2:24)라고 그 뜻을 밝히고 있습니다. 이 신비의 말씀은 비밀로 간직되어 성자 하나님 예수 그리스도께서 오실 때까지 숨겨져 있었습니다. 하지만 때가 되면 이 비밀의 말씀은 그 숨겨진 의미가 밝히 드러나게 됩니다. 이는 계시(ἀποκάλυψις)입니다.

'계시'란 헬라어로 '아포칼뤼프시스'(ἀποκάλυψις)로 '벗겨 놓음', '벗음', 비밀이나 숨겨진 것을 '폭로', '벗김'(uncovering)을 뜻합니다. 현존하는 인간이 가지는 한계와 제한성, 무력함으로 인해서 결코 알 수 없는 것, 도달할 수 없는 의미들이 더 이상 숨겨지지 않고 현존하는 세계에 드러나게 되어 비밀이 벗겨진 것입니다. 이를 '계시'라고 하며, 이 '계시'는 탐구(study)되거나 탐색(seek)되는 것이 아니라 인간에게 주어져야만 알 수 있는 것입니다. 여하튼 〈창세기〉의 이 결혼제도에 대한 신비한 계시는 다음과 같습니다.

> "우리는 그 몸의(His body, NKJV) 지체임이라 그러므로 사람이 부모를 **떠나** 그의 아내와 **합하여** 그 둘이 한 육체가 될지니 **이 비밀이 크도다** 나는 그리스도와 교회에 대하여 말하노라 그러나 너희도 각각 자기의 아내 사랑하기를 자신같이 하고 아내도 자기 남편을 존경하라"(엡 5:30-33).

〈창세기〉에서 말씀하신 것은 〈에베소서〉에서만 그 의미를 가장 분명하게 드러내고 있습니다. 다시 말해서 '남자'가 부모를 떠나서 '그의 아내'와 연합하는 것은 성자 하나님 예수 그리스도께서 성부 하나님을 '떠나서' 그의 순결한 신부인 교회와 연합하는 것에 대한 숨겨진 예언이자 계시입니다. 그러므로 〈창세기〉 2장 24절은 '남자가 그의 부모를 버리고 아내와 함께 살 것'을 말하는 것이 아닙니다. 이 본문이 의미하는 바는 남편들은 그의 "아내 사랑하기를 그리스도께서 교회를 사랑하시고 그 교회를 위하여 자신을 주심같이 하라"(엡 5:25)라는 의미입니다. 이는 단순히 부부관계의 활동 지침을 제공하는 것이 아니라 거룩하고 흠이 없게 하려는 것입니다(엡 5:26-27). 물론 같은 이유에서 아내들 역시 "교회가 그리스도에게 하듯 아내들도 범사에 자기 남편에게 복종할지니라"(엡 5:24)라고 하였습니다. 우리는 신성한 결혼제도 안에서 신비한 구원의 계시를 체험(경험)하고, 사유(생각)하고, 표현(고백)합니다.

'떠남'은 아담과 그의 아내가 하나님의 동산 에덴에서(겔 28:13, 31:9) 쫓겨남으로 표현되어 인류가 부패와 죽을 수밖에 없는 필멸의 존재, 곧 현존하는 인간으로 선언됩니다. 자신의 기원을 상실한 인간은 모든 판단을 오직 자기중심적으로만 결정합니다. 좋은 것과 나쁜 것을 부패한 자신의 영혼으로 심판자처럼, 하나님처럼 판결합니다. 비록 그것이 '동생'이라고 하여도 자신이 싫으면 죽여도 되는 듯이 판결합니다. 가인이 아벨을 죽인 형제 살인은 기원을 상실한 현존하는 인간을 대표하고 있는 사건입니다. 물론 그에게 내려진 하나님의 심판은 '추방'(창 4:14) 곧 하나님으로부터 분리되어 하나님을 영원히 만날 수 없게 된 존재로 선언됩니다. 가인은 적어도 자신에게 내려진 '추방'이란 형벌의 의미를 알고 있었습니다.

하나님과의 분리가 의미하는 것은, 현존하는 인간은 자신의 능력으로는 결코 하나님을 만날 수 없음을 뜻합니다. 영원한 이별입니다. 이렇게 유리하는 별처럼 기원을 상실한 현존 인류는 이 세상에 밀착해서 살아가려고 합니다(창 4:14; 유 1:11, 13). 그래서 인간은 이 세상을 사랑하고, 이 세상 안에서 부착되어 살고자 하지만 결국 그 모든 것을 상실하게 됩니다. 왜냐하면 인간은 반드시 죽을 필멸의 존재이기 때문입니다. 이 세상에 영원히 점착되어 살아갈 수 없기 때문입니다. 또한 이 세상 자체가 소멸되고 파괴될 것이기 때문입니다. 결국 인간은 '죽음'(종말)으로 모든 것을 상실하게 될 것에 대한 두려움이 영혼에 뿌리박혀 있습니다.

가인은 하나님과의 분리를 죽음으로 인식하고 있습니다. 그는 고백합니다. "무릇 나를 만나는 자마다 나를 죽이겠나이다"(창 4:14). 눈에 보이지 않는 시간이 우리를 스쳐 지나갈 때마다 우리는 죽어가고 있습니다. 낮의 해와 밤의 달이 그저 자리를 바꾸는 운동만 하고 있을 뿐이지만 그 운동으로 우리는 죽어갑니다. 하지만 하나님께서 우리를 지켜 주신다면 낮의 해와 밤의 달이 우리를 해치지 못할 것입니다(시 121:6). 분명한 것은 현존하는 인간은 모두 시간 위에서 죽어가고 있는 시한부 인생을 살아가고 있다는 사실입니다. 단지 우리가 이 사실을 망각하고 있을 뿐입니다.

아브람은 완전히 다른 길을 걸음으로 전혀 다른 '떠남'을 이야기합니다. 그는 하나님께 땅을 약속 받았으나 이 세상에서 떠도는 나그네로 살아갑니다. 그는 이 세상에서는 떠돌이 나그네이지만 하나님께로 향하는 길을 걷는 나그네였습니다. 이를 위해서 아브람은 부모로부터의 떠남의 명령을 받게 됩니다(창 12:1).

"여호와께서 아브람에게 이르시되 너는 너의 고향과 친척과 아버지의 집을 떠나 내가 네게 보여줄 땅으로 가라"(창 12:1).

'고향'(אֶרֶץ, 에레쯔), '친척', 그리고 '아버지'는 수사학적으로 점강법(漸降法)입니다. 다시 말해서 범위가 넓은 땅(אֶרֶץ, 에레쯔)에서부터 시작해서 점차적으로 그 중심부인 '아버지'까지 도달하고 있습니다. 여기서 아브람은 자신의 아버지로 상징되는 기원으로부터의 '떠남'을 통해서 분리될 것을 요구 받았습니다. 아브람은 보다 더 먼 기원, 곧 자신의 존재 이전의 기원에까지 회귀되어야 합니다. 오직 하나님과의 연합 안에서만 인간은 그 부패를 벗어날 수 있기에 창조주에게로의 회귀는 인간 생명의 유일한 길입니다. 그러나 인간은 결코 자기 능력으로 절대자와 연합할 수 없습니다. 스스로 신이 되었다고 착각할 수는 있을지언정 스스로 절대자와 연합할 수는 없습니다. 그러므로 아브람에게 요구된 것은 세속적인 의미에서의 '분리', '떠남'이 아닙니다.

세속적 의미에서의 '떠남'이란 적극적인 도피인 자살이 있으며, 소극적인 도피인 수도원의 삶이 있습니다. '자살'은 인간이 스스로 신이 되어 스스로에게 내리는 가장 교만한 명령이자 가장 적극적인 방식으로 하나님으로부터 분리되는 길입니다. 예를 들어 열두 사도 가운데 가룟 유다는 주님을 유대인들에게 판 이후에 자살을 했습니다. 예수를 판 가룟 유다는 주께서 정죄됨을 보고 스스로 뉘우쳐 자신이 받은 은 30을 대제사장들과 장로들에게 도로 갖다 주었습니다(마 27:3). 그리고 물러가서 스스로 목매어 죽었습니다(마 27:5). 여기서 중요한 것은 가룟 유다가 스스로 죄를 뉘우쳤을 뿐만 아니라 자신의 일에 대한 판결로 스스로 사형을 언도하고 있다는 사실입니다. 가룟 유다는 죽는 그 순간까지 스스로 심판자 하나님 놀이를 하고 있습니다. 자살은 가장 값싼 선택이며, 가장 게으른 자들의 선택입니다.

반면에 예수님을 부인한 사도 베드로는 고통스러워하며 울었습니다(마 26:75). 그러나 자신의 죄에 대해서 판결을 내리실 분은 주님이심을 알았습니다. 그러므로 이 세상의 모든 비난과 배신자라는 모욕 가운데에서도 주님의 판결을 기다립니다. 비록 자신이 사형을 당해서 죽게 되었다고 하여도 그것은 법에 따라서 판결자의 선고에 의해서 결정되어야 합니다. 왜냐하면 주님만이 우리의 생명의 기원이시기 때문입니다.

자살과 가장 유사한 방법이 바로 스스로를 고립시키는 수도적 삶입니다. 이는 '세상을 떠나 고독하고 외로운 삶의 길을 선택하고, 그 길만이 자신의 마음을 감동시키는 유일한 것이며, 또한 이 길이 사랑의 광명을 찾아 세상의 악의 어둠으로부터 탈출하려고 몸부림치는 영혼을 위한 이상적인 탈출구로서의 떠남'입니다. 이러한 세속적인 떠남은 사랑의 광명을 찾는 구도자(求道者, a seeker after truth), 수도자의 삶입니다. 그러나 아브람이 걸었던 삶은 이러한 구도자의 길이 아닙니다. 오히려 아브람에게 주어진 것은 '자신의 기원' 곧 조상들의 모든 것으로부터 분리되어 떠나서 "내가 네게 보여줄 땅(אֶרֶץ, 에레쯔)으로 가라"는 것입니다(창 12:1).

자신의 부모, 고향(אֶרֶץ, 에레쯔) 곧 자신의 기원이라고 믿었던 것들로부터 분리되어 떠날 것을 요구받을 뿐만 아니라 하나님께서 보여주시는 땅(אֶרֶץ, 에레쯔)으로 떠날 것을 요구받고 있습니다. 아브람의 '떠남'은 순종을 위한 회귀(redire)의 첫걸음입니다.

창세기 12장 1-9절

아브라함 언약기(言約紀)는 〈창세기〉 12장 10절부터 시작됩니다. 그래서 잠시 12장 1절부터 9절까지의 내용을 몇 가지만 살펴보도록 하겠습니다.

첫째, 너의 땅을 떠나서 내가 보여줄 땅으로 가라.

아브람은 자신에게 부여된 요구에 순종하여 자신이 살고 있던 땅을 떠나 하란으로 갔습니다. 하지만 그는 자신이 어디로 가야 할지, 어디에 머물게 될지 전혀 몰랐습니다(히 11:8). 자신이 걸어갈 길이 좋은 길인지 혹은 나쁜 길인지, 자신이 얻을 땅이 현재보다 좋은지 아니면 나쁜지를 전혀 몰랐습니다. 오직 '떠남'이라는 요구에 순종으로 반응할 뿐이었습니다. 여기서 계산(셈)을 한다는 것, 상업적인 심장을 가진다는 것은 가장 비열한 방식으로 순종하는 것이 됩니다. 아브람은 오직 자신에게 말씀하고 계신 분을 의지해서 길을 떠났을 뿐입니다. 성경은 이를 다음과 같이 기록하고 있습니다.

> "믿음으로 아브라함은 부르심을 받았을 때에 순종하여 장래의 유업으로 받을 땅에 나아갈새 갈 바를 알지 못하고 나아갔으며 믿음으로 그가 이방의 땅에 있는 것같이 약속의 땅에 거류하여 동일한 약속을 유업으로 함께 받은 이삭 및 야곱과 더불어 장막에 거하였으니 이는 그가 하나님이 계획하시고 지으실 터가 있는 성을 바랐음이라"(히 11:8–10).

〈히브리서〉에서는 아브라함의 떠남에 관해서, 믿음으로 순종했다고 말합니다. 다시 말해서 아브라함은 하나님께서 하신 말씀을 들었습니다. '순종하다'라고 번역한 헬라어는 휘파쿠오(ὑπακούω)입니다. 이 휘파쿠오는 '~곁에', '~아래'라는 뜻을 가진 전치사 '휘포'(ὑπό)와 '듣다'란 뜻을 가진 동사 '아쿠오'(ἀκούω)가 결합한 낱말로 이는 문(the door) 아래에서 듣고 있는 것을 뜻합니다. 다시 말해서 '문 안에서' 혹은 구별된 공간 저편 위에서 하달되는 말을 듣고 실천하기 위해서 '듣고 있는 것', '듣고자 서 있는 것'을 뜻합니다. 그래서 '순종하다', '복종하다'(obey)라고 읽습니다. 그러므로 '무엇을 듣는가'가 그 사람이 누구인지를 말하는 것입니다.

시편에서는 "여호와여 주의 율례들의 도를 내게 가르치소서 내가 끝까지 지키리이다"(시 119:33)라고 찬양합니다. 이 찬양을 자세히 살펴보면, 찬양자 곧 예배자는 주님의 가르침을 지키고 싶어서 주님께 가르쳐 달라고 부르짖고 있습니다. 이 찬양으로 우리는 이 사람이 어떤 사람인지를 충분히 이해하게 됩니다. 이 노래를 진심으로 부르는 사람의 마음을 알 수 있습니다. 죽음을 위한 죄의 종으로 죄의 말을 듣는 이들이 있는가 하면, 의로움(δικαιοσύνη)을 위한 순종의 종으로 순종의 말을 듣는 이들이 있습니다(롬 6:16). 아브라함은 자기 판단으로 좋은 것을 계산하고 선택한 것이 아니라 믿음으로 순종한 것입니다. 말씀하신 분의 말을 들은 것입니다. 아브라함의 이러한 삶의 태도는 자신뿐만 아니라 그의 아들 이삭과 그의 후손 야곱에게까지 이어집니다(히 11:9).

하나님께서 보여주실 땅(אֶרֶץ, 에레쯔)은 역사 안에서는 분명히 '가나안 땅'입니다(창 12:6-7). 그러나 아브라함이 바라고 소망한 것은 '가나안 땅' 자체가 아니라 "그가 하나님이 계획하시고 지으실 터가 있는 성을 바랐음"(히 11:10)을 기억해야 합니다. 여기서 두 개의 성(城, the city)이 있음을 알 수 있습니다. 하나는 가인이 세운 성이 있습니다(창 4:17). 이는 인간이 스스로를 위한 것으로 이 세상에 점착(粘着)된 삶 혹은 이 세상 그 자체를 의미하는 성(城)입니다. 다른 하나는 하나님께서 세우신 성 곧 오직 약속으로만 받을 수 있으며, 믿음 안에서 순종으로 걸어갈 삶을 의미하는 성(城)입니다.

둘째, 조상신(祖上神)에 대해 완전히 거부하라.

조상을 숭배하거나 조상들이 섬기던 신들로부터 떠나야 합니다. 아브람에게 요구된 '아버지'를 떠나라는 것은 단순히 부모와의 이별을 말하는 것이 아닙니다. 이것은 조상들의 신앙으로부터 분리될 것을 의미하는 것입니다.

아브람의 아버지인 '데라'는 '다른 신들'에게 아바드(עָבַד) 곧 봉사했습니다(창 11:27; 눅 3:34). 다른 신들을 섬겼습니다(수 24:2). 이에 하나님께서는 아브라함을 선택하시어 그를 그 조상들의 신앙으로부터 이끌어내셨습니다(수 24:3). 여기서 모세는 현존하는 인간인 '아브람'과 최초의 인간인 '아담'을 대비시켜 이야기하고 있습니다.

모세는 '아담'에 관해서 이야기할 때에 그가 세상이 창조된 이후에 그 세상 가운데에서 창조되었음을 이야기했습니다. 그리고 그 이후에 '하나님의 동산 에덴'을 만드셨습니다(겔 28:13). 하나님께서는 아담을 이끌어 에덴 동산에 두셨습니다(창 2:15). 여기서 모세는 의미심장한 두 개의 동사를 사용하여 이 상황을 표현하고 있습니다. 하나는 라카흐(לָקַח, take, lay hold of)로 '이끌다'라고 번역하고 있습니다. 다른 하나는 야나흐(יָנַח)의 히필(hiphil)형으로 '두다'(put, set)란 뜻을 가지고 있습니다. 모세는 하나님께서 아담을 '취하시고'(the Lord God took the man) 그를 당신께서 뜻하시는 곳에 '두셨다'(put him)라고 말하고 있습니다. 그런데 하나님께서는 이와 같은 이미지를 그대로 아브람에게 사용하십니다.

〈여호수아〉는 하나님께서 아브라함을 취하셨다고 말합니다(수 24:3). 하나님께서는 조상신에 빠진 곳에서 아브라함을 취하셨습니다. 한글 번역에서 '이끌다'라고 번역한 것이 히브리어 라카흐(לָקַח) 입니다. 그리고 당신께서 취하신 아브라함을 가나안 땅에 두셨습니다. 여기서 아브라함은 갈 곳을 모르지만 걸었습니다. 야나흐(יָנַח) 는 이제 할라크(הָלַךְ, go, walk, follow, adhere to)로 대치됩니다. 다시 말해서 '놓다'(put)의 문제는 '걷다'(walk)로 대치되었습니다. 〈여호수아〉는 '할라크'의 히필형 1인칭 단수를 쓰고 있는데 그 의미는 '내가 인도했다', '내가 이끌었다'(I led)라는 뜻입니다. 다시 말해서 하나님께서 아브라함을 인도하신 것입니다. 비록 아브라함은 자신이 갈 곳을 몰라서 판단할 수 없었지만 그의 순종은 그 자신을 이끄시는 분을 의지하여 걸어갔음을 알 수 있습니다. 아브라함은 자신이 갈 길을 몰랐으나 본질적으로 가장 정확하게 알고 있었다고 말할 수 있습니다. 왜냐하면 그는 하나님께서 이끄시는 대로 걸어갔기 때문입니다.

한편 '선택'에 관해서 우리는 두 가지 사실을 기억해야 합니다. 하나는 데라가 다른 신들을 섬겼기 때문에 그때에 아브람을 선택하신 것이 아니라는 사실입니다. 사실상 〈창세기〉의 계보들은 모두 아브람을 향해 진행되고 있습니다. 다시 말해서 아담에게서 시작해서 노아까지, 그리고 다시 노아의 아들 셈으로부터 시작해서 아브람까지 이어집니다. 이는 오직 아담으로부터 시작해서 직계 자손으로 아브람을 언급하고자 한 모세의 의도를 충분히 읽을 수 있습니다. 그러므로 선택은 이미 아담 때 혹은 그 이전부터 이루어진 것입니다. '곧 창세 전에 그리스도 안에서 우리를 택하셨습니다'(엡 1:4).

선택과 관련해서 또 다른 하나는 효과적으로 영향력을 미친다는 사실입니다. 다시 말해서 선택받은 아브람은 그 선택에 합당하게 하나님만을 의지하고 그 길을 걸어갑니다. 이는 성령 하나님으로 말미암아 아브람이 주님의 말씀에 기꺼이, 그리고 언제라도 순종할 수 있도록 만들어졌으며, 하나님만을 의지하며 그 길을 걷도록 만들어졌다는 것입니다. 하나님의 선택이 효과적으로 달성되기 위해서 하나님께서는 아브람의 삶에 직접적으로 개입하시며 그를 변화시키십니다. 아브람이 순종할 것을 아셨기 때문에 선택하신 것이 아니라, 선택하신 것이 효과적으로 이루어지기 위한 성령 하나님의 개입이 있었습니다.

셋째, 땅과 씨, 그리고 이름에 대한 약속을 신뢰하라.

하나님께서는 아브람의 이름을 창대하게 하실 것을 약속하셨습니다. 이는 바벨 성 및 탑에 관한 이야기와 대조적인 관계를 보여줍니다.

현존하는 인간의 역사를 보면, 이들은 시날 평원에서 바벨 성과 탑을 세우면서 "우리 이름을 내고 온 지면에 흩어짐을 면하자"(창 11:4)라고 외쳤습니다. 여기서 인간들이 '흩어짐'을 피하고자 했던 것은 하나님의 말씀에 대하여 불순종하려는 의지를 반영한 것입니다. 왜냐하면 하나님께서는 노아 시대에 있었던 홍수 심판 이후에 아담에게 명령하신 말씀을 노아에게 다시 말씀하셨습니다. 곧 "생육하고 번성하여 땅에 충만하라"(창 9:1)라고 말씀하셨습니다. 이는 '흩어짐'을 전제로 하고 있습니다. 왜냐하면 '충만하다'(מָלֵא, 말레), '가득 채우다'(πληρόω, fill, complete)라는 말은 끝까지 자신의 의무를 완성하는 것을 의미하며, 이를 위해서는 흩어짐 곧 떠남이 요구되기 때문입니다.

결국 하나님께서는 언어를 혼잡하게 하심으로써 인류가 흩어져 땅에 충만하게 만드셨습니다(창 11:7-8). 여기서 하나님께서는 "우리가 내려가서"라고 말씀하심으로 하나님의 임재를 통한 충만을 계시하셨습니다(창 11:7). 그리고 인간이 소망하던 '모임'은 오순절에 다시금 하나님의 임재를 통한 언어의 혼잡이 해결되면서(행 2:1-6) "땅에 충만하라"라는 말씀도 성취하시게 됩니다. 이는 "생육하고 번성하여 땅에 충만하라"(창 9:1)라고 하신 말씀을 선교적인 전망 안에서 읽도록 우리를 인도합니다. 다시 말해서 언어의 혼란으로 민족과 나라가 나누어졌으나 오순절에 언어의 혼란이 정리됨으로 하나의 교회 공동체를 세우게 됩니다. 그리고 이때에 다시금 복음을 가지고 흩어져 땅 끝까지 가게 됩니다. 그러나 이것은 흩어짐이 아니라 언제나 하나의 교회 공동체 안에 머무는 것입니다. 여하튼 인간의 소망은 하나님에 의해서 좌절되지만 바로 하나님의 뜻 안에서 성취되고 있습니다.

또한 인간은 자신들의 이름(שֵׁם, 셈)을 역사에 남기고자 했습니다. 그들의 뜻은 하나님 앞에서 좌절되어 역사는 그들이 누구인지 모릅니다. 그들의 이름은 모래바람처럼 사라졌습니다. 하지만 하나님께서는 그 이름(שֵׁם, 셈)을 셈(שֵׁם, 이름)의 후손 아브람에게 주셨습니다(창 11:10, 26, 27, 12:1-2).

하나님의 약속은 아브람의 이름과 함께 그의 후손과 땅에 대한 약속으로 이어집니다(창 12:7). 여기서 주의해야 할 것은 "내가 이 땅을 네 자손에게 주리라"라고 하실 때에 '너의 자손에게'(to your offspring, NIV)는 단수형으로 '너의 씨'(לְזַרְעֲךָ, unto thy seed) 즉 오직 한 명만을 약속하셨다는 사실입니다.

> "이 약속들은 아브라함과 그 자손에게 말씀하신 것인데 여럿을 가리켜 그 자손들이라 하지 아니하시고 오직 한 사람을 가리켜 네 자손이라 하셨으니 곧 그리스도라"(갈 3:16).

아브람에게 제시된 것은 바로 '아브라함의 후손인 예수 그리스도'에 관한 계시였습니다(마 1:1). 땅은 하나님의 성(the City) 곧 하나님 나라를 의미하며(히 11:10), 그 씨는 그리스도를 향하고 있습니다(갈 3:16). 이로 인하여 그는 진정으로 '축복'이라고 불리게 됩니다(창 12:2).

넷째, 미래에 대한 약속이 현재의 삶을 지배하게 하라.

아브람에게는 새로운 미래가 제시되었습니다. 이것은 자신의 오래된 조상들로부터 이어져 온 것이 아니라 그 이전의 절대적 과거 곧 자신의 기원이신 하나님으로부터 온 미래입니다. 현존하는 부패한 인간인 아브람 자신과 동일한 인간으로부터 제시된 것이 아닙니다. 이제 아브람은 이 절대적 과거, 다시 말해서 모든 것의 시작이시며 유일한 기원이신 분이 제시하신 미래에 현재의 삶을 투영합니다. 아브람에게 현실(현재)이란 자신이 경험하는 세계가 아니라 하나님께서 보여주실 것들, 약속하신 것들, 말씀하신 것들인 '미래'가 그대로 '현재'가 되어 살아가는 것입니다.

인간은 주어진 미래(약속된 미래)를 어떻게 지금 오늘의 삶(경험되는 현재)처럼 살아가느냐에 따라서 그 존재가 달라집니다. 나이가 75세라는 현실적 문제는 아브람에게 전혀 문제가 되지 않았습니다. 아브람에게는 오직 하나의 현실이 있을 뿐입니다. 그렇기에 하나님께서 말씀하신 미래가 현실에 그대로 투영된 채로 살아갑니다. 아브람은 하나님께서 주신 약속을 소망할 뿐입니다. 믿고 살아갑니다. 믿음과 소망은 언제나 함께합니다(고전 13:13).

미래가 현재의 삶에 투영되지 못하거나, 약속된 미래가 아닌 불확정적인 미래를 현재의 삶에 투영하는 경우는 불안감으로 머뭇거리고 주저하게 됩니다. 하지만 아브람은 주저하거나 불안해하지 않습니다. 그는 믿음으로 살아갑니다. 소망으로 살아갑니다. 아브람은 믿음으로 자신의 터전을 버리고 75세의 나이로 하나님의 소명(부르심)에 응답하고 있습니다. 물론 하나님께서 그를 이끄신 것입니다. 그러나 동시에 아브람의 믿음입니다.

믿음과 소망을 간직하는 것은 미래가 현재에 투영되어 그대로 반영되는 삶(life), 그런 생명(life)입니다. 만약에 미래가 현재의 자신의 삶에 투영된다면 경험되는 모든 현실은 거부되고 초월하게 됩니다. 현존하는 인간의 모든 것을 초월하고 오직 미래만이 그의 마음과 생각을 가득 채울 뿐입니다. 현존하는 현재의 삶은 보이지 않습니다.

절대적 과거(기원)로 회귀하려는 현재의 삶과 미래가 현재에 투영되는 삶이 아브람의 삶 안에서 녹아 있습니다. 이는 현존하는 모든 인간에게 어떻게 살아야 할지를 보여주는 것입니다.

인간은 자신을 창조하신 분 곧 그 절대적인 과거, 창조되었던 아담의 모습으로 회귀하려는 현재의 삶을 살아가야 합니다. 이는 하나님께로 향하는 삶을 의미합니다. 또한 동시에 인간은 앞으로 다가올 절대적인 미래, 곧 하나님의 재림이 그대로 현재의 삶에 투영되어야 합니다. 절대적 미래인 그 종말이 현재에 투영되는가 아닌가에 따라서 우리는 우리 자신이 누구인지를 말하게 됩니다. 하지만 이런 삶은 사실상 그렇게 살 때에만, 하나님께서 제시하신 길을 걷고 있을 때에만 자신이 누구인지를 입증합니다. 만약에 현재 그렇게 살지 않는다면, 매순간을 이렇게 살지 않는다면 사실상 현재는 없습니다. 현재란 언제나 찰나와 순간에 있을 뿐입니다.

다섯째, 아브람의 아버지 데라에 관한 문제

아브람은 75세에 자신의 고향 곧 자신이 살고 있는 땅(אֶרֶץ, 에레쯔)인 '하란'을 떠났습니다(창 12:4). '하란'이란 말에서 우리는 언어유희(word play)를 읽게 됩니다. 데라의 아들 하란(הָרָן, Haran)은 '산'(mountain)과 관련이 있으나 지명인 '하란'(Charan, חָרָן)은 '불타다', '말라죽다'란 의미와 관련을 맺고 있습니다.

거룩한 경전(聖經)을 보면, "데라는 칠십 세에 아브람과 나홀과 하란을 낳았더라"라고 기록하고 있습니다. 이때에 '하란'(Haran, 창 11:26)과 31절 "데라가 그 아들 아브람과 하란(הָרָן, Haran)의 아들인 그의 손자 롯과 그의 며느리 아브람의 아내 사래를 데리고 갈대아인의 우르를 떠나 가나안 땅으로 가고자 하더니 '하란'(Charan, חָרָן)에 이르러 거기 거류하였으며"에서의 '하란'은 유사한 발음으로 서로 다른 낱말입니다. 모세는 이렇게 유사한 발음 혹은 동음이의어(homonymy)로 의미를 확장해 나가는 수사학적인 방법을 사용하고 있습니다.

아무튼 분명한 것은 아브람이 메소포타미아에 위치한 우르(Ur)에서 살았으며, 바로 이곳 '갈대아 우르'에서 하나님의 말씀이 그의 삶에 투영되었다는 것입니다(행 7:2). 하나님의 말씀은 '우르'에서 "네 고향과 친척을 떠나 내가 네게 보일 땅으로 가라"라는 말씀으로 그의 현재의 모든 삶에 투영되었습니다(행 7:3; 창 12:1). 또한 하나님께서는 데라의 마음을 이끌어 데라가 아들들 즉 아브람과 나홀을 비롯한 일가족을 가나안 땅, 밧단 아람(창 28:5)으로 인도하도록 하셨습니다(창 11:31). 하지만 '하란'(Charan, חָרָן) 땅에 도착한 데라는 무슨 이유에서인지 이 불타 버린(חָרֵר, 하레르) 메마른 죽음의 땅인 하란에 정착했습니다(창 11:31). 그리고 데라는 205세에 하란에서 죽음을 맞습니다(창 11:32). 여기에 수사학의 작은 기법이 있습니다. 바로 숫자로 말을 하는 것입니다.

'205세'라는 표현은 성경의 표현이 아니라 인도식 표현입니다. 우리가 아라비아 숫자라고 하는 것은 인도의 산스크리트어입니다. 성경 곧 거룩한 경전을 그대로 직역해서 읽으면, '다섯 해 그리고 일백들 해 그리고 죽었다 데라가 하란에서'(וּמָאתַיִם שָׁנָה וַיָּמָת תֶּרַח בְּחָרָן חָמֵשׁ שָׁנִים)입니다(창 11:32). 여기서 백(100)이 복수형이므로 '200'으로 읽습니다. 그런데 히브리어는 문자를 숫자로 사용했는데, 5는 히브리어 알파벳 헤(ה)이고, 200은 히브리어 알파벳 레쉬(ר)입니다. 그래서 '205', 다시 말해서 '다섯(ה) 그리고 이백(ר)'은 헤(ה)와 레쉬(ר)로 표현할 수 있습니다. 이는 히브리어 하르(הַר)로 '산'(mountain)이란 뜻이 됩니다. 데라가 205세에 죽었다는 말은 그가 '메마른 산'에서 죽었다는 것으로 읽을 수도 있습니다.

한편 데라가 70세에 아브람을 낳았으므로(창 11:26), 데라가 죽음을 만났을 때에 아브라함은 135세이고 사라는 열 살 정도 아래인 125세가 됩니다. 그런데 사라는 127세에 죽었으므로 데라가 죽은 뒤 2년 만에 사라가 죽음을 만났음을 알 수 있습니다(창 23:1). 그 후 아브라함은 175세에 죽음을 만났습니다(창 25:7).

그리고 아브라함이 100세에 이삭을 낳았고(창 21:5), 이삭은 나이 40세에 리브가를 아내로 맞이했습니다(창 25:20). 이는 아브라함의 나이가 140세였음을 뜻합니다. 그리고 데라가 죽은 지 5년 뒤에 아브라함은 하란에 살고 있는 리브가를 이삭의 아내로 맞이했음을 뜻하는 것입니다. 다시 말해서 아브라함은 결코 자신의 아버지에게로 돌아가지 않으려고 그의 삶을 철저하게 지켜나갔음을 알 수 있습니다. 이삭이 나이 40세까지 아내를 얻지 못했던 것은 데라의 죽음과 깊은 관련이 있음이 분명합니다.

한편 아브라함은 갈대아 우르 곧 메소포타미아에서 하나님을 만났고 그 땅을 떠났습니다(느 9:7; 행 7:2). 〈창세기〉에서는 아브람이 75세 곧 데라가 145세일 때 자신의 기반이 된 하란 땅을 떠났다고 합니다(창 12:4). 그런데 데라가 205세에 죽었으므로(창 11:32) 아브람은 아버지 데라가 살아 있을 때에 하란 땅을 떠난 것으로 보입니다. 하지만 〈사도행전〉을 보면, "아브라함이 갈대아 사람의 땅을 떠나 하란에 거하다가 그의 아버지가 죽으매 하나님이 그를 거기서 너희 지금 사는 이 땅으로 옮기셨느니라"(행 7:4)라고 기록하고 있습니다. 여기서 〈창세기〉와 〈사도행전〉 사이에 사소한 차이점이 발견됩니다.

70인역(Septuagint: LXX, 𝔊)에는 데라가 205세에 죽음을 만났다고 기록되어 있습니다. 반면에 사마리아 오경(Samaritan Pentateuch: 𝔐)에는 데라가 105세에 죽음을 만난 것으로 기록되어 있습니다. 이는 마소라 본문(Masoretic Text, MT)에서 '일백들'이라는 복수형에 대하여 사마리아 오경이 단수형으로 쓴 것으로 보입니다. 만약에 우리가 사마리아 오경(𝔐)을 따른다면, 아브람은 데라가 죽었을 때에 35세로 이후 40년 동안 하란에 더 머물렀다는 뜻이 됩니다. 이는 자신에게 주어진 미래가 현재에 그대로 투영된 삶이 아닙니다. 스데반 집사는 분명히 70인역(𝔊)에 따라서 설교했으며, 데라가 205세 곧 불타 버린 듯한 메마른 산이 있는 하란에서 죽었음을 알고 있었습니다. 그럼에도 불구하고 스데반 집사가 "그의 아버지가 죽으매"라고 설교한 것은 데라가 가나안 땅 곧 하나님께서 제시하신 미래를 포기하고 자기 판단에 따라서 '하란'에 머문 것을 의미하는 것으로 보입니다.

하나님께서 좋은 것으로 만족하게 하고자 제시하신 미래라도 현존하는 우리 인간들은 스스로 판단하고 계산해서 자기가 보기에 좋은 것을 택합니다. 인간이 잘못된 선택을 하는 것이 아니라 인간은 이제 신처럼 스스로 좋은 것과 나쁜 것을 판결하는 주체로 그 옛 뱀의 말처럼 신처럼 살아갑니다. 이는 '죽음'의 상태입니다.

〈창세기〉와 〈사도행전〉 사이의 차이는 외적 상황이며, 의미론적인 측면에서는 완전한 조화를 이룹니다. 고대인들과 영혼의 지속적인 삶을 믿는 이들, 그리고 영생을 알고 있는 이들에게 '죽음'은 생물학적으로 생명 활동의 멈춤을 뜻하지 않습니다(창 2:17). '죽음'이란 자연현상이 아니라 인간에 의해서 파생된 인위적인 현상입니다. 인간의 죄로 인하여 죽음이 시작되었기에(롬 6:23; 약 1:15) 만약에 죽음의 원인인 죄를 용서받게 된다면 '죽음'은 사라지고 '영생'을 얻게 됩니다(롬 6:22).

끝으로 언어유희(word paly)와 같은 수사학적인 용어 하나를 익숙하게 다룰 수 있도록 훈련해야 합니다. 바로 프롤렙시스(prolepsis) 곧 예변법(豫辯法)입니다.

〈창세기〉 본문을 보면 "거기서 벧엘 동쪽 산으로 옮겨 장막을 치니 서쪽은 벧엘이요 동쪽은 아이라 그가 그곳에서 여호와께 제단을 쌓고 여호와의 이름을 부르더니"(창 12:8)라고 하였습니다. 그런데 〈창세기〉를 기록한 모세는 〈출애굽기〉에서는 다음과 같은 말을 하고 있습니다.

"하나님이 모세에게 말씀하여 이르시되 나는 여호와이니라 내가 아브라함과 이삭과 야곱에게 전능의 하나님으로 나타났으나 나의 이름을 여호와로는 그들에게 알리지 아니하였고 가나안 땅 곧 그들이 거류하는 땅을 그들에게 주기로 그들과 언약하였더니"(출 6:2-4).

모세는 '여호와'라는 거룩한 하나님의 이름(聖號)을 오직 자신에게만 알려 주셨다는 사실을 잘 알고 있었습니다. 그럼에도 불구하고 모세는 〈창세기〉에서 아브람이 '벧엘' 동쪽 산에서 '여호와'란 성호(聖號)를 불렀다고 말하고 있습니다. 여기서 '여호와'나 '벧엘'의 경우가 바로 수사학적인 표현입니다. 곧 프롤렙시스(prolepsis)를 사용한 것입니다.

프롤렙시스는 어떤 주장에 대해서 반대론을 미리 예상하여 변증하는 수사학적인 방법을 말합니다. 다시 말해서 어떤 악의적인 불신자들이 말하길 '아브람이 믿었던 신과 모세가 섬기던 신이 같다는 보장을 할 수 있는가? 아마도 모세는 아브람이 믿었던 신을 자신의 신과 동일시하려고 했다'는 모함을 한다고 가정해 봅시다. 이렇게 어떤 예기(豫期)된 반론에 대해서 미리 설명하는 방법을 바로 예변법(豫辨法, prolepsis)이라고 합니다.

모세가 자신에게만 계시된 '여호와'란 이름을 아브람이 부른 '하나님'과 동일시하거나, '벧엘'이란 지명은 야곱과 관련되어 있음에도 불구하고(창 28:19) 아브람이 이미 '벧엘'이란 장소와 관련을 맺는 것으로 말합니다. 예변법은 이렇게 미래의 일을 현재형으로 말하는 수사학적인 방법입니다.

아브람이 '여호와 이름 안에서'(בְּשֵׁם יְהוָה, in the name of Jehovah, YLT) '외쳤다'(קָרָא, 카라)라고 한 모세의 말은 아브람의 하나님과 모세의 하나님의 동일성을 변증하고 있으며(창 12:8), 동시에 아브람의 발걸음은 언제나 예배적인 인간의 의무에 충실했음을 말하고 있는 것입니다.

아브람이 하나님을 위해서 제단을 쌓은 곳을 보면 '세겜 땅 모레 상수리나무'(창 12:6-7), 그리고 '벧엘 동쪽 산'(창 12:8)에 제단(מִזְבֵּחַ, 미쯔베아흐)을 쌓았습니다. 여기서 '세겜'이나 '벧엘'이란 지명은 앞으로 종종 등장하게 되는 지명입니다. 그러나 기억할 것은 거룩한 경전(聖經)에서는 지명 자체에 신성한 가치를 부여하지 않는다는 사실입니다. 신성한 가치는 아브람(아브라함)과 그의 발걸음을 인도하시는 하나님께 있는 것이지, 세겜이나 벧엘에 있는 것은 아닙니다. 여하튼 아브람은 자신이 가는 곳마다 하나님을 위한 단을 쌓음으로 그의 삶은 단순한 떠돌이의 삶이 아니라 예배자의 삶이었음을 보여줍니다. 그리고 그가 단을 쌓은 곳은 이후에 수많은 역사가 일어나는 장소가 됩니다.

본 글의 진행

〈창세기〉 1부인 《모든 것은 여기로부터 시작되었다》에서는 〈창세기〉의 첫 번째 이야기인 아담 언약과 두 번째 이야기인 노아 언약 이야기를 나누었습니다. 〈창세기〉 2부인 본 글에서는 세 번째 이야기인 아브라함 언약 이야기를 하고자 합니다. 그래서 본 글은 세 부분으로 구성되어 있습니다.

① 아브라함 언약 이야기

② 아브라함 언약의 한 축인 땅(밭)과 하나님 앞에서 걷는 삶에

대한 이야기(창 5:24, 6:9)로 이삭과 리브가의 이야기

③ 아브라함 언약의 또 다른 한 축인 씨와 '완전함'에 대한 의무에 대한 이야기로 야곱의 이야기

위와 같은 구성으로 본 글에는 각각의 개별적인 주제와 제목이 붙어 있습니다.

첫 번째 부분

: 파란 하늘에서 찬란한 별무리를 보다 - 아브라함 언약기

이 부분은 아브라함 언약 이야기로 〈창세기〉 12장 10절에서부터 시작해서 20장까지의 이야기입니다. 이 부분에서 가장 중요한 것은 아브라함에게 주어진 하나님의 언약입니다. 이 언약에서 믿음은 중요한 요소로 작용합니다. '파란 하늘에서 찬란한 별무리를 보다'란 표현은 아브라함 언약을 다루고 있는 〈창세기〉 15장에서 아브라함의 믿음과 정의를 표현한 것입니다.

이것은 한낮의 태양 아래에서 자신의 소망을 볼 수 있는 것, 보이지 않는 별무리를 하나님에 대한 신앙으로 그 실체(ὑπόστασις) 앞에 선 현존하는 인간의 가장 위대한 모습입니다. 진정으로 "믿음은 바라는 것들의 실상이요 보이지 않는 것들의 증거"(히 11:1)입니다. 태양 아래에서도 별무리가 있음을 증거하는 것은 믿음입니다.

두 번째 부분

: 순전한 미소에 하얀 꽃을 묶다 - 밭의 이야기, 이삭과 리브가

아브라함의 언약은 중요한 두 가지 내용을 담고 있습니다. 하나는 아브라함의 후손 곧 '씨'(זֶרַע)에 관한 것이며(창 15:3, 5), 다른 하나

는 땅(밭, אֶרֶץ) 곧 약속의 땅에 관한 것입니다(창 15:7). 이는 거룩한 경전의 중요한 주제에 속합니다.

성경은 사랑(חֶסֶד, 헤세드)과 진리(진실, אֱמֶת, 에메트), 정의(צְדָקָה, 쩨다카) 혹은 공의(מִשְׁפָּט, 미쉬파트)를 중심적으로 다루고 있습니다. 이와 더불어 아브라함의 후손(זֶרַע, 쩨라)과 약속의 땅(אֶרֶץ, 에레쯔)에 관한 문제가 있습니다. 예를 들어, 아브라함의 후손은 누구인가, 할례를 기준으로 결정할 것인가, 순종을 기준으로 할 것인가의 문제가 있을 수 있습니다. 약속의 땅 곧 하나님 나라와 그 백성들인 아브라함의 후손들, 그리고 그 후손들의 삶을 규정한 정의의 문제, 하나님의 사랑과 진리의 문제, 하나님 나라 백성의 삶으로서의 사랑과 진리의 문제 등이 있습니다.

성경을 씨와 밭의 주제로 보면 먼저 아브라함에게는 사라와 하갈이라는 두 명의 아내가 있었습니다. 그리고 아브라함은 '사라'에게서 '이삭'을 얻었고, '하갈'에게서는 '이스마엘'을 얻었습니다. 만약에 아브라함의 후손(씨)에 대한 기준을 '아브라함'으로 한다면 '이삭'과 '이스마엘' 모두 아브라함의 아들들로 아브라함의 후손이라고 말할 수 있습니다. 하지만 하나님께서는 아브라함(씨)을 기준으로 하지 않고 사라(밭)를 기준으로 아브라함의 씨를 결정하셨습니다. '여자의 후손'에 관한 사상입니다. 이는 육체적(physical)인 문제가 아님을 말합니다. 오히려 육체적 제한성을 초월한 것을 말합니다. 그리고 그 방법으로 제시되는 것이 언약(약속)입니다.

약속 안에서 아브라함은 '사라'에게서 '이삭'만을 얻었습니다. 이는 분명히 육체를 따라서 얻은 후손이 아니라 오직 약속으로 얻은 후손만을 의미합니다(갈 4:22-31).

아브라함이 두 명의 아내를 얻은 것은 밭의 중요성을 다루는 신비한 비유(allegory)입니다. 이는 복음의 자유를 상징하는 '사라'와 시내 산 율법에 매인 종을 상징하는 '하갈'에 대한 비유입니다. 그래서 두 명의 아내가 있었던 것입니다. 거룩한 경전은 결코 일부다처의 세속적인 결혼풍속을 반영하고 있지 않습니다.

한편 이삭에게는 단 한 명의 아내 '리브가'(רִבְקָה)만 있었습니다. 그리고 리브가는 쌍둥이 형제를 임신했습니다. 하나의 밭 곧 '리브가'에게 두 명의 씨로 '야곱'과 '에서'가 태어나게 됩니다. 이 경우에 누가 아브라함의 씨인가를 결정하는 것은 하나님의 절대적인 주권에 따릅니다(말 1:2-3; 롬 9:12-13).

씨가 확정적인 아브라함의 경우에는 밭인 사라가 아브라함의 씨를 결정하는 결정적인 요인으로 작용했으나, 밭이 확정적인 이삭과 리브가의 경우에는 하나님의 사랑이 가장 결정적으로 작용합니다. 진정으로 "속으로 아브라함이 우리 조상이라고 생각하지 말라 내가 너희에게 이르노니 하나님이 능히 이 돌들로도 아브라함의 자손이 되게 하시리라"(마 3:9)라는 말씀은 사실입니다. 여하튼 아브라함의 씨를 결정하는 문제에서 가장 중요한 것은 하나님의 결정과 여자(밭)입니다. 그렇다고 남자(씨)가 무시되는 것은 아닙니다.

야곱의 경우에 네 명의 아내(밭)가 있었습니다. 그리고 이 네 명의 아내에게는 열두 명의 아들들이 있었습니다. 이들 모두가 아브라함의 씨로 결정됩니다. 다시 말해서 밭이 아니라 씨가 결정적인 역할을 합니다. 야곱의 아들들은 모두 아브라함의 후손들(씨들)이 됩니다. 결국 하나님의 절대 주권, 그리고 씨와 밭의 이야기는 아브라함 언약 이후에 중심적인 위치들 사이에 놓이게 됩니다. 그리고 야곱에게 네 명의 아내가 있었던 것은 아브라함의 씨의 문제를 다루기 위한 것일 뿐 일부다처와는 무관합니다. 또한 믿음의 씨에 믿음의 밭 혹은 마음의 밭 사이의 긴장 관계가 있습니다.

주님께서 뿌린 씨는 건강하고 확정적입니다. 그러나 그 씨가 어떤 밭(땅)에 떨어졌는가에 따라서 전혀 다른 결과를 얻게 됩니다. 사라의 밭인가, 아니면 하갈의 밭인가의 문제입니다. 씨가 길거리에 뿌려졌는지, 돌밭에 뿌려졌는지, 아니면 가시떨기인지, 좋은 땅인지의 문제입니다(마 13:3-23).

또한 아브라함 언약기에서는 중요한 의무를 제시하고 있습니다. 하나님께서는 아브람에게 "나는 전능한 하나님이라 너는 내 앞에서 행하여 완전하라"(창 17:1)라고 말씀하셨습니다. 그런데 이 본문에는 하나의 명령어가 아니라 두 개의 명령어가 있습니다. 다시 말해서 '나는 엘샤다이(אֵל שַׁדַּי), 너는 내 앞에서 스스로 걸어라. 그리고 너는 완전함이 있어라(הִתְהַלֵּךְ לְפָנַי וֶהְיֵה תָמִים)'라고 말씀하셨습니다.

아브라함의 언약을 정리하면 '밭'의 이야기로 이삭과 리브가의 이야기가 있습니다(창 21장—27:30). 사실상 이삭의 이야기에서 중심적인 역할은 바로 '리브가'의 등장입니다. 이삭이 리브가를 만나는 것은 아브라함 언약기에서 '밭'의 이야기를 이끌어갑니다. 또한 이삭은 전능하신 하나님 엘샤다이(אֵל שַׁדַּי) 앞에서 스스로 걸어가는 삶을 보여주고 있습니다. 매순간 하나님께서 주신 절대적인 미래를 그대로 삶에 투영하며, 매순간 자신의 기원인 하나님께 회귀하는 절대적 과거를 회상하는 삶이 요구됩니다. 이는 정의의 문제와도 결부되어 있습니다.

리브가(רִבְקָה)란 이름은 히브리어에서는 사용되지 않는 낱말인 아람어 '라브크'(רְבַק, to bind)에서 파생한 이름입니다. 이는 라반이 아람 사람으로 아람어를 사용했기 때문입니다. 여하튼 아람어 '라브크'는 아름다움에 묶어 두는 것으로 아름다운 여인의 유혹에 빠진다는 의미를 함께 가지고 있습니다. 그래서 아마도 리브가(רִבְקָה)의 이름은 '아름다움에 묶다' 정도의 의미로 읽을 수 있을 것입니다. 한편 리브가의 남편 '이삭'은 히브리어로 '이쯔하크'(יִצְחָק) 곧 '웃음'이란 뜻입니다. 결국 '이삭이 리브가를 아내로 맞이했다'라는 말은 '웃음이 아름다움에 묶였다'라고 읽을 수도 있습니다. 그래서 아브라함 언약의 한 축을 이루고 있는 '밭의 이야기'는 순전한 웃음(미소)에 하얀 꽃을 묶음에 관한 이야기입니다.

세 번째 부분
: 고요하게 그러나 밝게 빛나는 별-씨의 이야기, 완전한 삶의 표상 야곱의 이야기

아브라함 언약기에서 중요한 내용으로 '밭'에 관한 것이 이삭과 리브가의 이야기였다면, '씨'에 관한 이야기는 야곱의 이야기입니다. 특히 야곱의 이야기는 신앙하는 이들이 엘샤다이(אֵל שַׁדַּי) 앞에서 '너는 완전함이 있어라'라는 말씀에 순종하는 삶을 다루고 있습니다(창 17:1). 이 삶은 모든 그리스도인들의 의무입니다. 주님께서는 "하늘에 계신 너희 아버지의 온전하심과 같이 너희도 온전하라"(마 5:48)라고 말씀하셨습니다.

인간이 진정으로 완전할 수 있는가에 대한 의문은 중요하지 않습니다. "너는 네 하나님 여호와 앞에서 완전하라"(신 18:13)라고 명령하신 이상, 신앙하는 인간들은 '완전해야 할 의무'가 있음을 말하는 것입니다. 인간에게 완전할 수 있는 능력이 있는가 혹은 없는가를 계산하거나 생각할 필요가 없습니다. 예를 들어 국경선을 지키는 군인이 수십만 명의 적군의 공격을 발견했다면 그는 적의 침입을 알리고 그들과 싸워야 할 의무가 있습니다. 그들과 맞서 싸워서 이길 수 있는 능력이 자신에게 있는가 혹은 적의 침입을 지휘관에게 알릴 능력이 있는가 등과 같은 생각(계산)을 하는 것은 이미 그 의무를 포기한 것과 마찬가지입니다. 인간이 자신에게 부여된 '의무'를 이행하는 것에 있어서 할 수 있는 능력의 유무는 중요하지 않습니다. 현존하는 인간에게는 '완전해야 할 의무'가 있다는 사실이 중요할 뿐입니다. 우리는 그것을 생각(계산)하고 판단할 권한을 가지지 못합니다. 왜냐하면 이 의무를 우리에게 부여하신 분은 바로 엘샤다이(אֵל שַׁדַּי) 곧 전능하신 하나님이시기 때문입니다.

자신이 해야 할 의무를 가장 잘 하는 방법 가운데 하나는 그 의무 자체를 생각하고 성실하게 이행하는 것입니다. 결과에 대한 판단은 가능한 한 가장 뒤로 유보하는 것입니다. 그리고 이 판단의 유보는 최후까지 유보되어 최후 심판 때까지 판단을 유보하는 것입니다. 스스로 신처럼 선악을 판단하는 것을 멈추고 하나님께서 선악을 판결하실 것을 의지하는 것입니다.

거룩한 경전에서는 야곱을 평가하기를 야곱은 '이쉬 탐'(אִישׁ תָּם) 곧 '완전한 사람'이며, '조용한 사람'(a quiet man, NIV)이라고 평하고 있습니다(창 25:27). 야곱을 평가하고 있는 히브리어 '탐'(תָּם)은 '완전한'(complete), '옳은'(right, sound)이란 뜻을 가지고 있습니다. 이런 의미에서 야곱을 '평화로운 사람'(a peaceful man, NASV), '단순한 사람'(a simple man LXX)이라고 읽습니다.

한편 하나님께서 아브람에게 "완전하라"라고 명령하실 때에도 '타밈'(תָּמִים)이란 단어를 쓰고 계시며(창 17:1), 노아가 하나님의 은혜 가운데 '완전한 자'가 되었다고 할 때에도 '타밈'(תָּמִים)을 쓰고 있습니다(창 6:9). 히브리어 '타밈'(תָּמִים)은 〈레위기〉에서는 '흠 없는'이란 뜻으로 읽습니다(레 1:3). 그리고 형용사 '타밈'(תָּמִים)에 대해서 명사형 톰(תֹּם)

은 '완전한 상태'를 말합니다(창 20:6). 그리고 또 다른 형용사형이 바로 탐(תָּם)으로 동사 타맘(תָּמַם, be complete)에서 온 낱말들입니다.

세상이 야곱에 관하여 그 어떤 모욕과 비난의 이름을 붙인다고 하여도 그는 조용하며 단순하며 완전한 삶을 살았음을 믿습니다. 하나님께서 완전하라고 하시기에 그 의무에 충실한 언약의 사람이었습니다. 거룩한 경전은 '욥'을 평할 때에도 "그 사람은 온전하고 정직하여 하나님을 경외하며 악에서 떠난 자"(욥 1:1)라고 하여 탐(תָּם)을 '완전한'(perfect, KJV), '흠 없는', '비난할 것이 없는'(blameless, NIV)이라는 의미로 읽습니다.

그러므로 야곱을 '조용한 사람'으로, 순전하고 흠 없는 '완전한 사람'이라고 평가하고 있는 성경을 그대로 믿기를 부탁드립니다. 야곱의 이야기는 아브라함 언약에서 요구된 '완전함'을 실천한 이야기입니다. 야곱은 아브라함의 씨이며, 믿음의 후손이며, 현존하는 인간이 가지는 '완전함'의 의무를 우리에게 보여주고 있습니다.

1부

파란 하늘에서 찬란한 별무리를 보다

*

아브라함 언약기

셉투아진트(LXX: Septuagint)의 번역본들

사도 시대 이후 셉투아진트(LXX: Septuagint)는 구약성경의 기본 본문(text)으로 사용되었다. 이에 따라서 셉투아진트는 예배적 이유와 선교적인 이유에서 다양한 언어로 번역되었는데 가장 대표적인 것이 로마의 기본 언어인 라틴어 번역본이다. 이를 고대 라틴어본(Old Latin) 혹은 베투스 이탈라(Vetus Itala)라고 한다. 그런데 사실상 어떤 사본이 초기 사본인지에 대해서는 아직도 논쟁이 진행 중이다. 이러한 논쟁이 현재진행형이라는 사실은 이 본문의 초기 번역본이 그만큼 복잡한 성격을 띠고 있음을 뜻한다. 일반적으로 수용되고 있는 것은 주후 2세기경에 셉투아진트가 로마의 라틴어로 번역되었다는 사실이다. 주의해야 할 것은 4세기에 히에로니무스(Eusebius Sophronius Hieronymus, 348–420) 곧 라틴식 이름으로 제롬(Jeronimo, Jerome)의 라틴어 번역본인 '표준 번역'인 '벌게이트'(the Latin Vulgate) 성경과 구별해야 한다는 사실이다.

한편 하-이집트(Lower Egypt) 지역은 그리스와 가까워 초기 기독교의 영향을 쉽게 받았다. 그래서 이 지역에서 셉투아진트가 이집트 곧 콥틱어로 번역되었다. 콥틱(Coptic)에는 네 개의 방언이 있는데 그 가운데 사히딕(Sahidic) 방언으로 기록된 콥틱 성경이 있으며, 보하이릭(Bohairic) 방언으로 기록된 것도 있다. 일반적으로 주후 2세기경에 번역된 것으로 보이는 '보하이릭 성경'을 '콥틱 성경'이라고 말한다.

주후 4세기경 선교사 프루멘티우스(Frumentius, ?–383)는 아비시니아(Abyssinia) 곧 지금의 에티오피아에서 설교를 하며 복음을 전파했다. 아마도 이 시기에 셉투아진트가 에티오피아어로 번역된 것으로 추정하고 있다. 하지만 오늘날에는 원본이 소실되어 몇 개의 이본들만 전해지고 있는데 그 중에는 유대교에 영향을 받은 팔라샤(Falasha Version)가 있다. 팔라샤는 솔로몬 왕을 자신들의 기원으로 삼는 유대교다.

주후 10세기경에 아랍어로 번역된 아랍어 셉투아진트도 있다. 이외에 아르메니아 셉투아진트 등 다양한 번역본들이 있어 서로 비교하면서 그 내용을 확인할 수 있다.

세 번째 이야기

아브라함 언약기

(창 12:10-20장)

아브라함 언약기의 짜임새

아브라함 언약기는 다섯 가지의 작은 이야기들이 일정한 반복적 형태로 배열되어 있습니다. 먼저 〈창세기〉 12장을 보면, 아브람이 자신의 아내 사래를 이집트 왕에게 주는 이야기가 등장합니다(창 12:10-20). 그리고 이와 유사한 이야기가 20장에서 다시 반복되고 있습니다. 물론 20장에서는 이집트 왕이 아니라 블레셋 왕에게 줍니다. 유사한 이야기가 반복되고 있다는 것은 모세가 이 이야기를 강조하고 있다는 뜻입니다. 〈창세기〉 12장에서 20장까지는 일정한 틀 안에서 단일한 형태로 하나의 전체를 구성하고 있으며, 반복적 형태를 통해서 충분히 그 중요성을 강조하고 있습니다.

아브람의 이야기 중 그가 이집트에서 나온 이후에 조카 롯이 소돔과 고모라로 들어가는 이야기가 13장에서 나옵니다. 그런데 이와 나란히 병행(parallelism)해서 19장에서는 롯이 소돔과 고모라에서 나오는 것을 기록하고 있습니다. 13장에서는 들어가고 19장에서는 나오는 형식으로 두 이야기는 서로 병행관계에 있다고 말할 수 있습니다.

롯은 소돔과 고모라에 들어간 이후에 그 지역에서 전쟁이 일어나는 바람에 포로가 됩니다. 이에 아브람은 전쟁에 참여하여 롯을 구해 주게 됩니다(창 14:1-16). 모세는 아브람의 삶을 타인의 삶에 개입하는 존재, 곧 선지자적인 존재로 그려내고 있습니다. 그런데 아브람이 롯의 삶에 개입하는 것은 결코 한 번만이 아닙니다. 소돔과 고모라에 대한 심판이 선언될 때에 아브라함은 롯을 구원하고자 하나님께 간구하게 됩니다(창 18:16-33). 이 역시 유사한 이야기가 평행을 이루고 있습니다. 14장에서는 아브람이 직접 전쟁에 참여하는 방식으로 타인의 삶에 개입하고, 18장에서는 하나님과 타인 곧 롯 사이에서 중재자라는 방식으로 롯의 생명에 개입하여 그를 구원하게 됩니다.

14장을 보면 아브람이 롯을 구출한 전쟁 이후에 그는 거룩한 제사장 멜기세덱을 만나게 됩니다(창 14:17-24). 그런데 창세기 18장을 보면 아브라함이 한 분 하나님 곧 세 분의 인격체를 만나는 위대한 이야기가 기록되어 있습니다. '멜기세덱과의 만남'과 '하나님 곧 세 사람과의 만남'은 분명히 모세가 유사한 혹은 동일한 이야기를 의도적으로 배열했음을 보여줍니다. 배열의 위치와 내용상의 동일성이 말해 주는 것은 분명히 모세가 얼마나 면밀하게 기록하고 있는지를 보여줍니다. 이는 분명한 의도를 가진 한 사람 곧 모세에 의해서 기록되었음이 분명합니다.

창세기 15장은 하나님께서 아브람과 언약을 세우시는 위대한 경험을 기록하고 있습니다. 여기서 라피드(לַפִּיד) 곧 등불(a burning lamp, KJV) 혹은 횃불(a smoking firepot, NIV)의 이미지로 나타나신 하나님의 현현은 언약의 실질적인 주체로 등장합니다. 그런데 창세기 17장에서는 아브라함에게 언약의 증표로 제시된 할례에 대한 요구가 기록됨으로써 창세기 15장과 17장은 서로 병행관계에 있음을 보여줍니다. 15장은 언약의 당사자로 '하나님'께서 언약을 세우시고, 17장은 언약의 또 다른 당사자인 아브라함이 할례를 이행함으로써 언약을 마무리짓고 있습니다.

끝으로 창세기 16장은 아브라함 언약에 있어서 아브라함 언약 전체 이야기의 가장 중심에 배열되어 있습니다. 이 비밀스러운 이야기는 사래와 하갈의 분쟁으로 신약시대가 도래해야만 그 비밀이 드러나게 됩니다.

이상의 내용을 도표로 나타내면 아래와 같습니다.

A. 아브람이 아내 사래를 이집트 왕에게 줌(12:10-20)
B. 롯이 소돔과 고모라로 들어감(13장)
C. 롯의 삶에 개입하는 아브람(14:1-16): 전쟁으로 망한 롯
D. 아브람이 제사장 멜기세덱을 만남(14:17-24)
E. 아브람 언약(15장): 횃불 언약
X. 사래와 하갈의 분쟁(16장): 비밀의 이야기
E′. 아브라함 언약(17장): 언약의 증표인 할례
D′. 아브라함이 하나님을 만남(18:1-15): 세 인격 혹은 세 천사
C′. 롯의 삶에 개입하는 아브라함(18:16-33): 열 명의 의인
B′. 롯이 소돔과 고모라에서 나옴(19장): 딸들에게 수치를 당함
A′. 아브라함이 아내 사라를 아비멜렉에게 줌(20장)

아브라함 언약기를 위와 같이 정리할 수 있으나 이것은 대단히 만족스러운 작업은 못됩니다. 단지 이야기의 진행에 있어서 일정

하게 강조된 내용을 찾는 과정에서 파생한 결과물에 지나지 않습니다. 그러니 이 짜임새는 표준이 아니라 하나의 이해를 위한 제안에 불과합니다. 그렇기 때문에 우리 각자가 더 깊이 거룩한 경전을 예배 가운데 읽어야 할 줄로 압니다.

아무튼 위의 짜임새를 통해서 우리는 네 가지의 특징을 읽을 수 있습니다. 첫째, 아브라함이 그의 아내 사라를 두 번이나 다른 남자에게 넘겨주었다는 사실입니다(A와 A′ 부분). 이것은 남편의 의무에 있어서 불성실한 것이 분명합니다. 그럼에도 불구하고 모세는 이 사건을 숨기지 않고 자신이 받은 그대로 우리에게 전달하고 있습니다. 이는 분명한 이유가 있으며, 우리는 그 이유를 묻고(דָּרַשׁ, seek, study) 찾아야 합니다.

둘째는 하나님께서 당신의 자유로운 뜻에 따라서 전적으로 타락한 한 인간 아브라함을 선택하셨습니다. 거룩한 경전에서는 아브라함의 선한 삶은 전혀 언급되지 않고 있습니다. 오직 하나님께서 부르셨을 때에 그가 '떠났다'는 사실만을 기록하고 있을 뿐입니다. 선택은 하나님의 주권에 의한 것이며, 선택받은 아브라함은 선택받지 않은 롯의 삶에 개입하고 있다는 사실을 가르쳐 주고 있습니다(C와 C′ 부분). 여기서 롯의 인생은 위험에 노출되어 있으며 결국 그 위험이 그를 파멸로 몰아가고 있습니다(B와 B′ 부분). 이 파멸의 삶에서 아브라함은 롯의 생명을 구원하기 위해서 롯의 삶에 개입합니다. 이 부분에서 모세는 롯이 소돔과 고모라로 '들어가는 것'과 '나오는 것'의 대조적 대구 속에서 롯의 비참한 삶을 병행하여 언급하고 있습니다.

세 번째, 아브람이 거룩한 제사장 멜기세덱을 만났다는 사실과(D 부분) 아브라함이 세 천사를 자신도 모르는 부지중에 대접했다는 사실이 기록되어 있습니다(D′ 부분). 오직 아브라함의 마음에는 나그네들이 자신의 특별한 손님이 되어 주길 바랐을 뿐입니다. 그래서 거룩한 경전은 "손님 대접하기를 잊지 말라 이로써 부지중에 천사들을 대접한 이들이 있었느니라"(히 13:2)라고 말하고 있습니다. 우리는 여기서 아브라함 언약기의 중요한 주제 하나를 발견하게 됩니다. 환언해서 말하면, 낯선 사람에게 차갑게 대하지 말라는 것입니다. 이웃 곧 형제에 대한 이해는 곧바로 하나님과 관련해서 이해되어야 합니다(마 25:35-46).

네 번째는 바로 아브라함의 언약의 기록(紀錄)입니다. 이 언약은 두 가지 측면에서 다루어지고 있는데, 하나는 먼저 하나님께서 언약의 당사자로 등장하는 이야기입니다(E 부분). 그리고 다른 하나는, 또 다른 언약의 당사자로 선택받은 인간인 아브라함의 할례에 관한 이야기입니다(E′ 부분). 그런데 이 두 언약 이야기 사이에 사래와 하갈의 분쟁에 관한 이야기가 등장합니다(X 부분). 이는 아브라함 언약기에서 가장 중심적인 내용이며 신비한 비유로 우리에게 다가서고 있습니다.

위와 같이 모세는 자신의 소명 가운데 가장 중요한 부분인 '거룩한 경전'을 기록하는 것에 있어서 매우 섬세하게 배열하고 있음을 알 수 있습니다. 모세는 이야기를 시간의 순서에 따라서 기록하는 방식과 더불어 특정한 이야기를 반복적인 병행 배열을 통해서 의미상으로도 배열을 하고 있습니다. 그래서 반복되는 부분을 나란히 배열해서 확인하는 것도 그 의미를 찾는 데 도움을 줄 수 있습니다. 사실 역사 기록에는 두 가지 방향이 서로 병행되어야 합니다.

역사 기록은 행위(work) 혹은 사건에 대한 기록과 더불어 말(word) 혹은 이야기(discourse)에 대한 기록이 병행되어야 합니다. 만약에 어떤 일이 발생했을 때에 그 사이에서 주고받은 담화(discourse)가 없다면 역사의 진실은 밝혀지지 않게 됩니다. 〈창세기〉의 서술 방식은 고대 역사 서술 방식을 따르고 있습니다.

시간의 학문인 역사는 반드시 의미를 추구하게 되어 있습니다. 단순한 사건의 나열만으로는 역사가 될 수 없습니다. 모세는 역사를 기록하고 있습니다. 우리는 고대의 역사 앞에 서 있습니다.

기본적으로 거룩한 경전을 순서대로 읽는 것은 대단히 중요한 의미와 가치가 있습니다. 그러나 동시에 거룩한 경전은 예배 안에서 낭송되는 경전입니다. 그리고 예배 안에서 낭송될 때에는 반드시 성경의 순서에 따라서 낭송되고 설교되는 것만은 아닙니다. 오히려 의미적으로 낭송되는 것이 일반적입니다. 그래서 우리는 〈창세기〉 12장부터 순차적으로 20장까지 읽을 수도 있지만, 의미적인 부분들을 모아서 읽을 수도 있습니다. 다시 말해서 내용적으로 반복되는 부분들을 모아서 읽는 방식으로 읽을 수도 있습니다.

아브람이 아내 사래를 이집트 왕에게 버린 이야기를 한 다음(A. 12:10-20), 13장으로 가지 않고 아브라함이 아내 사라를 블레셋 왕에게 버린 이야기를 하는 20장으로 곧바로 읽고자 합니다. 같은 내용을 모아서 읽는 것은 반복을 피하고, 거룩한 경전이 강조하는 내용을 더 분명하게 보고자 하는 작은 시도입니다.

수사학적으로 '반복'은 강조를 의미합니다. 의미 없는 반복은 없습니다. 그러므로 반복을 회피한다는 것은 강조점을 놓칠 수 있는 위험이 있습니다. 이런 이유에서 반복적인 부분을 모아서 읽을 때에 보다 깊이 집중하는 마음이 요구됩니다.

남편이 아내를 버리다

아브라함의 언약기는 아브라함의 연약한 모습으로 시작합니다. 〈창세기〉는 한 인간을 영웅으로 표현하지 않습니다. 아니 성경은 결코 어떤 인간을 영웅적으로 이야기하지 않습니다. 아브라함은 분명히 믿음의 선조이며 참된 신앙의 계보를 형성하기 위해서 선택받은 인물임에는 자명합니다. 하지만 그는 부패한 현존하는 인간입니다. 그는 영웅적인 신앙 때문에 선택받은 것이 아닙니다. 이것은 우리에게 소망이 아닐 수 없습니다. 우리의 연약함이 우리의 구원에 전혀 문제가 되지 않을 수도 있음을 뜻합니다. 현존하는 인간인 우리에게 죄악과 불의와 유혹이 있을지라도 그런 것은 사실상 중요하지 않습니다. 보다 분명한 것은 언젠가는 반드시 우리들에게 찾아오실 그분, 하나님의 약속대로 다시 오실 그분에 대한 미래가 오늘을 살아가는 우리의 삶을 지배하고 있다는 것이 더 중요합니다.

성경은 한 인간의 타락한 모습을 덮기 위해서 변명과 핑계를 고안하지 않습니다. 모세는 전해 받은 그대로의 모습을 이야기합니다. 그러나 '있는 그대로'의 모습이라고 해서 신문 기사와 같은 저널리즘(journalism)이나 과학적 관찰기록은 결코 아닙니다. 모세 때에는 과학 언어가, 저널리즘 언어가 존재하지 않았습니다. 누구나 읽을 수 있도록 히브리인들이 일상적으로 사용하는 말로 표현된 일상생활 언어에 관한 것입니다. 예를 들어 '지구가 자전(rotation)한다'라는 말 대신에 보다 일상적인 언어로 '태양이 뜬다'라고 표현합니다. 그래서 성경은 먹고 마시고, 추위를 피할 옷과 땡볕을 피할 그늘을 이야기합니다. 그렇다고 물질적(physical) 한계에 예속되어 있지 않습니다. 오히려 물질적인 한계를 초극하여 초월하고 있습니다. 물질적 한계에 예속될 경우 자유를 상실하게 됩니다.

일상 언어로 표현되었다는 말은, 적어도 언어학적으로 내지는 이 글 전체에서 의미하는 바가 시적(詩的, poetic) 표현이란 의미를 담고 있습니다. 우리는 일상생활 안에서 은유(metaphor), 환유(metonymy) 혹은 제유(synecdoche) 등과 같은 수많은 비유법과 수사법을 사용해서 자신의 생각과 감정을 추상적(abstract)으로 표현합니다. 그래서 일상 언어는 보다 광범위한 의미를 전달할 수 있습니다. 물론 그것을 이해하기 위해서는 그만큼 광범위한 인식이 요구됩니다.

아무튼 거룩한 경전은 영웅적인 아브람의 모습이 아니라 자신의 목숨을 구하기 위해서 아내를 '누이'라는 명분으로 이집트 왕 바로(פַּרְעֹה, 파르오)에게 주는 이야기가 나옵니다(A 부분, 창 12:10-12). 일반적으로 고대 이집트 왕국의 왕을 '파라오'(pharaoh)라고 하며, 한글 번역 성경에서는 '바로'(pharaoh)로 읽습니다.

창세기 20장에서도 아브라함은 자신의 목숨을 구하기 위해서 아내를 그랄 왕 아비멜렉(אֲבִימֶלֶךְ)에게 주는 이야기가 나옵니다(A′ 부분). '아비멜렉'(Abimelech)은 이집트 지역의 '바로'의 경우처럼 팔레스타인 지역의 지배자를 뜻하는 호칭으로 '그랄' 지역의 지배자를 지칭하는 말입니다. 여하튼 아내를 다른 남자에게 넘겨주는 아브라함의 모습은 참으로 신앙의 조상이라고 말하기에는 너무나도 비겁하고 졸렬한 모습입니다.

경건한 가정의 책임자라고 말하기에 부족한 아브라함은 자신의 아내에게 수치감을 주고 있습니다. 그러나 성경은 이것이 바로 현존하는 인간의 모습이라고 가르쳐 주고 있는 것 같습니다. 연약함과 나약함을 가진 아브라함이기에 우리로 하여금 그를 조금이라도 영웅시할 수 없게 만듭니다. 그 대신에 그도 우리와 동일한 현존하는 인간임을 말하고 있습니다. 또한 모세는 우리로 하여금 성경 안에서 '또 다른 의미'를 찾도록 유도하고 있습니다. '아브라함'은 '아브람'의 다른 이름이며(창 17:5), '사라'는 '사래'의 다른 이름입니다(창 17:15).

우리는 노아 언약기에서 천명된 사실을 반드시 기억하고 있어야 합니다. 곧 "사람의 마음이 계획하는 바가 어려서부터 악함"이라는 사실입니다(창 8:21). 또한 "의인은 없나니 하나도 없다"라는 사실입니다(롬 3:10; 시 14:3, 53:3). 인간은 전적으로 타락했습니다(Total Depravity). 하나님과 분리되어 있는 인간들은 부패와 죽음의 악취를 화려한 문명으로 덮고 모른 척하고 있을 뿐입니다. 물론 아브라함은 하나님께서 선택하신 인물입니다. 그러나 인간에게 어떤 의의 모습이나 선의 모습이 있었기 때문에 선택하신 것이 아님을 분명히 알 수 있습니다. 이것은 하나님의 자유로운 판단과 작정하심에 따른 섭리에 의한 것입니다. 인간의 그 어떤 조건에 따른 것이 아닙니다. 인간에게는 그 조건을 충족할 것이 아무것도 없기에 이것은 무조건적인 선택(Unconditional Election)입니다. 선택은 하나님의 구원의 섭리입니다. 그렇기 때문에 구원과 신앙에 있어서 그 누구도 자신의 신앙과 구원을 자랑할 수 없습니다. 오직 섭리는 우리를 겸손하게 하나님 앞에서 무릎 꿇게 할 뿐입니다. 그리고 하나님의 부르심을 스스로 깨닫게 된다면 그 누구라도 떠나는 삶 곧 나그네의 삶을 걷게 됩니다. 우리를 노동하는 자, 예배하는 자로 걷게 합니다.

'신은 없다', '신은 죽었다' 혹은 '신은 있다'라고 하는 문제는 사실상 신에 대한 문제가 아니라 스스로 신을 믿고 있는가 혹은 믿고 있지 않은가의 문제입니다. 만약에 스스로 신을 믿고 있다는 것을 깨닫게 된다면 그는 진실로 신께서 존재하고 계심을 알게 되는 인식(conscientia, La.)에 도달하게 됩니다. 믿음이 인식을 이끄는 것입니다. 하지만 자신이 스스로 신을 믿지 않고 있다면, 다시 말해서 아직 자신이 신을 믿고 있다는 사실을 깨닫지 못했다면 그는 아직 신이 있다는 것을 시인하지 못합니다. 이런 사람에게는 신에 대한 인식이 없습니다. 그래서 '신은 없다'는 결론을 얻는 것입니다. 또 예전에 믿었으나 현재는 믿지 못하게 되었을 때에 스스로 고백하는 말이 '신은 죽었다'라는 허무한 삶에 대한 자조적인 시인을 하게 됩니다. 우리는 '신이 있다, 없다'라는 것을 판단할 수 없습니다. 다만 자신이 신을 믿고 있는지, 믿고 있지 않은지 그것만을 시인할 뿐입니다. 고백(confession)만이 있습니다. '신이 없다'는 것 역시 그들의 신앙고백이자 그의 도그마(δόγμα) 곧 '그것이 옳다고 바라보는 것'으로 결의(resolution)입니다. 그리고 이런 고백은 현존하는 인간의 가장 일반적인 자기 인식에 근거한 신념입니다. 스스로 좋은 것을 택한 것입니다. 계시에 의존한 것이 아닙니다.

성경은 우리에게 이렇게 말하고 있습니다. "만일 아브라함이 행위로써 의롭다 하심을 받았으면 자랑할 것이 있으려니와 하나님 앞에서는 없느니라 성경이 무엇을 말하느냐 아브라함이 하나님을 믿으매 그것이 그에게 의로 여겨진 바 되었느니라"(롬 4:2-3). 이는 믿음에 관한 것입니다.

A. 아브람이 아내 사래를 이집트 왕에게 줌(12:10-20)

아브람의 위대한 신앙

아브람은 이미 긴 여행길을 걸어왔습니다. 메소포타미아 우르에서 가나안 사람들의 땅이라는 미래의 약속 가운데 이주를 시작해서 하란에 머물렀습니다. 아브람이 왜 하란에 머물렀는지 정확한 이유를 알 수는 없습니다. 그저 늙으신 아버지 데라를 돌보기 위해서 잠시 머무르지 않았나 하는 생각이 듭니다. 왜냐하면 스데반 집사는 "아브라함이 갈대아 사람의 땅을 떠나 하란에 거하다가 그의 아버지가 죽으매 하나님이 그를 거기서 너희 지금 사는 이 땅으로 옮기셨느니라"(행 7:4)라고 설교했기 때문입니다. 데라는 먼 미래의 약속을 자신의 삶에 투영하지 못했습니다. 하나님께서 보기 좋다고 하시는 판단보다는 스스로 신이 되어, 자신의 판단으로 불타버린 메마른 산 '하란'이 더 좋아 보여 그곳에 머물렀습니다. 그것은 부패이자 죽음을 의미합니다. 하지만 아브람은 늙으신 아버지에 대한 걱정으로 일정 기간 그곳에 함께 머물렀던 것으로 보입니다.

그는 세겜 지역을 거쳐서 벧엘 동쪽 산으로, 그리고 다시 남방으로, 갈 곳을 모르고 오직 하나님께서 주신 약속만 의지하고 걸어왔습니다(히 11:8). 이는 하나님께서 아브람을 옮기신 것입니다(행 7:4). 스데반 집사는 아브람의 긴 여행을 하나님께서 '옮기셨다'(μετοικίζω, 메토이키조)라고 설교하였습니다(행 7:4).

사람이 하는 일처럼 보이지만 이는 하나님의 섭리 아래에 있었습니다. 아브람이 이곳저곳으로 이주한 것을 오직 자신의 안위를 위해서 떠도는 이들과 비교해서는 안 됩니다. 아마도 아브람의 경우는 천사들이 그때그때 갈 곳을 일러 주었을 것입니다.

자신의 삶의 안위를 위해서 떠도는 이들의 마음 깊은 그곳에는 무거운 앙금이 쌓여 있어서 그 생활의 맛이 시고 거칠며 향이 깊지 않아 이웃에게도 아픔이 되는 것이 그들의 삶입니다. 이는 흡사 포도주에 비유할 수 있을 것입니다. 포도주는 한 곳에 두어야지 자주 옮기면 옮길수록 그 맛이 시고 거칠어 향이 독해 걸인(乞人) 혹은 죄인들이나 먹는 찌꺼기가 있는 신 포도주가 됩니다. 교회를 이곳저곳 떠돌아다니는 이들의 마음에는 항상 앙금, 찌꺼기가 있습니다. 감상(感傷)의 찌꺼기들, 구정물의 토정(吐情), 일하긴 싫지만 재화(財貨)는 누구든 아쉬운 법입니다. 이는 극단으로 타락하지 않아도 손쉽게 우리가 하는 일들입니다.

하지만 포도주는 한 곳에 오래 머물러 있으면 있을수록 그 맛이 달고 부드러우며, 그 향은 포도의 깊은 향을 머금고 있어서 왕과 귀한 사람들의 사랑을 받는 포도주가 됩니다. 이는 노아처럼 그렇게 오래 머물러 인내하는 신앙을 말합니다. 고된 노동 속에서 한결같이 참고 인내하는 삶을 살아가는 신앙이 있습니다. 성령 하나님께서는 신앙의 열매로 인내(μακροθυμία, 마크로튀미아)를 주십니다(갈 5:22). 하지만 아브람의 이주는 떠돌이 생활이 아닙니다.

아브람은 하나님께서 옮기신 선택받은 인간입니다. 현존하는 인간들 가운데 구별된 선택을 받은 사람입니다. 주님께서는 그를 신앙의 조상으로 삼으시고자 그를 옮겨 놓으셨습니다. 그의 '떠남'은 부르심에 대한 가장 합당한 반응입니다. 왜냐하면 선택받은 사람은 저주받은 이 땅에서 나그네이기 때문입니다. 이 땅은 이미 아담으로 인하여 저주를 받았기 때문입니다(창 3:17). 여하튼 아브람의 여행은 남쪽을 향해 지속되었습니다(창 12:9).

그리고 어느 날 그의 여행은 위기에 봉착하게 됩니다. 바로 그 땅에 기근이 들었습니다(창 12:10). 창세기 12장 9절과 10절은 연속적인 상황을 말하는 것입니다. 다시 말해서 아브람이 남쪽으로 이주하고 있을 때에 그 지역에 기근이 발생했습니다. 하나님께서는 아브람을 안정적이고 평온한 곳으로 옮기신 것이 아니라 기근으로 온 땅이 죽어가는 곳에 갖다 놓으셨습니다. 선지자 모세를 이끌어 홍해 바다 앞에 세우신 것처럼(출 13:18), 다윗 선지자를 도망갈 수 없는 마온 황무지에 갖다 놓으신 것처럼(삼상 23:25) 아브람을 굶주림 속으로 인도하셨습니다. 그리고 하나님께서는 어떤 말씀도 안 하셨습니다. 이제 아브람은 자신의 긴 여행에서 중대한 갈림길에 놓이게 되었습니다. 아브람은 기근이 든 그 땅에서 다시 북쪽으로 이주하든가 아니면 계속해서 남쪽으로 이주하든가를 선택해야 했습니다. 이에 아브람은 이집트로 발걸음을 옮기기로 결단합니다.

아브람이 이집트로 발걸음을 옮겼다는 사실은 그가 하나님의 약속, 미래의 삶을 그대로 현재에 투영한 삶으로 살아가고 있음을 의미합니다. 모세가 '아브람은 하나님께서 하신 미래의 약속을 신앙하고 있다. 이 사실을 분명히 알아야 한다. 우리도 오직 하나님의 약속을 신앙하는 삶을 살아야 한다. 아브람이 우리의 조상이기에 우리 역시 같은 삶을 살아가는 것이다'라고 말하고 있는 것 같습니다.

사실 아브람은 낯선 이집트 땅으로 향하는 것보다는 자신의 아버지 데라와 형제 나홀이 살고 있는 하란으로 발걸음을 옮기는 것이 더 유리하다는 상업적 계산을 쉽게 얻을 수 있습니다. 메소포타미아, 그 비옥한 초승달 지역은 이집트만큼이나 풍요로운 땅입니다. 그는 갈대아 우르에서 성장했으며 그곳에는 여전히 노아의 아들 셈이 살아 있었습니다. 그리고 하란에는 아버지 데라가 살고 있었습니다. 그러니 어려움과 곤경에 처한 사람들이 풍요로운 곳에 살고 있는 가족을 찾는 것은 당연한 일일 것입니다. 그러나 아브람은 하나님의 말씀대로 "너는 너의 고향과 친척과 아버지의 집을 떠나 내가 네게 보여줄 땅으로 가라"(창 12:1)는 말씀에 자신의 모든 삶을 투영하고 있습니다. 그는 다시는 아버지와 그 조상들이 있는 그 땅으로 발걸음을 옮기지 않았습니다. 이는 그가 하나님의 약속을 신앙하고 있음을 분명히 밝히고 있는 표현입니다. '신앙'은 언제나 '신앙하고 있음'이라는 그 순간, 곧 현재 속에 살아가는 것을 말합니다. 하나님의 말씀 안으로 자신의 삶을 투영하는 것을 멈추는 순간 '신앙'은 있어도 '신앙하는' 것은 아닙니다. 신앙은 언제나 '하고 있는' 현재의 삶을 말합니다.

하나님께서 원하시지 않는 데레크(דֶּרֶךְ, 길)를 걷는 것보다는 차라리 위험한 곳으로 발걸음을 옮긴다면 그것은 아브람이 얼마나 좋은 길을 택했는지를 보여주는 것입니다. 자신의 생명에 위협이 있을 수 있고, 아내 사래가 여성으로서 수치를 당할 수도 있는 곳을 선택한다는 것은 아브람에게는 하나님께서 하신 미래의 약속이 현실을 완전히 지배하고 있음을 보여주는 것입니다. 미래는 오직 소망하는 가운데에만 존재하는 것입니다. 미래는 앞날의 일이지만 소망은 현재의 일입니다. 이제 아브람은 낯선 땅으로 발걸음을 걷는 것을 받아들인 '나그네'가 되었습니다. 아브람에게는 신앙만이 중요한 동기였습니다.

배고픔, 이스라엘 백성들은 이 배고픔 때문에 하나님의 미래의 약속을 저버렸습니다. 모세 때 곧 광야 교회 시절(행 7:38) 때에 이스라엘 백성들은 배불리 먹던 종살이 시절인 이집트 생활로 돌아가고자 했습니다. 배고픔에 시달리는 자유의 광야보다는 배불리 먹는 종의 삶이 더 좋다고 생각했습니다(민 21:5). 그러나 신앙의 발걸음은 아마도 사도께서 경험했던 그 발걸음과 같은 것으로 압니다. '수고하고 애쓰며 뜬눈으로 밤을 지새운 적도 여러 번이었고 주리고 목마르며 수없이 굶고 추위에 떨며 헐벗기도 한' 삶입니다(고후 11:27). 이는 아브람의 삶이며 사도들의 삶이자 신앙하는 이들의 삶입니다. 이 굶주림에서 우리는 구원의 소망을 마시고 구원의 신앙을 양식으로 먹습니다. 아브람이 굶주림 속에서도 풍요로운 가족에게 가지 않았던 것처럼 그렇게 하나님의 약속만을 의지하고 살아가는 것입니다. 이는 모세 곧 그가 기록으로 옮긴 〈창세기〉를 통해서 신앙하는 인간의 모습을 제시하는 것입니다. 그렇기 때문에 〈창세기〉를 읽는 모든 아브람의 후손들의 삶을 상징적으로 보여주는 것입니다.

몇백 년을 다듬은 듯이 아름다운 외관과 웅장하고 근엄하지만 속은 위선과 거짓으로 꽉 차 있는 조상들의 신앙, 우상들로부터 떠나는 것은 굶주림 때문에 그곳으로 되돌아갈 수 있는 문제가 아닙니다. 우리가 돌아갈 곳은 절대적인 과거인 우리 자신의 기원 곧 창조주 하나님의 말씀이지, 육신의 포근함을 제공하는 조상들의 우상이 아닙니다(수 24:2).

아브람의 편견

그런데 아브람은 이집트에 가까이 갔을 때 자기 아내 사래에게 이렇게 말했습니다(창 12:11). 아마도 이집트 강(the river of Egypt, 창 15:18) 어디쯤에서 말을 했을 것입니다.

“내가 알기에 그대는 아리따운 여인이라”(창 12:11). 여기서 ‘아름다운’(beautiful, NIV)이란 표현은 히브리어 야페(יָפֶה)로 외적인 미모를 의미하며 ‘매혹적인’(a fair, KJV)이란 뜻으로 읽습니다. 그래서 아브람이 사래를 평가하고 있는 것은 순전히 외적인 미모를 의미합니다. 하지만 사래의 아름다움을 순전히 외적인 외모만으로 제한해서 아름답다고 말하는 것은 옳지 않은 것으로 압니다. 왜냐하면 외모가 ‘아름다운 여인이 삼가지 아니하는 것은 마치 돼지 코에 금 고리’ 같기 때문입니다(잠 11:22). ‘삼가지 않다’는 것이란 ‘맛이 벗어난’(סָרַת טָעַם) 것 혹은 ‘맛이 빗나간’ 것으로, 음식이 적절한 맛을 구비하지 못한 것을 뜻합니다.

음식의 ‘맛’(טַעַם, 타암)이란 주관적(subjective)입니다. 그러나 어떤 음식에 대해서 많은 이들이 그것을 ‘맛있다’라고 평하기도 합니다. 이렇게 ‘맛’을 아는 것은 주관적이지만 많은 사람들의 공동적 인식을 이끌 수 있는 상호-주관성(inter-subjectivity)을 가지고 있어서 객관성(objectivity)을 확보하는 기반이 됩니다. 맛과 같이 간주관성(間主觀性) 혹은 상호-주관성을 가지고 있는 것이 의식(sense, 감각)입니다. ‘맛’처럼 센스(sense)는 상호-주관성을 가지고 이해력을 가지게 합니다. 그래서 ‘맛이 벗어났다’란 말은 ‘좋은 감각이 없는’(without good sense, NRSV) ‘분별력이 결여된’(lacks discretion, NIV) 것을 의미합니다.

제아무리 외모가 아름답다고 하여도 분별력이 없는 여인, 맛이 상한 여인에게 ‘아름답다’란 단어는 적절하지 않습니다. 수치스러운 아내는 남편에게 뼈가 썩는 고통과 같습니다(잠 12:4). 사래의 경우는 외모뿐만 아니라 충분한 분별력을 소유한 현숙한 여인이었던 것으로 압니다.

본문을 보면, 아브람은 “내가 알기에 그대는 아리따운 여인이라”(창 12:11)라고 말합니다. ‘내가 알기에’(I know)란 말은 ‘미’(美)가 음식의 맛처럼 주관적인 성격을 가지고 있음을 의미합니다. 이는 아브람이 보기에 아름다운 아내 사래임을 뜻합니다. 그러나 아브람이 가진 이 센스(sense)는 다른 이들도 의식할 수 있는 상호-주관적인 판단입니다. 그러므로 이집트 사람들에게도 충분히 아름답게 보일 것임을 예측할 수 있습니다. 그런데 우리는 사래의 아름다움에 대하여 하나의 논란에 사로잡히게 됩니다. 왜냐하면 아브람이 하란을 떠난 것이 75세였기 때문입니다(창 12:4).

아브라함이 99세 때에 하나님께서는 아들에 대한 약속을 다시 확정하셨습니다(창 17:1). 이때에 아브라함은 ‘100세 된 사람이 어찌 자식을 낳을까? 사라는 90세니 어찌 출산하리요’라고 생각했습니다(창 17:17). 이는 아브라함과 사라의 나이 차이가 대략 열 살 정도임을 암시합니다. 우리가 대략적인 차이인 이 ‘열 살 내외’를 그대로 받아들인다면 아브람이 하란을 떠날 때에 이미 사래는 65세 정도 되었다는 의미가 됩니다. 그런데 아브람은 자신의 아내가 외모에 있어서 젊은 여인들처럼 ‘아름다운’ 여인이라고 말하고 있습니다. 사실 이집트인들도 사래를 아름다운 여인으로 바라보았습니다. 그것도 “심히 아리따움을 보았다”라고 하였습니다(창 12:14).

사실 이 부분에 대한 여러 가지 가능성들이 논의되고 있습니다. 어떤 사람은 사래가 면사포로 얼굴을 가렸기 때문에 목소리만을 의미하는 것이라고 성경의 내용을 지지하려고 노력합니다. 이 경우는 사래의 외모보다는 지혜로운 여인이라는 점에 초점을 맞추고 있습니다. 하지만 고대 이집트의 여인들은 사실상 현대 여성이 누리는 자유보다도 더 많은 자유를 누렸으며 면사포를 쓰지 않았기에 이 주장은 역사적으로 옹호받지 못합니다. 본문에서 아브람은

‘야다티 키 잇샤 예파트-마르에 아트’(יָדַעְתִּי כִּי אִשָּׁה יְפַת־מַרְאֶה אָתְּ) 곧 ‘나는 당신이 눈에 보기에 매력적인 여인이라는 것을 안다’라고 말하고 있어서 사래는 외적인 외모에 있어서 충분히 매력적으로 아름다웠다는 것을 알 수 있습니다. 그래서 어떤 어리석고 악의적인 사람은 인종차별주의적인 발언을 서슴지 않고 해댑니다. 이들은 흑인들의 눈에 백인들은 나이에 상관없이 아름답다고 악의적으로 말합니다. 그러나 고대 이집트는 현대 서구 사회보다 더 고결한 인품을 가지고 있었습니다. 그들은 흑인이든 혹은 백인이든 혹은 동양인이든 서양인이든 상관하지 않는 관대함을 가진 제국을 이룩한 거대한 나라였습니다. 게다가 사래는 백인이 아니라 동양인으로 아시아 사람입니다. 성경의 중요한 무대는 서양이 아니라 동양입니다. 아브람과 사래는 중동(中東, the Middle East) 지역 곧 팔레스타인 지역을 배경으로 활동한 동양(the Orient) 사람입니다.

사래의 아름다움에 대한 문제에 대해서 교회 개혁가 존 칼빈(John Calvin, 1509-1564)은 보다 쉽게 접근하고 있습니다. 그에 따르면 사래의 외모가 가지는 매력적인 아름다움은 하나님께서 그녀에게 주신 특별한 선물이라는 사실을 전혀 의심하지 않는다고 이야기합니다. 아마도 이 판단이 가장 적절한 판단인 것으로 압니다. 하나님께서 사래에게 외적인 아름다움을 주신 것에는 분명한 이유가 있었습니다. 성경에서 종종 여자의 외적인 아름다움은 곧바로 외적인 위험으로 다루어집니다.

본문에서 사용된 ‘아름답다’는 히브리어 야페(יָפֶה)로 ‘아름답다’보다는 ‘매력적인’이란 뜻에 가깝습니다. 그리고 이 표현은 〈창세기〉중에서 야곱의 아내 라헬과 그의 아들 요셉에게도 사용되고 있습니다. 요셉에 대해서 모세는 ‘야페’를 두 번 사용해서 요셉의 외모가 매력적이며 눈에 보기에도 매혹적이라고 말합니다(창 39:6). 그리고 요셉은 이 매력적인 외모로 인해서 보디발의 아내에게 성적인 유혹을 당하게 됩니다(창 39:6-7).

보디발의 아내는 수치심도 모르는 체 자신의 정욕(ἐπιθυμία, 에피튀미아) 혹은 정념(πάθος, 파토스)에 매달려 요셉에게 동침을 요구하지만 요셉은 이를 거절했습니다. 그 결과 요셉은 이 수치스러운 일에 대하여 오히려 누명을 쓰고 감옥(監獄)에 가게 되는 고초를 겪었습니다. 외적인 외모를 가진 남성이 뭇 여성들에게 성적인 열망이 될 뿐만 아니라 그 이상으로 음란의 범죄에 빠질 수 있다는 것을 의미합니다. 특히 여성은 남성보다 더 큰 위험이 있는 것이 사실입니다. 세상은 악하고 인간의 본성은 타락했기 때문에 외적인 외모가 아리땁다는 것은 음란의 위험에 그만큼 더 많이 노출되어 있음을 뜻하는 것이 분명합니다. 그리고 이러한 위험은 아브람에게는 생명의 위협으로 작용하고 있습니다.

아브람은 아내에게 말했습니다.

"애굽(이집트) 사람이 그대를 볼 때에 이르기를 '이는 그의 아내라' 하여 나는 죽이고 그대는 살리리니 원하건대 그대는 나의 누이라 하라 그러면 내가 그대로 말미암아 안전하고 내 목숨이 그대로 말미암아 보존되리라"(창 12:12-13)라고 아내를 설득하였습니다.

사래가 아브람의 누이라는 사실을 밝힘으로 아브람이 거짓말을 한 것은 아니라고 말하는 것은 주제의 핵심을 흐리는 것일 뿐 아무것도 아닙니다. 아브람은 지금은 아내 사래로 인하여 자신이 죽을 수도 있다는 불안감 속에서 아내에게 닥쳐올 수도 있는 음란과 수치의 빌미를 제공하고 있습니다. 아내를 배려하고 돌봐주어야 할 남편이 오히려 아내를 음란 앞에 던져놓고 있습니다. 이것은 변명의 여지가 없습니다.

여자가 남자들에게 성적인 위협을 받는다는 것은 그녀가 속한 사회성을 박탈당할 위험성을 말하는 것입니다. 그녀 자신에게는 수치감과 모멸감을 뿌리 깊게 심어 주는 악행이며, 동시에 그녀가 속한 사회 안에서 자신의 생명을 보호받을 수 없음을 확인시키는 사회성의 박탈입니다. 이것은 사회적 살인행위입니다. 아니, 그 이상의 범죄행위입니다. 그러나 이것은 타락한 영혼이 범할 수 있는 가장 평범한 일 가운데 하나일 수도 있을 것입니다. 성적인 정욕, 세상에 대한 탐욕, 신앙의 광신이나 무관심은 현존하는 인간의 모든 문제가 포함되어 있는 공간입니다. '성은 아름답다'라고 말하는 오늘날에 성에 대해서 '수치'라는 말을 하는 것은 이미 버려진 낡은 옷과 같을 것입니다. 하지만 아브람은 분명히 잘못했습니다. 그리고 아브람도 우리와 동일한 현존하는 인간으로 자신의 목숨을 위해서 아내를 궁지로 몰아넣고 있습니다. 그는 결코 의로운 사람이 아닙니다. 그는 타락한 현존 인류입니다.

우리는 노아의 언약이 메아리처럼 다시 울리고 있음을 발견하게 됩니다. '예쩨르 레브 하아담 라 미느우라우'(יֵצֶר לֵב הָאָדָם רַע מִנְּעֻרָיו) 곧 "사람의 마음이 계획하는 바가 어려서부터 악함이라"(창 8:21). 이 본문을 어설프지만 직역하면, '그 인간의 마음의 틀 자체가 그의 어려서부터 악하다'란 뜻입니다. 이 말은 아브람에게도 예외가 아닙니다. 아브람이 선하고 훌륭하기 때문에 선택받은 것이 아닙니다. 그는 자신의 생명을 구하고자 아내를 수치심 가운데 버려둘 정도로 무책임한 인간이었습니다. 현존하는 인간에게는 소망이 없습니다. 인간은 전적으로 타락(Total Depravation)했습니다. 그러니 그의 생각에서 온당하고 정의로운 것이 나오지 않는 것을 이상하게 생각할 것이 없습니다.

〈창세기〉의 계보는 아브람을 향하고 있습니다. 이는 창세 이전에 그를 선택하신 하나님의 자유로운 행위에 의존하고 있습니다. 하나님께서는 아브람의 선한 행위로 그를 선택하신 것이 아니라 오직 하나님의 자유로운 선택과 전능하신 능력 가운데 무조건적으로 선택하신 것입니다. 다시 말해서 인간 편에서 하나님의 선택을 받을 그 어떤 조건도 충족할 수 없기 때문에 하나님께서는 무조건적으로 선택(Unconditional Election)하셨습니다. 이 선택은 인간의 자유 문제가 아니라 바로 하나님 당신의 자유에 관한 문제입니다.

아브라함은 우리 믿음의 조상입니다(롬 4:16). 그러나 그의 부끄러운 모습이 드러났습니다. '사람의 마음이 계획하는 바가 어려서부터 악합니다'(창 8:21). 그런데 여기서 중요한 문제 하나를 꼭 확인하고 갈 필요가 있습니다. 그것은 과연 이집트인들이 정말 그렇게 살인적이고 정욕에 사로잡힌 인간들인가 하는 문제입니다. 왜냐하면 아브람은 이집트인들 곧 함의 후손들이 사래의 아름다움을 보고 그 여인을 통해서 자신들의 더러운 정욕을 채우고자 살인을 할 것이라고 예측하고 있다는 점입니다.

함과 그의 아들 가나안은 하나님 앞에 그 음란과 죄성을 증명한 인물로 가인의 계보를 충실하게 계승하고 있는 인물인 것은 사실입니다(창 9:22). 그렇기 때문에 아브람은 충분히 함의 후손들을 그렇게 '악하다'고 생각할 수도 있을 것입니다. 사실 모세는 함의 후손들인 이집트인들 특히 이들의 왕인 바로(파라오)에게 큰 잘못이 없다는 사실에 많은 관심을 기울이며 글을 쓰고 있습니다. 함의 후손들이나 가나안의 후손들에게 잘못이 있는 것이 아니라 그들에 대한 선입견과 편견을 가진 아브람이 문제로 등장하고 있습니다.

바로 아브람의 편견입니다.

우리는 이미 가인의 계보에서 그들이 하나님의 일반은총 가운데 기술과 예술 등을 발달시키고 있음을 보았습니다(창 4:20-22). 또한 일반은총 가운데에는 '양심'(conscience)이란 것이 있습니다. 하나님께서는 인간들에게 일반적으로 '양심'이라는 것을 누구에게나 은혜로 주심으로써 인간들은 이 양심에 따라서 사회를 구성하고 법질서를 구성하여 사회의 안정을 도모하도록 허락하셨습니다. 비록 함의 후손이라고 하여도 그들에게도 법과 도덕성이 존재합니다. 그들의 종교에 조금만 관심을 가진다면 이집트인들은 이 도덕성으로 영생을 얻을 수 있다고 믿었고, 그래서 평생 동안 착한 일을 하기 위해서 퍽이나 열정적으로 노력했음을 알 수 있습니다. 이집트의 구원론은 인간의 선행에서 얻어지는 결과로 영생을 보장받는 것입니다.

그러나 선택받은 주의 백성들은 간혹 가인의 계보를 계승하고 있는 함(Ham)보다 더 잔인하고 마음에 미움이 가득 차 있어서 살의(intent to murder)를 품고 있는 경우가 있습니다. 그래서 하나님을 전혀 이해하지 못하는 경우가 있습니다. 교회는 죄인을 소중하고 귀여운 아들처럼 바라보면서 어떤 일이 있어도 범죄자와의 교섭을 끊지 않으려고 노력합니다. 왜냐하면 그들은 죄인이라기보다는 오히려 악마에 붙들려 포로 된 나의 불쌍한 형제이기 때문입니다. 붙잡힌 포로들을 무관심하게 격리시키는 것이 아니라 그들이 다시 돌아올 수 있도록 노력하는 것입니다. 함이나 가나안이 잘못이 있다면 그들을 제거하고 분리시키는 것이 아니라 그들을 찾아가 포로 된 상황에서 해방될 수 있도록, 자유를 얻도록, 하나님께 돌아올 수 있도록, 자신의 창조주께 회귀할 수 있도록 권면하는 노력(전도,

preaching)을 멈출 수는 없는 것입니다.

형제를 죽인 살인자 가인은 유리하는 자가 될 것이라고 말씀하셨으나 그는 도시를 건설하여 정착하고 살아갑니다. 함과 그의 아들 가나안은 저주를 받아 종이 될 것이라고 했으나 함은 이집트 제국을 건설했으며, 가나안도 종이 되는 대신에 막강한 왕국을 건설하고 살아갔습니다. 이는 현존하는 인간의 삶이 저주받은 땅에 점착(adhesion)하여 살아가는 삶 곧 모두 죄의 종 노릇 함을 말하는 것입니다(요 8:34; 롬 6:6). 세상에서는 거대한 제국을 건설했으나 그들은 죽음 곧 하나님과의 분리를 극복하지 못했습니다. 대신에 스스로 선을 달성하여 영생에 도달하려는 신적인 지위를 고수하고자 했습니다.

또한 야곱의 쌍둥이 형 에서는 아무 축복도 받지 못했으므로 형편없이 살아야 하는데 에돔 왕국을 건설하여 번성하여 살아갑니다. 거룩한 경전을 복수와 미움으로, 죄인들을 죽이고 싶은 살의를 가지고 읽는다면 이해할 수 없는 것들이 너무 많아집니다. 그러나 편견을 버리고 교회는 죄인들을, 병든 이들을 위한 곳임을 인정할 때에 관용, 관대함(tolerance)을 잃어버리지 않을 때에 비로소 더 많은 것을 이해하게 됩니다. 우리는 성경의 가르침이 사랑과 용서(관대함)라는 것을 알고 있습니다. 마음속에는 미움과 살의를 품고 있으면서도 그 어떤 부끄러움이나 염치도 없이 사랑을 말하는 것은 파렴치한의 모습입니다. 관용이야말로 참된 교회를 구별하는 가장 분명한 기준이라고 짧게 대답한 한 철학자의 의견에 관심을 둘 필요가 있습니다.

우리는 아브람이 가지는 편견을 보게 됩니다.

함의 계보를 잇는 이집트인들을 살인자들이며 정욕에 사로잡혀

아리따운 여인들만 보면 자신들의 정욕을 취하는 인간쓰레기로 취급하고 있습니다. 편견으로 인해 사실을 보려 하지 않는 우리와도 너무나 닮아 있습니다. 바로 우리의 조상입니다.

아브람은 자신이 만든 편견과 자신이 만들어낸 감정에 취해서 두려움에 사로잡혔습니다. 그렇다고 인간의 본성적인 타락이나 편견을 이야기함으로써 아브람의 잘못에 대한 어떤 변명을 제공하려는 의도는 없습니다. 아내를 수치 속에 버린 행위는 분명히 변명의 여지없이 잘못한 것입니다. 그 어떤 식으로도 해명할 수 없는 범죄 행위임이 분명합니다. 하지만 동시에 우리는 그의 신앙에 대해서 정말 존경의 끈을 놓아서는 안 됨을 깨달아야 합니다.

아브람은 함의 후손들에 대한 편견과 잘못된 생각을 가지고 있었습니다. 그래서 자신이 죽을 수도 있다고 생각했습니다. 그런데 아브람은 보다 안전한 그의 아버지 데라의 집으로 가지 않았습니다. 오히려 살인자의 집으로 들어가고 있습니다. 하나님의 말씀에 얼마나 충성된 모습을 보이는지 소름이 끼칠 정도입니다.

하나님의 데레크(길)를 벗어나는 것보다 차라리 살인자의 집으로 들어가 쉼(안식)을 얻겠다는 생각을 하는 그의 신앙 앞에서 사뭇 놀라움을 감출 수가 없습니다.

하나님의 말씀은 '아비 집을 떠나라'는 것입니다. 그러나 굶주림과 이집트인들의 살인에 대한 위협, 그리고 아내의 수치스러운 불행들이 아브람 앞에 놓여 있습니다. 그럼에도 불구하고 아브람은 하나님의 말씀대로 아버지의 집으로 돌아가지 않고 아내를 버렸습니다. 여기서 우리는 아담의 문제가 극복되는 위대한 순간을 맞이하게 됩니다.

새로운 인류의 시작: 믿음의 조상 아브람

아담의 불순종에 관해서 우리는 모세에게 충분한 이야기를 들었습니다. 아담은 하나님의 말씀에 순종하지 않았습니다. 그리고 거룩한 경전은 아담이 하나님의 말씀에 불순종한 이유를 다음과 같이 말합니다.

"아담에게 이르시되 네가 네 아내의 말을 듣고 내가 네게 먹지 말라 한 나무의 열매를 먹었은즉 땅은 너로 말미암아 저주를 받고 너는 네 평생에 수고하여야 그 소산을 먹으리라"(창 3:17).

아담의 치명적 잘못의 원인은 그가 하나님의 말씀보다 아내의 말을 택한 것에 있습니다. 그러므로 새로운 믿음의 조상에게 가장 요구되는 것은 바로 하나님의 말씀 때문이라면 아내도 버릴 수 있는 남편의 모습입니다. 이것은 새로운 인류의 시작이며 현존하는 인간이 결코 도달할 수 없는 소름 끼치는 아브람의 신앙입니다.

'믿음'이란 이름으로 아브람의 행실을 용인하고자 하는 말은 아닙니다. 그러나 남편들에게 요구되는 것은 아내를 사랑하는 것이 하나님께 순종하는 것보다 우선할 수 없음을 의미하는 것입니다. 그리고 남편은 하나님의 말씀에 순종하기 위해서 아내를 버려두고 떠날 수 있어야 함을 말하는 것입니다. 그렇다고 아브람의 사례를 빌미로 남편이 아내를 버리는 것은 있을 수 없습니다. 거룩한 경전은 우리에게 다음과 같이 말합니다.

"남편들아 아내 사랑하기를 그리스도께서 교회를 사랑하시고 그 교회를 위하여 자신을 주심같이 하라"(엡 5:25).

하나님 앞에서 흠 없는 삶이란 바로 아내를 사랑하는 것입니다(엡 5:26-27). 그러므로 아브람의 일을 빌미로 아내를 버리는 것은 결코 허락된 일이 아닙니다. 그러나 하나님의 말씀에 대한 사랑과 아내 사랑 사이에서 남편이 취할 태도는 분명합니다. 바로 하나님의 말씀에 순종하는 것입니다. 아내의 말을 듣고 하나님께 불순종하는 것은 아담의 범죄를 되풀이하는 격이 될 것입니다.

공허한 사랑은 아주 재빨리 이루어지는 신속한 성공을 갈망하면서 남들이 보아 주기를 바랍니다. 내적인 사랑을 추구하는 것이 아니라 남들에게 과시하려 합니다. 하지만 실천적인 사랑은 노동과 인내와 동행합니다. 이는 자신의 절대적인 과거를 기억하고 추억함으로 자신의 기원으로 회귀하려는 현재의 삶을 살아가는 것입니다. 아브람이 세상의 모든 불안감을 극복하고 오직 하나님의 말씀에 순종함으로 그가 걷는 길을 분명히 보여주고 있습니다. 이는 절대적인 미래를 현재에 투영하는 삶입니다. 이런 사랑은 아무리 노력해도 좀처럼 목적에 도달하지 못할 뿐더러 오히려 목적에서 멀어지는 것 같아서 일종의 공포를 느끼게 합니다. 그러나 바로 그 순간이 목적에 홀연히 도달하는 때입니다. 인간은 오직 순간으로 주어진 현재만을 살 수 있을 뿐입니다. 1초 앞선 미래와 1초 지난 과거, 아니 이보다 더 미세한 시간 안에서 순간만이 현재를 보장할 뿐입니다. 그래서 하나님의 약속을 의지하는 그 순간이 바로 목적에 도달한 순간이기에 홀연히 목적에 도달하게 됩니다.

아브람이 아내 사래를 사랑하는 방법은 남들에게 과시하려는 신속함을 추구하지 않습니다. '멋진 남편'이라는 것을 보이고자 노력하지 않습니다. 오히려 자신의 불안감 속에서 자신의 기원인 창조의 과거를 회상하고 하나님께서 주실 미래를 현재에 투영하고자 한 것입니다. 이는 말씀(약속)에 대한 집중력, 구체적인 삶을 초월하는 추상화의 노력(노동), 삶을 살아가는 노동과 자신에게 주어진 그 불안감을 그대로 안고 참고 인내하는 노동(노력)을 요구합니다.

하나님께서 아브람을 도우심

아브람과 사래가 이집트에 도착했습니다.

시간이 흐르면서 이집트인들은 사래의 아리따움을 칭찬하게 되었습니다. 이집트의 고관들도 사래를 칭찬했고 결국 파라오(바로)는 사래를 궁으로 취해 아내로 삼고자 했습니다(창 12:14-15). 바로는 아내가 될 사래를 생각해서 아브람을 후하게 대접하고 그에게 양과 소와 나귀와 남녀종들과 낙타를 주었습니다(창 12:16). 상황은 최악으로 접어들었습니다.

사래는 수치를 당하게 되었고 아브람은 아내의 수치를 대가로 경제적 보상을 얻게 되었습니다. 이 상황이 계속 진행되어 사래가 진정 파라오의 침실로 들어가는 수치를 당하게 되는 날에는, 아브람은 아내를 팔아 재물을 얻은 파렴치한 인간이 될 것입니다. 이 위기의 순간에 하나님께서 직접적으로 개입하셨습니다.

“여호와께서 아브람의 아내 사래의 일로 바로와 그 집에 큰 재앙을 내리신지라”(창 12:17)라고 모세는 이야기를 하고 있습니다. 여기서 ‘재앙’은 히브리어 ‘네가’(נֶגַע) 곧 역병(plague, KJV)으로 아마도 파라오가 사래를 침실로 들이기 직전에 상상하기 힘든 전염병이 이집트를 덮었던 것으로 보입니다. 이 전염병으로 파라오는 아브람을 불러서 그에게 질책을 가했습니다. 다시 말해서 파라오가 이 전염병이 단순한 자연현상이 아님을 충분히 인식할 수 있었다는 것이고, 이 일은 그만큼 기적적인 현상이었을 것입니다. 그리고 원인이 바로 아브람이라고 충분히 생각할 수 있을 정도의 기적적인 병(disease, NIV)이 이집트를 덮었을 것입니다.

파라오의 말은 점강법으로 먼저 "네가 어찌하여 나에게 이렇게 행하였느냐?"라는 일반적인 물음으로 시작합니다. 그리고 다시 보다 구체적으로 "네가 어찌하여 그를 네 아내라고 내게 말하지 아니하였느냐? 네가 어찌 그를 누이라 하여 내가 그를 데려다가 아내를 삼게 하였느냐?"라고 말합니다(창 12:18-19). 여기서 파라오는 남편이 있는 여자를 취하는 것이 죄라는 사실을 분명히 인식하고 있습니다. 아브람이 생각했던 것처럼 그렇게 파렴치한 함의 후손들이 아니었습니다. 여하튼 파라오는 자신에게 임한 질병의 재앙이 자신의 부도덕한 일로 발생했다는 사실도 정확하게 인식하고 있습니다. 그러나 이 잘못의 원인은 아브람의 잘못이라고 항변하고 있습니다. 사실 파라오의 항변은 충분히 정당성을 가지고 있습니다. 반면에 파라오의 질책 앞에서 아브람은 한 마디 변명도 하지 못하고 있습니다.

파라오의 질책을 자세히 보면 "네가 어찌하여 나에게 이렇게 행하였느냐?"라는 질책으로 시작합니다. 이 질책이 의미하는 바는 다음과 같습니다. '너는 나에게 무슨 이유로 이렇게 행동했느냐, 무엇을 위해서 너는 나에게 알리지 않았느냐 곧 그녀가 너의 아내라는 것을'(מַה־זֹּאת עָשִׂיתָ לִּי לָמָּה לֹא־הִגַּדְתָּ לִּי כִּי אִשְׁתְּךָ הִוא). 여기서 파라오의 질책은 아브람이 어떤 의도를 가지고 고의적으로 이렇게 행동했다는 것을 강조하고 있습니다. 환언해서 말하면, 파라오는 아브람이 처음부터 하나님께서 자신을 도와주어 이집트인들에게 재앙을 내릴 것을 알고 일부러 그렇게 했다는 것을 말하고 있습니다. 그러나 아브람은 그럴 의도가 전혀 없었습니다. 오히려 자신이 죽을 것에 대한 두려움이 있었을 뿐입니다. 그러나 이 말을 이야기할 수도 없습니다. 왜냐하면 이것은 함의 후손들은 태생부터 살인자요 정욕에 사로잡힌 인간들이라는 비난이 되기 때문입니다. 그리고 파라오의 항변으로 자신이 편견을 가지고 있었음이 입증되었기 때문입니다.

파라오는 아브람에게 사래를 '취하라 그리고 가라'고 명령형으로 이야기합니다(창 12:19). 그리고 아브람은 다시 가나안 땅으로 돌아오게 됩니다.

하나님께서는 이 사건을 통해 두 가지 방향에 있어서 필요한 절대적인 도우심을 주셨습니다. 하나는 아브람이 믿음 가운데 한 일들이 파렴치한 인간의 짓거리로 전락되지 않도록 돕고 계십니다. 다시 말해서 아담처럼 아내를 위해서 하나님의 말씀에 불순종하는 것이 아니라 아내를 버려가면서까지 하나님의 말씀에 순종한 일들이 결과적으로 그저 파렴치한 남편의 일이 되지 않도록 돌보신 것입니다.

다른 하나는 사래가 당할 수도 있었던 수치를 막아 주신 것입니다. 이는 아브람의 씨를 결정하는 일에 있어서 기준이 되는 것이 바로 사래이기 때문입니다. 만약에 남편(아브람)을 기준으로 씨를 결정한다면 아내(사래)는 중요하지 않을 것입니다. 왜냐하면 사래는 파라오의 아내가 되고 아브람은 가나안으로 돌아와 다른 여인을 얻어 자신의 씨를 얻으면 되기 때문입니다. 그러나 하나님께서는 결혼제도를 창설하시면서 '남자와 여자를 하나'로 만드셨습니다.

"그에게는 영이 충만하였으나 오직 하나를 만들지 아니하셨느냐 어찌 하여 하나만 만드셨느냐 이는 경건한 자손을 얻고자 하심이라 그러므로 네 심령을 삼가 지켜 어려서 맞이한 아내에게 거짓을 행하지 말지니라"(말 2:15).

하나님께서는 전능하신 능력으로 아담에게 수많은 여자를 주실 수 있었습니다. 그러나 오직 남자와 여자 곧 아담과 그의 아내 단 한 명을 창조하셨습니다. 이는 하나님께서 무능력하기 때문이 아니라 오직 남자와 여자로 결속된 결혼제도를 창조하신 것입니다. 그리고 궁극적인 목표는 '경건한 자손' 곧 '쩨라 엘로힘'(זֶרַע אֱלֹהִים, 하나님의 씨)을 얻고자 하신 것입니다.

아브람과 사래는 하나입니다. 아브람만이 선택받은 것이 아니라 사래 역시 동일하게 하나님께 선택받은 인류의 모형입니다. 그래서 사래는 아브람의 약속된 씨를 결정하는 결정적인 인물입니다. 그러므로 그녀는 결코 경건한 자손을 위해서 수치를 당해서는 안 됩니다. 물론 다른 모든 여성들도 남성들의 야만적이며 창조의 섭리에 위반된 모든 폭력적인 성적 억압을 당해서는 결코 안 됩니다. 남편은 아내를 성적인 대상으로 대해서는 안 됩니다. 비록 이 세상의 법 가운데 합법적인 방법이라고 해도 여성이 폭력에 노출되는 것은 하나님의 뜻이 아닙니다. 파라오는 결혼이라는 합법적인 방법을 취했으나 그 역시 부당한 폭력의 한 측면일 수도 있습니다.

만약에 아브람의 잘못으로 파라오가 재앙을 받는 것에 대해서 불편한 감정을 감추지 못한다면, 거룩한 경전에서 약속한 바를 다시 기억해야 합니다. 하나님께서는 아브람에게 다음과 같이 약속하셨습니다.

"너를 축복하는 자에게는 내가 복을 내리고 너를 저주하는 자에게는 내가 저주하리니 땅의 모든 족속이 너로 말미암아 복을 얻을 것이라 하신지라"(창 12:3).

아브람의 잘못으로 시작된 파라오의 실수였으나 이는 아브람에게는 비극적인 삶이 될 것입니다. 게다가 아브람은 자신의 비극적인 삶과 이 땅의 시련에 대해서 어떤 위안을 구하려 하지도 않고 있습니다. 이런 불행에 대해서 하나님께서는 약속하신 대로 파라오에게 그 저주를 내리십니다. 이는 아브람으로 인해 동시에 파라오가 축복을 받을 수도 있음을 의미하는 것입니다. 아브람은 축복을 받은 사람인 동시에 하나님의 축복의 시금석입니다.

만약에 우리가 아브람의 길을 따라서 인생의 길을 걷고 있다면 우리는 이미 좋은 길에 서 있다는 것을 잊지 말아야 할 것입니다. 그리고 그 길에서 벗어나지 않도록 애써야 할 것입니다. 무엇보다 중요한 것은 거짓을 피하는 것뿐입니다. 이 길은 축복을 추구하는 길이 아니라 타인에게 축복을 제공하는 길입니다. 아브람을 저주하는 자들을 하나님께서는 저주하십니다. 여기서 도덕적인 판단은 중요하지 않습니다. 중요한 것은 아브람입니다.

아브람의 일을 정리하면서 1

아브람의 이 일에 대해서 이야기할 것이 너무 많아서 이리저리 필요한 것 몇 가지만 정리하자니 무척이나 힘듭니다. 이 본문을 통해서 이야기해야 할 것은 먼저 아브람과 사래의 이야기는 모세의 〈출애굽기〉 이야기와 어느 정도 평행을 이루고 있다는 사실입니다.

야곱 곧 이스라엘은 가나안 땅에 가뭄이 들어 이집트로 들어갔습니다(창 42-46장). 그리고 사래의 수치처럼 이스라엘은 이집트에서 종살이하는 수치를 겪어야 했습니다. 그리고 이집트에 재앙이 임하는 것처럼 모세는 이집트에 열 가지의 재앙을 주도했습니다.

아브람이 자신의 소유와 파라오에게 받은 모든 소유를 가지고 나온 것처럼(창 13:1) 이스라엘 백성들도 이집트의 재물과 금과 은을 가지고 나왔습니다(출 11:2-3; 창 15:14). 그리고 아브람이 쫓겨나듯이 파라오의 명령에 의해서 이집트를 나온 것처럼(창 12:20) 이스라엘도 쫓겨나듯이 파라오의 명령으로 급하게 나왔습니다(출 12:11). 모세는 자신들의 현재의 삶과 과거의 아브람의 삶을 평행하게 다루면서 자신들은 어떤 일이 있어도 하나님의 말씀에 순종해야 함을 상기시키고 있습니다. 아담의 문제를 극복하고자 하는 마음을 불러일으키고 있습니다. 이는 우리의 마음에 파란 끈으로 술을 달면서 하나님의 모든 말씀에 순종할 것을 결단하게 합니다(민 15:38-41).

둘째는 아브람과 아담이 가지는 평행 관계입니다. 아담이 하나님께 범죄했던 것은 아내의 말을 듣고 하나님의 말씀에 불순종했기 때문입니다(창 3:17). 이에 반해서 아브람은 아내를 버리고 하나님의 말씀에 순종했습니다. 아브람은 자신의 아버지 집으로 가지 않기 위해서 사래를 '여동생'이라고 말하고는 살인자의 집으로 들어갔습니다. 그리하여 그는 순종의 삶에 대한 새로운 조상이 되었습니다. 물론 그가 했던 부도덕함에 대해서는 비판을 해야 합니다.

그러나 우리가 먼저 다룰 이야기는 불순종에 관한 것입니다. 그다음이 도덕성에 관한 문제입니다. 왜냐하면 하나님께 불순종한 상태에서 인간 사이의 도덕성을 말하는 것은 죄인을 사회로부터 격리시키거나 비난하는 것 말고는 할 수 있는 것이 없기 때문입니다. 감시와 처벌이라는 국가 권력과 이익 관계로 얽힌 사회구조 안에서의 비난으로 도덕성을 다룰 수는 없습니다. 아브람은 아담의 문제를 극복하는 작은 등불이 되어 주고 있습니다.

셋째는 함의 후손들이 가지는 일반적인 도덕성에 대한 편견을 버려야 할 것을 이야기하고 있습니다. 그들은 저주받은 이들이지만 그들의 삶이 살인과 간음으로 뒤범벅된 삶만은 아니었습니다. 하나님의 자비하심이 가인의 후손에게도 베풀어진 것처럼 그렇게 온 땅에 베풀어지고 있습니다. 함의 후손들도 양심의 법에 따라서 사회를 구성하고 있으며, 높은 인격과 도덕성을 가진 고대 왕국을 건설했습니다. 그러니 성경을 읽을 때에는 이들에 대한 미움이나 살의(殺意, murderous intent)를 버리고 사랑과 용서, 관용의 시선을 가지고 읽어야 합니다. 특히 아브라함 언약의 중요한 내용은 바로 모든 민족에 관한 축복입니다(창 18:18). 하나님께서는 분명히 "또 네 씨로 말미암아 천하 만민이 복을 받으리라"고 하셨습니다(창 22:18). 여기서 함의 후손이 제외된 것은 아닙니다. 하나님의 축복은 함과 가나안을 다 포함하여 '천하 만민'을 대상으로 하고 있습니다. 그리고 그 시작은 아브람입니다. 그러니 아브람의 편견, 선택받은 이들이 가진 편견을 버려야 합니다. 저주받은 이들을 죽이고 싶어 하는 마음을 죽여야 합니다. 로크(John Locke, 1632-1704)의 지적처럼 똘레랑스(tolérance) 곧 차이를 인정하는 관용의 태도는 참된 교회의 모습 가운데 하나입니다.

아브람의 부도덕성과 이집트 바로의 도덕성 사이에 오히려 바로의 도덕성이 더 좋다고 평가할 수도 있습니다. 이것이 성경의 가르침입니다. 하나님의 백성들은 도덕성에 의해서 선택되는 것이 아님을 다시 확인할 수 있습니다. 그렇다고 선택받은 이들이 부도덕하게 살아도 된다는 말은 결코 아닙니다. 오히려 더 높은 수준의 도덕성 곧, 초월적인 도덕성을 요구받습니다. 이 부분에 대해서는 더 이야기를 나눌 시간이 있을 것으로 봅니다.

넷째는 아브람의 편견으로 인해서 잘못은 아브람이 했지만 실질적으로 재앙을 받은 것은 파라오라는 사실입니다. 물론 파라오 역시 다른 사람의 아내를 취한 잘못이 있습니다. 그러나 이 본문에 나오는 큰 전염병은 간음죄에 대한 심판, 징벌의 의미로 이집트와 바로(파라오)에게 발생한 것이 아닙니다. 문제는 아브람이 궁지에 몰렸다는 사실 자체에 있습니다.

하나님께서는 약속에 신실하신 분입니다. 하나님께서는 아브람에게 "너를 축복하는 자에게는 내가 복을 내리고 너를 저주하는 자에게는 내가 저주하리니"(창 12:3)라고 약속하셨습니다. 이 약속에 따라서, 아브람이 궁지에 몰렸으므로 그렇게 한 파라오를 징치하신 것입니다. 여기서 우리는 인간의 양심이 주는 도덕성이 하나님께 완전한 만족이 되지 않음을 알 수 있습니다. 물론 양심에 의한 도덕법은 사회를 구성하고 인간 사회의 상호 질서 유지를 위해서 유익한 것입니다. 그러나 그것만으로는 하나님께 만족이 되지 못합니다. 물론 파라오가 그나마 양심적으로 살았기 때문에 그를 죽음까지 몰아가지는 않으셨습니다.

다섯째는 선택받은 이들을 하나님께서 보존(preservation)해 주심을 알 수 있습니다. 분명히 아브람은 잘못했습니다. 그러나 그것이 범죄가 되지 않도록 막아 주시는 분은 하나님이십니다. 하나님께서는 당신의 백성들이 죄를 범하지 않도록 그들을 악으로부터 지켜 주십니다. 또한 우리는 아브람에게 하나님의 자비와 능력의 손길이 있음을 분명하게 깨닫게 됩니다. 하나님께서 약속하신 대로 천하 만민은 아브람을 통해서 축복을 받습니다. 아브람과 대립하면서 하나님의 축복을 기대할 수는 없습니다. 비록 그 자신이 양심적으로 옳았다고 하여도 이는 하나님의 능력에 대립된 것이 될 수 있습니다. 자신의 옳음을 주장하는 것이 죄가 되는 것입니다. 왜냐하면 옳음을 결정하는 것은 하나님이시기 때문입니다. 그리고 아브람은 훗날 그리스도를 향하고 있음을 기억해야 합니다. 성경은 "아브라함과 다윗의 자손 예수 그리스도의 계보"를 계시하고 있습니다(마 1:1).

하나님께서 천하 만민에 대한 사랑과 구원을 위해서 아브람을 선택하셨습니다. 하나님께서는 파라오에게 당신의 사랑과 선한 시선을 베풀지 않으셨습니다. 물론 그가 지금까지 선하게 살아온 것 역시 하나님의 은혜임이 분명합니다. 그렇기 때문에 자신의 선을 주장할 수도 없습니다. 게다가 그들은 하나님께 감사하는 대신에 썩어지지 아니하는 하나님의 영광을 썩어질 사람과 새와 짐승과 기어다니는 동물 모양의 우상으로 바꾸었습니다(롬 1:23). 하나님의 구원은 무한한 것이 아닙니다. 아브람을 통하여 한정되어 있습니다. 보다 명확하게 말한다면 아브람의 씨인 예수 그리스도 안에서 한정되어 있습니다.

A′. 아브라함이 아내 사라를 아비멜렉에게 줌(20장)

장수의 축복과 아름다움의 축복

창세기 20장에서는 아브라함이 그의 아내 사라를 아비멜렉에게 주는 이야기가 등장합니다. 같은 사건이 두 번 반복되고 있습니다.

아브라함은 마므레 상수리 수풀 근처에서 거주하다가(창 18:1) 소돔과 고모라의 멸망 이후에 무슨 이유인지 남쪽으로 이주하여 그랄에 거주했습니다. 아브라함이 아내를 아비멜렉에게 준 것은 아브라함이 그랄에 거주할 때의 일입니다(창 20:1). 모세는 아브라함이 왜 이주하게 되었는지에 대한 구체적인 사실은 언급하지 않습니다. 단지 우리가 추측할 수 있는 것은 아브라함의 인생은 나그네의 삶을 지속하고 있으며 아마도 신앙생활과 관련하여 이주했던 것으로 보인다는 정도입니다. 그리고 가나안 땅의 경계선은 시돈에서부터 그랄을 지나 가사까지, 그리고 소돔, 고모라, 아드마, 스보임(소알)을 지나 라사까지였습니다(창 10:19). 그러므로 그랄에서 일어난 일은 가나안 땅에서 일어난 일을 뜻합니다.

아브라함은 여전히 사라를 '아내'라고 당당하게 말하지 않고 있습니다. 그 이유에 대해서 모세는 "아브라함이 이르되 이곳에서는 하나님을 두려워함이 없으니 내 아내로 말미암아 사람들이 나를 죽일까 생각하였음이요"(창 20:11)라고 언급하고 있습니다. 모세에게는 아브라함이 이주한 이유보다 더 중요했던 것이 바로 '하나님을 두려워하지 않는 이들'에 관한 것이었음을 알 수 있습니다.

모세는 유사한 이야기를 두 번에 걸쳐 반복적으로 우리에게 전해 주고 있습니다. 이는 그만큼 중요한 의미가 있음을 뜻합니다.

먼저 이집트에서는 '사래의 아름다움'을 원인으로 언급하였습니다(창 12:11). 그러나 그랄에서는 '하나님을 경외하지 않은 것'을 그 이유로 제시하고 있습니다(창 20:11). 이 두 가지 이유(αἰτία, 아이티아)는 모세에게는 전혀 다른 두 개의 원인이 아니라 동일성을 가진 원인(αἰτία)으로 서로 평행(parallelism)하게 언급되고 있습니다.

인간들이 도덕적인 죄를 비롯해서 종교적인 죄를 범하는 원인(αἰτία)은 정욕(ἐπιθυμία, 에피튀미아)에 의한 것입니다(롬 1:20-24; 요일 2:16). 이집트의 파라오는 분명히 '안목의 정욕'(the lust of the eyes, KJV)에 관한 문제입니다(요일 2:16). 하지만 보다 기본적(근본적)인 원인(αἰτία)은 '하나님에 대하여 두려워하는 마음' 곧 '앎'이 없기 때문입니다(롬 1:22).

한편 모세는 의도적으로 창세기 20장 11절을 직설화법으로 쓰고 있습니다. 그래서 이 부분을 다시 읽으면 아래와 같습니다.

> 아브라함이 말했다. 곧 "이곳 안에선 확실히 하나님의 두려움을 없다고 생각한다. 그래서 나의 아내 일로 그들이 나를 죽인다."

맛소라 본문(Masoretic text, MT)에서는 부사 '확실히'(רַק)라는 말을 하고 있는 아브라함을 보게 됩니다. 이것은 아브라함의 정신을 읽을 수 있는 중요한 단초가 됩니다.

하나님을 두려워하는 마음이 없다는 것은 이집트뿐만 아니라 가나안의 그랄 왕 또한 자신의 에피튀미아(ἐπιθυμία, 정욕)를 추구하고 살아가는 것을 의미합니다. 그렇기 때문에 이집트의 파라오의 경우나 그랄의 아비멜렉의 경우는 기본적(본질적)으로 같은 이야기라고 말할 수 있습니다. 거룩한 사도는 다음과 같이 말하였습니다.

"썩어지지 아니하는 하나님의 영광을 썩어질 사람과 새와 짐승과 기어 다니는 동물 모양의 우상으로 바꾸었느니라 그러므로 하나님께서 그들을 마음의 정욕대로 더러움에 내버려 두사 그들의 몸을 서로 욕되게 하게 하셨으니"(롬 1:23-24).

현존하는 인류는 어떤 악마의 유혹이 없어도 그저 그 '정욕' 곧 에피튀미아(ἐπιθυμία)와 파토스(πάθος, 롬 1:26)에 버려둔다면 스스로 자신을 욕되게 만들 것입니다. 하나님에 대한 두려움이 없다는 것은 자신의 에피튀미아(ἐπιθυμία) 혹은 파토스(πάθος) 대로 살아가는 삶을 말하며, 이는 버려진 삶을 의미합니다. 지혜가 없는 삶입니다(잠 1:7).

여하튼 이번에는 그랄 왕 아비멜렉이 사라를 취했습니다(창 20:2). 그런데 이때 사라의 나이가 다시 문제로 등장합니다.

〈창세기〉 20장은 시간적으로 17장 다음에 위치하고 있습니다. 그런데 〈창세기〉 17장에서 아브라함은 99세로 등장합니다(창 17:1). 그러므로 〈창세기〉 20장에서의 사라의 나이는 이미 89세 전후임을 뜻합니다. 이런 상황에서 그랄 왕 아비멜렉은 사라를 아내로 삼고자 했습니다. 이는 분명히 아브라함과 사라가 아주 특별한 은혜 가운데 장수의 축복과 아름다움의 축복을 얻은 것으로 보입니다. 이들의 장수와 아름다움은 기적적인 사건입니다. 결코 자연적인 현상이 아닙니다. 자연환경이 오염되지 않아서 아브라함이나 사라가 장수를 했다고 한다면 이것은 다른 사람들, 곧 일반적으로도 적용되어야 합니다. 그러나 이것은 아무리 고대사회라고 하여도 일반적인 현상이 아닙니다.

만약에 자연환경에 의한 것이라면 이 세상 모든 것들에게 동일한 사건이 일어나야 할 것입니다. 언제나 같은 현상이 일어날 것이고 그 일은 예측 가능할 것입니다. 그리고 이것은 과학적인 관찰을 통해서 하나의 법칙으로 정리할 수도 있을 것입니다. 그러나 자연 환경이 좋다고 해도 100세 노인이 젊은이와 같은 매력을 지니는 일이 항상 일어나는 것은 아닙니다. 이것은 기적입니다. 이런 기적적인 일들이 일상적이라면 당황할 필요가 없습니다.

사실주의(realism)를 추구하는 이들은 결단코 이런 종류의 기적으로 신앙을 형성하지 않습니다. 사실에 관심을 두는 이들인 사실주의는 기적으로부터 신앙이 생겨나는 것이 아니라 오히려 신앙으로부터 기적이 생겨나는 것을 알고 있습니다. 그래서 아브라함과 사라의 젊음이라는 기적으로 인해 당혹스러워하거나 이것을 바탕으로 믿음을 형성하지는 않습니다. 오히려 거룩한 경전이 말하는 사실 그 자체 안에서 신앙으로 기적을 바라봅니다. 그리고 그 기적을 설명하려고도 하지 않습니다. 중요한 것은 기적이 아니라 신앙이기 때문입니다. 물론 이적적인 체험으로 신앙을 갖는 경우도 있습니다. 이 경우에도 반드시 성경의 가르침 안에서 신앙을 다시 돌아보아야 하며, 자신이 체험한 기적을 성경에 대한 믿음으로 다 되돌아봐야 합니다. 그렇지 않은 경우에는 성경에서 벗어나 체험 자체를 믿음의 대상으로 여기는 오류에 빠지게 됩니다. 그런 이유로 우리는 아브라함과 사라의 삶을 기적이라고 말하는 대신에 신앙의 길을 걷는 아름다운 부부라고 말합니다.

완전한 자를 지키시는 하나님

아비멜렉이 사라를 취한 그 밤에 하나님께서는 아비멜렉의 꿈속에서 아비멜렉의 행위를 멈추게 하셨습니다. 하나님께서 아비멜렉에게 말씀하셨습니다.

“네가 데려간 이 여인으로 말미암아 네가 죽으리니 그는 남편이 있는 여자임이라”(창 20:3). 아직 아비멜렉은 사라와 동침하지 않았으므로 다른 사람의 아내와 간음한 것은 아닙니다. 이에 아비멜렉은 하나님께 항변하여 자신의 온당함을 주장합니다.

“주여 주께서 의로운 백성도 멸하시나이까”(창 20:4)라고 반문합니다. 아브라함은 사라를 누이라고 했으며, 사라 역시 아브라함에게 오라비라고 칭했습니다. 그래서 아비멜렉은 전혀 모르는 상황에서 “온전한 마음과 깨끗한 손으로”(with a clear conscience and clean hands, NIV) 사라를 취한 것입니다(창 20:5).

아비멜렉의 이 주장에 대하여 하나님께서는 인정하는 말씀을 하셨습니다. “네가 온전한 마음으로 이렇게 한 줄을 나도 알았으므로 너를 막아 내게 범죄하지 아니하게 하였나니 여인에게 가까이하지 못하게 함이 이 때문이니라”(창 20:6)라고 대답하셨습니다. 여기서 “너의 온전한 마음으로”(in the integrity of your heart, NKJV)는 히브리어로 ‘베탐 레바브카’(בְּתָם־לְבָבְךָ)이며, 마음에 완전함(תֹּם, perfection)이 있는 것으로 아비멜렉은 자신의 ‘흠 없음’(completeness)을 주장하고 있습니다. 그리고 하나님께서도 그의 무흠함을 인정하셨습니다.

아비멜렉의 완전함(תֹּם, perfection) 혹은 고결함(integrity)을 하나님께서 인정하셨다는 것은 아비멜렉이 진심으로 사라를 대했고, 그가 도덕적 양심에 문제될 일을 하지 않았다는 뜻입니다. 이러한 의미에서 아비멜렉은 자신을 ‘정의로운’(צַדִּיק, 짜디크) 자로 지시하면서 “주여 주께서 의로운 백성도 멸하시나이까”라고 말합니다(창 20:4). 그리고 이를 하나님께서 인정하셨으므로 우리도 인정을 해야 합니다.

아비멜렉이 사용하고 있는 '정의로운' 곧 짜디크(צַדִּיק)에 관한 내용은 하나님께서도 인정하셨습니다. 그러니 스스로를 '의롭다'고 주장하는 아비멜렉에 대하여 교만의 굴레로 비난하는 것은 오히려 하나님의 뜻에 역행하는 것이 됩니다. 아비멜렉은 자신의 도덕적 측면에서의 의로움을 주장하고 있으며, 이는 온당한 주장입니다. '정의'의 문제에 대해서는 이후에 조금 더 상세히 언급할 것을 기약하도록 합시다. 대신에 하나님께서 직접적인 개입으로 사라를 수치 속에 빠지지 않도록 도우셨다는 사실에 대해서 이야기하도록 합시다.

한글 번역본에서는 "너를 막아 내게 범죄하지 아니하게 하였나니 여인에게 가까이하지 못하게 했다"라고 쓰고 있지만(창 20:6) 이를 어눌하지만 직역하면 '내가 또한 너를 나에게 죄로부터 막았다. 이와 같이 내가 너를 그녀에게 만지는 것에 그냥 두지 않았다'(וָאֶחְשֹׂךְ גַּם־אָנֹכִי אוֹתְךָ מֵחֲטוֹ־לִי עַל־כֵּן לֹא־נְתַתִּיךָ לִנְגֹּעַ אֵלֶיהָ) 정도로 읽을 수 있습니다. 이는 하나님께서는 사라만을 보호하시는 것이 아니라 흠 없이 살고자 했던 그랄의 아비멜렉도 악으로부터 보호하고 계심을 알 수 있습니다. 사실 이것은 아브라함의 잘못(옳지 않음)을 지켜 주시는 것이지만 그렇다고 의로운 사람들을 버려두지도 않으십니다. 하나님께서는 의로운 이들을 보호하십니다. 진정으로 "여호와께서 의인의 영혼은 주리지 않게 하시나 악인의 소욕은 물리치시느니라"(잠 10:3)는 말씀이 맞습니다.

〈창세기〉 18장을 보면, 하나님께서는 소돔과 고모라, 그리고 아드마와 스보임을 멸망시키실 때에 의인들을 악인들과 함께 죽이지 않으심을 말씀하셨습니다(창 18:25 이하). 그러므로 20장에서도 같은 사상을 이끌어가십니다. 하나님께서는 의인을 결코 악인들과 함께 죽이지는 않으십니다. 그래서 아브라함에게도 "네 자손은 사 대 만에 이 땅으로 돌아오리니 이는 아모리 족속의 죄악이 아직 가득 차지 아니함이니라"(창 15:16)라고 말씀하셨습니다. 하나님께서는 악인을 심판하여 징벌하시지 의로운 이들을 재앙 가운데 벌하시는 분이 아닙니다.

선지자 아브라함

하나님께서는 사라를 아브라함에게 돌려보낼 것을 아비멜렉에게 명하셨습니다(창 20:7). 그리고 하나님께서는 아브라함을 '나비'(נָבִיא) 곧 '선지자'라고 칭하셨습니다(창 20:7). 여기서 말하는 '선지자'는 하나님의 말씀을 전달하는 이를 말하는 것이 아닙니다. 왜냐하면 하나님의 말씀은 아브라함을 통해서 아비멜렉에게 전달된 것이 아니기 때문입니다. 아비멜렉은 '현몽'(in a dream) 곧 '그 꿈속에서'(בַּחֲלוֹם) 직접적으로 하나님의 말씀을 들었습니다(창 20:3). 그러므로 일반적인 사고로는 아비멜렉을 선지자라고 칭해야 할 것입니다. 그러나 선지자는 아브라함이며, 아브라함의 중재를 필요로 하는 인물은 꿈속에서 하나님을 만난 아비멜렉입니다.

하나님께서 말씀하신 '선지자'는 중재자 곧 하나님과 아비멜렉 사이에서의 중보자를 말씀하신 것입니다. 중보자 아브라함이 없다면 아비멜렉뿐만 아니라 그에게 속한 모든 이들이 곧 닥칠 재앙에서 결코 벗어날 수 없습니다. 한글 성경에서는 이 중보적 역할을 '기도하다'라고 번역하고 있습니다. 이는 충분히 올바른 번역입니다.

히브리어 '팔랄'(פָּלַל)은 '기도하다', '중재하다', 그리고 '화해하다'란 뜻을 가지고 있는 단어입니다. 하나님께서 아브라함을 나비(נָבִיא)라고 칭하신 것은 중재자 혹은 화해자의 의미로 '선지자'라고 칭하신 것이며, 선지자의 사역(work)은 바로 기도하는 것입니다. 그래서 선지자 사무엘은 "나는 너희를 위하여 기도하기를 쉬는 죄를 여호와 앞에 결단코 범하지 아니하고 선하고 의로운 길을 너희에게 가르칠 것인즉 너희는 여호와께서 너희를 위하여 행하신 그 큰 일을 생각하여 오직 그를 경외하며 너희의 마음을 다하여 진실히 섬기라"(삼상 12:23-24)라고 하였습니다. 선지자가 기도를 하지 않는 것은 죄를 범하는 것입니다. 선지자는 기도하는 화해자이며 가르치는 소명을 받은 사람입니다.

성경에서 처음 등장한 '나비'(נָבִיא)라는 이 단어는 우리가 이것을 어떻게 이해하든 상관없이 하나님께서 선택하신 그 사람 곧 아브라함을 의미하고 있습니다. 아브라함은 예언을 하거나 하나님의 말씀을 세상에 전하지 않았습니다. 꿈에 현몽하심을 체험한 것은 아비멜렉이었습니다. 그럼에도 불구하고 아브라함은 '나비' 곧 '선지자'입니다. 화해의 '중보자'입니다.

택함 받지 못한 이들, 비록 그들이 양심의 법에 따라서 선하고 도덕적인 정의를 이루고 있다고 하여도, 아니 그들이 꿈속에서 참된 하나님의 음성, 곧 성령의 소리(קָל מִן־שְׁמַיָּא, the heavenly voice, 마 3:17)를 직접 듣는다고 하여도 기본적(본질적)으로 그들은 하나님의 진노 아래에 있습니다. 하나님과 분리되어 있습니다. 그들은 죽음 아래에 있습니다. 물론 신앙하는 이들도 본질상 진노의 자녀들이었습니다(엡 2:3). 이는 일반은총인 도덕성으로 하나님의 진노를 해결할 수 없음을 말하는 것입니다. 물론 일반은총 아래에 있는 이들이 도덕적으로 선하고 정의롭다면 하나님께서는 그들을 이 세상에서 어느 정도 돌보시는 것이 분명합니다. 하지만 본질적으로 진노의 자녀들이라는 존재의 변화는 없습니다. 하나님과 분리된 현존하는 인간들 사이에는 중보자가 필요하며 보다 초월적인 정의의 개념이 요구됩니다.

아브라함은 선지자 곧 중보자로 선택받은 사람임을 하나님께서 그랄 왕 아비멜렉에게 천명하십니다(창 20:7). 적어도 〈창세기〉에서 말하는 '선지자'의 의미는 중보자를 의미합니다. 그리고 이러한 인식은 그대로 우리 주 하나님 예수 그리스도에 대한 인식으로 이어집니다. 다시 말해서 그리스도께서 세상에 오시어 선지자의 직분을 감당하신 것은 바로 예언의 성취와 화해의 중보자 사역을 감당하신 것입니다. 이런 측면에서 아브라함은 중보자로서의 '선지자'로 그리스도를 예표하고 있다고 말할 수 있습니다. 하나님의 저주와 재앙에 직면해서 죽음 앞에 서 있는 현존하는 인간들에 대한 유일한 중보자이신 그리스도를 예표하는 것입니다. 비록 도덕적인 정의의 삶을 살아간다고 하여도 기본적(본질적)으로 하나님의 진노 아래에 있는 현존 인류일 뿐입니다. 하나님께서는 이 땅에서 의로운 삶을 살아가는 현존하는 인류, 곧 타락한 인간들에게 선지자를 찾아가 화해의 중보를 요청할 것을 계시하셨습니다. 이는 우리에게 의로운 삶뿐만 아니라 그리스도를 필요로 하는 삶 곧 그분을 찾고, 그분의 가르침에 따르는 삶을 살아갈 것을 요구하시는 것입니다. 선지자 사무엘은 기도할 뿐만 아니라 가르칠 것을 약속했습니다. 선지자는 우리를 가르치고 우리는 그에게 배움으로 하나님을 두려워하는 마음(경외심)을 가지고 살아가게 합니다.

하나님께서는 그랄 왕과 그에게 속한 이들을 죽이실 계획을 아비멜렉에게 말씀하셨습니다. 그러나 선지자 아브라함이 화해의 중재를 할 경우에는 그 죽음이 유보될 것도 함께 이야기하셨습니다(창 20:7). 여기서 하나님께서 당신의 작정하신 계획을 변경하신 것으로 오해해서는 안 됩니다. 거룩한 경전을 조금 더 면밀하게 읽는다면 이런 종류의 단순한 오류는 쉽게 벗어날 수 있습니다.

하나님께서 작성하신 계획은 그랄 왕과 그들에게 속한 이들을 모두 죽이시는 것이 아닙니다. 하나님의 계획은 아브라함을 나비(선지자)로 이 땅에 선언하시는 것입니다. 아브라함을 통하여 이 땅의 만민들이 축복을 받을 수 있음을 보여주시는 것입니다. 아브라함의 중보를 통해서 의인들이 하나님과 화해의 길을 걷기를 원하고 계십니다. 물론 본질적으로는 중보자 예수 그리스도를 통한 하나님과의 화해를 말하는 것입니다.

하나님의 계획을 이유로, 아브라함이 아내 사라에게 했던 이 나쁜 일들을 변호할 생각은 없습니다. 아브라함이 행한 악은 변명의 여지가 없습니다. 남편으로서 아내를 다른 사람에게 주어 수치를 당할 위험에 놓이게 하는 것은 악행입니다. 그러나 모세가 이야기하고자 하는 것은 가나안이나 혹은 블레셋이나 혹은 모든 천하 만민들은 아브라함의 씨로 인하여 축복을 받아야 함을 이야기하는 것입니다. 그리고 모세는 하나님의 선택이 의로운 아비멜렉이 아니라 우리가 비열하다고 비난하는 아브라함이라는 이 사실을 통해서 하나님의 자유로운 절대 주권 앞에서 무릎 꿇을 것을 요구하고 있습니다.

아브라함의 이유 있는 지독한 편견

아비멜렉은 아침에 일찍 일어나 자신들의 신복을 불러 지난밤 꿈속에서 있었던 일들을 이야기합니다(창 20:8). 그러자 이 일을 들은 모든 사람들이 심히 두려워했습니다. 그랄 왕 아비멜렉은 아브라함을 불러 그를 질책합니다. 그리고 이 질책은 이집트 왕 파라오와 같은 논지입니다. 아비멜렉이 말했습니다.

"네가 어찌하여 우리에게 이렇게 하느냐 내가 무슨 죄를 네게 범하였기에 네가 나와 내 나라가 큰 죄에 빠질 뻔하게 하였느냐 네가 합당하지 아니한 일을 내게 행하였도다"(창 20:9)라고 질책합니다. 또 "네가 무슨 뜻으로 이렇게 하였느냐"(창 20:10)라고 묻습니다.

아비멜렉의 논지는 이렇습니다. 자신은 아무 잘못이 없음에도 불구하고 아브라함이 악의적으로 그랄 땅에 저주를 주기 위해서 의도적으로 아내를 누이로 속였다는 논지입니다. 〈창세기〉 12장에서 이집트의 왕 바로가 아브람에게 했던 말과 같은 취지입니다. 아브라함이 어떤 의도(intent)를 가지고 이렇게 함으로써 자신들에게 재앙을 가지고 왔음을 강변하는 것입니다. 사실 속셈, 의도를 가졌다는 것은 비열함을 의미합니다. 하지만 아브라함에게는 어떤 악의적인 의도는 없었습니다. 단지 아브라함은 '불안'했을 뿐입니다. 그래서 자신에게 악한 의도가 없었음을 밝히기 위해서 아비멜렉에게 대답합니다.

"이곳에서는 하나님을 두려워함이 없으니 내 아내로 말미암아 사람들이 나를 죽일까 생각하였음이요"(창 20:11). 아브라함이 지독한 편견을 가지고 있음을 보여줍니다. 하나님을 두려워하지 않는 이들은 모두 살인자 취급을 하고 정욕(ἐπιθυμία, 에피튀미아)에 눈이 어두워진 자들로만 바라봅니다. 하나님께 회귀, 곧 돌아와 구원을 받아야 할 인간으로 바라보지 못하고 있습니다. 아마도 이러한 지독한 편견은 아브라함 언약에서 가장 위험한 사고일 것입니다. 왜냐하면 아브라함의 언약은 아브라함의 씨 곧 예수 그리스도를 통해서 온 천하 만민들이 하나님의 축복을 받는 것을 약속하신 것이기 때문입니다(갈 3:16). 그러나 바리새인들(Pharisees)은 이러한 편견을 그대로 답습하고 있는 모습을 보여주고 있습니다.

죄인이라고 해서 같은 신자임에도 그 어떤 관용도 보이지 않고 교회에서 쫓아낸다면 그들에게는 절망만 남을 뿐입니다. 예수님은 "죄인 한 사람이 회개하면 하늘에서는 회개할 것 없는 의인 아흔아홉으로 말미암아 기뻐하는 것보다 더하리라"(눅 15:7)라고 말씀하셨습니다. 우리는 거룩한 경전인 성경을 읽을 때마저도 형제를 죽인 가인에 대한 미움이 움트고, 노아에게 수치를 준 함(Ham)과 그의 아들 가나안, 그리고 블레셋에 대한 미움과 살의(殺意)를 가지곤 합니다. 신자들에게 관용이 없다면 교회와 세상을 어떻게 구별할 수 있겠습니까? 천사와 악마를 무슨 수로 구별할 수 있겠습니까? 거룩한 경전은 "그 형제를 미워하는 자마다 살인하는 자니 살인하는 자마다 영생이 그 속에 거하지 아니하는 것을 너희가 아는 바라"(요일 3:15)라고 하였습니다. 어쩌면 우리의 마음은 미움과 살의가 가득하며 죄인들에 대한 편견으로 똘똘 뭉쳐 있는지도 모르겠습니다. 하지만 하나님께서는 이들도 구원하고 싶어 하십니다. 가인은 아벨의 형제이며, 함은 셈의 형제입니다. 하나님께서는 천하 만민들에게 은총을 내리시기 위해서 아브라함을 선택하셨으며, 아브라함은 하나님과 그들 사이의 화해의 중보자입니다. 하나님께서는 그들도 의롭게 이 땅을 살아갈 뿐만 아니라 하나님에게로 돌아오길 원하십니다.

아브라함은 이어서, "사실 그녀는 내 이복 누이동생이었는데 나와 결혼하여 내 아내가 되었습니다"(창 20:12, 현대인의 성경)라고 아비멜렉에게 대답합니다. 하지만 이와 같은 가족관계는 아브라함의 처사에 중요한 변명이 되지는 않습니다. 사실 아브라함은 하란을 떠날 때부터 늘 아내를 '누이'라고 칭했으며 '아내'라고 칭하지 않았습니다(창 20:13). 이는 아브라함이 가나안 땅에 거주하는 이들에 대한 지독한 편견을 가지고 있었음을 반영할 뿐입니다. 하지만 이러한 편견에는 일정한 이유가 있습니다. 바로 '하나님을 두려워하지 않는 삶'에 대한 것입니다.

아브라함을 이끄신 하나님의 일꾼인 천사들

아브라함은 "하나님이 나를 내 아버지의 집을 떠나 두루 다니게 하실 때"부터 사라를 '아내'가 아니라 '누이'라고 칭했습니다(창 20:13). 이는 아브라함의 지독할 정도의 편견을 반영하는 것입니다. 그러나 아브라함의 언약은 이런 종류의 편견을 극복해야 함을 말하고 있습니다. 그런데 여기서 잠시 문법적인 문제와 신학적인 문제를 하나 해결하고 가야 할 것 같습니다.

창세기 20장 13절에서 '하나님'은 히브리어 '엘로힘'(אֱלֹהִים)으로 복수명사입니다. 이 복수명사는 '하나님' 혹은 '신들'로 문장 안에서 문맥의 흐름에 따라서 번역합니다. 다시 말해서 '엘로힘'은 비록 복수명사이지만 동사를 단수로 사용할 경우는 문법적으로 맞지 않기에 '하나님'으로 읽습니다. 다시 말해서 문법(언어) 자체를 초월하고 있기에 '하나님'으로 읽는 것입니다. '엘로힘'(אֱלֹהִים) 곧 참된 하나님께서는 언어와 인간의 정신에 제한을 받지 않으시며, 인간의 언어로 표현되거나 설명될 수 없습니다. 여하튼 일반적인 문법을 초월한 복수명사에 단수동사의 경우에 복수명사 '엘로힘'은 장엄 복수형이라고 하여 '하나님의 위엄'을 표현하는 복수형으로 읽습니다.

반면 '엘로힘'에 복수동사를 쓸 경우에는 '신들' 혹은 '천사들'로 읽습니다. 그런데 "하나님이 나를 내 아버지의 집을 떠나 두루 다니게 하실 때"(창 20:13)에서 '하나님'은 '엘로힘'(אֱלֹהִים)을 쓰고 있으며 동사는 단수가 아니라 복수동사를 사용하고 있습니다. 이는 본문이 위엄과 영광의 하나님을 의미하는 것이 아니라 천사들을 지칭하는 것으로 독해됩니다. 다시 말해서 하나님의 말씀을 따라서 아버지 데라의 집, 하란을 떠났으나 이후 아브라함이 이곳저곳으로 이주했던 것은 바로 천사들이 아브라함을 인도했음을 뜻하는 것입니다.

천사들(אֱלֹהִים, 엘로힘)은 하나님(אֱלֹהִים, 엘로힘)의 뜻에 따라서 아브라함을 인도했습니다. 그리고 아브라함은 하나님의 뜻에 따르는 천사들의 지시에 따라서 자신과 가족들의 신앙생활에 유익한 곳 곧 아주 먼 미래에 의미가 있는 장소로 이주했습니다. 그리고 이런 나그네 생활을 하며 가나안 사람들에 대한 불신과 편견은 그대로 간직하고 있었습니다.

아브라함은 자신의 편견과 맞서 싸움으로 언약적 성장을 이루어야 했습니다. 다시 말해서 자신을 통해서 얻을 만민의 축복을 스스로 인정하고 받아들여야 했습니다. 언약은 성장의 과정을 반영하고 있습니다.

아브라함의 중재로 모든 것의 회복

성경은 "모든 사람은 결혼을 귀히 여기고 침소를 더럽히지 않게 하라 음행하는 자들과 간음하는 자들을 하나님이 심판하시리라"(히 13:4)고 말합니다. '침소가 얼룩지지 않게 하다'(ἡ κοίτη ἀμίαντος)라는 말은 신앙인들뿐만 아니라 불신자들에게도 해당되는 말입니다.

이것을 지키지 않는다면 누구든 하나님의 심판을 받게 될 것입니다. 그리고 먼 미래에 있을 이 심판을 현재의 삶에 투영할 줄 안다면, 그리고 매순간 이렇게 투영하는 작업을 멈추지 않는다면 적어도 도덕적 형태의 아비멜렉의 경우처럼 의로운 삶을 살아갈 수 있을 것입니다. 자신이 무슨 상상을 하든 그 모든 어리석고 악의적인 상상을 멈추고 결혼의 맹세, 자신이 한 그 맹세의 말을 지키는 것입니다. 결혼은 아름다운 것이며 숭고한 제도입니다. 그러므로 아브라함이 사라에게 한 잘못을 조금이라도 희석해서는 안 됩니다. 그는 분명히 잘못했습니다.

이제 성경 본문으로 다시 돌아가면, 아비멜렉은 양과 소, 그리고 노예를 아브라함에게 주고 사라도 돌려보내게 됩니다(창 20:14). 그리고 그랄 땅에서 아브라함이 자유롭게 거주하도록 하였습니다(창 20:15). 그랄의 왕 아비멜렉의 처사는 이집트의 왕 파라오와는 차이점이 있습니다. 파라오는 그를 쫓아내듯이 이집트에서 내보냈습니다. 그러나 아비멜렉은 아브라함이 그랄 땅에서 이제 자유롭게 살도록 그의 생명을 보장해 주었습니다. 이는 모세에게 암시하는 바가 클 것입니다. 왜냐하면 이집트에서 나오는 것과 가나안 땅에서 자유롭게 거주하는 것은 모세에게는 모두 중요한 의미이기 때문입니다. 이런 의미에서 이집트와 그랄의 사건은 모세 때에 있을 출애굽과 가나안 입성에 대한 예언적 성격을 반영하고 있다고 읽을 수 있습니다.

여하튼 그랄 왕 아비멜렉은 사라에게도 별도로 은 천 개를 주어 사라의 수치를 덮었습니다(창 20:16). 물론 여인들이 당하는 성적인 수치심을 돈으로 해결할 수 있는 것은 아닙니다. 그러나 이것은 수치를 당한 여인에게 정중한 사죄와 더불어 일정한 보상을 함으로 그녀의 사회성을 회복시키는 중요한 의미를 가진다고 말할 수 있습니다. 다시 말해서 여인에게 한 잘못을 시인하고 사과함으로 최소한 그녀의 마음에 있을 수치를 조금이나마 덮도록 해주고자 하는 것입니다.

여인들의 성적 수치는 내적인 상처뿐만 아니라 사회성의 박탈을 의미합니다. 그렇기 때문에 돈으로는 내적인 상처를 치유할 수 없기에 사회성을 회복한다는 의미에서 정중한 사죄와 보상은 반드시 필요한 절차라고 압니다. 우리는 간혹 여인들에게 수치심을 주고도 그저 회개했다면서 스스로 면죄부를 주는 악한 모습을 보게 됩니다. 그러나 중요한 것은 사죄의 마음이며 그에 합당한 보상이 있어야 한다는 것입니다.

그랄 왕 아비멜렉이 은 천 개를 주었다는 것이 정확하게 어느 정도인지는 판단하기가 어렵지만 추측해 볼 수는 있습니다. 아브라함은 사라의 묘실인 막벨라 굴을 은 400세겔에 샀습니다(창 23:15). 또한 다윗 왕은 성전의 터가 되는 아라우나의 타작마당을 은 50세겔에 샀습니다(삼하 24:24). 또한 율법에 따르면 혼전에 성적인 접촉이 있을 경우에는 사내가 여자의 부모에게 은 50세겔을 주고 그녀와 결혼을 해야 하며 그녀와 이혼할 수 없도록 했습니다(신 22:28-29). 이유는 여자를 욕(עָנָה, 아나)보였기 때문입니다(신 22:29). 이와 같은 사례를 보아서 물가변동을 고려하지 않아도 아비멜렉이 사라에게 상당히 많은 보상금을 주었음을 짐작할 수 있습니다. 잊어버리지 말아야 할 것은 이 돈이 수치심을 치유하는 것은 아니라는 점입니다. 단지 사회성을 회복하는 형태로 주어질 뿐입니다.

그랄 왕 아비멜렉은 자신의 입장에서 모든 일을 마무리했다고 선언합니다. 곧 "네 일이 다 해결되었느니라"(창 20:16)라고 말합니다. 이제 아브라함이 나비 곧 선지자로 화해의 중재 기도를 해야 합니다. 이 당위성으로 인해서 아브라함의 기도는 응답을 얻게 됩니다. 이를 모세는 다음과 같이 기록하고 있습니다.

> "아브라함이 하나님께 기도하매 하나님이 아비멜렉과 그의 아내와 여종을 치료하사 출산하게 하셨으니 여호와께서 이왕에 아브라함의 아내 사라의 일로 아비멜렉의 집의 모든 태를 닫으셨음이더라"(창 20:17-18).

모세는 이 부분에서 아비멜렉이 당한 재앙을 이야기하고 있습니다. 이집트에서는 하나님께서 전염병으로 파라오에게 경계를 주셨습니다. 이때에도 파라오는 자신의 재앙을 즉각적으로 판단할 수 있었습니다. 다시 말해서 전염병이 아주 서서히 밀려온 것이 아니라 파라오가 사래의 침실에 들어가지 못할 정도로 급작스럽게 나타난 현상이었습니다. 하지만 '모든 태를 닫으셨다'란 표현은 적어도 2년에서 3년의 시간이 소요된다는 점을 생각해야 합니다. 그리고 이 기간이라면 사라가 아비멜렉에게 수치를 당할 충분한 시간적인 여유가 발생합니다. 그러므로 본문에서 말하는 "모든 태를 닫으셨음이더라"란 말은 보다 즉각적인 인식이 가능한 사태를 말하는 것입니다. 다시 말해서 임신한 여인들의 유산과 신생아들의 죽음과 같이 즉각적인 현상들이 아비멜렉에게 일어났음이 분명합니다. 그리고 이어지는 꿈속에서 이런 일들의 원인으로 지목된 것이 바로 '사라'의 일임을 하나님께서 천사를 통해서 밝히신 것입니다.

그런데 모세는 곧바로 21장에서 사라가 이삭을 임신한 내용을 다루고 있습니다(창 21:2). 다시 말해서 그랄의 유산과 신생아들의 죽음과는 대조적으로 사라의 임신은 의도적인 배열로 보입니다.

모세는 장자의 죽음으로 슬피 우는 이집트 여인들과 대조적으로 자유를 향해 출발하는 이스라엘을 연상시키도록 배열하고 있습니다. 이는 〈출애굽기〉를 마음속으로 연상하도록 돕고 있습니다. 이집트에서 있었던 유월절 그 밤을 암시하고 있습니다. 하지만 유월절 그 밤에 이집트에는 화해의 중보자가 없었습니다. 그들의 도덕적인 삶은 그들의 구원에 효과적인 유익을 주지 못했습니다.

아브라함의 일을 정리하면서 2

이미 앞에서 일정 부분 정리가 되었다고 봅니다. 특히 아브라함이 아내 사라를 버림으로 아담의 잘못을 극복하고 있다는 것, 모세는 아브라함의 삶과 출애굽 하는 자신의 상황을 평행하게 나열함으로 아브라함의 삶과 모세 당시의 삶을 연속적인 형태로 다루고 있다는 것, 또한 아브라함의 언약은 천하 만민들을 위한 것으로 예수 그리스도에 대한 예언을 담고 있기 때문에 신앙하는 이들에게 편견이나 선입견의 문제를 극복해야 한다는 것을 이야기했습니다.

또한 아브라함이 축복의 근원이라는 것과 하나님께서는 당신께서 선택하신 이들을 지켜 주신다는 것 등을 읽을 수 있습니다. 그러나 아비멜렉의 이야기에서는 다섯 가지 정도를 더 추가해서 기억해야 할 것이 있습니다.

첫째, 하나님께서는 비록 선택하지 않은 이들이라고 하여도 의로운 이들을 멸망으로 버려두시지 않고 축복으로 인도하신다는 것입니다. 아비멜렉에게 천사를 보내어 그를 위로하고 살아갈 길로 화해의 중보자를 제시하셨습니다. 이방인들이라도 그리스도에게 인도하는 것은 선한 양심입니다.

둘째, 아브라함이 출발할 때부터 사라가 자신의 아내임을 숨겼다는 것과 천사들이 아브라함의 여정에 함께했다는 것을 확인할 수 있었습니다. 비록 아브라함은 자신이 갈 바를 몰랐으나 필요할 때에 그의 신앙에 도움을 줄 수 있는 천사들의 도움은 지속적으로 함께 있었습니다. 분명히 천사들은 구원받을 상속자들을 지키고 있습니다(히 1:14).

셋째, 이집트에서는 전염병이 돌았으나 그랄에서는 여인들의 출산에 치명적인 재앙이 있었습니다. 여기서 아브라함의 중보적인 지위가 정해졌습니다. 이집트에서는 아브람의 중재에 대한 언급이 없었습니다. 그러나 그랄에서는 아브라함은 선지자로 중보자의 지위를 확정짓고 있습니다. 선지자 아브라함의 중재를 통해서 생명이 단절된 그랄 지역에 생명이 회복됩니다. 이것은 오실 선지자 곧 예수 그리스도의 선지자 직분에 대한 예언으로 읽어야 할 것으로 압니다.

넷째, 고대사회에서 후손을 결정하는 것은 남자의 쩨라(זֶרַע, 씨)입니다. 그러나 이것은 커다란 오류입니다. 아브라함의 후손을 결정하는 것은 바로 아브라함과 사라입니다. 곧 부부는 '하나'입니다(막 10:8).

주님께서는 "그러므로 하나님이 짝지어 주신 것을 사람이 나누지 못할지니라"(막 10:9)라고 하셨습니다. 이와 같은 결혼제도 안에는 신비한 삼위일체에 대한 계시를 이해할 수 있도록 우리를 인도합니다. 다시 말해서 남자는 여자가 아니며, 여자는 남자가 아닙니다. 그러나 둘은 '하나'입니다. '둘'이 '하나'가 되는 것을 이해할 수 있다면 이제 동일한 이야기로, 성부는 성자가 아니며, 성자는 성령이 아니며, 성령은 성부가 아닙니다. 그러나 '셋'은 '하나'입니다. 순간 머리에 혼선이 온다면 그것은 삼위일체를 이해하지 못한 것이 아니라 너무 단순하기 때문에 이해를 거부하는 것입니다. 우리는 어렵고 학식 있는 것으로 타인에게 자신의 지식을 자랑하고 싶어 합니다. 만약에 그런 마음만 버린다면 삼위일체는 생각보다 단순합니다. 물론 여기에 나온 몇 마디로 삼위일체를 다 이야기한 것은 아닙니다. 그러나 삼위일체 신앙은 우리가 이해하기 쉽고 생각보다 단순합니다.

여하튼 부부가 '하나'라는 사실은 아브라함의 씨를 결정하는 것에 있어서 아브라함만이 결정권을 가진다는 뜻이 아니라 동시에 사라도 결정권을 가짐을 뜻하는 것입니다. 지금 아브라함은 바로 이 사실을 배워야 합니다. 자신이 신앙의 길을 택한 것은 옳지만 그 길을 혼자 가는 것이 아니라 그 아내와 함께 걸어야 한다는 사실을 배워야 했습니다. 두 번에 걸쳐 반복되는 아브라함의 어처구니없는 행동은 그가 아내를 구원의 동반자로 받아들이는 훈련의 한 과정입니다. 아브라함과 같이, 고대시대에 아내를 동반자로 인식하는 것은 혁명적인 사고방식입니다. 물론 지금도 힘든 사고임이 분명합니다. 그러나 성경은 분명히 다음과 같이 말하고 있습니다.

> "남편들아 이와 같이 지식을 따라 너희 아내와 동거하고 그를 더 연약한 그릇이요 또 생명의 은혜를 함께 이어받을 자로 알아 귀히 여기라 이는 너희 기도가 막히지 아니하게 하려 함이라"(벧전 3:7).

'생명의 은혜'를 함께할 동반자가 바로 아내입니다. 아브라함의 후손을 결정하는 것은 아브라함과 사라입니다. 왜냐하면 이 둘은 하나이기 때문입니다.

다섯째, 끝으로 우리는 '사라'에 관해서 진지하게 생각해야 합니다. 왜냐하면 그녀는 남편의 결정에 대해서 불평 한마디 없이 유순히 남편에게 복종하고 있으며, 남편 아브라함의 정신적인 우월성을 인정하면서 무조건 그를 존중해 왔기 때문입니다. 남편 아브라함이 자신을 다른 남자에게로 넘겨주는 어처구니없는 상황 속에서도 남편의 현명함과 그 결정의 올바름에 대해서 의심하지 않은 듯이 불평이란 조금도 기록되어 있지 않습니다. 오히려 사라는 그 남편을 '주'라 부르면서 자신의 의무가 무엇인지 아는 현명한 여자로 순종했습니다(벧전 3:5-6). 결코 사라가 우둔한 여자였기 때문에 남편을 '주인'이라고 부른 것이 아니라 현명했기에 그를 존중하며 그렇게 부르고, 그렇게 믿고, 그렇게 산 것입니다. 아브라함의 결정에 대해서 고요하게 순종한 여인 사라의 위대한 신앙을 잊어서는 안 됩니다.

성경이 확증하고 있는 것처럼 우리는 선한 일을 하는, 그리고 그 어떤 두려움에도 두려워하지 않는 사라의 아이들이 되었습니다(벧전 3:6). 그런 자식들(τέκνα)이 '되라'고 말하는 것이 아니라 이미 사라의 딸(τέκνα)이 '되었다'고 선언하는 것입니다. 이는 삶의 모범을 뜻하는 것이 아닙니다. '사라'라는 여인은 우리 자신의 존재를 바라보게 해주는 우리 자신의 모습입니다.

아브라함의 모든 신앙과 그 놀라운 삶의 태도들은 사라의 순종 가운데에서만 가능한 일입니다. 그가 아담의 문제를 극복할 수 있었던 것은 자신을 유혹하는 여자가 아니라 자신을 돕는 여인으로 사라가 곁에 함께 있었기 때문입니다. 그녀의 아름다움을 배울 수 있다면 우리는 축복받은 것을 확증하여 고백할 수 있을 것입니다. 머리를 꾸미고 금을 차고 아름다운 옷을 입어 외모를 치장하는 것보다(벧전 3:3) 온유하고 안정한 심령의 썩지 아니할 사라의 삶을 따르는 것이 현명합니다(벧전 3:4). 다시 말해서 '온유함 그리고 조용한 영혼의 타락하지 않음 안에서'(ἐν τῷ ἀφθάρτῳ τοῦ πραέως καὶ ἡσυχίου πνεύματος) 자신의 삶을 장식하는 것입니다. '온유함'(πραΰτης, 프라우테스)과 '조용한 영혼'(ἡσύχιος πνεῦμα, 헤쉬키오스 프뉴마)은 사라의 삶을 정리하는 표현입니다. 지혜자는 말합니다. "다투는 여인과 함께 큰 집에서 사는 것보다 움막에서 사는 것이 나으니라"(잠 21:9)라고 하였습니다. 또한 "다투며 성내는 여인과 함께 사는 것보다 광야에서 사는 것이 나으니라"(잠 21:19)라고도 하였습니다. 사라는 나그네의 삶 속에서도 아브라함을 광야에 있는 듯 황량하게 만들지 않은 지혜로운 여인이었습니다. 진실로 아름다운 여인이자 우리들의 어머니와 같은 여인입니다(갈 4:31).

재물에 마음이 덮여 성장하지 못하는 나무

앞에서 우리는 〈창세기〉 12장에서 곧바로 20장을 읽었습니다. 여기서는 다시금 13장으로 되돌아갑니다. 어지럽고 복잡하게 느껴질 수도 있습니다. 그러나 유사한 내용들끼리 묶어서 읽기로 했으므로 그대로 〈창세기〉 13장과 19장을 묶어서 이야기하도록 하겠습니다.

이집트에서 나올 때에 아브람은 많은 소유를 가지고 나왔습니다(창 13:1). 이 소유물 가운데에는 '많은 수의 여종들과 남종들' 곧 '노'(奴, עֲבָדִים, 아바딤)와 '비'(婢, שְׁפָחֹת, 쉐파호트)가 포함되어 있었습니다(창 12:16). 이것은 이후 아브람과 롯이 헤어지게 되는 원인이 됩니다. 또한 그랄 왕 아비멜렉과 그에게 속한 이들에게 "모든 태를 닫으셨다"는 사실이 이후 이삭의 출생과 서로 연결되어 있습니다(창 20:18-21:2). 이는 앞의 사건이 다음 사건과 연결되어 있음을 의미하는 것입니다. 모세는 12장의 결말을 13장 이야기의 시작으로 이끌어가고 있습니다. 또한 20장의 결말은 21장에서 이삭의 출생으로 자연스럽게 이어지고 있습니다.

12장의 결말을 보면, 아브람과 함께한 하란의 아들 롯 역시 많은 재산을 얻은 것으로 보입니다. 이는 아브람이 자신의 소유를 그 조카 롯과 일정 부분 나누었음을 짐작하게 합니다. 아브람이 이집트에서 얻은 것으로 자신만을 위해서 사용하지 않았음을 확신할 수 있습니다. 아무튼 이 일로 아브람과 롯은 헤어지게 되었고, 롯은 소돔과 고모라 도시로 들어갑니다. 그러나 얼마 후 이 지역에 전쟁이 일어나 롯은 전쟁 포로 신세가 되었습니다. 이에 아브람이 롯의 인생에 개입하게 됩니다(창 13장, B 부분).

그런데 유사하게 소돔과 고모라의 이야기가 다시 한 번 더 등장합니다. 이번에는 롯이 소돔과 고모라로 들어가는 것이 아니라 나오는 이야기입니다.

하나님께서는 소돔과 고모라 도시를 심판하시기로 결정하셨습니다. 이 결정에서 의인에 대한 구원 문제가 부각됩니다. 그리고 이 의인에 대한 하나님의 심판 문제를 이야기하는 가운데 자연스럽게 아브라함은 롯의 삶에 다시 개입하게 되는 것입니다(창 19장, B′ 부분). 선지자의 역할 곧 중보자의 역할을 하게 됩니다. 이처럼 아브라함이 타인의 삶에 개입하는 것은 중요한 주제 가운데 하나로 자리 잡고 있습니다(B와 B′ 부분). 그리스도인들이 이웃의 삶에 보다 적극적으로 참여하는 사랑과 관용의 삶을 살아가는 것의 모범이 되고 있습니다. 그러나 롯의 삶은 축복에 동참하지 못합니다. 다시 말해서 하나님께서는 아브라함이 죄를 범하지 않도록 지켜 주시지만 롯이 범죄에 노출되었을 때에는 침묵하십니다. 결국 롯은 자신의 딸들에게 수치를 당하게 됩니다.

롯과 관계해서 소돔과 고모라에 대한 이야기를 하기 이전에 아브람의 계보를 잠시 살펴보도록 하겠습니다.

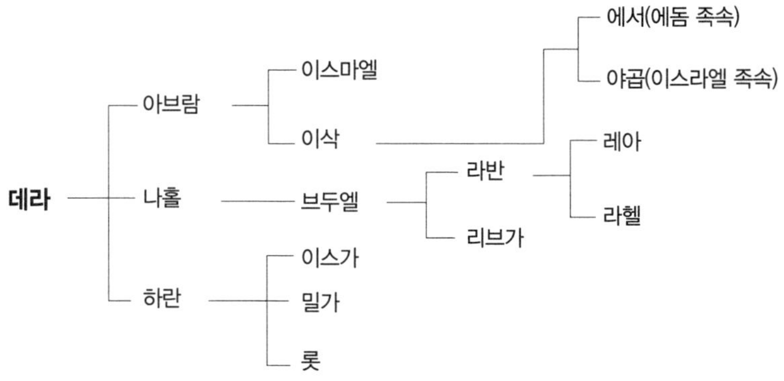

위의 도표에서 보는 바와 같이 '롯'(לוט)은 아브람의 동생 하란의 아들로 아브람에게는 조카가 됩니다(창 11:27). 롯에 관해서 이야기하기 이전에 위의 도표에서 '사라'가 등장하지 않는다는 점이 눈에 들어옵니다. 사실 사라에 관한 내용은 성경에서 찾아볼 수가 없습니다. 단지 이븐 바트릭(Ebn Batrik)의 고대 연대기에 따르면, 아브라함의 아버지 데라(Terah)는 요나(Yona)라는 여인과 결혼을 했고 그 사이에서 '아브라함'을 낳았다고 합니다. 그리고 나중에 데헤비타(Tehevita)란 여인과 결혼을 해서 '사라'를 낳았다고 합니다(*the Comprehensive Bible*, by Samuel Bagster, 1827). 하지만 이러한 고대 연대기의 내용은 성경에 의해 보증되지 않는 이야기입니다. 아마도 '사라'는 계보 안에서 '이스가'의 다른 이름으로 추정됩니다(창 11:29). 프랑스에 거주하던 랍비 라쉬(Rashi, 1040-1105)는 '이스가'의 다른 이름을 '사라'라고 보고 있습니다. 이러한 관점은 성 아우구스티누스의 《신국론》에서도 찾아볼 수 있습니다(XVI, 12).

이제 롯의 이야기로 돌아가겠습니다. '롯'은 히브리어 '로트'(לוט) 곧 '덮개', '봉투'란 의미와 관련을 맺고 있습니다. 이는 아마도 무엇엔가 덮여 있는 그의 삶과 관련이 있는 것 같습니다. 그는 축복의 근원인 아브라함 곁에 살아가지만 결코 그 축복과 관계를 맺지 못합니다. 아브라함이 그의 인생에 개입하여 그를 돕지만 그가 당하는 수치는 끝내 아브라함이 돕지 못하는 깊은 산중에서 일어납니다(B와 B′).

여하튼 아브라함은 롯의 문제에 개입하는데, 이는 롯의 문제가 더 이상은 롯 개인의 문제로 취급되는 것이 아니라 아브라함의 문제로 인식되고 있습니다. 이는 사랑의 관계입니다. 다시 말해서 사랑은 서로에게 발생하는 문제들에 있어서 더 이상 객관적인 태도를 취하지 못하게 합니다. 한 사람의 문제가 더 이상 그 사람만의 문제만이 아니라 '우리'로 연합되어 공동의 문제가 되게 하는 것이 사랑입니다. 롯의 문제가 롯만의 문제가 아니라 아브라함의 문제가 되는 것은 아브라함이 그를 사랑하고 있음을 의미하는 것입니다. 형제애입니다. 사랑은 하나 되게 하는 끈 곧 사랑의 끈(*vinculum amoris*) 입니다.

B. 롯이 소돔과 고모라로 들어감(13장)

예배에 대한 열망

12장에서, 이집트에서 나온 아브람은 많은 가축과 은과 금, 그리고 많은 여종들과 남종들을 가지고 나왔습니다. 그리고 조카 롯(לוֹט) 도 함께했습니다(창 13:1-2). 이들은 남방으로 올라갔습니다. 여기서 '남방' 곧 네게브(נֶגֶב)는 이집트의 남쪽이 아니라 유다 지역의 남쪽을 의미합니다. 다시 말해서 가나안 사람들이 살고 있는 지역으로 다시 돌아왔음을 뜻하는 것입니다.

모세는 아브람의 발걸음에 대하여 다음과 같이 기록하고 있습니다. "네게브에서부터 길을 떠나 벧엘에 이르며 벧엘과 아이 사이 곧 전에 장막 쳤던 곳에 이르니 그가 처음으로 제단을 쌓은 곳이라 그가 거기서 여호와의 이름을 불렀더라"(창 13:3-4). 여기서 '여호와의 이름'은 수사학적으로 예변법(prolepsis)에 의한 것입니다. 모세는 아브람이 약속의 땅으로 돌아오게 하신 하나님께 감사하려는 마음으로 제단을 찾은 것을 말하고 싶어 하는 것으로 보입니다. 왜냐하면 제단(מִזְבֵּחַ)의 기본적인 성격은 '감사'에 있기 때문입니다. 분명 아브람은 조금도 지체하지 않고 하나님의 제단이 있는 곳으로 발걸음을 재촉했을 것입니다. 그리고 그곳에서 하나님의 이름을 부르며 감사의 찬양을 했을 것입니다. 이를 모세는 예변법을 사용해서 아브람의 하나님과 모세의 하나님을 일치시키고 있습니다.

모세가 이렇게 예변법을 사용하면서까지 '하나님의 이름'을 언급하는 것은 바로 '하나님의 이름'과 그분의 '제단' 사이의 연속성을 확보하기 위한 것입니다(창 13:4).

미쯔베아흐(מִזְבֵּחַ) 곧 '희생의 단'은 희생의 제물인 쩨바흐(זֶבַח)나 희생을 드리는 행위 곧 짜바흐(זָבַח, 희생의 제물을 죽이다)보다는 누구를 위한 제단인가가 더 중요합니다. 만약에 그 제단이 여호와를 위한 제단이 아니라면 아브람이 제아무리 예배에 대한 열망을 가진다고 해도 아무 의미가 없습니다. 그래서 모세는 제단과 그분의 성호(聖號, the holy Name)를 결부시키고 있습니다(창 13:4, 12:8).

한편 모세는 벧엘과 아이 사이에 있는 제단을 "그가 처음으로 제단을 쌓은 곳이라"(창 13:4)라고 말하고 있습니다. 그러나 아브람이 처음 제단을 쌓은 곳은 세겜입니다(창 12:6-7). 모세가 말한 '처음'은 첫 번째 쌓은 제단을 말하는 것이 아니라 하나님의 이름과 관련한 제단으로 처음이란 뜻입니다. '처음' 혹은 '첫 번째'란 표현은 일정한 한정적 범위를 가지게 됩니다. 예를 들어 성경에서 마귀를 말할 때에 "그는 처음부터 살인한 자요 진리가 그 속에 없으므로 진리에 서지 못하고 거짓을 말할 때마다 제 것으로 말하나니 이는 그가 거짓말쟁이요 거짓의 아비가 되었음이라"(요 8:44)라고 하였습니다. 〈요한복음〉에서 '처음부터 살인한 자'라고 말하는 것은 '마귀'가 창조되었을 그 처음부터 살인자로 창조되었다는 뜻이 아닙니다. 이는 마귀가 살인을 한 그 처음부터 살인자가 되었고 이후로도 영원히 살인자라는 말입니다. '처음'이란 말은 항상 한정적인 기준을 가지고 생각해야 합니다.

여하튼 아브람의 삶은 예배와 노동으로 귀착되고 있습니다. 그는 약속의 땅에 돌아와 제단을 찾아 예배했으며 일상적인 노동의 삶을 이어갔습니다. 예배에 대한 열망을 반영한 아브람의 삶은 분명히 우리가 배워야 할 신앙하는 이들의 삶의 모범이라고 말할 수 있습니다. 아브람의 단순한 삶 곧 예배와 노동하는 삶인 아바드(עָבַד)의 삶에 대해서는 어떤 심오한 철학적 사상이 없다고 아쉬워할 수도 있을 것입니다. 그러나 물질적인 세계를 진정으로 초극하는 것은 성실함(אֱמֶת, 에메트)으로 인내할 것을 결단하고 그것을 지키는 솨마르(שמר)의 삶을 지탱하는 것입니다. 매순간을 살아가는 것입니다. 성경은 심오한 철학서적이나 선동적인 정치서적과 같이 직접적으로 호소하지 않습니다. 왜냐하면 초월적인 것은 언제나 간접적으로 호소되는 것이지, 직접적으로 호소할 수 없는 것이기 때문입니다. 그렇게 때문에 성경은 어떤 학설이나 철학적 사상을 가지고 있는 대신에 대화를 나눕니다. 예배와 노동에 대한 정치적인 입장을 가지는 것이 아니라 아브람의 성실함(אֱמֶת, 에메트)을 이야기합니다. 에메트(אֱמֶת)만이 진실함(truth)을 보장할 뿐입니다.

물질과 근심의 가시덤불 속에서

모세는 아브람과 그의 조카 롯이 가축이 많아서 함께 거주하는 것을 견딜 수 없었다고 이야기합니다(창 13:6). 이 부요함으로 인해서 아브람의 일꾼들과 롯의 일꾼들 사이에 언쟁(רִיב)이 발생했습니다(창

13:7-8). 히브리어 리브(רִיב)는 '언쟁', '불화'를 의미합니다. 일꾼들이 자기가 맡은 가축들을 돌보기 위해서 열심히 일을 하다 보면 약간의 다툼이 일어날 수도 있습니다. 그러나 모세가 말하는 것은 약간의 다툼이 아니라 가족 사이의 불화(רִיב)를 의미하는 것입니다. 가난함 속에서의 불화가 아니라 부유함으로 발생한 불화입니다. "부자는 그 부요함 때문에 자지 못하느니라"(전 5:12)라고 하였습니다. 인간은 풍요로움이라는 은총 가운데에서 스스로가 얼마나 타락한 존재인지를 입증이라도 하는 것처럼 다툼을 멈추지 않습니다.

모세는 그 주변에 가나안 족속과 브리스 족속이 거주하고 있다고 말합니다(창 13:7). 이것은 아브람에게는 커다란 문제로 인식되기에 충분했습니다. 왜냐하면 아브람은 하나님을 두려워할 줄 모르는 이방인들은 살인자이며 정욕에 사로잡힌 족속이라는 지독한 편견을 가지고 있었기 때문입니다. 그러니 이 공동체의 불화는 곧바로 공동체 자체의 위험으로 인식되었을 것입니다. 또한 형제 사이의 '다툼'이란 하나님을 두려워할 줄 아는 이들에게는 합당하지 않는 행위(work)입니다. 결국 아브람과 롯은 헤어지기로 결정합니다.

아브람은 말했습니다.

"우리는 한 친족이라 나나 너나 내 목자나 네 목자나 서로 다투게 하지 말자 네 앞에 온 땅이 있지 아니하냐 나를 떠나가라 네가 좌하면 나는 우하고 네가 우하면 나는 좌하리라"(창 13:8-9). 여기서 '우리는 한 친족이라'라는 말은 '우리는 형제들이다'(אֲנָשִׁים אַחִים אֲנָחְנוּ, we are brothers, NIV)라는 뜻입니다. 아브람과 롯의 사이를 혈연관계 안에서의 '형제'가 아니라고 생각해서 '친족'으로 의역한 것으로 보입니다. 그러나 '형제'라는 의미는 혈연관계만을 의미하는 것이 아니라 삶을 공유하는 공동체 혹은 운명을 함께하는 운명 공동체를 의미합니다. 다시 말해서 '너의 문제가 곧 나의 문제다'라는 삶의 공유(a common life)가 이루어진 것을 '형제'라고 합니다. 그래서 롯의 위험이 곧 아브람의 위험으로 인식되는 것은 하나 된 공동체를 의미하는 것입니다. 그래서 성경은 항상 형제들 사이의 불화를 용납하지 않습니다. 게다가 부유함이 형제 사이의 불화의 원인이라는 것은 부끄러운 일입니다. 그래서 아브람은 롯에게 서로 다른 방향으로 갈 것을 권했습니다. 물론 아브람이 무슨 땅을 소유했기 때문에 롯에게 땅을 선택하게 한 것은 아닙니다. 그저 목동을 이끌고 가는 방향을 의미하는 것입니다. 삶의 방향을 말하는 것입니다.

"이에 롯이 눈을 들어 요단 지역을 바라본즉 소알까지 온 땅에 물이 넉넉하니 여호와께서 소돔과 고모라를 멸하시기 전이었으므로 여호와의 동산 같고 애굽 땅과 같았더라"라고 했습니다(창 13:10). 그렇게 생각했기에 롯은 소돔과 고모라로 들어갑니다. 여기서 모세는 아주 절묘한 표현을 사용하고 있습니다. 바로 '소돔'과 '고모라', 그리고 '이집트'를 '여호와의 동산'과 동일시하고 있는 롯의 사유방식을 우리에게 보여주고 있습니다.

롯이 제시한 '여호와의 동산'은 이집트처럼 기근을 피할 수 있는 풍요로운 곳으로 먹고 마시며 즐거움과 자신의 야망을 마음껏 발산할 수 있는 즐거움과 쾌락의 장소로 생각됩니다. 이를 '낙원'이라고 칭합니다. 그래서 낙원인 '하나님의 동산'은 이집트나 소돔과 고모라와 같이 재화의 풍요로움이란 의미로 사용되고 있습니다. 교회 공동체 안에서도 '하나님의 동산'을 '파라데이소스'(παράδεισος, 낙원)란 미명 아래에서 자신의 욕망을 마음껏 분출하는 곳이라고 잘못 상상하는 경우가 흔히 있습니다.

낙원 곧 파라데이소스는 하나님을 섬기는 곳이며 의인들이 모이는 곳을 의미합니다. 결코 악인이 의인의 회에 참여할 수 없습니다(시 1:5). 천사들이 와서 의인들 사이에 낀 악인들을 구별해 내어 풀무 불에 던질 것입니다(마 13:49-50). “그들은 영벌에, 의인들은 영생에 들어가리라”(마 25:46)라는 주님의 말씀은 여호와의 동산이 얼마나 선하고 의로운 곳인가를 충분히 가르쳐 주고 있습니다.

롯(לוט)은 그의 이름대로 재물에 마음이 덮여 있어서 진정한 축복에로의 초대 길에서 벗어나고 있습니다. 아마도 성경에 기록된 대로 “가시떨기에 뿌려졌다는 것은 말씀을 들으나 세상의 염려와 재물의 유혹에 말씀이 막혀 결실하지 못하는 자”(마 13:22)가 바로 롯(לוט)이라고 말할 수 있을 것입니다. 그는 재물로 인해서 ‘하나님의 동산’을 완전히 오해하고 있습니다.

아브람은 불화의 원인을 알고 있었던 것으로 보입니다. 성공에 대한 야망과 승리에 대한 강한 집착은 모든 불화와 싸움(φιλονεικία)의 원인이 됩니다. 지혜자는 “욕심이 많은 자는 다툼을 일으키나 여호와를 의지하는 자는 풍족하게 되느니라”(잠 28:25)라고 하였습니다.

자기 가축에게 물을 먹이고 싶은 욕망은 양보할 수 없는 성공에 대한 야심을 드러내는 것입니다. 아담이 여호와의 동산에서 자신의 야심을 키웠던 것처럼 롯은 아브람 아래에서 자기의 야심을 키웠습니다. 불화를 끝내는 방법은 재화(財貨)에 대한, 성공에 대한 야심을 버리고 양보하는 것입니다. 그래서 아브람은 롯에게 먼저 선택권을 주었습니다. 그러나 롯은 자신의 야심으로 마음이 덮여 있어서 물질적으로 좋은 몫을 택합니다. 자신보다 나이 많은 이가 양보를 했음에도 불구하고 롯은 양보하지 않고 자신의 눈에 낙원 같은 소돔과 고모라를 선택합니다. 사람이 양보를 할 수 없는 것은 자신이 원하는 것을 빼앗길 것에 대하여 염려하기 때문입니다. 롯이 아브람에게 다시 선택권을 양보할 경우에 소돔을 빼앗길 것에 대한 염려로 그냥 결정하는 것입니다. 그러나 모세는 소돔에 대하여 중요한 상황을 알려 주고 있습니다. 곧 "소돔 사람은 여호와 앞에 악하며 큰 죄인이었더라"(창 13:13)라고 이야기합니다.

롯은 재물의 부요함과 자신의 즐거움을 위해서라면 악(惡)한 곳이라도 하나님의 동산으로 여길 수 있는 인물임을 보여주고 있습니다. 그는 가시덤불에 덮여 성장하지 못하는 나무와 같은 사람이었습니다. 그의 이름은 롯(לוט) 곧 '덮여 있는 자' 혹은 '가린 자'입니다.

인간은 스스로 선택의 능력 곧 '자유'함을 가지고 있다고 주장합니다. 그러나 그 선택이라는 것은 언제나 물질적 한계와 시간적 제약 안에서 이루어지는 자기 위안일 뿐입니다. 롯은 스스로 판단하여 좋은 것을 선택했지만 그것은 가장 나쁜 선택이었습니다. 만약에 롯이 얼마 후에 그곳에 전쟁이 일어나 자신의 모든 소유를 잃게 될 것을 알았다면 과연 소돔을 선택했을까요? 몰랐기 때문에 선택하는 것입니다. 다시 말해서 선택한 것이 아니라 어두운 미래에 자신을 투기(投棄, throw away)한 것입니다. 완전한 앎이 없는 인간에게 선택은 자유를 의미하는 것이 아니라 막연한 미래에 대한 자신의 욕망과 투기일 뿐입니다.

땅에 대한 약속의 점증적 확대와 씨에 대한 약속의 확증

롯이 소돔으로 들어갔습니다(창 13:12). 아브람은 조용히 가나안 땅에 그대로 남았습니다(창 13:12). 그는 하나님께서 지시하시지 않은 것을 하기를 원하지 않았습니다. 게다가 모세는 이미 소돔 사람들이 악하며 죄인이라고 평가하고 있습니다(창 13:13). 겸손은 자신에게 필요한 것을 스스로 판단해서 그것을 달라고 요청하지 않습니다. 오히려 자신에게 필요한 것을 주실 때까지 인내하며 기다리게 만듭니다. 아브람은 스스로의 판단을 버리고 순종의 길을 걷습니다.

형제 사이의 헤어짐을 위로라도 해주시는 것처럼 하나님께서는 아브람에게 "너는 눈을 들어 너 있는 곳에서 북쪽과 남쪽 그리고 동쪽과 서쪽을 바라보라 보이는 땅을 내가 너와 네 자손에게 주리니 영원히 이르리라"(창 13:14-15)라고 말씀하셨습니다. 이는 아브람이 물질적 성공에 구애받지 않았으며, 이 일로 자신의 걸음을 늦추거나 변경하지 않고 오직 제단 앞에 서 있는 삶으로 만족하고 있는 것에 대한 하나님의 위로라고 말할 수 있을 것입니다. 무섭도록 성실한 삶에 대한 진정한 위로는 미래로의 약속일 것입니다.

하나님께서는 아브람에게 세겜에서 당신께서 주실 땅을 보여주셨습니다(창 12:6-7). 그런데 이번에는 아브람이 벧엘 제단 곁에 거주하고 있을 때에(창 13:3) 다시 한 번 더 아브람이 눈으로 보는 땅을 주실 것을 약속하십니다. 이로 인해 세겜과 벧엘을 중심으로 하여 사람의 눈으로 볼 수 있는 땅 전체를 약속 받게 됩니다. 그런데 아브라함은 값을 주고 헤브론 곧 마므레에 있는 막벨라 지역을 구입했습니다(창 23:16-18). 그리고 이후에 야곱이 세겜 지역을 값을 주고 구입하게 됩니다(창 33:18-19). 벧엘(루스)은 헤브론과 세겜 가운데 위치하고 있습니다. 이것은 하나님께 받은 것이지만 결국 약속의 땅은 정당한 값을 주고 구입했습니다. 여하튼 아브람은 재화의 가시덤불에 덮인 자가 되지 않았습니다. 그는 그저 제단 앞에 서 있는 자신의 삶에 성실함으로 자족하며 조용히 살아갔습니다. 약속을 하시고 그 약속을 성취하시는 분은 하나님이십니다.

세겜과 벧엘은 가나안 땅의 중심 지역이기에 실질적으로는 가나안 전체를 의미하는 제유법(提喩法)으로 읽을 수 있습니다. 하나님께서는 이 땅에 대하여 아브람에게 “내가 너와 네 자손에게 주리니 영원히 이르리라”(창 13:15)라고 말씀하셨습니다. 여기서 ‘영원히’ 곧 히브리어 ‘올람’(עוֹלָם)은 성경 안에서 다양한 의미를 가지고 있습니다.

히브리어 올람(עוֹלָם)은 기본적으로는 ‘긴 시간’ 곧 ‘오래도록’ 혹은 ‘장구(長久)함’을 뜻합니다. 사실 오래도록(久) 변하지 않고 같은 모습을 유지한다는 것은 거의 불가능한 일입니다. 그래서 이를 ‘영원’이라고 이해하기도 합니다. 하지만 구약성경에서 언급한 ‘영원’ 곧 ‘올람’(עוֹלָם)은 거의 대부분 ‘오랜 것’(久)을 의미하지 ‘영원’을 뜻하는 것은 아닙니다. 보다 더 정확하게 말하면 신약시대가 오기 이전까지를 의미합니다. 율법의 시대에 약속된 것들이 복음의 시대에 성취될 때까지를 의미하는 것입니다. 그러므로 시간적으로 분명히 오랜 시간을 뜻하지만 시간 자체를 초월한 영원함은 아닙니다. 그리스도께서 약속을 성취하시고 갱신하실 때까지만 그 의미를 유지할 뿐입니다.

땅에 대한 약속 이후에 곧바로 하나님께서는 아브람에게 “내가 네 자손이 땅의 티끌 같게 하리니 사람이 땅의 티끌을 능히 셀 수 있을진대 네 자손도 세리라”(창 13:16)라고 아브람의 씨에 대한 약속을 다시 한 번 더 확증해 주셨습니다.

모세는 하나님께서 하신 두 가지 약속 곧 땅과 씨에 대한 약속을 일정한 틀 안에서 반복적으로 확증하고 있습니다. 다시 말해서 땅에 대한 약속을 먼저 기록하고(창 13:15), 다시 아브람의 씨에 대한 약속을 확증하는 내용을 쓰고 있습니다(창 13:16). 그리고 다시 모세는 "너는 일어나 그 땅을 종과 횡으로 두루 다녀 보라 내가 그것을 네게 주리라"(창 13:17)라고 하여 땅에 대한 약속을 다시 확증하십니다. 이를 도식으로 나타내면 다음과 같습니다.

a. 땅에 대한 약속의 확대(창 13:14-15): 벧엘과 아이 사이를 기준으로

x. 씨에 대한 약속의 확증(창 13:16): 티끌같이 많은 아브람의 후손들

a'. 땅에 대한 약속의 확증(창 13:17)

위의 도식에서 볼 수 있는 바와 같이 모세는 아브람의 씨를 이야기의 중심에 위치시킴으로 그 내용을 강조하고 있습니다. 그리고 땅에 대한 이야기를 반복적으로 강조하고 있습니다. 미래에 받을 땅과 씨입니다. 그러나 그 미래의 약속은 그대로 자신의 삶에 투영(reflect)되어 현재에 소망이 됩니다. 이때에 비로소 위로가 됩니다. 하나님의 미래의 약속이 현재의 삶에 투영되지 않고서는 결코 위로가 될 수 없습니다. 그분의 약속 있는 말씀을 믿는 것이 위로가 되어 주는 것입니다. 믿음의 문제입니다.

롯이 떠난 후 아브람은 하나님께서 주신 약속 안에서 위로를 받고 헤브론(חֶבְרוֹן)으로 거주지를 옮기게 됩니다(창 13:18). 여기서 헤브론이란 지명은 '모임'(company), '연합'(association)이란 뜻을 가진 헤베르(חֶבֶר)에서 파생한 단어입니다. 그래서 헤브론은 '친교' 혹은 '동맹'을 뜻합니다. 이는 아브람이 마므레와 연합하여 친교를 이룬 것과 관련된 지명으로 보입니다(창 14:13). 그러나 분명한 것은 그는 이 '친교'(사귐)라는 곳에 있는 마므레 상수리 수풀에서 하나님을 위한 제단을 쌓았다는 사실입니다(창 13:18). 이는 사귐의 본질적 대상은 하나님, 곧 예배적 삶을 의미하는 것임을 알 수 있습니다. 아브람은 하나님의 앞에서 예배하는 삶, 노동하는 삶을 성실하게 유지해 나가고 있습니다. 자신을 지키고 있습니다. 특히 아브람이 이방인에게 가지는 편견을 감안하면 마므레 지역 사람들과 어느 정도 친교를 이루고 조용히 살아가는 것은 고무적(鼓舞的)인 일이라고 말할 수 있을 것입니다. 또한 마므레 지역 사람들 역시 아브람의 제단에 대하여 관용을 베풀고 있습니다. 그들은 아브람의 예배에 위해(危害)를 가하지 않았으며, 사라를 수치로 몰아가지도 않았습니다. 아브람이 관용을 베푼 것이 아니라 관용을 받은 것입니다.

상수리나무는 테라빈 나무(terebinth, NKJV) 혹은 오크 나무(oak, NASB)로도 번역합니다. 이는 히브리어로는 엘론(אֵלוֹן)으로 구약성경害에 심심치 않게 등장합니다. 이 나무는 강함과 관련하여 표현됩니다(암 2:9). 아마도 엘론(אֵלוֹן)은 엘욘(עֶלְיוֹן)과 유사한 발음으로 언어유희가 가능하기 때문에 자주 언급되는 것으로 압니다.

엘욘(עֶלְיוֹן)은 '높은', 아니 그 이상의 지고(至高)함을 나타내는 표현으로 하나님의 숭고함과 지고하심을 표현할 때에 사용되는 형용사입니다. 예를 들어 모세는 멜기세덱에 대하여 "그는 지극히 높으신 하나님의 제사장"(창 14:18)이라고 말합니다. 곧 여기서 '지극히 높으신 하나님'을 히브리어로 '엘 엘욘'(עֶלְיוֹן, אֵל)이라고 합니다. 엘론(אֵלוֹן, 상수리나무)은 엘욘(עֶלְיוֹן, 높은)과 비슷한 형태로 이후에 아브람은 상수리나무 수풀에 여호와의 단을 쌓았으며(창 13:18), 여호수아는 성막 곁에 있는 상수리나무에 언약의 증표로 돌기둥을 세웠습니다(수 24:26). 그러나 엘론(אֵלוֹן, 상수리나무) 자체에 어떤 의미를 부여해서는 안 됩니다. 이는 문학적이고 수사학적으로 언어유희와 관련된 것이지 그 나무 자체가 어떤 의미를 담고 있는 것은 아닙니다.

사실 엘론(אֵלוֹן, 상수리나무)은 부정적인 내용이 더 많이 언급됩니다. 예를 들어, 세겜 상수리나무에서 기드온의 아들 아비멜렉이 스스로 왕이 되었을 때에 세겜 도시가 이를 인정했으며(삿 9:6), 이 상수리나무의 울창한 숲에서 우상을 숭배했으며(겔 6:13; 호 4:13), 자신의 자식을 제물로 죽이기도 했습니다(사 57:5). 그 울창함과 푸르름 사이에서 음행의 불씨를 지피듯이 더러움의 연기를 피우기도 했습니다(호 4:13). 여하튼 엘론(אֵלוֹן)이 상수리나무이든 아니면 오크 나무이든 그것이 중요한 것은 아닌 것 같습니다. 오히려 현존하는 인간이 경배하는 대상이 참된 하나님이 아니라, 재물의 힘이나 폭력의 힘 따위를 갈망하고 그 강함을 숭배하고 있다는 것이 더 중요할 것입니다. 롯처럼 마음에 무엇인가 덮여서 참된 것을 보지 못하는 자로 살아가는지 아니면 아브람처럼 노동과 예배 가운데 자신의 기원인 절대적 과거를 회상하고 회귀하면서, 하나님께서 주신 절대적인 미래를 소망하면서 현재를 회상과 소망으로 투영하며 살아가는지에 대한 문제가 우리에게 더 중요합니다. 매순간의 성실함이 더 중요한 문제입니다.

아브람과 롯에 대한 정리 1

아브람과 롯에 대해서 세 가지로 정리하도록 하겠습니다. 첫째, 모세는 아브람과 롯의 대조적인 병행(parallelism)을 통해서 두 삶을 대조하고 있습니다. 롯은 야망과 성공을 위해서 도시로 발걸음을 재촉했습니다. 비록 그곳이 악한 곳이라고 하여도 그의 발걸음은 가볍게 그 길(דֶּרֶךְ, 데레크)을 멈추지 않았습니다. 반면에 아브람은 롯과는 다르게 목가적이고 조용하고 단순한 삶을 살아갑니다. 아브람에게 중요한 것은 성실한 노동 그 자체였습니다.

하나님의 제단 앞에 서 있는 예배적인 삶, 인간의 창조적 목적인 노동하는 삶, 그리고 자신을 지키는 삶 곧 아바드와 솨마르의 삶에 맞게 성실하게 살아가는 것이 중요했습니다. 세속적인 낙원에서처럼 먹고 마시며 즐겁게 노는 것은 성경에서 계시된 인간의 모습이 아닙니다. 아바드와 솨마르는 아담에게 주신 명령입니다(창 2:15). 현존하는 인간들이 만들어낸 세속적인 낙원에 '여호와의 동산'이라고 이름을 붙여도 그것은 자신의 욕망을 제멋대로 분출하고자 하는 악한 의도일 뿐입니다. 그렇다고 이 말을 오해해서 도시의 삶과 농촌의 삶을 대조적으로 인식하는 것도 바람직하지 않습니다.

성경이 도시의 삶 그 자체를 악하게 다루고 있는 것은 아닙니다. 아브람과 롯의 대조적인 삶은 "소돔 사람은 여호와 앞에 악하며 큰 죄인이었더라"(창 13:13)라는 평가에 따른 것입니다.

아브람의 제단은 인간이 제멋대로 결정하는 것이 아닙니다. 분명히 아브람은 천사들의 인도함을 받았으며 신앙생활에 유익한 방향으로 주거지를 옮겼을 것입니다. 그 가운데 아브람은 천사를 만난 곳 혹은 천사로부터 지시를 받은 곳에 제단을 쌓은 것입니다. 그렇기 때문에 제단 앞에서의 삶은 세속적인 모든 낙원을 거부하게 만듦으로 아브람이 여전히 나그네로 머물도록 만들고 있습니다.

둘째, 가인의 형제 살인에 대한 문제입니다. 가인은 자신의 불성실한 예배에 대한 불쾌감과 동생 아벨의 성실한 예배에 대한 질투로 살의를 느꼈습니다. 이에 하나님께서는 가인에게 "죄가 문에 엎드려 있느니라 죄가 너를 원하나 너는 죄를 다스릴지니라"(창 4:7)라고 말씀하셨습니다. 이는 흡사 굶주린 독사가 붉은 눈동자로 웅크리고 앉아서 먹잇감을 기다리는 것처럼 죄는 우리의 영혼에 자리

잡고 앉아서 우리가 스스로 포기하길 기다리고 있습니다. 우리가 절대자의 말씀에 순종하길 포기하는 그 순간에 뱀은 번개처럼 달려들어 자신의 거짓된 욕망을 우리의 혈관 속에 토정(吐情)해 낼 것입니다. 살인입니다. 형제 사이의 불화 끝에서 일어난 죄입니다.

그리고 아브람과 롯 사이에서 일어난 불화의 문제는 가인의 문제에 작은 빛을 제공하고 있습니다. 거룩한 경전은 아브람과 롯을 형제라고 말하면서 이들 사이에 불화가 있었다고 말합니다. 이에 아브람은 모든 선택권을 롯에게 양보함으로 불화를 종식시키고자 했습니다. 자신의 더 많은 유익을 위해서 롯과 싸우지 않고 모든 것을 롯의 결정에 맡겼습니다.

"누구든지 자기의 유익을 구하지 말고 남의 유익을 구하라"(고전 10:24)라는 말씀은 우리에게 언제나 사회성 안에서 다른 사람에 대한 그 인간성을 존중할 것을 말합니다. 환언해서 말하면, 아브람처럼 롯의 삶을 존중하고 가족 전체 곧 그가 속한 사회를 건실하게 세우는 것을 말합니다(고전 10:23-24). 이는 이웃에 대한 사랑입니다. 사랑은 '자기의 유익을 구하지 아니하며 성내지 아니하며 악한 것을 생각하지 아니합니다'(고전 13:5). 물론 이런 말에 대해서 '바보', '어리석은 자'라고 해서 멀리하고자 할 수도 있습니다. 그러나 분명히 성경은 "누구든지 이 세상에서 지혜 있는 줄로 생각하거든 어리석은 자가 되라 그리하여야 지혜로운 자가 되리라"(고전 3:18)라고 하였습니다. 아마도 아브람은 안락한 도시생활과 풍요로운 삶을 거부하고 어리석게 나그네의 삶을 살아간 사람, 이 세상에 대한 아는 것이 없는 바보, '성결한 바보', '거룩한 바보'일 것입니다.

셋째, 모세는 소돔에 대하여 "소돔 사람은 여호와 앞에 악하며 큰 죄인이었더라"(창 13:13)라고 평하고 있습니다. 여기서 '소돔'은 제유법으로 소돔뿐만 아니라 그 지역 전체를 의미합니다. 다시 말해서 하나님의 심판으로 멸망한 소돔과 고모라, 그리고 아드마와 스보임에 대한 평가입니다(신 29:23). 또한 멸망당하지는 않았으나 '소알'도 포함됩니다(창 14:2).

하나님의 심판에서 중요한 것은 그것이 종교적인 문제에 의한 것이 아니라는 점입니다. 소돔의 악행은 도덕적인 삶에 관한 것입니다.

성경은 하나님께서 인간에게 주신 그 이성과 감성을 무시하지 않습니다. 상식적인 범위 안에서 우리는 소돔과 고모라의 타락을 충분히 이해할 수 있으며 그들이 왜 심판을 받았는지를 충분히 이해할 수 있습니다. 노아의 홍수 심판에서도 마찬가지이지만 성경은 우리에게 충분한 도덕성, 아니 신앙이 없는 이들보다 더 높은 차원의 도덕적 성향을, 신앙하는 이들에게 요구하고 있다는 사실을 기억해야 합니다. 선지서들에서도 북이스라엘과 남유다의 멸망에 관한 원인들을 보면, 바로 도덕적 타락이 자리 잡고 있음을 알 수 있습니다.

B′. 롯이 소돔과 고모라에서 나옴(19장): 수치를 당하는 롯

더러운 악취가 롯의 집을 에워싸다

창세기 13장에서 롯은 소돔과 고모라로 들어갔습니다. 이와 대조적으로 창세기 19장에서는 롯이 소돔과 고모라에서 나오는 이야기가 나옵니다. 바로 소돔과 고모라의 멸망을 다루고 있습니다. 롯을 기준으로 한다면 13장과 19장의 두 이야기가 서로 대구를 이루고 있다고 할 수 있습니다. 이 대조적인 형식은 사실상 아브람과 롯의 삶에 대한 대구(parallelism) 관계로 읽을 수 있게 합니다.

롯이 소돔을 나오는 이야기는 해 질 녘에 두 천사가 소돔에 도착하는 것으로부터 시작합니다(창 19:1). 히브리어 에레브(עֶרֶב)는 '해 질 녘', '저녁' 혹은 '밤'(evening)이란 뜻을 가지고 있습니다. 아마도 늦은 밤이 아니라 날이 저물 때(in the evening, NIV)를 의미하는 것으로 보입니다. 왜냐하면 해 질 녘은 새로운 날의 시작을 뜻하기 때문입니다. 성경은 "저녁이 되고 아침이 되니" 하루(a day)라는 시간 개념이 형성되어 있습니다(창 1:5). 그러므로 '저녁' 곧 에레브는 하루의 시작점을 뜻합니다. 우리가 한밤중인 자정을 하루의 시작으로 삼는 것과 유사합니다. 여하튼 이때 롯은 소돔 성문에 앉아 있었습니다(창 19:1). 아직 성문이 닫히지 않은 것으로 보아 늦은 저녁은 아님이 분명합니다. 그리고 롯이 성문에 앉아 있었던 것으로 보아 그는 소돔 도시에서 어느 정도의 사회적 지위를 얻고 있었던 것으로 보입니다. 어느 사회이든 현존하는 인간 사회는 경제력으로 사회적 신분을 결정합니다. 재화의 선한 공유가 있기 이전에는 신분제 사회가 결코 해체될 수 없을 것입니다(행 2:44-45). 중요한 것은 그 누구든 육신의 보존을 위해서는 반드시 재화를 이용할 수 있어야 한다는 사실입니다.

소돔 성문에 앉았던 롯은 나그네들을 보고 일어나 그들을 영접했습니다. 롯은 낯선 나그네들에게 달려가 말했습니다.

"주여 돌이켜 종의 집으로 들어와 발을 씻고 주무시고 일찍이 일어나 갈 길을 가소서"(창 19:2). 그는 자신도 모르는 사이에 천사를 대접하고 있습니다(히 13:2). 나그네로 변장한 주님의 천사들이 언제 우리 곁을 스치고 지나갈지 모르는 일입니다. 항상 깨어 있어 천사들의 방문에 모질게 대하지 않도록 주의해야 합니다. 항상 "손님 대접하기를 잊지 말라 이로써 부지중에 천사들을 대접한 이들이 있었느니라"(히 13:2)라는 말씀을 기억합시다.

여하튼 나그네로 변장한 천사들은 그냥 길거리에서 밤을 새울 것이라고 대답했습니다(창 19:2). 이는 나그네들이 자신을 위험 속에 노출시키고자 하는 의도를 가지고 있는 것을 반영한 것입니다. 왜냐하면 천사들은 이미 소돔의 죄악을 알고 있고 이에 소돔을 심판하러 온 것이기 때문입니다.

나그네들이 롯의 청을 거절하자 롯은 더욱더 '간청해서' 나그네들을 자신의 집으로 영접하게 됩니다(창 19:3). 여기서 '간청하다'라는 말은 '밀다'(push), '누르다'(press)란 의미를 가진 히브리어 '파짜르'(פָּצַר)로 같은 본문 안에서 '떠밀다'(밀치며)라고 읽습니다(창 19:9). 여기서 모세는 의도적으로 이중적인 모습을 보여주고 있습니다. 다시 말해서 롯은 거의 강제적으로 이 낯선 나그네들을 자신의 집으로 밀치듯이 데리고 들어갔습니다. 이와는 다르게 소돔 주민들은 이 나그네들을 수치스럽게 하기 위해서 롯을 밀쳤습니다. 그리고 천사들은 주저하는 롯을 밀치듯이 소돔에서 끌어냈습니다. 천사들은 롯의 집에 유숙할 의지가 없어서 롯이 그들을 밀었습니다. 그러나 소돔 주민들은 나그네를 욕보이기 위한 강한 의지로 롯을 밀쳤습니다. 의지에 상반된 모습을 반영하는 것이 바로 '파짜르'(פָּצַר)입니다.

롯은 나그네들에게 일어날 수도 있는 수치스러운 일들을 미리 예측하고 있었던 것으로 보입니다. 소돔 주민들 가운데 늙은이와 젊은이들을 막론하고, 거리가 멀든 혹은 가깝든 상관없이 그들은 이 낯선 나그네들에게 수치스러운 성행위를 하기 위해서 모여들었습니다(창 19:4-5). 성경 본문에서 "우리가 그들을 상관하리라"(we can have sex with them, NIV)라고 말한 것은 성적인 관계를 암시합니다(창 19:5). 그러나 거룩한 경전은 이런 상스러운 말을 쓰는 것을 좋아하지 않습니다. 그래서 본문의 동사는 히브리어 '야다'(יָדַע)로 '알다'(know)를 씁니다. 동사 '야다'(יָדַע)로 본문을 직역하면 '우리가 그들을 알리라'(we may know them, KJV, ASV)라는 말입니다. 여기서 야다(יָדַע)는 무엇을 얼마만큼 아는가에 따라서 그 성격을 달리합니다. 예를 들어 '여자가 남자를 알았다'라고 말하는 것은 성적인 관계를 의미하는 것입니다(창 4:1).

소돔 주민들은 나그네들을 겁탈하려고 먼 곳에서부터 롯의 집까지 찾아왔습니다. 이들은 죄악의 짓거리가 기쁨에 넘쳐 날뛰는 자유인 양 담껏 짐승처럼 달려들었습니다. 이들의 죄악을 축복이라도 하듯이 하늘의 아름다운 붉은 노을은 점점 어둠 속에 사라지고 영롱한 별들이 하나 둘 반짝이고 있었을 것입니다. 세상은 이것을 '낙원'이라고 부릅니다. 악에 눈먼 자들의 도시를 낙원이라고 생각합니다. 그리고 이것을 '자유'라고 말하지만 이는 '자유'가 아니라 '죄의 노예'입니다. 이것이 소돔만의 문제는 아닐 것입니다.

26 이 때문에 하나님께서 그들을 부끄러운 욕심에 내버려 두셨으니 곧
그들의 여자들도 순리대로 쓸 것을 바꾸어 역리로 쓰며
27 그와 같이 남자들도 순리대로 여자 쓰기를 버리고 서로 향하여 음욕
이 불일듯 하매 남자가 남자와 더불어 부끄러운 일을 행하여 그들의 그
릇됨에 상당한 보응을 그들 자신이 받았느니라
28 또한 그들이 마음에 하나님 두기를 싫어하매 하나님께서 그들을 그
상실한 마음대로 내버려 두사 합당하지 못한 일을 하게 하셨으니
29 곧 모든 불의, 추악, 탐욕, 악의가 가득한 자요 시기, 살인, 분쟁, 사기,

악독이 가득한 자요 수군수군하는 자요
30비방하는 자요 하나님께서 미워하시는 자요 능욕하는 자요 교만한 자
요 자랑하는 자요 악을 도모하는 자요 부모를 거역하는 자요
31우매한 자요 배약하는 자요 무정한 자요 무자비한 자라
32그들이 이 같은 일을 행하는 자는 사형에 해당한다고 하나님께서 정
하심을 알고도 자기들만 행할 뿐 아니라 또한 그런 일을 행하는 자들을
옳다 하느니라(롬 1:26-32).

소돔의 더러운 악취가 롯의 집을 에워쌌습니다. 그러자 롯은 황급히 문밖으로 나가 곧바로 문을 닫았습니다(창 19:6). 그리고 소돔 주민들에게 "내 형제들아 이런 악을 행하지 말라"(창 19:7)라고 부탁했습니다. 여기서 롯은 소돔 주민들에게 '형제'(אָח, 아흐)란 표현을 쓰고 있습니다. 이는 롯이 마음으로 자신과 소돔 사람들을 같은 운명 공동체라고 생각했던 것을 드러냅니다. 아브람이 롯을 형제(אָח)라고 부를 때에 그는 아브람을 떠나 소돔으로 갔습니다. 그리고 소돔에서 그들을 아흐(אָח, 형제)라고 부르고 있습니다.

정욕(ἐπιθυμία, 에피뛰미아, 롬 1:24), 욕심, 정념(πάθος, 롬 1:26)에 사로잡힌 소돔의 이야기는 아브라함의 편견이 단순한 선입견이 아니라 이유 있는 편견임을 보여줍니다. 하나님을 경외할 줄 모르는 타락한 현존하는 인간의 밑바닥(기본, 본질)을 보는 듯합니다. 인간의 타락에 대한 의식을 단순한 편견으로만 취급할 수는 없습니다. 이때 인간의 양심은 오히려 더러운 악취를 좋아하고 즐기는 것처럼 건망증이 심한 양심입니다.

롯은 나그네를 지키기 위해서 소돔 주민들 앞에 나섰습니다. 이는 분명히 용기 있는 행동이며 자신의 의무와 충성에 있어서 칭송

할 만한 일로 압니다. 그러나 그는 곧바로 자신의 무분별함을 드러내고야 맙니다. 그는 소돔의 가치관에 이미 혼합된 정신을 반영하고 있습니다. 아니, 그는 처음 소돔으로 들어올 때부터 부요한 삶을 위해서 악을 용인하고 있었습니다. 그래서 서슴없이 자기 집을 에워싸고 있는 더러운 욕망의 악취를 풍기고 있는 소돔 주민들에게 말했습니다.

"내게 남자를 가까이하지 아니한 두 딸이 있노라 청하건대 내가 그들을 너희에게로 이끌어 내리니 너희 눈에 좋을 대로 그들에게 행하고 이 사람들은 내 집에 들어왔은즉 이 사람들에게는 아무 일도 저지르지 말라"(창 19:8)라고 말합니다.

롯이 비록 소돔 사람들과는 다른 삶을 원했을지라도 이미 그의 영혼에는 찌든 소돔의 악취가 배어 그의 영혼을 에워싸고 있었습니다. 롯은 약혼한 두 딸을 수치 가운데 던져 넣고 있습니다. 악을 피하고자 악을 자행하고 있습니다. 롯처럼 악을 막으려고 악을 범하는 것은 어리석은 일입니다(롬 12:17; 살전 5:15; 벧전 3:9). 악한 이들은 사도의 말씀처럼 자신들의 행위를 '옳다'라고 말하는 법입니다(롬 1:32). 선한 충고를 인정하지 않습니다. "미련한 자는 자기 행위를 바른 줄로 여기나 지혜로운 자는 권고를 듣느니라"(잠 12:15)라고 하였습니다.

우리의 삶에서 조용한 영혼(ἡσύχιος πνεῦμα, 헤쉬키오스 프뉴마, 벧전 3:4)을 지키는 방법은 적극적으로 악에 대적하는 것이 아니라 간접적으로 대적하는 것입니다. 지독할 정도로 성실하게 악에 간접적으로 대적하는 것입니다. 삶에 동요가 일어나고 소동이 벌어지면 기도를 드립니다. 그렇게 수치와 모욕감을 온몸으로 감당하는 고통 가운데 하나님의 부르심을 받으면 지체 없이 떠나는 것입니다.

주님께서는 "너희의 인내로 너희 영혼을 얻으리라"(ἐν τῇ ὑπομονῇ ὑμῶν κτήσασθε τὰς ψυχὰς ὑμῶν, 눅 21:19)라고 말씀하셨습니다.

소돔 도시 사람들은 롯에게 말했습니다.

"너는 물러서라. 이 이방인을 들어와서 살게 했더니 이제는 이 놈이 우리 법관 노릇을 하려고 드는구나. 그들보다 네가 먼저 혼이 나야겠다"(창 19:9, 현대인의 성경)라고 말하면서 롯을 밀어붙이며 달려들어 문을 부수려고 했습니다. 아마도 집안에 있던 두 딸들은 충격을 받았을 것입니다. 그리고 나그네들도 소돔에서 결코 의인을 찾을 수 없음을 최종적으로 확인했을 것입니다.

나그네들 곧 천사들은 롯을 집안으로 끌어들이고 소돔 도시 사람들의 눈을 어둡게 만들었습니다(창 19:10-11). 아니, 그들은 이미 짙은 정념(πάθος, 파토스)의 어둠 속에 자신의 악취 나는 더러움을 볼 수 없었습니다. 수치심과 염치(廉恥, 부끄러움을 아는 마음)도 모르는 현존하는 인간들의 본질적(기본적)인 모습입니다. 우리의 모습이라는 것이 사실(fact)은 도시와 문명이라는 멋들어진 것을 건설했으나 사실(reality)은 "그들은 다 간음하는 자라 과자 만드는 자에 의해 달궈진 화덕과 같도다 그가 반죽을 뭉침으로 발효되기까지만 불 일으키기를 그칠 뿐이니라"(호 7:4)라는 선지자의 말과 같습니다.

교만과 풍요로움으로부터 시작된 소돔의 죄

나그네들은 롯에게 물었습니다. "네게 속한 자가 또 있느냐"(창 19:12). 롯에게는 아내와 약혼을 한 두 딸, 그리고 딸들과 정혼한 두 명의 사위 이렇게 10명이 안 되는 6명이 있었습니다. 여기서 롯은 자신들의 종들을 가족으로 인정하지 않고 있음을 알 수 있습니다.

'종'이란 언제나 대체 가능성을 가진 물건과 같은 존재일 뿐입니다. 기계의 부품처럼 쓸모없는 것들은 제거되고 그 빈자리는 다른 종들로 채워집니다. 이 종들은 롯에 속한 자들이 아니었습니다.

나그네들은 롯에게 모든 가족들을 이끌고 소돔을 떠날 것을 지시하면서 자신들이 소돔 도시에 온 목적을 밝힙니다. "여호와께서 이곳을 멸하시려고 우리를 보내셨나니 우리가 멸하리라"(창 19:13). 하나님께서 그 도시를 파괴할 것을 뜻하셨고 그분의 일꾼인 천사들이 그 도시를 파괴하려고 정탐꾼처럼 이 땅에 온 것입니다. 그리고 천사들은 롯뿐만 아니라 그 가족 모두를 구원하기 위해서 소돔을 방문한 것입니다. 만약에 하나님께서 구원하시는 '의인'이 롯과 그의 가족들이라면 우리는 '정의' 곧 '쩨다카(צְדָקָה)에 관해서 또 다른 개념을 가지고 있어야 할 것 같습니다. 여하튼 천사의 말을 들은 롯은 아내와 딸들, 그리고 딸들과 정혼한 사위들에게 이 이야기를 전하게 됩니다. 하지만 믿지 않았습니다(창 19:14).

'믿음'에는 실체 곧 휘포스타시스(ὑπόστασις)에 대한 직관을 가지고 있어야 합니다. 사전적으로 휘포스타시스(ὑπόστασις)는 '매복', '잠복'(ambush)이란 뜻으로 어떤 것의 '침전물'이나 '앙금'(sediment)이란 뜻으로 사용됩니다. 또한 어떤 것에 대하여 숨어 있는 세력이란 의미에서 '지지', '버팀'(support)이란 뜻도 있습니다. 철학에서 휘포스타시스(ὑπόστασις)는 눈에 보이지 않는 이면(the inside)의 것으로 '진실', '사실' 내지는 참된 현실(reality)이란 뜻으로 스토아 철학자들은 이를 라틴어로 섭스텐티아(substantia) 곧 실체(substance, 히 11:1, KJV)라고 읽습니다. 법률적으로는 어떤 주장이나 말을 지지할 증거(support)란 의미로 읽습니다. 예를 들어, '나뭇가지가 흔들린다' 혹은 '풀이 눕는다'라는 말을 들었을 때 우리는 직관적으로 '바람이 분다' 혹은 '어린아이들이 나뭇가지에서 놀고 있다'는 사실(fact)에 머물지 않고 곧바로 숨어 있는 사실(reality) 내지는 눈에 보이는 표면(surface)의 것이 아니라 눈에 보이지 않고 잠복(ambush)해 있는 실체 곧 휘포스타시스(ὑπόστασις)를 인식하게 됩니다. 여기서 물질적(physical)인 눈에 보이지 않았지만 그 실체는 충분히 지지받을 증거로 우리는 실체(본질, ὑπόστασις)에 접근할 수 있습니다. '나뭇가지가 흔들린다'란 말과 그 표면적 사실에 대한 참된 사실인 본질에서 '바람이 분다'라는 것을 인식할 수 있으며, 이렇게 인식(conscience)되었을 때에 우리는 그 사실(fact)에 대해서 진실(reality)을 납득했다(to convince), 설득하다(to persuade)라고 말합니다. 곧 페이토(πείθω)라고 말하고, 설득된 것, 납득하고 깨달은 것, 그래서 믿게 된 것을 피스티스(πίστις) 곧 '믿음'이라고 말합니다.

롯이 가족들에게 소돔의 멸망을 이야기했을 때에 가족들이 그의 말을 믿지 못하는 것은 철저하게 외적인(표면적) 사실에 매여 있기 때문입니다. 물질적 한계에 덮여 있기 때문입니다. 우리의 눈을 덮고 있는 물질적 한계를 초극(超克)함으로 물질적 한계를 초월했을 때에 비로소 본질 곧 휘포스타시스(ὑπόστασις)에 도달하고, 그 본질 안에서 새로운 인식으로서의 '믿음'을 가지게 됩니다. 또한 동시에 이 본질(ὑπόστασις)에 대한 인식은 내적인 확고한 엘렝코스(ἔλεγχος, 증거)를 가지게 됩니다. 그래서 외적인 시련 곧 물질적 한계로 인해서 엘렝코스(ἔλεγχος)를 상실하여 믿음이 사라질 수도 있으며(마 13:20-21), 역시 물질적 한계를 초극하지 못하고 내적인 근심이나 불안으로 비록 엘렝코스(ἔλεγχος) 자체가 상실되지는 않지만 언제나 머뭇거리고 주저하는 삶을 살아가기도 합니다. 왜냐하면 물질적 현실을 초극해야 하는 것을 알지만 그 한계 앞에서 불안감으로 초극하지 못하기 때문입니다. 왠지 손해 보는 것만 같고, 세상에서 바보 취급을 받을 것 같은 불안감이 있습니다. '거룩한 바보' 아브람의 삶에 도달하지 못합니다. 이것은 믿음의 문제입니다. 또한 이것은 어떤 비약이나 발전, 성장을 기대할 수 없는 상태입니다(마 13:22). 다시 말해서 자신이 믿는 바대로 삶을 살지 않게 됩니다.

사위가 될 이들은 롯의 말을 농담(弄談)으로 받아들였습니다. 이들은 분명히 심판에 대한 본질을 전혀 인식하지 못한 이들로 길거리에 뿌려진 이들이라고 비유할 수 있을 것입니다(마 13:19). 여기서 '농담'으로 읽은 히브리어 짜하크(צָחַק)는 '비웃다', '조소하다', '즐기다'란 뜻이 있는 단어입니다. 다시 말해서 사위가 될 이들은 롯의 말을 가지고 비웃으며 자기네들끼리 즐겼습니다. 희롱(戱弄)했습니다. 본래 농담(弄談)이란 상대방을 무시하고 멸시하며 비웃음으로 자신의 즐거움을 추구하는 행위를 말합니다. 우리는 농담에 익숙한 사회에 살아가고 있습니다. 그러나 상대방을 비웃으며 자신의 즐거움을 추구하는 것은 그리스도인의 모습이 아닙니다.

사위가 장인에게, 아들이 부모에게, 제자가 선생에게 농담을 하는 것을 부끄럽게 생각하지 않는 우리들의 모습은 이미 삶의 맛을 잃어버린 삶일 것입니다. 타인의 신체적인 약점을 가지고 농담하면서 웃고 있는 자신을 전혀 부끄러워하지 않습니다. 소돔의 이야기가 먼 옛날이야기가 아님을 인식할 때에 하나님의 경고는 더욱더 소중하게 우리에게 다가설 것입니다.

소돔의 죄악은 단적으로 성적인 타락만을 이야기하는 것이 아닙니다. 소돔과 고모라는 짜하크(צָחַק)란 단어가 너무 잘 어울리는 사회였습니다. 소돔의 죄악에 대하여 선지자 에스겔에게 하신 하나님의 말씀은 이러합니다.

"네 아우 소돔의 죄악은 이러하니 그와 그의 딸들에게 교만함과 음식물의 풍족함과 태평함이 있음이며 또 그가 가난하고 궁핍한 자를 도와주지 아니하며 거만하여 가증한 일을 내 앞에서 행하였음이라 그러므로 내가 보고 곧 그들을 없이하였느니라"(겔 16:49-50).

소돔의 죄악은 교만(pride)으로부터 시작합니다. 이 교만은 모든 죄의 시작이며 겸손을 모르는, 배은망덕한 영혼들의 일반적인 성질입니다. 겸손이 결여된 교만은 자신의 풍요로움과 평온함이 있음에도 불구하고 가난한 이들을 도와주지 않았습니다. 은혜를 받았으나 현존하는 인간은 그것마저 죄의 기회로 삼습니다. 도덕적 타락과 오만(haughty)하고 구역질나는 행위로 도시 전체가 덮여 있었습니다. 이는 소돔과 고모라의 타락이 성적인 타락만을 의미하는 것이 아님을 보여줍니다.

성경에 이르길 "소돔과 고모라 성을 멸망하기로 정하여 재가 되게 하사 후세에 경건하지 아니할 자들에게 본을 삼으셨으며"(벧후 2:6)라고 하였습니다. 소돔의 멸망은 우리에게 경계의 표본이 됩니다. 부도덕한 삶에 대하여 하나님께서 반드시 징벌을 내리심에 대한 본이 됩니다. 하지만 경건한 이들의 참된 말은 언제나 멸시를 받으며 미치광이, 바보 취급을 받습니다. 그리고 악인들은 언제나 '평안하다, 안전하다'라고 말합니다(살전 5:3). 부요함과 교만으로 언제나 더러운 악취 속에 둘러싸여 살아갑니다. 배부름에 지칠지라도 가난한 이들을 위해서 나눌 것이 항상 부족했던 소돔과 고모라였습니다. 그래서 롯의 사위들은 롯이 전하는 말을 비웃으며 무시했습니다. 자신의 무분별한 생각으로 스스로 기만하면서까지 자기 위안을 얻습니다.

포기할 수 없는 부요함과 안락함: 롯의 열망

신앙은 '재화'에 대한 열망, 근심과 불안감의 가시덤불이 있으면 성장하지 못합니다(마 13:7, 22). 롯은 이미 소돔의 삶에 물들어 있었습니다. 다음날, 동틀 녘에 천사들은 롯을 "재촉하여" 그와 아내, 그리고 장성한 두 딸을 이끌어내라고 강권합니다(창 19:15). 이는 지난밤과 대조적인 모습을 반영하고 있습니다.

지난밤에는 롯이 나그네들을 자신의 집으로 강권하여 들였습니다. 그러나 다음날에는 나그네들이 롯을 강권하여 성 밖으로 내보내려고 하고 있습니다. 여기서 '재촉하다'는 '서두르다'(אוּץ)란 의미입니다. 모세는 여기서 다시 한 번 나그네들과 롯을 대조적으로 다루고 있습니다. 모세는 나그네들에게 '서두르다'(אוּץ)란 단어를 쓰는 반면에 롯에게 '지체하매' 곧 '꾸물거리다'(מָהַהּ)란 단어를 씀으로 롯에게 여전히 이 도시에 대한 미련이 있음을 밝히고 있습니다.

가난한 이들을 멸시하면서까지 성공하고 싶은 마음에 대한 미련이 그의 발목을 붙잡고 있었습니다. 자신의 풍요로움과 안락함, 그 평화스러움 가운데에서도 가난하고 어려운 이들에 대한 그 어떤 측은(惻隱)한 마음도, 자비함(חֶמְלָה, 헴라)도 없는 소돔을 '하나님의 동산'이라고 믿는 롯은 소돔을 떠나기 싫었습니다. 롯은 우물쭈물하면서 무엇인가 자신의 생명을 구원하는 일에 대해서 게으름과 나태함을 보여주고 있습니다.

결국에 그 나그네들이 롯의 손을 잡고 성 밖으로 인도하여 놓아두었습니다(창 19:16). 이를 모세는 "여호와께서 그에게 자비(חֶמְלָה)를 더하심이었더라"(창 19:16)라고 이야기하고 있습니다. 자기 생명을 구원받는 일에 게으르고 나태한 이들을 하나님께서는 강제로 구원하셨습니다. 이 구원을 통해서 하나님의 자비하심이 얼마나 큰 것인지를 이야기하고 있습니다. 하나님께서 롯을 끝까지 지키신 것은 롯의 삶과 그의 행위의 완전함이나 선행 때문이 아닙니다. 그의 의로움 때문이 아니라 하나님의 사랑 때문입니다. 그리고 이것은 순전히 아브라함에 대한 하나님의 기억하심(זָכַר, 짜카르) 때문이었습니다(창 19:29).

소돔을 떠나기 싫어하는 롯을 강제로 이끌어내는 천사(17세기 작)
– 루벤스(Peter Paul Rubens)

하나님께서 롯에게 자비를 베푸신 것은 사실 아브라함에 대한 약속과 그가 롯의 삶에 개입했기 때문입니다. 우리는 이미 아브라함이 나비(נָבִיא) 곧 선지자의 직분으로 중재적 사역을 감당하고 있음을 살펴보았습니다(창 20:7). 아브라함은 타인의 삶에 개입하여 하나님과 세상 사이에서 화해의 중보자의 사역을 감당함으로 오실 그리스도를 예표하고 있습니다. 성경은 일관된 관점으로 아브라함을 축복의 근원으로 다루고 있습니다.

나그네들은 소돔을 떠나기 싫어하는 롯의 손을 붙잡고 그들을 소돔 밖으로 이끌냈습니다(창 19:16). 여기서 우리는 이상할 정도로 집단적인 오류에 빠져 있음을 돌아볼 수 있습니다.

많은 이들이 소돔에서 롯이 자신의 발로 걸어 나왔다고 생각합니다. 또한 그 가운데 롯의 아내가 소금기둥이 되었다고 상상합니다. 이 상상의 근거를 찾을 수는 없지만 분명한 것은 성경의 내용과 무관한 인간의 상상력이라는 사실입니다. 우리는 상상력의 훈련을 조금 더 할 필요가 있습니다. 성경에 있는 그대로를 상상하는 훈련 말입니다. 롯과 그의 아내, 그리고 두 딸, 이렇게 네 명은 모두 두 천사들의 손에 이끌려 강제로 소돔 밖으로 나왔습니다(창 19:16). 멸망에서 구원으로 옮겨진 것입니다. 이는 하나님의 자비 곧 헴라(חֶמְלָה)입니다.

그리고 나그네들은 롯에게 산중으로 피할 것을 지시했습니다(창 19:17). 하지만 롯은 도시의 풍요로움과 안락함을 아직 포기하고 싶지 않았습니다. 롯은 자신에게 좋은 것이 무엇인지 스스로 판단하고 스스로 결정할 자유로운 능력이 있음을 보이기라도 하는 것처럼 산중으로 피할 것을 거부합니다. 하나님의 천사들보다 자신에 대해서 자신이 더 잘 알고 있다는 듯이 그는 산중으로 피하는 대신에 다른 방법을 모색합니다. 롯이 천사들에게 말했습니다.

“내 주여 그리 마옵소서.” 롯은 산중으로 도망하라는 지시를 거부했습니다. 도망가는 도중에 죽을 것이라고 말합니다(창 19:18-19). 이 말은 악의적인 롯의 심성(mentality)을 반영하고 있습니다. 여기서는 두 가지 입장에서 롯의 말을 독해(讀解)할 수 있습니다. 그중 하나로 롯은 “주의 종이 주께 은혜를 입었고 주께서 큰 인자를 내게 베푸사 내 생명을 구원하시오나 내가 도망하여 산에까지 갈 수 없나이다”(창 19:19)라고 말하고 있습니다. 롯은 자신이 은혜를 받아 구원을 받았다고 고백하고 있지만 사실상 이 구원이 지속되는 것이 아니라 한 사건에 제한된 것으로만 오해하고 있습니다. 자신은 산으로 가는 도중에 결국 죽을 것이라고 확신하고 있습니다. 롯은 하나님께서 어떤 의지도 없는 자연현상처럼 소돔을 심판하시면서 롯 자신도 죽이실 것이라고 확신하고 있습니다. 이는 롯이 산중으로 가는 것이 싫어서 하나님을 악한 분으로 몰아가고 있음을 알 수 있게 합니다.

다른 하나는 롯 자신도 소돔의 멸망을 믿지 않고 있다는 점입니다. 왜냐하면 아직 하나님의 심판이 임하지 않았기 때문입니다. 아직까지 태양은 뜨지 않아 어둠이 세상을 덮고 있었습니다. 그런데 소돔의 심판이라는 믿을 수 없는 일로 인해서 산중까지 도망친다는 것은 왠지 우스운 짓 같기도 했을 것입니다. 롯에게는 미래에 대한 예언이 현재의 삶에 전혀 투영되지 않았습니다. 오히려 자신의 욕망이 현재의 삶에 그대로 투영되고 있을 뿐입니다. 스스로 좋은 것과 나쁜 것을 결정할 자유가 있음을 롯은 보여주고 있습니다. 불순종입니다. 롯은 소돔 부근의 작은(מִצְעָר, 미쯔아르) 도시 곧 소알(צוֹעַר, 쪼아르)로 갈 것을 청합니다(창 19:20, 22). 이 소알은 소돔과 연합한 도시였습니다(창 14:2). 또한 그 거리가 소돔으로부터 그리 멀지 않은 곳이었을 것입니다. 밝은 태양이 이 나그네들의 거짓말을 입증하는 때에 소돔으로 돌아가기 좋은 곳을 택했습니다.

롯이 소돔 부근의 작은 성읍인 소알에 들어갈 때에 태양이 세상에 무엇인가를 입증하려는 듯 떠올랐습니다(창 19:23). 하늘은 붉은 일출의 빛으로 덮였을 것입니다.

어떤 사람들은 누군가 추잡한 짓을 하는 것은 자신의 진정한 이득을 모르기 때문이라고 생각합니다. 소돔과 고모라 사람들처럼, 혹은 자신의 생명을 구하는 일에서조차 게으른 롯처럼 자신에게 진정한 이득이 무엇인지를 모른다고 생각합니다. 그래서 이런 사람들에게 진정한 인생의 이득이 무엇인지를 가르쳐 준다면 반드시 그 추잡스러운 짓을 멈추고 선한 삶, 조금은 고결한 인간의 삶에 대한 열망을 가질 것으로 스스로를 기만하고 속입니다. 다시 말해서 사람들은 자신에게 조금의 이익도 없다는 것을 뻔히 알면서도 그런 짓을 할 리가 없다고 스스로를 속입니다. 하지만 현존하는 인간은 이익 때문에 움직이지는 않습니다.

현존하는 인류는 자신에게 아무 이익도 없을 뿐만 아니라 오히려 생명을 위협하거나 미래의 삶을 불행하게 만들 수 있다는 경고 앞에서도 모든 것을 제쳐 놓고 요행과 물질적인 풍요를 찾아 다른 길로 돌진합니다. 호기심과 짜릿한 순간적 느낌을 위해서 목숨을 버릴 준비가 되었습니다. 시험을 앞둔 학생이라면 성실하게 공부해야 좋은 시험 결과를 얻을 수 있다는 것을 알지만 그는 스스로 충분히 잘할 수 있다고 고집스럽고 제멋대로 하며 게으름으로 공부하기를 다신합니다. 롯은 소돔의 멸망이란 미래의 불행 앞에서도 현재의 즐거움과 부요함, 안락함을 포기하지 않습니다. 도시적 삶 곧 성공에 대한 열망이 그를 움직이고 있습니다. 롯은 진정한 이익을 몰라서 소돔을 포기하지 못한 것이 아닙니다. 그는 '소돔'으로 상징되는 이 세상에 점착된 삶을 원했습니다. '여호와의 동산' 곧 이 세상의 성공을 꿈처럼 원했습니다. 비록 그것이 악이며 미래에 심판을 받는다 하여도 지금의 유쾌함, 즐거움, 농담들로 모든 것을 버릴 수도 있습니다. 진리를 버릴 수도 있습니다. 이것이 배은망덕한 현존하는 인간의 모습입니다.

롯이 고백한 "주의 종이 주께 은혜를 입었고 주께서 큰 인자를 내게 베푸사 내 생명을 구원하셨습니다"라는 말은 그저 무대효과(stage effect)를 노리고 한 말일 뿐입니다(창 19:19). 아마도 이 말은 롯의 진심에서 나온 말일 것입니다. 이 말은 거짓말은 아닐 것입니다. 문제는 이 진심이 얼마나 오래갈 것인가에 있습니다. 하루 혹은 한 달이 지난 후에도 진정으로 똑같은 심성(mentality)을 가질 수 있는가의 문제입니다. 사람이 위대한 정신과 신앙의 소유자로 얼마나 오래 살 수 있는가의 문제입니다. 롯은 하나님께서 자신의 생명을 구원하셨다는 것을 말하는 동시에 "내가 도망하여 산에까지 갈 수 없나이다 두렵건대 재앙을 만나 죽을까 하나이다"(창 19:19)라고 말함으로써 하나님께서 자신을 끝까지 도와주시지 않을 것이라고 말하고 있습니다. 하나의 문장 안에서 두 심성을 읽을 수 있습니다. 하나님의 사랑을 고백하는 입으로 하나님께서 자신을 끝까지 지키시지 않을 것이라고 하나님을 비난하는 고백을 함께 합니다. 사람의 혀가 하나임에도 두 개의 혀를 가진 뱀처럼 말을 합니다.

아직 하늘에서는 아무 일이 일어나지 않았습니다.

천사들의 손에 이끌려 강제로 나온 소돔 도시에 대한 아쉬움이 롯에게는 그대로 남아 있습니다. 소돔 도시가 멸망한다는 것도 믿지 않았을 수도 있습니다. 새벽부터 낯선 나그네들의 손에 끌려나온 일에 대해서 롯의 아내는 마음에 불만이 가득 찼을 수도 있습니다. 게다가 롯은 자기 스스로 구원의 길을 모색합니다. 바로 '소알' 이란 작은 도시입니다(창 19:20). 이에 천사는 "네가 말하는 그 성읍을 멸하지 아니하리라"라고 약속합니다(창 19:21). 천사들은 롯의 불안감과 하나님께서 끝까지 자신을 지키시지 않을 것이라는 회의적인 상상에 구원의 약속을 해주었습니다. 물론 롯은 이 말을 믿지 않았습니다. 소돔과 고모라의 멸망 앞에서 그는 소알도 멸망할 것이 두려워 산중으로 도망치게 됩니다(창 19:30). 인간은 언제나 어디서나 그가 누구든 간에 절대로 이성과 이익의 명령이 아닌, 자기가 하고 싶은 대로 행동하길 좋아했던 것 같습니다. 꼭 그래야만 참된 인간이라도 된 것같이 생각합니다. 무대효과라고 한 것은 산으로 갈 수 없다는 자신의 뜻을 더 부각시키기 위한 수사학적 장치로 사용하였기에 그렇게 말한 것입니다.

천사는 롯에게 말했습니다.

"속히 도망하라 네가 거기 이르기까지는 내가 아무 일도 행할 수 없노라"(창 19:22). 소돔의 멸망은 롯으로 인해서 유보되고 있습니다. 롯을 구원하기 위해서 소돔의 멸망은 지체되고 있습니다. 하나님의 자비하심입니다.

롯이 소알로 들어갔습니다. 그때까지 천사는 모든 것을 멈추고 있습니다. 소돔과 고모라의 사람들은 지난밤의 향락과 유쾌함 속에서 즐겁고 행복한 새벽잠을 청하고 있습니다. 늦잠은 언제나 달콤한 맛이 있습니다. 비록 그것이 부도덕한 습관이라는 것을 알지만 인간은 달콤함이란 이유만으로 도덕적 양심을 버릴 수 있습니다. 롯은 아내와 두 딸을 이끌어 자신이 원하던 '소알'로 들어갔습니다. 그때 태양이 떠올랐습니다(창 19:23).

우리가 반드시 기억해야 할 것이 있습니다. 천사는 "내가 이 일에도 네 소원을 들었은즉 네가 말하는 그 성읍을 멸하지 아니하리니"(창 19:21)라고 말하고 있다는 점입니다. 이 말은 하나님의 심판에서 소알은 제외시킬 것을 말씀하신 것입니다. 소알은 소돔과 연합한 도시입니다. 그리고 소돔과 연합한 도시들 곧 소돔, 고모라, 아드마, 스보임은 모두 멸망하지만 그 멸망에서 소알은 제외되었습니다. 하나님께서는 의인 열 명에서 서너 명이 부족하다는 이유로 그 성을 파괴하지는 않으십니다. 그분의 자비를 배우고 인식하여야 합니다. 이 인식이 우리 안에서 믿음이고 확신입니다.

불타 버린 재물의 가시떨기 나무

아담과 그의 아내가 길고 긴 어둠의 밤을 지새우고 이른 새벽녘에 하나님의 심판 앞에 섰습니다(창 3:8). 노아가 길고 긴 겨울을 지내고 화사한 봄을 맞을 때에 먹구름이 뒤덮어 이 땅을 물로 심판했던 것처럼 그렇게 소돔과 고모라에도 이른 새벽녘 하나님의 심판이 있었습니다. 모두 평온한 잠을 청할 때에 심판이 임했습니다. 어려운 이웃에게 그 어떤 자비심도 측은한 마음도 없이 자신만의 평온함을 즐기며 온갖 더럽고 역겨운 일들을 서슴지 않고 저질러대던 지난밤 악행마저 평온하게 잠으로 잊어버리고 있을 때에 '여호와께서 소돔과 고모라 성에 하늘에서 유황과 불을 비처럼 쏟아 그 성들과 온 들과 거기에 사는 모든 사람들과 땅에서 자라는 모든 것을 완전히 소멸하셨습니다'(창 19:24-25). 여기서 '멸하다', '소멸하다'로 번역한 히브리어 하파크(הָפַךְ)는 '뒤집어엎다', '전복시키다'(overthrow)란 뜻을 가지고 있습니다. 이는 단순하게 하늘에서 내린 고프리트(גָּפְרִית, 유황)와 에쉬(אֵשׁ, 불)에 의해서만 심판 받은 것이 아닙니다. 이는 땅을 뒤집어엎어 그들의 흔적, 그들의 악행을 이 땅에 묻은 것입니다. 무덤 속에 그들의 모든 것을 뒤집어 넣으신 것입니다. 단순히 도시 한두 개를 심판하신 것이 아니라 세상의 악을 심판하시는 하나님에 대한, 경건한 자들에게 주시는 본입니다.

모세는 언어유희로 문장을 이어가고 있습니다. 노아의 방주는 고페르(גֹּפֶר) 나무로 만들었습니다(창 6:14). 이는 분명히 구원을 의미합니다. 그러나 소돔은 유황 곧 고프리트(גָּפְרִית)에 의해서 그 악을 제거하셨습니다. 죄를 불에 태워 없애듯이 그렇게 흔적도 없이 태워버리셨습니다. 이는 구원의 고페르(גֹּפֶר)와 심판의 유황 곧 고프리트

(גָּפְרִית)가 서로 언어유희로 작용하고 있음을 보여줍니다. '구원'이란 말은 이미 '심판'을 염두에 두고 있는 것입니다. 선택받은 이들의 구원은 동시에 자신을 에피튀미아(ἐπιθυμία), 파토스(πάθος)대로 살아가게 내버려둔 이들에 대한 심판을 의미합니다(롬 1:24, 26).

고프리트(유황)에 불타 버린 도시는 '소돔'으로 제한된 것이 아니었습니다. 사도는 "적은 누룩이 온 덩이에 퍼지느니라"(갈 5:9)라고 하였습니다. 소돔의 가치관은 주변 도시인 고모라, 아드마, 그리고 스보임과 소알까지 영향을 미쳤습니다. 그리고 천사는 이 지역의 모든 악행을 불태워 버렸습니다(신 29:23). 소돔과 고모라와 그 이웃 도시들도 그들과 같은 행동으로 음란하며 다른 육체를 따라가다가 영원한 불의 형벌을 받음으로 거울이 되었습니다(유 1:7).

하나님의 심판이 땅에 임하고 있었습니다. 하늘에서는 유황과 불이 비처럼 쏟아져 세상의 악을 불태웠으며, 땅은 뒤집어엎어져 그 가운데 있는 모든 것들이 흔적도 없이 삼켜지고 있었습니다. 악독한 썩은 누룩들을 불태워서 흙으로 덮듯이 소돔과 그 누룩의 세력 아래어 있던 것들을 모두 덮었습니다. 롯이 물질적 세계에 눈이 덮여 있었던 것처럼 하나님께서는 롯이 사랑하는 세계를 흙으로 덮으셨습니다. 사실 그들은 본래 흙이었으니 흙으로 덮은 것입니다. '이 와중에 롯의 아내는 소돔의 삶이 못내 그리웠었나? 아니면 그곳 사람들이 걱정이 되었나? 이도 아니면 이 경망스러운 여인은 그저 궁금하다는 이유로 그만 뒤를 돌아보았던가? 아니면 끝까지 하나님의 심판을 믿지 못해서 직접 확인하고 싶었나?' 무슨 이유에서인지 소알 성에 들어간 롯의 아내는 소돔에 눈길을 주었습니다. 천사들은 분명히 "돌아보지 말라, 들에서 머무르지 말라"고 경계의 말을 했습니다(창 19:17). 이 말이 의미하는 바는 '소돔에 대한 그리움 따위를 버리라'는 의도에서 한 말일 것입니다. 그러나 롯의 아내는 돌아보았습니다.

모세는 "롯의 아내는 뒤를 돌아보았으므로 소금 기둥이 되었더라"(창 19:26)라고 말하고 있습니다. 여기서 '뒤를 돌아보았다'(looked back, NIV)라고 하는 표현은 작은 성 소알 안에서 소돔을 유심히 주의해서 보았다는 말입니다. 다시 말해서 '뒤돌아보다'는 말이 실질적으로 뒤를 돌아보았다는 것이 아니라 회상하면서 지켜보았다는 의미입니다. 지금 롯의 아내는 남편과 함께 소알 성 안에 이미 들어간 상황입니다. 그러므로 길거리에서 뒤를 돌아보는 상황이 아니라 소알 성 안에서 소돔을 그리움 속에서 지켜보고 있었다는 뜻입니다. 아마도 그녀의 마음에는 이 세상에서 악이 없어지는 것이 슬프고 괴로웠던 것 같습니다. 왜냐하면 이제는 선하게 살아야 하고, 그것은 사실상 현존하는 인간에게는 재미없는 일이기 때문입니다. 그리하여 그 순간에 그녀는 쉽게 부서지고 용해되어 버리는 가루, 곧 소금 기둥(נְצִיב מֶלַח)이 되어 소돔과 고모라처럼 그렇게 세상에서 아주 쉽게 사라져 버렸습니다(창 19:26).

우리 주 하나님 예수 그리스도께서는 "그날에는 지붕 위에 있는 사람이 집 안에 물건이 있다고 해서 그것을 가지러 내려가지 말고 들에 있는 사람도 집으로 돌아가지 말아라. 롯의 아내를 생각해 보아라. 누구든지 자기 생명을 지키려고 하는 사람은 잃을 것이며 자기 생명을 버리는 사람은 보존할 것이다"(눅 17:31-33, 현대인의 성경)라고 말씀하셨습니다. 이 말씀에 따르면 롯의 아내는 자신이 소유한 재물과 관련해서 어떤 악한 정욕에 동요되었음을 알 수 있습니다. 왜냐하면 주님의 비유에서 보면 지붕 위에 있던 사람이 집 안에 물건을 찾으러 가는 것으로 인해서 죽임을 당하기 때문입니다.

주님께서는 말씀하십니다.

> "너희는 스스로 조심하라 그렇지 않으면 방탕함과 술 취함과 생활의 염려로 마음이 둔하여지고 뜻밖에 그날이 덫과 같이 너희에게 임하리라 이 날은 온 지구상에 거하는 모든 사람에게 임하리라 이러므로 너희는 장차 올 이 모든 일을 능히 피하고 인자 앞에 서도록 항상 기도하며 깨어 있으라 하시니라"(눅 21:34-36).

생활의 염려(the worries of life, NASB)는 우리를 유황과 불이 떨어지는 소돔 한가운데로 인도하는 길입니다.

〈창세기〉 19장 24절에서 "유황과 불을 소돔과 고모라에 비같이 내리사"라고 하는 것은 수사학적으로 중언법(hendiadys)으로 '유황과 불'(brimstone and fire, KJV)은 '유황불'(brimstony fire)을 의미하는 것으로 읽을 수 있습니다. 이를 화산의 폭발로 읽으려는 노력이 있습니다. 어쩌면 화산 폭발일 가능성도 있습니다. 그러나 모세가 말하는 이 기적적인 심판은 단순한 자연현상의 폭발을 의미하는 것이 아닙니다. 이 재앙은 의지를 가진 의도된 심판이었습니다. 자연현상은 부도덕한 이들을 제거하는 의지를 가지고 있지 않습니다.

여하튼 모세는 유황불이 비처럼 온다고 함으로 이 심판에 이중적 의미를 담고 있습니다. 하나는 노아의 심판에서 내린 비를 연상하도록 돕고 있습니다. 인간의 악으로 인해서 악을 제거하는 심판이 과거의 일이 아니라 오늘날의 일임을 말하고자 합니다. 다른 하나는 생활에 대한 걱정 가운데 죽음을 면할 수 없는 미래의 심판을 연상하게 합니다(계 20:10). 물론 모세가 미래에 있을 심판까지 내다보고 있는 것인지는 확증할 수 없습니다. 그러나 우리는 〈계시록〉

을 통해서 소돔과 고모라의 심판은 절대적 미래에까지 도달하게 됨을 알고 있습니다.

롯의 아내의 마음이 소돔을 떠날 수 없었던 이유는 바로 생활의 염려 가운데에서 비롯된 것입니다. 비유로 말한다면 믿음은 있었으나 그 뿌리가 없어서 환난과 핍박을 이기지 못한 자라고 말할 수도 있을 것입니다(마 13:21). 반면에 롯은 재화에 대한 사랑으로 믿음이 성장하지 못하는 가시떨기나무에 덮인 자라 비유할 수 있을 것입니다(마 13:22).

롯의 아내는 소알 성에서 소돔의 멸망을 두 눈으로 보게 되었을 때에 절망했을 것입니다. 그녀의 공허한 사랑, 잃어버린 그 가축들과 가옥들을 생각하면서 그녀는 슬픔에 잠겼을 것입니다. 소돔에서 떠나지 못하는 그녀의 영혼은 소돔 사람들과 함께 불타 버려 하얀 재처럼 소금 기둥이 되어 바람에 흩어져 사라졌습니다.

롯이 수치를 당함: 하나님께서 돕지 않으심

아브라함도 아침에 일찍이 일어나 소돔과 고모라가 유황불에 태워진 이후에 땅에 묻히는 것을 멀리서 바라보고 있었습니다(창 19:27-28). 아마도 아브라함은 유황불 속에서도 롯이 살아 있다고 믿고 조용히 그 자리를 지키고 있었을 것입니다. 아브라함은 열 명에서 서너 명이 부족해도 소알 도시 하나 정도에 주님의 크신 사랑이 임했음을 알았을 것입니다. 왜냐하면 모세는 이 부분에서 "하나님이 아브라함을 생각하사 롯을 그 엎으시는 중에서 내보내셨더라"(창 19:29)라고 쓰고 있기 때문입니다. 신앙하는 모습 가운데 무엇인가에 덮인(לוט) 것처럼 우물쭈물하는 롯(לוט)과는 대조적으로 언제나 제단 앞에서 신앙하는 아브라함(אַבְרָהָם)을 보게 됩니다.

야망을 충족하기 위한 세상의 걱정과 재물에 대한 열망들, 그 질기고 거친 가시덤불이 불 속에 던져졌습니다. 모두 태워 버려 하얀 재만이 소금처럼 바람에 날려 사라졌습니다. 아브라함은 옹기 가마 속에서 모든 악이 타버려 연기로 치솟아 오르는 것을 지켜보고 있었습니다(창 19:28). 저주받은 이 땅을 노아 때에 물로 깨끗이 청소하셨으나 여전히 현존하는 인간의 본성의 타락과 부패로 저주받은 이 땅은 불의함으로 뒤범벅되었습니다. 인간의 생각은 비록 그가 어린아이라고 하여도 악할 뿐입니다(창 6:5; 막 7:21). 그러나 무지개로 확증된 땅에 대한 심판의 제한은 인류가 이 땅에서 지속적인 생활을 할 수 있도록 보장하신 것입니다. 하지만 이 보장에도 악의 심판 자체가 제한을 받는 것은 아닙니다. 하나님께서는 악을 심판하십니다.

소돔과 고모라의 심판은 그저 악한 도시에 대한 심판을 말하는 것이 아니라 하나님께서는 이 세상의 '악' 곧 하나님께서 싫어하시며 가증히 여기시는 것들을 반드시 심판하시는 분임을 계시하는 것입니다. 다시 말해서 소돔의 심판은 미래에 있을 최후의 심판에 대한 작은 그림으로 우리에게 경계가 되는 하나님의 말씀입니다. 불의와 부도덕, 성적인 타락과 음란, 가난한 이들의 고통에 대한 무관심은 악독한 누룩으로서 제거해 불태워야 할 것들입니다.

소돔의 불길이 하늘 높이 올라가는 모습을 아브라함은 담대히 지켜보았으나 롯은 아니었습니다. 하나님의 도우심을 끝까지 믿지 않았던 롯은 산중으로 피하라는 천사의 지시를 거부했듯이 소알 성에서도 불안감을 감추지 못했습니다. 자신이 만들어낸 불안감, 자신이 만들어낸 수치심과 상처들로 스스로 화를 내고 불안에 떠는 것이 현존하는 인간의 모습입니다. 롯은 소알에 있는 것이 불안했습니다. 결국 롯은 두 딸과 함께 산으로 거처를 옮겨 동굴에 자리를 잡았습니다(창 19:30). 하나님께서 소알까지 심판하실 것이라고 생각했습니다. 불신앙입니다.

롯이 산으로 피신한 것은 천사의 말에 순종한 것처럼 보입니다. 그러나 이것은 순종이 아닙니다. 처음부터 롯이 산으로 갔다면 그의 삶에는 전체를 변화시킬 아주 작은 빛이 있었을 것입니다. 하지만 그는 소알 성을 원함으로 자신의 판단에 따라서 산중으로 피하는 것을 거부했었습니다. 그때 천사는 롯에게 약속했습니다 "네 소원을 들었은즉 네가 말하는 그 성읍을 멸하지 아니하리라"라고 약속하였습니다(창 19:21). 그러나 롯은 스스로 만들어낸 불안감 속에서 천사들의 말에 순종하는 것처럼 무대효과만 보이고 있을 뿐 불순종하고 있습니다. 소알 성이 멸망하지 않으리라고 믿지 않았습니다. 하나님의 약속을 자신의 삶에 투영하는 대신에 자신이 만들어낸 불안감, 자신의 예감, 자신의 판단을 따랐습니다. 롯은 좋고 싫음, 옳고 그름을 자신이 결정하는 '신'이 되어 산중으로 도피하는 것을 택하였습니다. 그리고 여기서 결혼제도는 또 한 번 멸시와 모욕을 당합니다. 바로 롯은 두 딸에게 수치를 당합니다.

큰딸이 자신의 여동생에게 말했습니다.

"온 세상의 도리를 따라 우리의 배필 될 사람이 이 땅에는 없으니"(창 19:31)라고 말했습니다. 이는 세상의 관례에 따르면 결혼할 수 없다는 말입니다. 다시 말해서 재산을 모두 잃어버린 가난한 여자와 결혼할 남자는 없을 것이란 의미입니다. 돈이 없어서 결혼을 할 수 없는 세상의 풍속으로 하나님께서 제정하신 신성한 결혼 제도는 그 거룩한 의미를 상실하고 세속화되었습니다. 결혼제도를 통해서 우리는 삼위일체를 이해하게 되는 단초를 제공받으며, 결혼 이후의 가정은 그리스도의 사랑을 배우게 되는 삶의 현장이 됩니다. 둘이 하나라는 신성한 삶의 의무는 결혼제도 안에 있습니다. 그러나 세상 풍습은 오직 돈으로 결혼을 결정합니다. 결국 롯의 두 딸들은 아버지에게 술을 마시게 함으로 자신이 행한 일을 깨닫지 못하도록 만들었습니다(창 19:33). 아마도 두 딸의 판단은 소돔과 고모라의 풍습을 따른 것으로 보입니다. 왜냐하면 그녀들은 세상이 하는 대로 하는 것을 말하고 있기 때문입니다. 여기서 "온 세상의 도리"(as is the custom all over the earth, NIV)란 히브리어로 '케데레크 콜-하아레쯔'(כְּדֶרֶךְ כָּל־הָאָרֶץ)입니다. 이를 직역해서 읽으면, '그 온 땅의 길처럼'(as the way of all the earth, YLT)입니다. 다시 말해서 세상이 걷는 길(a way, דֶּרֶךְ, 데레크)을 따라서 걷는 것을 의미합니다. 세상 풍속이나 대중적인 열망을 추구하는 것입니다.

절대적인 것은 결코 직접적으로 도달할 수 없습니다. 인간은 절대자에게 직접적으로 접근하거나 도달할 수 없습니다. 그분은 인간에 의해서 파악되거나 분석되지 않습니다. 그분은 숨어 계신 하나님(absconditus Deus, La.)이십니다(사 45:15). 절대자는 항상 간접적으로만 인간의 마음에 예감될 뿐입니다. 그래서 모세는 간접적으로, 롯의 두 딸의 이야기(narrative)를 통해서 우리가 세상의 길(a way) 곧 데레크(דֶּרֶךְ)에서 벗어날 것을 가르쳐 주고 있습니다. 우리는 스스로 고독한 상태로 만들기 위해서 고립(abgeschiedenheit, Ger.)시켜야 합니다. 떠나고 버림으로 이 세상과 이 세상의 것들로부터 고립(detachment)시켜야 합니다(요일 2:15-16). 아브라함과 사라가 저주 받은 이 땅의 나그네로 살아간 것처럼 그렇게 우리는 스스로 '혼자'(aloneness)로 만들어야 합니다. 세상과 대중의 길을 따르는 것은 올

곧은 길에서 벗어난 것입니다. 그렇다고 모두가 중세적인 수도자의 삶을 살아야 한다는 의미는 결코 아닙니다.

제단 앞에 선 아브라함은 세상에 혼자였습니다. 그와 함께할 수 있는 이들은 그 누구도 존재하지 않습니다. 그는 고독하고 고립된 채로 혼자였습니다. 하지만 '아브라함'이란 이름이 결코 혼자만을 의미하는 것은 아닙니다. 그것은 아브라함과 사라, 그리고 아브라함에게 속한 그의 후손들, 그리고 그에게 속한 종들, 그리고 그에게 속한 모든 것(all)을 의미합니다. 아브라함은 세상 안에서 살아가지만 그는 세상 밖에 서 있습니다. 그는 세상 안에서 걸어 다니는 나그네이지만 그는 하나님의 길을 걷는 모든 신자의 조상입니다.

한편 노아의 이야기와 롯의 이야기는 일정한 병행을 이루고 있습니다. 노아는 고페르(גֹּפֶר) 나무 상자 안에서 구원을 받았습니다. 그리고 홍수 이후에 술에 취해서 분별력을 잃어버리고 아들에게 수치와 모욕을 당했습니다. 그런데 롯의 이야기를 보면 소돔 성에 비처럼 쏟아지는 고프리트(גָּפְרִית, 유황)에서 구원을 받았습니다. 그러나 그는 술에 취해서 자신이 인식하지도 못하는 사이에 딸들에게 수치를 당했습니다.

노아는 벌거벗고 하체를 드러내게 되었습니다. 여기서 모세는 에르바(עֶרְוָה, 벌거벗음)라는 단어를 사용하고 있습니다. 그런데 이 에르바는 '아라'(עָרָה, 벌거벗다)라는 동사에서 파생한 명사형입니다. 롯이 산으로 올라가 동굴 곧 메아라(מְעָרָה)에서 거주했다고 하는 것은 음성적으로 아라(עָרָה)와 언어유희를 보이고 있습니다. 노아와 롯의 수치는 연결점을 가지고 있습니다. 술로 인해서 당하는 수치를 이야기하고 있습니다. 지혜자는 다음과 같이 말하고 있습니다.

"재앙을 입는 사람이 누구이며, 근심이 누구에게 있는가? 다투는 자가 누구이며, 원망이 누구에게 있는가? 이유 없이 상처를 입는 사람이 누구인가? 술에 잠긴 자에게 있고, 혼합한 술을 구하러 다니는 자에게 있다"라고 지혜자는 말하고 있습니다(잠 23:29-30).

롯은 두 딸이 그 산중에서 술을 구해왔을 때에 어디서 났는지 묻지 않고 마셨습니다. 그리고 딸들이 술을 마시게 했으나 술에 취해서 정신을 잃을 정도로 마신 것은 롯 자신입니다. 〈잠언〉에 이르길, "술을 즐겨 하는 자들과 고기를 탐하는 자들과도 더불어 사귀지 말라"(잠 23:20)고 하였습니다. 또 "포도주는 붉고 잔에서 번쩍이며 순하게 내려가나니 너는 그것을 보지도 말지어다 그것이 마침내 뱀같이 물 것이요 독사같이 쏠 것이다"라고 지혜자는 말합니다(잠 23:31-32). 롯이 지혜가 있었다면 술을 마시지 않았을 뿐만 아니라 보지도 않았을 것입니다. 그 술에는 독사의 독이 있었습니다. 진정으로 자신이 가진 능력과 힘을 여자를 위해서 쓰거나 전쟁을 위해서 쓰는 것, 또 술을 마시는 것은 왕 같은 제사장에게는 합당한 일이 아닙니다(잠 31:3-4; 벧전 2:9). "독주는 죽게 된 자에게, 포도주는 마음에 근심하는 자에게"(잠 31:6) 어울릴 것입니다. 다시 말해서 미래에 대한 소망을 상실한 이들에게 어울리는 것입니다. 하나님의 약속 곧 그 미래를 자신의 삶 안에 투영하는 이들에게 술은 가당치도 않는 일입니다. 다시 말해서 롯은 소망인 하나님의 말씀과 약속을 자신의 삶과 분리시켰음을 알 수 있습니다.

여하튼 롯은 아브라함의 중재로 겨우 소돔의 멸망에서 구출받았지만 그의 영혼은 술에 취해 있었습니다. 그의 영혼은 언제나 무엇인가에 덮여 있습니다. 결국 두 딸은 아버지의 자식을 임신하게 됩니다.

하나님께서는 사라가 수치스러운 상황에 빠졌을 때에 직접 개입하셔서 아브라함과 사라를 도와주셨습니다. 그러나 롯의 상황에서는 아무런 도움을 주시지 않았습니다. 하나님께서 침묵하심으로 롯은 불행하게도 자신의 두 딸을 통해서 자신의 씨(זֶרַע, 쩨라)를 얻었습니다. 그리고 롯은 분명히 그 아이들이 자신의 씨(זֶרַע, 제라)임을 인식하고 있었습니다. 왜냐하면 두 딸이 출산한 아들들의 이름이 '모압'(מוֹאָב)과 벤-암미(בֶּן־עַמִּי)이기 때문입니다.

'모압'은 히브리어 접두전치사 'ㅁ'(מ, ~부터)에 '아버지'란 뜻을 가진 '아브'(אָב)가 결합해서 '아버지로부터'란 뜻을 가지고 있습니다. 이는 큰딸이 출산한 아이가 '아버지로부터' 씨를 얻었다는 의미입니다. 이는 롯 자신이 이와 같은 사실을 충분히 인식했음을 의미합니다. 롯은 '모압'이 자신의 씨임을 알고 있었습니다(창 19:37).

둘째 딸이 낳은 아이의 이름은 벤-암미(בֶּן־עַמִּי)로 벤(בֵּן)은 '아들'이란 의미이고 암(עַם)은 '가족' 혹은 '백성'이라는 뜻이 있습니다. 그래서 벤-암미는 '내 가족의 아들'이란 뜻입니다. 결국 아버지 롯을 의미하는 것입니다. 그리고 벤-암미(בֶּן־עַמִּי)에서 벤(בֵּן)을 생략하여 그냥 암(עַם)으로 칭하여 '암몬'(עַמּוֹן)이라고 합니다(창 19:38). 이렇게 해서 모압 족속과 암몬 족속이 형성됩니다. 이후 이들은 야곱의 자손들과 대립하게 됩니다. 그러나 이 대립은 출생에 관한 이유에서 얻어진 것이 아니라 나그네를 대접하지 않았기 때문에 발생한 것입니다. 다시 말해서 소돔처럼 가난한 이들에 대한 멸시와 무관심이 롯의 후손들에게 그대로 이어지고 있기 때문입니다.

하나님께서는 모세에게 "암몬 사람과 모압 사람은 여호와의 총회에 들어오지 못하리니 그들에게 속한 자는 십 대뿐 아니라 영원히 여호와의 총회에 들어오지 못하리라"(신 23:3, MT 23:4)라고 율법을 주셨습니다. 모압과 암몬 족속은 10대를 지날 뿐만 아니라 영원토록 하나님의 회에 참여할 자격이 없습니다. 여기서 '영원히'(עוֹלָם)란 말은 '오래도록'으로, 우리 주 하나님 예수 그리스도께서 성육신하시기까지를 말하는 것입니다. 그런데 암몬과 모압이 하나님의 예배에서 제외되는 이유를 다음과 같이 말씀하셨습니다. "그들은 너희가 애굽에서 나올 때에 떡과 물로 너희를 길에서 영접하지 아니하고 메소보다미아의 브돌 사람 브올의 아들 발람에게 뇌물을 주어 너희를 저주하게 하려 하였"(신 23:4, MT 23:5)기 때문입니다. 다시 말해서 나그네와 가난한 이들을 대접하지 않고 오히려 그들을 저주했기 때문입니다.

하나님의 뜻은 정의(צְדָקָה, 쩨다카)에 있습니다. 믿음으로 말미암아(by faith) 의롭다고 인정받는 것(justification)은 궁극적 목적이 의로움(justice)에 있으며, 그 유일한 길이 바로 믿음(faith)이라고 말하는 것입니다(롬 10:10). 여기서 '믿음'은 언제나 수단으로 등장합니다. 하나님께서는 의의 왕이시며(히 7:2) 당신 백성을 의의 길로 인도하십니다(시 23:3). 하나님께서는 분명히 말씀하셨습니다. "내가 그로 그 자식과 권속에게 명하여 여호와의 도를 지켜 의와 공도를 행하게 하려고 그를 택하였나니 이는 나 여호와가 아브라함에게 대하여 말한 일을 이루려 함이니라"(창 18:19).

하나님께서는 아브라함을 선택하셨습니다. 그 목적은 바로 의로움(צְדָקָה, 쩨다카)을 이루려고 하시는 하나님의 뜻이 있었기 때문입니다. 우리는 롯의 아내 이야기를 늘 기억하고 살아야 합니다. 재물에 대한 근심과 염려로 타버린 하얀 재처럼 소금 기둥이 되지 않도록 주의해야 합니다. 롯처럼 술 마시지 마십시오. 아니, 지혜자의 가르침처럼 술을 보지도 맙시다. 술의 문제는 분별력의 문제입니다. 모압과 암몬은 소돔처럼, 가난한 이들과 나그네를 압박했던 것입니다. 이제 불의한 삶에서 자신을 지킵시다. 하나님은 우리를 의(צְדָקָה)와 공도(מִשְׁפָּט)를 행하게 하려고 택하셨습니다. 하나님의 길(דֶּרֶךְ, 데레크)은 쩨다카(צְדָקָה, 정의)와 미쉬파트(מִשְׁפָּט, 공의)입니다.

하나님께서는 롯과 두 딸의 음란한 문제로 모압과 암몬 족속을 당신의 모임에서 제외시키신 것이 아닙니다. 소돔을 그들의 부도덕함으로 인해서 제거하신 것처럼 모압과 암몬의 부도덕함으로 그들을 제거하신 것입니다. 소돔의 일은 우리에게 경계가 됩니다.

아브라함과 롯에 대한 정리 2

소돔과 고모라의 멸망을 통해 우리는 다섯 가지를 기억해야 합니다.

첫째, 롯의 경우에서처럼 자신에게 주어진 미래의 예언을 무시하거나 우물쭈물 망설이는 이는 비록 죽음을 면할 수는 있어도 수치를 완전히 멸할 수 없음을 기억해야 합니다. 자신의 구원에 게으른 이에게는 아브라함의 축복이 지속적으로 함께하지 않을 것입니다. 사실 롯은 하나님의 구원이 지속적으로 자신의 삶 가운데 있을 것이라고 믿지도 않았습니다. 롯의 이야기는 게으름, 불순종, 스스로 신의 자리에 앉아 있는 현존하는 인류의 모습을 상징하고 있습니다. 바로 우리 자신의 모습입니다.

둘째, 소돔과 고모라, 그리고 그 주변 도시인 아드마와 스보임의 멸망은 교만에서 비롯된 죄로 인한 심판이라는 사실을 기억할 필요가 있습니다. 성적인 타락은 소돔의 죄의 일부일 뿐입니다. 교만은 모든 죄의 뿌리와 같습니다. 깨끗한 마음과 겸손한 영혼이 없으면 완전하고 올바른 인식도 없는 법입니다. 하지만 하나님께서는 롯을 걱정하는 아브라함으로 인해서 소알을 멸망에서 제외시키셨습니다. “아브라함과 다윗의 자손 예수 그리스도의 계보라”(마 1:1)에 관한 구원의 이야기가 함께 있음을 기억합시다.

셋째, 소돔과 고모라에 대한 심판은 노아 홍수 심판과 비교될 수 있습니다. 그것은 세상에 대한 심판이 아니라 세상 안에 있는 악에 대한 심판입니다. 그리고 이것은 과거의 일이 아니라 미래에 있을 일에 대한 예언과 같습니다. 다시 말해서 최후의 심판에 대한 예표입니다. 소돔의 이야기는 우리에게 우상숭배자들과 불신자들이 유황불 연못에 던져지는 심판에 대한 밑그림을 어느 정도 그리도록 돕고 있습니다(계 19:20). 사실 우리는 미래의 일에 대한 직접적인 인식에 도달할 수 없습니다. 그래서 이미 과거의 일에 대한 경험을 통해서 간접적으로 미래에 대한 인식에 도달하는 것입니다. 노아와 소돔에 대한 과거의 역사는 우리로 하여금 다가올 미래에 대한 간접적 인식에 도달하게 합니다.

넷째, 롯의 아내처럼 심판의 마지막 순간까지 즐거움과 쾌락의 낙원에서의 삶을 추구하는 문제에 대해서 생각해야 합니다. 이런 심성을 버리지 못한다면 우리는 유황불에 타버린 재처럼 하얀 재로 변할 것입니다. 그때는 아브라함의 후손이라는 것도 도움이 되지 않을 것입니다. 소돔처럼 교만과 가난한 이들에 대한 무시, 부유함에 썩어버린 영혼, 성적인 쾌락을 위한 모든 도덕적 규범을 무시하는 영혼을 가진다면 아브라함의 후손이 아닐 것입니다.

끝으로 다섯째로는, 세상 안에 살아가지만 그 세상의 길로부터 스스로를 고립(abgeschiedenheit)시키고 고독하게 만들어야 함을 기억해야 합니다. 다른 사람들, 세상의 모든 사람들이 아버지에게 술을 마시게 하여 음란을 범한다고 해서 그 길을 따르는 것은 어리석은 일입니다. 세상이 어떤 방법(a way), 너무나도 유익한 방법(a manner)을 제시한다고 해도 그것이 하나님의 길이 아니라면 걸을 수 없는 것입니다. 오히려 스스로를 세상과 단절시키고 제단 앞에 예배자로 고독하게 혼자 서 있는 것이 현명합니다.

롯의 두 딸처럼 세상의 길을 따라서 돈으로 사랑과 결혼을 평가하고, 세상이 음란을 허용한다고 자신도 죄책감 없이 그 음란에 동참하는 것은 제단 앞에 선 예배자의 길이 아닙니다.

더 이상 너의 문제는 너만의 문제가 아니다

아브라함 언약기의 전체 짜임새 안에서 이제 아브라함이 롯의 삶에 개입한 구체적인 상황을 이야기할 때가 되었습니다(C와 C′ 부분). 먼저 롯이 소돔과 고모라에 처음 들어갔을 때를 다시 생각해 볼 필요가 있습니다. 그는 자신의 성공과 야망을 위해서 악한 도시의 삶이라도 불사하고 그 야망이 불타는 소돔(סְדֹם)으로 발걸음을 옮겼습니다. 그는 그곳을 '하나님의 동산'이라고 생각했습니다. 롯은 자신의 생각대로 좋은 몫을 선택했다고 믿었지만 그곳에 전쟁이 일어나자 모든 것을 잃고 포로가 되었습니다. 이에 아브람이 롯의 인생에 개입하여 그를 되찾아오는 이야기가 14장에 등장합니다(C 부분, 창 14:1-16).

아브람이 롯을 전쟁에서 구해 주는 이야기와 병행해서 18장 16절에서 33절까지는 소돔과 고모라 지역의 완전한 멸망에 대한 하나님의 계획이 등장합니다. 롯은 전쟁 포로 생활을 겪었음에도 불구하고 여전히 악한 도시 소돔에 거주했습니다. 하나님께서 그 악을 심판하실 계획에 대해서 아브라함과 대화를 나누십니다. 그리고 아브라함은 롯을 구하기 위해서 화해의 중재자로 나서게 됩니다. 실재적으로 20장에서 아브라함은 나비(נָבִיא, 선지자)라는 칭호를 받습니다. 그러나 이미 그 이전인 18장에서 아브라함은 롯의 삶에 개입함으로 그의 중재적 사명을 감당하고 있습니다(C′ 부분).

두 번에 걸쳐 롯의 인생에 개입한 선택받은 자의 삶은 이후로도 선택받은 자들이 해야만 하는 중요한 사명 가운데 하나로 자리 잡습니다. 다시 말해서 믿는 이들은 믿지 않는 이들의 삶에 개입하여 그들에게 의로움을 전달해야 하는 전달자, 운반자, 전도자의 역할을 감당해야 한다는 것을 보여주는 것입니다. 불신자에게 하나님과의 화해의 선교를 해야만 합니다.

C. 롯의 삶에 개입하는 아브람(14:1-16): 전쟁으로 망한 롯

재물이 독수리처럼 날아가 버리다

> 3그의 맛있는 음식을 탐하지 말라 그것은 속이는 음식이니라
> 4부자 되기에 애쓰지 말고 네 사사로운 지혜를 버릴지어다
> 5네가 어찌 허무한 것에 주목하겠느냐 정녕히 재물은 스스로 날개를 내
> 어 하늘을 나는 독수리처럼 날아가리라
> 6악한 눈이 있는 자의 음식을 먹지 말며 그의 맛있는 음식을 탐하지 말
> 지어다(잠 23:3–6).

악인과 함께 음식을 먹지 않도록 주의해야 합니다. 재물이나 성공과 같이 허무한 것에 시선을 두지 않도록 해야 합니다. '허무한 것'이란 히브리어 '아인'(אַיִן, 없음)으로 아무 의미 없는 것에 주의를 기울이는 일을 하지 말라는 것입니다. 롯은 아무것도 아닌 '아인'(אַיִן, 없음)을 쫓아 정욕에 불타는 소돔으로 들어갔습니다. 부자가 되기 위해서 재화(財貨, wealth)를 추구하는 것은 허무한 것을 추구하는 것입니다. 그것은 때가 되면 독수리처럼 날아가 버릴 것들입니다.

재화(財貨)는 가치의 문제를 담고 있으며, 재물(財物)은 그 가치를 돈과 같이 하나의 상징물로 구체화, 사물화(materialization)한 것입니다. 예를 들어 타인의 물건 하나를 훔쳤다고 합시다. 그것은 그리

비싼 값을 지불할 물건은 아닐지라도 악합니다. 이 도둑질이 나쁜 이유는 물건을 가져갔기 때문이 아니라 타인의 소중한 가치, 삶의 의미를 훔쳐갔기 때문에 악한 것입니다. 죄입니다. 그것은 사물화된 돈의 문제가 아니라 그 사람의 가치의 문제입니다. 그리고 가치의 문제는 곧 윤리의 문제입니다.

롯은 창세기 13장에서 소돔으로 들어갔습니다. 그곳은 이집트처럼 풍요로운 도시였습니다. 그 부유한 곳을 롯은 '낙원'으로 여겼습니다. 하지만 소돔에 전쟁이 일어나 모든 것을 잃어버리고 전쟁포로가 된 롯의 이야기가 창세기 14장에 나옵니다. 모세는 이 당시에 있었던 전쟁에 대해서 비교적 상세하게 우리에게 제공해 주고 있습니다.

소돔과 고모라, 그리고 아드마와 스보임, 그리고 작은 도시 소알 이상 다섯 도시가 엘람을 비롯한 시날, 엘라살, 엘람, 고임 이상 네 개 도시의 세력에 영향을 받고 있었습니다. 가나안의 다섯 도시들은 12년 동안이나 엘람의 그돌라오멜을 섬기고 있다가 13년째에 배반을 했다고 합니다(창 14:4). 이 전쟁이 가지는 의미는 분명해 보입니다. 함의 아들 가운데 구스가 있습니다(창 10:6). 그리고 구스의 아들들 가운데 시날 평지에 거주했던 아들이 니므로드(נִמְרוֹד) 곧 '니므롯'이었습니다(창 10:10). 그리고 함의 아들 가운데 가나안이 소돔과 고모라에 거주했습니다(창 10:19). 아직 '셈'이 살아 있다는 것을 감안하면 이미 이들은 형제 사이임에도 불구하고 지배와 피지배적인 관계가 형성되어 있었다는 것을 알 수 있습니다.

또한 셈의 후손들 가운데 '엘람'이 있다는 것은 노아의 예언대로 가나안의 계보가 셈의 계보에 종이 되었음을 말하는 것입니다(창 9:25, 10:22). 다시 말해서 이미 아브람의 시대에 셈의 후손들이 함의 가나안 후손을 지배함으로 노아 언약이 일차적으로 성취되고 있음을 알 수 있습니다. 물론 모세 시대에 도달해서야, 셈 후손의 가나안 후손에 대한 지배권이 확정되므로 노아 언약이 실질적으로 성취된 것은 모세 때의 일입니다. 그러나 이미 아브람 때에도 노아의 언약이 성취되었음을 알 수 있습니다. 모세는 하나님께서 당신의 약속에 신실하신 분임을 말하고 있는 것이 분명합니다.

모세는 하나님의 약속은 반드시 역사 안에서 구현됨을 보여주고 있습니다. 하지만 가나안의 다섯 도시 국가는 엘람의 네 도시 국가의 지배에서 벗어나려는 전쟁을 일으켰습니다. 이는 외적으로는 형제들 사이의 전쟁이며, 내적으로는 노아의 예언을 스스로 끝내려는 뜻을 가지고 있는 전쟁이었습니다. 이것은 아브람의 삶과 대조적인 모습이 됩니다.

아브람은 가족 사이의 불화를 원치 않았기 때문에 자신의 선택권을 양보하고 롯에게 유익한 방향으로 문제를 해결하고자 했습니다. 그러나 다른 이들은 가족 사이라도 자신의 이익을 먼저 챙기며 그 사이에서 분쟁이 일어나는 것을 부끄러워하지 않습니다. 바람에 날아갈 재물이며 아무것도 아닌 부유함을 위해서 폭력으로 죽이고 빼앗는 일들이 일어났습니다. 형제에 대한 사랑과 그 사랑을 우리에게 가르쳐 주신 하나님에 대한 사랑을 조금도 생각하지 않고 있습니다. 만약에 우리의 마음속에 타오르는 빛, 곧 하나님에 대한 작은 사랑의 불꽃이 등잔대(מְנוֹרָה, 메노라) 위에서 타오르고 있다면 분명히 하나님의 영광이 우리를 떠나지 않을 것입니다. 왜냐하면 사랑은 생명의 면류관이기 때문입니다. 아담과 노아의 후손들은 형제이기에 형제애(φιλαδελφία)가 요구됩니다.

아담과 노아 이후에 모든 인류가 형성되었다는 성경의 계시를 진정으로 믿는다면, 존 칼빈의 말처럼 형제애 곧 필라델피아(φιλαδελφία)는 광범위한 것으로 모든 인류애에 대한 것으로 적용될 것입니다(2Peter by John Owen, 234.). 하지만 형제애와 인류애는 조상신(祖上神)이나 국가신(國家神) 혹은 국조신(國造神)의 개념 아래에서는 있을 수 없는 일입니다. 우상숭배 아래에서는 형제애(인류애)를 이야기할 수 없습니다.

신앙에 국민성이나 국가가 결합하는 형태에서는 국가가 강하면 강할수록 그들의 신도 점점 더 독특해지고 강하게 됩니다. 이것은 인간이 신을 섬기는 것이 아니라 국민이나 국가를 신의 경지까지 끌어올린 것입니다. 그래서 자신들의 신을, 다른 모든 신에 대해서 조그마한 타협도 없이 단호히 배격하려고 애쓰는 동안에만 열정적으로 섬기는 신앙을 발견할 수 있습니다. 애국심이 곧바로 신앙심으로 등장하며, 참다운 국민이 될 수 있는 것으로 여깁니다. 자기의 신을 가지고 세계를 정복하고 그 밖의 신을 이 지상으로부터 추방하거나 자신의 조상신 아래에 배열할 수 있다고 믿는 동안만, 참다운 신앙과 참다운 국민일 수 있는 겁니다. 여기서 신에 대한 사랑은 전쟁과 분쟁, 그리고 다른 국가에 대한 파괴를 일삼는 신앙심으로 등장하게 됩니다. 이 가운데에서는 인류애나 형제애를 말할 수 없습니다. 국력이 신의 능력을 결정하며, 애국심이나 민족애가 신에 대한 신앙이 됩니다. 결국 가나안과 엘람의 신앙 곧 조상신이나 국조신의 신앙을 뿌리에 둔 이들은 전쟁을 일으킬 수밖에 없습니다.

아브람의 경우는 완전히 다릅니다. 그는 나그네로 국가를 형성하지 않았을 뿐만 아니라 하나님께서는 그에게 “너는 너의 고향과 친척과 아버지의 집을 떠나라”고 하셨습니다(창 12:1). 조상신이나 국조신과 같은 것을 허락하지 않으셨습니다.

모든 인류는 아담의 후손이며, 하나님께서는 아브람에게 "땅의 모든 족속이 너로 말미암아 복을 얻을 것이라"(창 12:3)라고 말씀하셨습니다. 이는 그들이 가나안이든, 함이든 혹은 블레셋이든 모든 민족은 아브람의 이름 아래에서 하나님의 축복을 받는 것으로 사실상 하나의 형제애를 구성해야 함을 의미합니다.

여하튼 14년째 해에 엘람 왕 그돌라오멜은 나머지 세 도시와 연합하여 주변 지역을 점령하였습니다(창 14:5-7). 엘람의 연합군은 우선 르바 족속(the Rephaims)을 점령한 이후에, 수스 족속(the Zuzims), 그리고 엠 족속(the Emims)을 차례로 점령했습니다(창 14:5). 이 족속들의 이름은 성경에서 오직 이곳에서만 등장합니다. 이들의 조상은 바벨탑 사건 이후에 형성된 민족과 도시들이지만 모세는 이들에 관해서 자세한 정보를 제공하지 않고 있습니다. 성경에서 가르쳐주지 않는 것에 대해서는 호기심을 침묵시키는 것이 현명합니다.

어떤 사람들은 우리가 가진 호기심을 중요한 것으로 주장하기도 합니다. 그러나 현존하는 인간들은 오직 배신과 배은망덕한 습성 때문에, 오직 비꼬지 않으면 안 되는 습성 때문에 모든 고대의 신비한 지혜와 행복을 모두 희생할 각오로 일부러, 그리고 악의적인 의도로 가장 파멸적인 허튼 짓을 위해서 호기심을 불러일으킵니다. 현존하는 인류는 호기심에 묶여 그것만이 이 세상의 진리를 찾는 유일한 길인 것처럼 생각합니다. 그러니까 자신의 이런 환상적인 호기심을 꼭 부여잡고 싶어 합니다. 그래서 모세가 여기서 언급한 족속들에 대하여 그 어디에서도 알 수 없는 것임을 잘 알기에 이 족속들이 누구인지를 아는 것만이 진리에 접근하는 것처럼 생각합니다. 그래서 성경의 사랑과 진실, 정의와 공의, 언약과 말씀 등에는 조금도 관심을 가지지 않고 오직 아무도 모르는 족속들에 대해서만 모든 호기심을 발동합니다. 우리는 호기심을 버립시다. 호기심이 없어도 우리는 성경을 통해서 (간접적) 진리에 도달할 수 있습니다.

본문에서 '르바족'(the Rephaims)은 히브리어 레파임(רְפָאִים)으로 하나님께서 약속하신 땅에 이 '르바족'의 땅이 포함되어 있습니다(창 15:20). 그런데 모세는 이 '레파임'을 '아낙 자손'과 관련 있는 족속으로 설명합니다(신 2:11). 아마도 르바족은 골리앗처럼(삼상 17:4) 기골이 장대해서 사람들에게 '거인'이란 별칭을 받을 정도로 키가 큰 사람들이 많은 지역이었던 것으로 보입니다. 그런데 모세는 이 레파임 곧 르바임(신 2:20)이 모압 땅(신 2:9-11)과 암몬 땅(신 2:19)에 거주하는 아낙의 족속으로, 암몬 족속은 이들을 '삼숨밈'(זַמְזֻמִּים)이라 칭했다고 합니다(신 2:20). 개역개정 한글 번역본에서 레파임(רְפָאִים)을 어느 때에는 '르바'(단수형, 창 14:5)로 읽고, 또 다른 때에는 '르바임'(복수형, 신 2:20)이라고 읽고 있기 때문에 주의를 기울여야 합니다. 여하튼 레파임(רְפָאִים)과 관련해서 최후의 레파임 족속으로 언급되는 인물은 바로 아모리 족속의 바산 왕 옥(עוֹג)입니다(수 12:4). 이는 바산 왕 옥의 지역이 하나님께서 아브람에게 주시기로 약속한 지역임을 뜻하는 것입니다.

수스(זוּזִים)는 성경 전체에서 단 한 번 등장하는 지역으로 다른 정보를 가지고 있지 않습니다(창 14:5). 반면에 엠(אֵימִים)은 레파임의 경우처럼 아낙 자손과 같다고 합니다. 이들은 모압 족속이 '레파임'(רְפָאִים) 곧 '르바임'을 부르는 명칭으로 등장합니다(신 2:11). 결국 수스족에 관한 정보는 없지만 르바족과 엠족은 모두 골리앗의 경우처럼 키가 매우 큰 사람들로 아낙 자손처럼 혹은 바산 왕 옥처럼 강한 신체적 은혜를 입은 족속으로 보입니다. 이들은 훗날 모압과 암몬 족속이 거주하게 될 땅에 살던 이들로 보입니다. 다시 말해서 모세가 이들 족속들의 이름을 언급하는 것은 하나님께서 이들의 땅을 야곱의 후손 이스라엘 민족(창 15:20), 롯의 후손인 모압과 암몬 족속(신 2:9, 19), 그리고 세일에 거주했던 에서의 후손인 에돔 족속(신 2:12)에게 주신 것을 말하기 위해서 언급한 것입니다. 모세는 〈신명기〉에서 다음과 같이 말하고 있습니다.

> "이전에는 에밈 사람이 거기 거주하였는데 아낙 족속같이 강하고 많고 키가 크므로 그들을 아낙 족속과 같이 르바임이라 불렀으나 모압 사람은 그들을 에밈이라 불렀으며 호리 사람도 세일에 거주하였는데 에서의 자손이 그들을 멸하고 그 땅에 거주하였으니 이스라엘이 여호와께서 주신 기업의 땅에서 행한 것과 같았느니라"(신 2:10-12).

〈신명기〉를 보면 모세는 에서의 후손 곧 에돔 사람들이 세일에 거주했으며, 이들이 세일에 거주하게 된 이유는 하나님께서 세일 땅을 에서의 후손들에게 주셨기 때문이라고 증언하고 있습니다. 다시 말해서 이스라엘이 가나안에 거주하게 된 것과 에돔이 세일에 거주하게 된 것은 모두 하나님의 뜻으로 같은 일임을 밝히고 있습니다. 하나님께서 두 형제 사이에 분명한 형제애를 이끌어 가고 계심을 알 수 있습니다. 이는 또한 에돔뿐만이 아니라는 것을 우리는 〈창세기〉를 통해서 모든 인류가 한 가족임을 배우게 됩니다. 그리고 형제에 대한 사랑은 인류애를 바탕으로 사랑 가운데 편견 없이 아브라함의 축복에로 초대되어야만 합니다. 복음은 분명히 현존하는 모든 인류를 향하고 있습니다.

창세기로 돌아오면, 엘람의 연합군이 세일(שֵׂעִיר) 산에 거주하는 호리족(חֹרִי)을 점령하고 엘바란 곧 광야 근방 '엘 파란'(אֵיל פָּארָן)까지 이르게 됩니다(창 14:6). 아래 지도는 엘람 연합군의 이동 경로를 재구성한 것입니다.

훗날 르우벤 지파, 갓 지파, 그리고 므낫세 지파에서 지파의 절반 정도(반 지파)가 요단 동편 곧 르바 족속이 살았던 지역과 모압과 암몬 땅 일부를 얻게 되는데(수 13:8-12), 이것이 지도에서 보면 르바족, 수스족, 그리고 엠족속의 지역입니다. 이는 하나님께서 아브람에게 약속하신 바입니다(창 15:20). 다시 말해서 모세가 낯선 족속들의 이름을 언급한 것은 르바족, 수스족 혹은 엠족의 존재를 밝히려는 것이 아닙니다. 그들의 땅을 얻을 이스라엘, 에돔, 모압과 암몬 족속을 말하려는 것입니다. 바로 모세 당시에 있었던 족속에 관한 이야기를 하는 것입니다.

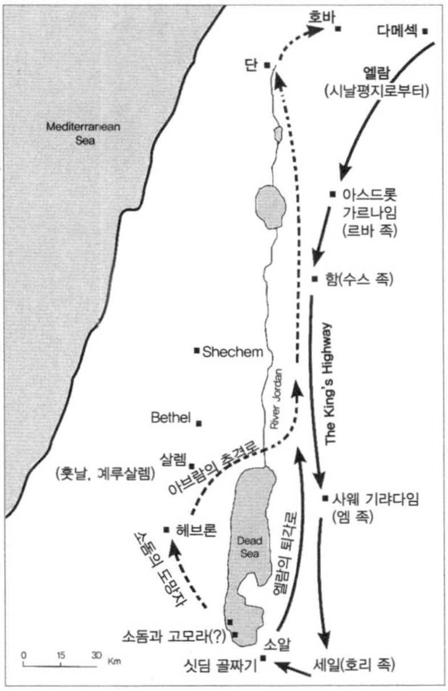

아브람 연합군과 엘람 연합군의 이동 경로

엘람 연합군에 대비하기 위해서 소돔을 비롯한 다섯 도시 국가들 또한 연합군을 결성합니다. 그리고 싯딤 골짜기에서 양군은 접전을 치렀습니다(창 14:8). 여기에 소알 도시가 포함되어 있습니다. 소돔, 고모라, 아드마, 그리고 스보임은 유황불로 멸망하게 될 곳입니다. 훗날 소돔을 비롯한 이들 도시들이 멸망할 때에 롯은 작은 도시 소알을 원했고, 천사는 소알을 멸망시키지 않겠다고 약속하게 됩니다(창 19:21-22). 중요한 것은 소알 역시 소돔의 영향력 아래에 있는 도시라는 점입니다. 그럼에도 불구하고 소알은 멸망을 면하게 됩니다.

우리가 이미 살펴보았지만, 롯은 소돔에 대한 애착을 가지고 있었습니다. 다시 말해서 그는 세상에 점착되어 있었기에 떠나기를 싫어했습니다. 성경은 분명히 다음과 같이 말하고 있습니다.

> "롯이 지체하매 그 사람들이 롯의 손과 그 아내의 손과 두 딸의 손을 잡아 인도하여 성 밖에 두니 여호와께서 그에게 자비를 더하심이었더라"(창 19:16).

하나님의 사랑으로 롯은 멸망에서 구출되었고, 소알 성에 들어감으로 소알 성은 멸망을 면하게 됩니다. 의인 10명이 부족하다고 해서 그 도시의 수천 명, 아니 그 이상의 사람들을 죽이시는 하나님이 아닙니다. 그분은 사랑과 자비를 베푸셨습니다. 단지 이 세상에 점착된 현존하는 인간들이, 소알이 멸망에서 제외된 것에 대하여 감사하기보다는 소돔을 잃은 것을 더 아쉬워하고 있을 뿐입니다.

여하튼 소돔의 연합군은 엘람의 연합군에 패배하게 됩니다(창 14:10). 이때 모세는 '싯딤 골짜기에는 역청 구덩이'(a tar pits, NIV)가 많다는 사실을 언급하고 있습니다. 그리고 소돔 왕과 고모라 왕이 전쟁에 패해 도망칠 때에 역청 구덩이에 빠졌고 나머지는 산으로 도망갔음을 기록하고 있습니다(창 14:10).

우리는 고대의 역사서를 읽고 있습니다. 우리는 이 역사서를 해독하고 의미와 가치를 찾고자 이 책의 이야기를 듣고 있습니다. 고대의 역사책을 읽는 방법은 우선적으로 자신의 모든 사고(생각)를 멈추고 조용히 이야기를 듣는 것입니다. 모세가 이야기할 때까지

기다리는 것입니다. 그렇게 모세가 이야기하게 해야 합니다. 그리고 모세가 하는 이야기를 들을 때에만 우리는 과거의 일들에 대해서 가장 중요한 의미를 발견할 수 있습니다. 자신의 생각을 가지고 책을 읽어간다면 우리는 언제나 왜곡된 사실에서 결코 벗어날 수 없습니다. 예를 들어 롯이 소돔에서 나올 때에 하늘에서 유황불이 떨어졌다는 왜곡, 아브라함이 어두운 밤하늘에서 별을 보았다는 착각에서 벗어나지 못합니다. 모세는 소돔과 고모라 왕이 역청에 빠졌고 나머지는 산중으로 도망쳤다고 이야기합니다. 여기서 우리는 소돔과 고모라 성이 불붙은 유황불이 하늘에서 비처럼 내려 죽은 것과 유사한 대구를 이루고 있음을 발견하게 됩니다. 또한 그 소돔의 멸망에서 도망친 롯이 산중으로 도피한 것도 유사성을 반영하고 있습니다. 소돔과 고모라는 하나님의 심판으로 멸망하기 이전에 충분한 경고의 메시지를 받았다고 할 수 있습니다. 이 전쟁은 일종의 경계로 삼을 일이었습니다.

전쟁에서 승기(勝機)를 얻은 엘람의 연합군은 싯딤 골짜기를 지나서 도시들을 노략질했습니다(창 14:11). 이들은 재물과 양식을 약탈했습니다. 그 가운데 소돔에 살고 있던 롯도 이 전쟁의 불행에서 벗어날 수 없었습니다(창 14:12). 물질적 성공과 부유한 삶을 추구하던 롯의 꿈은 본인의 선택과 노력 여하와는 완전히 무관하게 절망의 나락(奈落)으로 떨어졌습니다. 아마도 이런 일이 있을 것을 미리 알았다면 그런 선택은 하지 않았을 것입니다. 다시 말해서 우리가 선택이라고 말하는 것은 무지하기 때문에 일어나는 현상일 뿐이지 진정한 선택은 아닙니다. 곧 자유로운 선택이 아닙니다. 무지라는 정념(πάθος, 파토스) 속에서 눈에 무엇인가 덮여 알 수 없는 것들에 요행을 바라며 결단하는 것을 선택이라고 부르고 있을 뿐입니다. 진정으로 롯이 갈망하던 재물은 독수리처럼 날아가 버렸습니다. 모든 재물을 노략질당하고 롯과 그 가족들도 모두 포로가 되어 엘람으로 끌려가게 된 것이 바로 현실입니다.

이방인과 언약을 맺은 아브람

롯은 포로가 되어 모든 것을 상실하고 절망 가운데 엘람으로 끌려가고 있었습니다. 이때 아브람은 아모리 족속 마므레와 동맹을 맺고 그 땅 곧 마므레의 상수리 수풀에 거주하고 있었습니다(창 14:13). 여기서 중요한 것은 아브람은 이방인과 연합해서 살아가고 있었다는 사실입니다. 13절의 본문을 히브리어 원문으로 읽으면 다음과 같습니다.

'헴 바알레 베리트-아브람'(הֵם בַּעֲלֵי בְרִית־אַבְרָם) 곧 '그들은 아브람 언약의 주인들이다'란 말입니다. 히브리어 원문에서는 분명하게 '바알'(בַּעַל, 주인)이란 말을 하고 있습니다. 이는 아브람이 주변 민족들과 일정한 언약(בְּרִית, 베리트)을 맺었으며, 이 언약에서 강한 쪽은 아모리 족속의 '마므레'였음을 알 수 있습니다. 그리고 언약을 맺음으로 마므레와 아브람은 상호 지켜야 할 약속이 있었습니다. 약속을 지켜야 한다는 의미에서 규칙으로 법(a laws)이 존재하고 있었습니다. 다시 말해서 아브람이 그 지역의 관습이나 풍속을 따랐다는 것이 아니라 언약의 내용을 준수했음을 말하는 것입니다. 이것은 분명히 법(a laws)입니다. 법이란 것이 별도로 있는 것이 아니라 약속 곧 베리트(בְּרִית, 언약)의 내용이 법이 되고, 삶의 규칙과 규례가 되는 것입니다. 그 규칙을 지킴으로 삶은 일정한 리듬을 가지게 됩니다.

고대의 동맹관계는 강한 자는 약자를 보호하고, 약자는 강한 자에게 일정한 물질적 보상을 하는 형태로 구성되어 있습니다. 이런 언약을 주종조약(a vassal treaty, 봉신조약)이라고 합니다. 아브람은 세(勢)가 약해서 마므레 족속에게 바알(בַּעַל, 주인)로 조약을 맺었던 것으로 보입니다. 아브람은 마므레에게 군사적인 보호를 받고 있었을 것으로 짐작할 수 있습니다. 그런데 아모리 족속이 함의 아들 가나안의 계보라는 점(창 10:15-16)을 상기한다면 아브람이 이집트에서 돌아와 그의 편견에 얼마간의 변화가 있었던 것도 짐작할 수 있습니다.

언약에 대해서 조금 더 언급한다면 언약(약속)은 자유를 보장하는 방법입니다. 사람이 자신의 의지에 따라서 이러저러한 일을 할 권리를 가진다는 것은 그 일을 할 때마다 새로운 자유를 행사함을 의미합니다. 왜냐하면 자신이 그런 일을 할 권리가 법(a laws)에 의해 보호되고 보장되기 때문입니다(아르노 기그, 《법, 정의, 국가》, 7). 물론 자신의 권리를 보장받는 만큼 의무 곧 상대에게 갚아야 할 빚(의무, duty)이 있음을 뜻합니다. 의무는 빚을 의미합니다(아르노 기그, 9). 그래서 언약은 법의 성격을 가지고 있으며, 법은 도덕적 인간 존재를 인정하는 것입니다. 왜냐하면 상대방이 그 약속을 지킬 것에 대한 기대와 지켜야만 하는 의무에 충실(성실)할 것을 전제로 하기 때문입니다. 그리고 자신의 의무에 충실(성실)할 수 있다는 것은 바로 그가 도덕적 삶을 살아가고 있음을 뜻하는 것입니다. 그래서 베리트(בְּרִית) 곧 언약(약속)은 믿음과 신뢰(belief) 곧 상대방에 대한 확신이 없이는 체결될 수 없는 것입니다. 믿음은 도덕적 삶, 법과 의무에 있어서 적어도 고대적인 언약 관계에서는 절대적인 위치에 있습니다. '믿음'이 없다면 '언약'도 없습니다. 언약이 없다면 자유도, 도덕성도, 율법(a laws)도 없습니다.

한 가지 또 기억할 것은 현존하는 인간은 결코 혼자 살 수 없다는 점입니다. 다시 말해서 자신이 소유한 모든 것은 타인으로부터 받은 것들입니다. 물론 그에 합당한 정당한 대가를 지불하고 얻은 것입니다. 정당한 대가를 지불하지 않는 것은 불의한 이익입니다. 성경에서는 "불의의 재물은 무익하여도 공의는 죽음에서 건지느니라"(잠 10:2)라고 하였습니다. 여하튼 인간은 다른 인간을 필요로 합니다. 예를 들어 한 사람이 자연에서 구리와 철 등을 얻어 농기구를 만들면서 농사를 짓고, 배를 건조하고, 산에서 약초를 캐고, 집을 짓고, 옷을 짜고, 요리를 할 수는 없습니다. 자신이 할 수 있는 일에 보다 집중하고 나머지는 다른 사람에게 자신의 것을 주고 자신이 필요한 것을 얻어야 합니다. 타인에게 있는 농기구를 얻기 위해서 나에게 있는 생선이나 약초나 식량을 주어야 합니다. 왜냐하면 한 사람의 노동은 항상 산물(産物)의 잉여물을 남기기 때문입니다. 다시 말해서 농기구를 만드는 사람이 그 일에 집중함으로 자신에게 필요한 농기구보다 더 많은 것을 생산할 수 있으며, 다른 사람은 자신이 먹을 식량보다 더 많은 잉여 식량을 생산합니다. 그래서 남은 것들을 주기도 하고 받을 수도 있습니다. 이렇게 인간은 필요에 의해서 모여 살고, 이렇게 필요에 의해서 모여 사는 것을 '사회'라고 합니다. 사회는 반드시 타인과 함께 사는 것입니다. 인간은 모든 것을 타인 혹은 타자(하나님)에게서 얻습니다. 그것은 사람뿐만 아니라 자연에서도 얻습니다. 철이든 식량이든 약초든 생선이든 모든 것은 자연에서 노동을 통해서 얻은 것입니다. 그래서 노동은 가장 도덕적인 것입니다. 왜냐하면 자신이 자연에게 땀(노동)이란 대가를 지불하는 것이기 때문입니다. 자연을 친구처럼 존중해야 하는 것은 범신론에 의한 것이 아니라 우리 자신의 도덕성을 지키기 위한 것입니다.

아브람은 혼자 살 수 없습니다. 이웃과 더불어 살아야 했으며 그들에게서 자신에게 필요한 것들을 얻어야 했습니다. 특히 하나님께서는 가인의 후손들에게 일반적인 은총을 베풀어 주셨습니다. 그들은 미크네(מִקְנֶה) 곧 고기로 먹을 수 있는 육축을 치는 방법과 집을 짓는 방법에 관한 지식을 하나님께 받았고(창 4:20), 음악을 위해서 악기를 만들고 연주하는 기술도 받았으며(창 4:21), 자연에서 광물을 얻어서 농기구 등을 만들 수 있는 신비한 지혜를 받았습니다(창 4:22). 이 모든 것은 그들과 함께 살아가면서 우리가 배운 것들입니다. 물론 그들은 이런 은총으로 하나님을 영광스럽게 하는 대신에 '썩어질 사람과 새와 짐승과 기어다니는 동물 모양의 우상으로 바꾸었습니다'(롬 1:23). 그들은 은혜가 부족해서 버림받은 것이 아니라 배은망덕하게 은혜를 배신했기에 버림받은 것입니다.

아브람은 주변 사람들과 분쟁 없이 자유롭게 사회적 도덕성을 지키면서 필요한 물자들을 주고받으면서 평온하게 살았음이 분명합니다. 상호 관용의 태도를 취함으로 종교적인 이유로 상대방의 재물이나 생명을 빼앗지는 않았습니다. 그는 고립된 중세의 수도원처럼 살지 않았습니다. 또한 그는 이방인에 대한 일정한 편견을 가지고 있었습니다. 그리고 이후로도 이 편견은 아브람의 삶에 지속적으로 남아 있었습니다. 그러나 그는 이방인들, 곧 이웃과 함께 살아가려고 노력한 것이 분명합니다. 그렇다고 그들에게 영향을 받아 제단 앞에서의 삶의 태도를 버린 것은 아닙니다. 내적으로는 언제나 스스로를 고립시킴으로 고독한 나그네의 삶을 유지했습니다. 세상의 풍속을 따르지 않았다고 말할 수 있을 것입니다.

한편 소돔과 엘람 전쟁에서 소돔이 패배했고 많은 이들이 포로로 끌려갔습니다. 그 가운데 어떤 도망자가 헤브론까지 도망쳐 왔습니다(창 14:13). 이 헤브론은 아브람이 롯과 헤어진 다음에 거주하던 곳이었습니다(창 13:18). 바로 마므레 상수리 지역이었습니다. 중요한 것은 아브람은 이곳에서도 하나님을 위한 제단을 쌓았다는 사실입니다(창 13:18). 다시 말해서 마므레는 아브람의 종교에 전혀 영향을 주지 않고 그를 자유롭게 놓아 두었다는 사실입니다. 아마도 이런 측면이 언약 체결에 가장 크게 작용했을 것입니다. 언약은 자유를 보장합니다. 신앙생활에 대한 보장과 자유로운 신앙생활을 위해서 언약은 중요한 작용을 했음이 분명합니다.

이 도망자는 아브람에게 소돔과 그 연합군의 패배와 백성들이 포로로 끌려갔다는 사실을 알렸습니다. 그리고 그 포로 가운데 롯과 그 일가가 포함되었다는 사실을 알렸습니다(창 14:14). 이에 아브람은 롯을 구하기 위해서 전쟁에 참여하게 됩니다. 롯의 삶에 개입하게 됩니다.

그런데 모세는 여기서 "히브리 사람 아브람에게"(לְאַבְרָם הָעִבְרִי)라고 쓰고 있습니다. '히브리' 곧 '이브리'(עִבְרִי)란 말은 셈의 증손 에벨 곧 에베르(עֵבֶר) 사람이란 뜻입니다. 모세는 에베르를 중심적으로 다루고 있음이 분명합니다. 왜냐하면 모세는 "셈은 에벨 온 자손의 조상이요"(창 10:21)라고 말하기 때문입니다. 셈의 아들들은 엘람, 앗수르, 아르박삿, 룻, 그리고 아람이 있었습니다(창 10:22). 이 가운데 아르박삿은 셀라를 낳고 셀라는 에벨을 낳았습니다(창 10:24). 여기서 에벨 곧 '에베르(עֵבֶר)의 사람' 혹은 '에베르의 후손'이란 의미로 '이브리'(עִבְרִי)라고 합니다.

에벨의 아들 가운데 벨렉(פֶּלֶג)이 있습니다. 벨렉 곧 펠레그(פֶּלֶג)는 '나누다'란 뜻으로(창 10:25) 모세는 '펠레그'가 태어날 때, "그때에 세상이 나뉘었음”(창 10:25)이라고 말합니다. 에베르(עֵבֶר)는 ‘반대편’, ‘건너편’이란 뜻으로 동사 아바르(עָבַר)에서 파생한 이름입니다. 동사 아바르(עָבַר)는 ‘지나가다’(pass over)라는 의미입니다. 아마도 에벨이 벨렉을 낳을 때쯤에 언어의 혼잡으로 인해서 서로 알아듣지 못하게 되자(창 11:7) 땅에서 이리저리 흩어졌던 것으로 보입니다(창 11:8). 모세가 여기서 ‘아브람’을 에벨과 연결시켜 ‘히브리’(עִבְרִי) 사람이라고 언급하는 것은 아마도 ‘엘람’과의 전쟁 때문인 것으로 보입니다.

셈의 아들들 가운데 ‘엘람’과 ‘아르박삿’이 있으며(창 10:22), 아르박삿의 손자인 에벨 때에 지상의 사람들이 나누어졌고, 이들 가운데 ‘히브리인’이 있었습니다. 결국 아브람이 이 전쟁에 참여하게 된다는 것은 셈의 후손들 사이에 전쟁이 일어났음을 뜻하는 것입니다. 그리고 이 문제는 대단히 중요한 성격을 가지게 됩니다. 왜냐하면 형제애에 관한 문제이기 때문입니다. 이 문제를 생각해서 모세는 이미 엘람과 히브리가 서로 다른 길을 걸었으며, 형제가 아님을 표현하기 위해서 ‘히브리’란 표현을 의도적으로 하고 있습니다. 형제애를 위협하는 전쟁이 아님을 말하고자 하는 것입니다. 형제애는 인류애로 확장되어야 합니다. 하지만 구약은 아직까지 형제애에 머물고 있습니다. 우리는 이 형제애가 신약시대에 이르러 인류애로까지 확장하게 됨을 보게 됩니다.

전쟁에서 겨우 목숨을 건진 어떤 사람이 아브람에게 롯의 소식을 전했습니다(창 14:13). 이에 아브람은 마므레와의 언약에 따라서 마므레에게 전쟁에 참여할 것을 요구했을 것입니다. 일반적으로 고대 언약은 군사적인 성격이었기 때문에 아브람과 마므레 연합군은 곧바로 엘람 연합군과 전쟁을 하기 위해서 출전을 하게 됩니다. 이때 출전한 병력에서 마므레의 병력은 알 수 없지만 출병한 것은 확실합니다. 왜냐하면 아브람은 "나와 동행한 아넬과 에스골과 마므레의 분깃"의 전리품에 손을 대지 않고 있기 때문입니다(창 14:24). 여하튼 아브람은 자신의 병력 318명과 마므레 군대와 연합을 해서 전쟁에 참여하게 됩니다.

그대의 문제는 더 이상 그대만의 문제가 아니다

모세는 아브람이 자신의 집에서 "길리고 훈련된 자 삼백십팔 명을 거느리고 단까지 쫓았다"고 말합니다(창 14:14). 여기서 '단'(Dan)이란 지명은 예변법에 따른 것으로 후대의 지명을 고대에 그대로 사용한 것입니다. 모세는 아브람이 평소에 318명을 '길리고 훈련' 시켰음을 말합니다. 그런데 '길리고 훈련된 자'라고 한 표현은 조금 적절하지 않은 것 같습니다. 이 본문은 '아브람 집에서 태어났고(born in his house, KJV, NIV) 아브람에게 교육 받은 사람 318명'을 의미합니다. 사람에게 짐승에 대해 쓰는 표현인 '기르다'란 단어는 번역에 있어서 부적합한 표현으로 압니다. 히브리어 원문에서도 야리드(יָלִיד)는 '태어난'(born)이란 말이지 '길렀다'는 말이 아닙니다. 그리고 '훈련된'(trained, KJV, NIV)이라고 번역된 하니크(חָנִיךְ)는 오직 이곳에서만 사용되는 단어입니다. 동사형 하나크(חָנַךְ) 역시 구약 전체에서 4회 정도만 사용될 뿐입니다. 〈잠언〉에서는 "마땅히 행할 길을 아이에게 가르치라 그리하면 늙어도 그것을 떠나지 아니하리라"(잠 22:6)라고 하여 '가르치다'(train up)로 읽습니다. 그런데 〈잠언〉에서 말하는 교육은 단순한 교육이 아니라 평생의 삶을 이끌 것에 대한 가르침을 말하는 것입니다. 이런 의미에서 하나크(חָנַךְ)는 '봉헌하다', '바치다' 내지는 '전념하다'(dedicate)로 읽어서 '낙성식을 하다'로 읽기도 합니다(신 20:5). 다시 말해서 모세가 '그의 집에서 태어나 훈련된 자들을'이라고 말하는 것은 구별된 종들, 자신의 삶을 봉헌한 종들로 양육 받은 종들만을 의미하는 것입니다.

아브람의 종들은 이집트 파라오에게 받은 것입니다(창 12:16). 이 종들은 이집트의 관습, 종교, 가치관, 삶의 태도에 있어서 이미 옛 종의 습성을 버리지 못한 이들이었을 것이 분명합니다. 아브람은 새로 태어난 아이들을 중심으로 새로운 생활, 새로운 삶의 태도를 교육했습니다. 그리고 이 새로운 삶의 태도를 배운 이들은 그 가르침에 전념하도록 구별된 이들이었습니다.

아브람은 자신의 집에서 태어난 이들을 훈련시키고 교육했습니다. 이것은 주인이 그 집안일을 하는 종들을 단순하게 재산으로 취급한 것이 아니라 선생과 제자로 대했음을 뜻하는 것입니다. 아브람은 종들에게는 가르침을 준 선생으로 선한 히브리 사람이었습니다. 아브람이 종들의 공동체를 형성했음을 알 수 있습니다.

모세는 20세 이상의 건강한 남성들을 전쟁의 군사로 다루고 있습니다(민 1:3). 아마도 아브람의 318명 역시 20세 내외의 건강한 남성들을 말하는 것으로 보입니다. 만약에 20세 내외의 건강한 남성이 318명이라면 그의 아내와 자식 한두 명을 셈하여 볼 때 1천 명 정도가 공동체를 이루고 있음을 뜻하는 것입니다. 아브람은 혼자가 아니라 이미 종으로 구성된 천여 명의 공동체를 구성하고 있었습니다. 그리고 '가르치고 배우는 종들의 공동체'라는 성격에서 신약시대의 교회와 같은 성격을 반영하고 있습니다. 다시 말해서 아브람 공동체는 신약시대에 형성된 그리스도의 종들의 공동체를 예표하고 있다고 말할 수 있습니다.

그런데 모세가 왜 318명이라고 정확한 수를 셈하고 있는가에 대해서는 몇 가지 주장들이 있습니다. 다시 말해서 대략 '300여 명'이라고 해도 될 텐데 굳이 '318명'이라고 한 이유를 찾는 것입니다. 하지만 이에 대해서 명확하게 알 방법은 없습니다. 단지 지나가는 여담으로 이 숫자를 보면 이렇습니다. 첫째, '318'이란 숫자는 인도 문자입니다. 그러니 히브리어 방식으로 표현하면 다음과 같습니다. 쉐모나(8) 아싸르(10) 우쉐로쉬(3) 메오트(100, שְׁמֹנָה עָשָׂר וּשְׁלֹשׁ מֵאוֹת)입니다. 이것을 풀어서 쓰면, '팔, 십, 그리고 삼백'입니다. 그래서 이를 '삼백십팔 명'이라고 읽습니다. 그런데 이 숫자들의 첫 문자만을 쓰면 '기쁜', '즐거운'이란 뜻을 가진 샤슈아(שַׁעֲשֻׁעַ)와 음이 가장 가깝습니다. 이 방법은 숫자로 뜻을 전달하는 방식으로, 만일 이 단순한 생각에 조그마한 의미가 있다면 이것은 아브람이 롯의 일에 개입하는 것에 그와 함께한 이들이 모두 기쁨으로 참여했다고 말할 수 있을 것입니다.

한편 히브리어는 히브리어 알파벳으로 숫자를 대신하였습니다. 예를 들어 다윗(דָּוִד)은 히브리어 세 개의 자음으로 이루어져 있습니다. 그리고 이를 숫자로 바꿀 수도 있습니다. 다시 말해서 다윗은 4(ד), 6(ו), 4(ד)로 바꿀 수도 있습니다. 그래서 '다윗'은 14(=4+6+4)라고 상징적으로 표현됩니다(마 1:17). 이와 같은 방법으로 아브람의 '318'을 읽는다면 300(שׁ) 10(י) 8(ח)은 '심사숙고'(musing)를 뜻하는 씨하(שִׂיחַ)가 됩니다. 만일 이렇게 본다면 아브람과 그와 함께한 이들이 심사숙고한 이후 곧 전쟁에서 가장 필요한 전략을 가지고 이 전쟁에 참여했다고 볼 수도 있을 것입니다. 그러나 이러한 해석이 명확하다고 할 수 없습니다.

여하튼 아브람은 연합군을 이끌고 단까지 추격했습니다(창 14:14).

그리고 한밤중의 야음(夜陰)을 타서 엘람의 그돌라오멜과 함께한 연합군을 공격해 승리를 얻어 돌아오게 됩니다(창 14:15). 이 전쟁을 통해서 아브람은 모든 빼앗겼던 재물과 자기의 조카 롯과 그의 재물과 또 부녀와 친척을 다 찾아왔습니다(창 14:16). 여기서 '조카'라고 읽은 '아흐'(אָח)는 '형제'(brother, KJV)이며, '친척'으로 읽은 '암'(עַם)은 소돔을 비롯한 그 연합군 도시들의 백성(the people)을 의미합니다. '친척'(개역개정)보다는 '붙잡혀 간 사람들'이라고 읽는 것이 더 정확할 것으로 압니다. 여하튼 아브람은 포로로 사로잡혔던 롯을 구출했을 뿐만 아니라 소돔을 비롯한 모든 포로들을 구출했습니다. 뿐만 아니라 엘람 연합군들에 대한 막대한 전리품과 노예들도 얻은 것으로 보입니다. 아마도 이 전리품들은 엘람 연합군들의 무기와 각종 물품들과 재물들일 것입니다. 그리고 노예들은 엘람 연합군들의 병사들이었을 것입니다. 아브람은 전쟁의 승리로 얻은 전리품과 소돔과 고모라의 사람들과 그 재물을 얻어 돌아왔습니다. 그리고 아브람의 연합군이 돌아오는 길에 소돔 왕이 사웨 골짜기 곧 왕의 골짜기(the King's Valley)에 나와서 아브람을 마중했습니다(창 14:17).

소돔 왕 베라와 그의 연합군들은 전쟁에서 죽거나 피신하다가 역청 구덩이에 빠지거나 산으로 도주를 했었습니다(창 14:10). 그런데 아브람이 소돔 성의 백성들을 되찾아오자 그를 찾아간 것입니다. 아브람은 이제 소돔 왕 베라, 그리고 자신과 전쟁에 함께한 아넬과 에스골과 마므레와 더불어 헤브론 쪽으로 남하했습니다. 이 길 가운데 '살렘'(שָׁלֵם)이 있었습니다. 아브람은 이번에는 이 '살렘'(שָׁלֵם)의 왕 멜기세덱을 만났습니다(창 14:18).

아브람이 만난 살렘 왕 멜기세덱의 이야기는 대단히 중요합니다. 그래서 이 부분은 다음 부분에서 보다 자세히 이야기할 것입니다. 여기서 간단하게만 언급하면, 아브람은 지극히 높으신 하나님의 제사장 멜기세덱으로부터 떡과 포도주를 받았습니다(창 14:18). 그리고 그의 축복도 받았습니다(창 14:19-20). 이에 대해서 모세는 "아브람이 그 얻은 것에서 십분의 일을 멜기세덱에게 주었더라"(창 14:20)라고 기록하고 있습니다. 여기서 모세는 '얻은 것'에 대하여 십분의 일을 헌물로 멜기세덱에게 주었다고 하였습니다. 다시 말해서 아브람은 전쟁에서 얻은 전리품의 십일조를 드린 것입니다.

아마도 이 사실을 소돔 왕 베라가 접했을 때에 나머지 전리품에 대한 욕심이 일어났을 것입니다. 왜냐하면 소돔 왕 베라는 아브람에게 이렇게 말했기 때문입니다.

"사람은 내게 보내고 물품은 네가 가지라"(창 14:21)라고 말했습니다. 이는 전쟁에서 얻은 물품들은 아브람이 가지지만 사람들은 소돔 왕이 가질 것을 말하는 것입니다. 이 전쟁과 완전히 무관한 살렘 왕도 전리품의 십분의 일을 얻었습니다. 이 사실은 소돔 왕 베라에게 자신도 얻을 권리가 있다는 듯이 욕심 어린 기대감을 갖게 했을 것입니다. 베라의 요구에 대해서 아브람은 "천지의 주재이시요 지극히 높으신 하나님 여호와께 내가 손을 들어 맹세"를 하여 말했습니다(창 14:22).

"당신이 '내가 아브람을 부자가 되게 하였다'라는 말을 하지 못하게 하기 위해서라도 내가 당신의 것은 신발끈이나 실오라기 하나도 갖지 않겠소. 하지만 내 부하들이 먹은 것은 제외하겠소. 그리고 나와 함께 간 아넬과 에스골과 마므레의 몫은 그들이 갖도록 해주시오."(창 14:23-24, 현대인의 성경)라고 대답을 합니다. 여기서 아브람은 재물을 욕심내어 전쟁에 참여한 것이 아님을 우선적으로 분명히 밝히고 있습니다. 아브람은 형제애를 위해서 죽기를 각오하고 전쟁에 참여했던 것입니다. 결코 자신이 재물이나 헛된 성공을 위해서 사람을 죽이면서까지 부요함을 탐닉한 것이 아님을 맹세하고 있습니다. 물론 전쟁에 참여한 이들이 얻을 정당한 몫은 있어야 했습니다. 자신들의 일꾼들이 얻을 양식과 자신과 동맹하여 연합군을 형성한 이들이 취한 전리품까지는 자신이 어찌 할 수 없는 일입니다. 그러나 분명히 아브람 자신에게는 오직 가족을 위한 희생 때문에 전쟁에 참여했을 뿐 다른 의도가 없음을 분명히 밝히고 있습니다. 다른 의도, 속셈을 가진다는 것은 비열함을 뜻합니다.

의의 마음은 옳은 것으로 자신의 마음을 지키는 것입니다(שָׁמַר, 솨마르). 자신의 마음과 자신의 자리를 지키지 못한다면 그것은 옳지 않은 것입니다. 사탄은 "자기 지위를 지키지 아니하고 자기 처소를 떠난 천사들"(유 1:6)입니다. 다시 말해서 자신의 자리를 이탈하는 것은 선하지 못한 것입니다. 아브람은 자신의 마음을 지키고 있으며, 특히 재물에 대한 유혹으로 흔들리지 않고 있습니다. 문제는 이러한 마음이 소돔 왕 베라에게는 없다는 사실입니다. 그는 재물 곧 부요함 때문에 전쟁을 일으키고 배반했습니다. 그러니 재물에 욕심이 없는 사람을 만났을 때에 그의 말을 믿으려 들지 않았을 것이 자명한 사실입니다. 그래서 아브람은 자신의 의로움을 분명히 밝힐 의도에서 하나님의 거룩하신 이름으로 서약을 하게 됩니다.

또한 아브람은 전쟁이나 소돔 왕 때문에 무슨 재물을 얻어 부자가 되었다는 말을 들을 수 없었습니다. 소돔 왕 베라는 전쟁에 패한 도망자 신세였습니다. 그러다가 아브람 때문에 겨우 멸망을 피할 수 있는 상황이었습니다. 그럼에도 불구하고 소돔 왕 베라는 분명 '자신은 노예를 취하고 재물은 자신이 아브람에게 주었다'는 식으로 말하고 있습니다.

아브람이 부유했다면 그것은 오직 하나님께서 베푸신 은혜의 여러 가지 모양 가운데 하나일 것입니다. 아브람이 고향을 떠날 때 많은 짐과 돈이 필요하지 않았던 것은 하나님께서 필요를 때마다 채워 주시기 때문입니다. 만약에 조상들의 재산을 가지고 고향에서 나왔다면 하나님께서 주신 것이 아니라고 말하는 악의적인 의도를 가진 이들이 아브람을 비난할 것입니다. 그러나 우리는 아무것도 없었을 때에 그 필요를 채우시는 하나님에 대해서 고백할 수 있습니다. 하나님께서는 우리에게 필요한 것을 이미 알고 계심을 고백할 수 있습니다. 주님께서는 말씀하셨습니다.

"염려하여 이르기를 무엇을 먹을까 무엇을 마실까 무엇을 입을까 하지 말라 이는 다 이방인들이 구하는 것이라 너희 하늘 아버지께서 **이 모든 것이 너희에게 있어야 할 줄을 아시느니라** 그런즉 너희는 먼저 그의 나라와 그의 의를 구하라 그리하면 이 모든 것을 너희에게 더하시리라 그러므로 내일 일을 위하여 염려하지 말라 내일 일은 내일이 염려할 것이요 한 날의 괴로움은 그날로 족하니라"(마 6:31-34).

우리가 일하는 것을 멈추어도 그 일이 결코 실패하거나 망하지 않는 것을 확인할 때에 우리를 위하여 일하시는 하나님을 고백할 수 있게 됩니다. 그래서 우리는 모든 염려를 뒤로 물리고 주일에 거룩한 예배를 드리며 모든 일을 멈춥니다. 하나님께서 우리를 위해서 일하심을 확인하고 고백하는 일입니다.

아브람이 고향에서 조상의 재화를 가지고 나왔거나 전쟁의 승리를 통해서 재화(wealth)를 얻었다면 하나님께서 그에게 있어야 할 것 곧 필요를 채워 주셨다고 고백하기 어려울 것입니다. 아브람은 분명히 외치고 있습니다. "내가 소돔 왕 베라 덕분에 부(wealth)를 얻었다는 말을 하지 못하게 하기 위해서 전쟁의 승리로 얻은 것은 실 한 오라기도 가지지 않을 것이다."

롯은 아인(אין) 곧 아무것도 없는 것을 추구하다가 모든 것을 잃어버렸으며 생명까지도 잃어버릴 수도 있는 급박한 상황에 떨어졌습니다. 이를 구원한 아브람은 자신의 생명의 위험을 감수하고 롯을 구했으며, 이 전쟁에서 얻은 모든 것을 거부함으로 자신의 본분과 자신의 의로움을 충분히 표현했습니다. 재물이 아브람에게는 유혹이 되지 않았습니다. 소돔 왕 베라는 본인의 재물과 백성을 되찾았으며, 엘람 연합군들의 재물까지 얻게 되어 더욱 부유함을 누리게 되었습니다. 소돔의 부유함에는 분명히 아브람의 공로가 있었습니다.

'정의'는 기본적으로 '분배'라는 의미에서 두 가지로 정리할 수 있습니다. 먼저 '정의'는 기본적으로 '평등', '균등'(equality)을 의미합니다. 빵(먹고 마실 것)을 분할하는 것이 정의에 대한 모든 성찰에 모델을 제공합니다. 타인들과 똑같이 빵을 나눌 권리를 가짐으로 이것은 평등한 정의의 패러다임을 구성합니다(아르노 기그, 51.). 그러나 업적에 상관없이 똑같이 빵을 분배한다면 그것은 다른 결과를 얻을 수도 있습니다. 전쟁에 패배함으로 공적이 없는 소돔 왕 베라가 전쟁의 승리를 이끈 아브람과 동일한 권리를 주장하는 것은 불의한 것입니다. 그러므로 정치적으로 업적을 어떻게 공평하게 정할 것인가의 문제를 가진다는 업적주의(業績主義)가 있게 됩니다.

'정의'는 평등의 문제뿐만 아니라 공동체의 결속을 뜻하고 있습니다. 빵을 분배하는 것, 그것은 조각을 자르는 일이며 분리하는 일입니다. 각자에게는 자신의 부분을 소유할 권리가 주어짐을 의미합니다. 그래서 그것은 '참여'하는 일입니다(폴 리쾨르, 《정의의 사랍》). 이와 같이 빵을 나누는 것은 다 함께 모여서 참여할 권리의 평등함을 의미합니다. 이러한 일은 우리를 하나의 공동체로 결속시킵니다. 그러므로 정의로운 사회는 이러한 두 지렛대를 유지하는 것을 이상으로 삼습니다. 첫 번째 지렛대를 작동시키면 사회는 경제적인 분배 시스템이 됩니다. 그리고 두 번째 지렛대를 조정하면서 사회는 그들 사이에서 협력하는 시민들의 공동체가 되고자 열망하게 됩니다(아르노 기그, 52.).

의(義) 곧 쩨데크(צֶדֶק)는 신앙의 궁극적인 목적이다. '믿음으로 말미암아' 의롭다 칭함을 받는 것이다. 여기서 신앙은 수단이며 그 궁극적인 목적은 쩨데크 곧 '정의'다. 그러나 '정의'는 일반적인 측면에서 도덕적인 선을 추구하는 것도 있다.
그러나 다른 측면에서 '믿음으로 말미암아' 얻는 초월적 쩨데크 곧 구원에 합당한 정의의 문제가 있다. 신앙인들은 이 두 가지를 모두 가지고 있어야 한다. 성경은 "너희 의가 서기관과 바리새인보다 더 낫지 못하면 결코 천국에 들어가지 못하리라"(마 5:20)라고 하였다.

아브람은 언약관계에 있는 마므레의 몫을 지킴으로 동맹자의 정당한 분배를 지켜 주고 있습니다. 이는 분배의 정의를 이루고 있음을 알 수 있습니다. 그러나 아브람은 베라와 빵을 나눌 수는 없었습니다. 정의의 문제 안에 참여와 공동체의 개념을 가지고 있습니다. 아브람에게 정당한 분배는 공동체의 결속 문제이기 때문에 베라와 전리품을 나눌 수는 없습니다. 이는 결속된 공동체를 의미하기 때문입니다. 결국 아브람은 전리품을 소돔 왕 베라에게 줌으로 그에게 결별을 상징적으로 말하고 있습니다. 하지만 롯은 여전히 소돔에 거주함으로 이후 19장에서 소돔이 하나님의 심판을 받을 때에 그 자리에 있게 됩니다.

공동체의 문제는 분명한 인식을 이끌어냅니다. 바로 '참여'입니다. 이는 정의의 문제와 결부되어 있으며, 아브람은 롯과의 형제애

가운데 그의 삶에 참여하고 있습니다. 그리고 이 참여의 인식은 '더 이상 그대의 문제는 그대만의 문제가 아니라 우리의 문제가 되는 것'을 인정하는 것입니다.

C′. 롯의 삶에 개입하는 아브라함(18:16-33): 열 명의 의인

하나님의 친구가 된 아브라함

〈창세기〉 14장에서 아브람은 롯의 삶에 개입하여 포로 된 롯을 구출해 줍니다. 그런데 아브라함이 롯을 구한 이야기가 창세기 18장 16절부터 다시 한 번 반복하여 등장합니다(창 18:16-33, C′ 부분). 여기서 하나님께서는 "내가 하려는 것을 아브라함에게 숨기겠느냐"(창 18:17)라고 말씀하시며 소돔과 고모라에 대한 심판의 계획을 아브라함에게 알려 주십니다. 이로 인해서 아브라함이 다시 한 번 더 롯의 삶에 개입할 여지를 주셨습니다. 그런데 우리가 잠시 확인하고 갈 문제가 있습니다. 그것은 하나님께서 아브라함에게 당신의 계획을 숨기지 않고 가르쳐 주셨다는 사실입니다. 하나님께서는 분명히 말씀하셨습니다. '하므카쎄 아니 메아브라함 아쉐르 아니 오쎄'(הַמְכַסֶּה אֲנִי מֵאַבְרָהָם אֲשֶׁר אֲנִי עֹשֶׂה) 곧 '내가 아브라함으로부터 숨기는 자 곧 내가 하는 것'이라고 말씀하셨습니다(창 18:17). 이 말은 '하나님께서는 당신께서 하시는 것을 아브라함으로부터 드러내지 않고 덮어 두어 숨기는 자'라는 말입니다. 성경이 말하는 것은 '아브라함에게' 숨긴다는 것이 아니라 '아브라함으로부터'(מֵאַבְרָהָם) 숨긴다는 뜻입니다. 전치사 민(מִן, from, out of)을 명확하게 읽어야 합니다. 본문이

지시하는 말은 아브라함 이외에 모든 이들에게 숨긴다는 뜻으로 오직 아브라함에게만 숨기지 않는다는 의미입니다. 그래서 본문을 "내가 하려는 것을 아브라함에게 숨기겠느냐"라고 읽어도 무방합니다. 하지만 이 경우에 '하나님께서는 당신이 하실 일을 아브라함에게 숨기지 않는다'라는 것은 충분히 드러나지만 아브라함이 아닐 경우에는 당신의 뜻을 드러내지 않을 것이라는 점이 드러나지 않습니다. 하나님께서는 오직 당신이 하시는 일을 아브라함에게만 드러내어 알려 주십니다. 아브라함은 하나님께서 하시는 일을 알게 됩니다. 여기서 '앎'은 대단히 중요한 주제입니다. 왜냐하면 '앎'은 친구임을 의미하는 것이기 때문입니다.

주님께서 말씀하셨습니다.

"이제부터는 너희를 종이라 하지 아니하리니 종은 주인이 하는 것을 알지 못함이라 너희를 친구라 하였노니 내가 내 아버지께 들은 것을 다 너희에게 알게 하였음이라"(요 15:15). 여기서 '앎'은 '종'과 '친구'를 구별하는 중요한 요소로 작용하고 있습니다.

만일 우리가 하나님께서 하신 일과 그분의 의도를 전혀 모르고 그저 맹목적으로 따른다면 이런 종류의 순종은 종이 하는 복종을 뜻합니다. 하지만 우리가 주인의 마음을 알고 그분이 기뻐하시는 일을 찾아서 한다면 이는 순종이며, 그분께서는 우리를 친구로 대해 주십니다. 참된 친구는 서로 존중하며 서로의 생각과 마음을 아는 것입니다. 그리고 이 친구를 위하여 자신의 목숨을 버리는 것이 최상의 사랑(Greater love, NIV)이라고 말합니다(요 15:13).

우리가 성경을 배우고 알고자 노력하는 것이 중요한 것은 우리의 주님께서 무엇을 기뻐하시고 무엇을 가증히 여기시는지를 알기 위해서입니다. 그리고 주님께서 기뻐하시는 일을 알고 그것을 실천하기 위한 것입니다. 우리는 성경공부를 통해서 충성된 종 곧 주인이 기뻐하는 일을 알고 그것을 실천하는 종이 되는 것입니다. 성경을 배우는 것 이외에 다른 방법으로 하나님께서 기뻐하시는 것이 무엇인지 알 수 있는 방법은 현존하는 인류에게는 없습니다.

여하튼 성경은 '앎'을 통해서 '친구 됨'을 이야기하고 있으며, 이러한 의미에서 아브라함에게 '하나님의 친구'라는 표현을 씁니다(사 41:8; 약 2:23). 사실 하나님께서 이 표현을 직접 말씀하셨습니다. 곧 '아브라함 오하비'(אַבְרָהָם אֹהֲבִי, Abraham, my friend)라고 말씀하셨습니다(사 41:8). 성경에서 유일하게 하나님께서는 아브라함에게만 이 '친구'라는 말씀을 하셨습니다. 그 어떤 선지자도 이런 감격스러운 말을 듣지 못했습니다. 신약의 다른 분들, 곧 사도들은 그리스도 우리 하나님의 '친구'라는 말씀을 들었습니다. 이는 사도들만이 주님의 뜻을 알고 있음을 말하는 것입니다. 그러므로 사도권 밖에서 하나님의 뜻을 구하는 것은 모두 거짓임을 알 수 있습니다. 아브라함 이외에 다른 곳에서 하나님의 하시는 일을 알고자 하는 것은 모두 거짓입니다. 하나님께서는 당신의 뜻을 아브라함에게만 알려주심으로 아브라함에게 '하나님의 친구'라는 이름을 얻게 하셨습니다. 사랑의 관계에서 가장 중요한 것은 '친구 됨', '우정'(friendship) 곧 친구로서의 사귐입니다(아 5:16).

우리는 종종 신앙하는 것의 궁극적인 목적을 잘못 이해해서 우리의 구원과 영생에서 그 궁극적인 목적을 찾고자 합니다. 하지만 그것이 우리의 삶의 목표(goal)일 수는 있지만 목적(purpose)이 될 수는 없습니다. 우리의 삶의 목적에 관해서 〈소요리문답〉(the short catechism) 제1번 질문과 답에서 분명히 밝히고 있습니다.

“사람의 첫째 되는 목적은 하나님을 영화롭게 하고, 그분을 영원토록 즐거워하는 것입니다.”

하나님의 영광과 이 땅에 대한 하나님의 의에 대한 목적은 우리들의 영혼 구원보다 월등하게 중요합니다. 개인 구원은 아주 쉽게 이기적인 행위로 돌변할 수 있습니다. 그래서 이웃 사람을 철저히 짓밟으면서까지 천국의 문으로 들어가려는 사람들의 외침을 길거리에서 아주 쉽게 접합니다. 우리는 자신의 욕구를 충족하고 자신의 삶에 어떤 의미를 부여하는 이기적인 경건을 주의해야 합니다. 롯의 경우처럼 세상의 성공과 재물에 대한 욕구를 채우기 위한 신앙생활을 하면 안 됩니다. 오히려 하나님께서 우리를 창조하셨다는 그 고대의 역사적 사실, 우리가 그분을 섬길 수 있도록 허락하심을 받고 부르심을 받았다는 현재의 사실, 우리가 그분을 다시 만날 것이라는 미래의 소망 때문에 우리는 경건생활을 하는 것입니다. 우리의 기원이 되는 절대적 과거로의 회귀의 문제입니다.

한편 선지자 아모스를 통하여 하나님께서는 우리가 배워야 할 중요한 사실을 알려 주셨습니다. 그것은 “주 여호와께서는 자기의 비밀을 그 종 선지자들에게 보이지 아니하시고는 결코 행하심이 없으시리라”(암 3:7)라는 사실입니다.

하나님께서는 모든 것에 자유하시어 당신의 뜻대로 이 땅을 통치하십니다. 그러나 경건한 이들을 위로하고 악인들에게 회개하는 마음을 주시고자 선지자들에게 반드시 당신께서 하실 일들을 미리 말씀하십니다. 왜냐하면 악인들은 모든 일이 우연히 일어난 일처럼 생각하거나 아니면 미신에 사로잡혀 이 세상이 고정된 운명의 틀에 박혀 있는 것으로 오해하고 있기 때문입니다. 만일 미리 보여

주신 것이 없다면 불신자들과 불경건한 이들은 깨닫지 못하여 짙은 어둠 속에서 헤맬 것이며, 경건한 이들에게는 그 신앙하는 것에 위로가 없을 것입니다. 하나님께서는 언제나 당신의 일을 미리 선지자들에게 말씀하심으로 이 땅의 모든 일이 우연히 일어나는 것이 아니라 하나님의 섭리임을 깨닫게 하십니다. 예를 들어 소돔의 멸망에 대한 예언이 없었다면 세상 사람들은 소돔의 멸망을 우연이나 운명 혹은 자기들이 섬기는 우상에게 그 원인을 돌릴 것이 자명하기 때문입니다. 과학자들은 화산폭발과 같은 이론으로 설명하고자 할 것입니다. 이제 하나님께서 소돔과 고모라에 대한 멸망을 아브라함에게 미리 말씀하심으로 우리는 이것이 자연현상이 아니며, 운명이나 우연도 아니며, 다른 신들에 의한 것도 아님을 알 수 있게 하셨습니다.

우리가 하나님의 길을 지키도록 아브라함을 선택하심

아브라함은 자신의 손님들인 나그네를 정중하게 배웅하고 있습니다(창 18:16). 모세는 여기서 '사람들'이라고 칭하고 있지만 사실은 '천사들'(창 19:1) 혹은 '여호와'(창 18:1)를 지칭하여 말하기도 합니다. 이 부분에 관해서는 이후에 더 많은 이야기를 나눌 기회가 있을 것으로 생각합니다. 여기서는 모세가 쓰고 있는 그대로 '사람들'이라는 말을 그대로 받아들이도록 합시다.

두 사람들 곧 두 천사는 소돔으로 향하고 하나님께서는 아브라함에게 당신의 계획을 미리 말씀하십니다(창 18:16). 그러면서 하나님께서는 "내가 하려는 것을 아브라함에게 숨기겠느냐"(창 18:17)라고 말씀하셨습니다. 이는 아브라함을 친구로 만드시는 것이며, 아브라함에게 하나님을 영화롭게 하기 위한 것입니다. 그래서 하나님께서는 먼저 아브라함에 관한 것을 이야기하셨습니다. 곧 '아브라함은 확실히 강하고 큰 나라를 이루게 될 것이며, 이 땅의 모든 나라들이 그 안에서(בּוֹ, in him, NASB) 축복을 받게 될 것이다'라고 그의 축복을 다시 확증하여 주셨습니다(창 18:18). 그는 축복의 원천이며 모든 축복은 그의 이름 안에서 흘러나옵니다. 이 땅의 모든 나라들이 아브라함 안에서 축복을 받을 것입니다. 아브라함은 진정한 축복의 샘입니다. 그리고 이제 하나님께서는 이미 주신 축복에 새로운 축복의 의미와 가치를 덧입혀 주고 계십니다.

하나님께서 계속 말씀하셨습니다.

"내가 그로 그 자식과 권속에게 명하여 여호와의 도를 지켜 의와 공도를 행하게 하려고 그를 택하였나니 이는 나 여호와가 아브라함에게 대하여 말한 일을 이루려 함이니라"(창 18:19). 이 말씀은 하나님께서 '선택'의 의미를 밝히심으로 아브라함이 해야 할 일, 그리고 아브라함의 후손들이 해야만 하는 일을 계시하신 것입니다. 하나님께서 아브라함을 선택하신 의도는 그가 그의 자손들에게 명령하기(command, KJV) 위한 것입니다. 여기서 '명령하다'(צָוָה, 짜바)는 단순한 지시를 말하는 것이 아니라 지시한 대로 살도록 의무나 책임을 지우는 것을 말합니다.

아브라함은 하나님의 선택받은 자로 자신의 자손들이 하나님의 데레크 곧 주님의 길을 걷도록 의무 지워졌습니다. 이는 하나님께서 아브라함을 선택하신 의도이자 목적입니다. 아브라함의 후손들은 '여호와의 도를 지킬' 의무와 책임이 있습니다. 하나님께서는 '쇠므루 데레크 야훼'(שָׁמְרוּ דֶּרֶךְ יְהוָה), 다시 말해서 '그들이 주님의 길을 지킨다'(they shall keep the way of the Lord, KJV)라고 말씀하셨습니다. 여기서 '그들'은 아브라함의 후손들 전체를 의미하는 것입니다. 그러므로 신앙하는 모든 이들이 주님의 길을 걸으며 그 길을 지켜나갈 의무와 책임이 있습니다.

명령과 교육은 분명한 목적이 있습니다. 그것은 바로 '변화'입니다. 다시 말해서 아브라함의 자손들이 하나님의 데레크(길)를 걷는 삶으로 변화되도록 하기 위해서 하나님께서는 아브라함을 선택하셨습니다. 아브라함의 후손들이 하나님의 데레크를 솨마르(שָׁמַר, 지키다)하는 의무를 이행하도록 변하는 것입니다. 이는 창조적 본질인 아바드(עָבַד, work)와 솨마르(שָׁמַר, keep)를 이어가고 있는 것입니다. 아담이 하나님의 말씀에 순종해야 할 의무가 있었던 것처럼 아브라함과 그의 후손들도 순종함으로 하나님의 길을 지키고 살아야 할 의무가 있습니다.

'솨므루 데레크 야훼'(שָׁמְרוּ דֶּרֶךְ יְהוָה)에서 데레크(דֶּרֶךְ)는 바로 곧 쩨다카(צְדָקָה, 의로움)와 미쉬파트(מִשְׁפָּט, 공정, 공의)로 제시되었습니다. 여기서 '의로움'과 '공도'(공의)를 구별하는 것은 어려운 일입니다. 왜냐하면 이 두 낱말은 말이나 글로 하는 것이 아니라 삶 가운데 실천해야만 하는 것이기 때문입니다. 이 두 단어에 대한 개념을 아무리 잘 설명하고 신학적이며 도덕적인 의미를 파악한다고 해도 그렇게 살지 않는다면 그는 정의에 대해서 모르고 있는 것입니다. 여기서는 단순하게 문헌학적인(philologic) 입장에서 낱말의 의미를 확인해 보도록 하겠습니다.

쩨다카-(צְדָקָה, 의로움)와 미쉬파트(מִשְׁפָּט, 공정, 공의)는 모두 정의(justice)의 개념을 가지고 있어서 권리와 평등성의 의미를 함의하고 있습니다. 그리고 이 평등함으로 사람들은 각자의 몫을 부여 받고, 그것을 요구할 권리와 참여의 의미를 가지게 됩니다. 여기서 쩨다카는 일반적인 도덕성을 바탕으로 이웃과 사회 안에서 선을 행하려고 노력하며, 동시에 모든 잘못과 기만, 폭행에서 손을 떼며 이것들로부터 멀리하려는 실천을 말합니다.

또한 쩨다카는 언약의 실천이라는 측면에서도 대단히 중요합니다. 약속(언약)의 이행(실천)은 그 신실함(성실함)과 의로움을 말하는 것입니다. 정의의 문제가 빵을 나누는 문제이기 때문에 공동체 안에서, 사회 안에서의 삶을 중시할 수밖에 없는 것입니다. 이런 의미에서 일반적으로 쩨다카는 '의로움'으로 읽습니다.

반면에 미쉬파트는 법적인 성격을 가지고 있는 공정성 혹은 평등성을 말합니다. 그래서 '규례', '율법', '법도' 등으로 읽습니다. 여기서 법적인 공정성은 '가난하다'거나 혹은 '부유하다'는 이유에서 죄를 가볍고 혹은 무겁게 판결하지 않음을 뜻합니다(레 19:15). 다시 말해서 판단자는 법의 의도나 목적 등을 생각하지 않고 오직 법 그 자체만으로 판단하는 것을 말합니다.

하나님의 말씀이 '사랑'에 있다고 해서 죄에 대한 재판을 사랑이란 이름으로 경감하거나 가볍게 취급해서는 안 됩니다. 이는 공정하지 않습니다. 또한 언약은 그것을 반드시 지켜야 한다는 의미에서 법의 성격을 가지게 됨을 이미 이야기했습니다. 여기서 법을 지키는 것, 곧 언약을 지키는 것은 어떤 외적 변화에 따라서 변경될 수 있는 것이 아닙니다. 반드시 지켜야 하는 성격에서 미쉬파트(מִשְׁפָּט, 공정, 공의)라고 하는 것을 기억해야 합니다.

모세가 말하고 있는 하나님의 데레크(דֶּרֶךְ, way)를 지키며 살아간다는 것은 우리가 선택한 삶이 아닙니다. 하나님께서 우리를 선택하신 것입니다. 왜냐하면 이것은 아브라함의 후손의 삶이며 의무이며 책임이기 때문입니다. 의(צְדָקָה, 쩨다카)와 공도(מִשְׁפָּט, 미쉬파트)의 길을 선택하여 그 길을 걸었다고 해서 아브라함의 후손이 되는 것은 아닙니다. 아브라함의 후손이 되는 것은 하나님의 뜻입니다. 인간이 어찌할 수 없는 것입니다. 그래서 그것은 필연의 법칙입니다. 하나님의 뜻으로 아브라함의 후손 곧 믿음의 후손으로 아브라함의 계보에 속한 이들은 쩨다카(צְדָקָה, 의로움)와 미쉬파트(מִשְׁפָּט, 공정)를 행해야만 합니다. 이를 위해서 아브라함이 선택받았습니다.

비록 우리의 구원이 하나님의 은혜로 시작될 뿐만 아니라 완성된다고 할지라도 하나님의 부르심에 순종하고 우리에게 주어진 의무를 다할 때에 하나님께서 약속하시고 계획하신 구원을 얻게 된다는 교훈을 받아야 합니다. 우리의 왕이 의의 왕이심을 기억한다면 하나님의 뜻을 충분히 이해할 수 있습니다(히 7:2). 왜냐하면 하나님께서는 "이는 나 여호와가 아브라함에게 대하여 말한 일을 이루려 함이니라"(창 18:19)라고 말씀을 하셨기 때문입니다.

한 가지 더 기억해야 할 것은 정의는 언제나 공동체, 곧 사회성을 반영하고 있다는 점입니다. 성경의 가르침은 개인의 구원으로 한정되지 않습니다. 신앙의 문제를 한 개인의 구원으로 제한하는 것은 천박하고 저속하게 다루는 것으로 이기적인 구원입니다. 개인 구원은 얼마 지나지 않아 이기적인 행위로 아주 쉽게 돌변할 수 있습니다.

소돔의 멸망은 그들이 가졌던 '교만' 때문이었습니다. 그들은 풍족함과 평온함 가운데에서도 가난한 이들을 돕지 않았습니다(겔 16:49). 그리고 우리가 다 알다시피 성적인 타락과 죄에 대한 도덕적 판단이 마비된 영혼으로 지독한 어둠에 덮여 있었습니다. 이웃을 짓밟으면서까지 천국의 문을 미친 듯이 두드리는 이들에게 그 문이 열리지 않음을 기억해야 합니다. 그러나 문제는 언제나 '망각'

입니다. 인식하는 것보다 더 중요한 것은 변덕스러움과 권태로움, 그리고 망각의 늪에서 벗어나는 것입니다. 하나님께서는 쩨다카와 미쉬파트를 말씀하시면서 "이는 나 여호와가 아브라함에게 대하여 말한 일을 이루려 함이니라"(창 18:19)라고 말씀하셨습니다.

하나님께서 약속하신 아브라함의 씨와 땅은 정의와 공의에 관한 것입니다. 만약에 바다의 모래처럼 많은 아브라함의 후손들이 자신만의 구원과 이득을 위해서 어려운 이웃을 짓밟으며 천국 문을 두드리고 있다면, 그것은 하나님께서 말씀하신 약속을 이루는 것이 아닙니다. 만약에 하늘의 별처럼 많은 아브라함의 후손들이 하나님께서 주신 그 땅에서 소돔처럼 살인과 간음, 가난한 이들에 대한 차별과 멸시로 그 땅을 가득 채운다면 그것은 분명 하나님께서 아브라함에게 주신 약속이 이행되는 것이 아닙니다. 하나님께서 아브라함에게 하신 그 씨와 그 밭(땅)에 관한 약속을 성취하기 위해서는 반드시 쩨다카와 미쉬파트가 있어야 합니다. 아브라함이 해야 할 일입니다.

전능하신 하나님께서 구원을 당신의 뜻에 따라서 절대적으로 성취하실 것이지만 그래도 아브라함에게는 해야 할 의무와 책임이 있습니다. 단순한 씨와 땅이 아니라 정의로운 씨와 공의로운 땅에 관한 것입니다. 아브라함과 그 후손들의 의무와 책임에 관한 문제이며, 여기서 하나님의 영광과 그분을 즐거워하는 삶으로 정의의 문제가 대두됩니다. 우리의 강렬한 도그마는 '믿음으로 의롭게 함'을 듣는 것입니다.

하나님과 의인 사이에 서 있는 선지자 아브라함

아브라함에게 주신 약속은 의(צְדָקָה, 쩨다카)와 공도(מִשְׁפָּט, 미쉬파트)의 길이 없이는 아무런 의미가 없습니다. 이로 인해서 이제 성경은 정의(צְדָקָה)의 문제에 대한 깊은 실천적인 관심을 보이게 됩니다. 그러나 성경은 결코 정의(義, the Justice)의 문제를 집중적으로 논술하지는 않습니다. 오히려 역사적 현실 가운데 간접적으로 말하고 있습니다. 이제 하나님의 약속을 위한 아브라함의 책임성을 말씀하신 하나님께서는 바로 정의가 사라진 곳에 대한 심판의 계획을 말씀하십니다.

하나님께서 아브라함에게 말씀하셨습니다.

"소돔과 고모라에 대한 부르짖음이 크고 그 죄악이 심히 무거우니 내가 이제 내려가서 그 모든 행한 것이 과연 내게 들린 부르짖음과 같은지 그렇지 않은지 내가 보고 알려 하노라"(창 18:20-21)라고 말씀하셨습니다. 여기서 '부르짖음'(זְעָקָה, 쩨아카)은 소돔의 향락 소리와 짐승 같은 죄인들의 울부짖음이 하늘에까지 들린다는 의미입니다.

하나님께서는 소돔과 고모라, 그리고 아드마, 스보임, 그리고 소알에 대한 죄악과 향락에 대해서 정확하게 알고 계셨습니다. 그럼에도 불구하고 모세는 "내가 보고 알려 하노라"(창 18:21)라고 쓰고 있습니다. 사실 여기에는 두 개의 동사가 사용되었는데, 하나는 '나는 볼 것이다'(אֵרְדָה)이고, 다른 하나는 '내가 알 것이다'(אֵדְעָה)입니다. 둘 다 미완료형으로 하나님께서 소돔에 직접 가시어 '보고', 그리고 '알 것이다'라고 말씀하신 것입니다. 사실 이 표현은 아브라함에게 당신의 계획을 말씀하심으로써 그를 '하나님의 친구' 곧 하나님의 뜻을 아는 자로 만들기 위한 것입니다. 그렇기 때문에 본문을 잘못

읽어서 '하나님께서 소돔의 상황을 몰라서 알아보려고 소돔에 가신다'는 말로 읽으면 절대 안 됩니다. 하나님께서는 이미 다 알고 계시며 소돔에 대한 의로운 심판은 이미 결정되어 있습니다. 그것을 아브라함에게 미리 알림으로 '소돔의 멸망이 하나님의 뜻'이라는 것을 세상에 선포하며, 아브라함을 당신의 친구로 선언하며, 또한 아브라함이 이 문제에 개입하는 화해의 중보자, 선지자임을 선언하시려는 의도로 말씀하신 것입니다.

또한 하나님께서는 소돔의 죄악 속에서도 곧바로 심판하시는 것이 아니라 축복의 근원 아브라함에게 소돔의 의인에 대한 변호의 기회를 제공하십니다. 이로써 당신의 진노를 진정으로 끝까지 참고 계심을 우리는 성경을 통해서 배우게 됩니다. 우리는 하나님의 이름으로 "여호와라 여호와라 자비롭고 은혜롭고 노하기를 더디 하고 인자와 진실이 많은 하나님이라"(출 34:6)라는 계시를 받았습니다. 소돔에 대한 심판은 하나님의 오래 참으심과 사랑을 계시하는 것입니다. 이미 우리는 소돔의 심판을 보았습니다. 곧 자신의 구원에 게으른 롯을 강제로 이끌어 구출하시고, 의인 10명도 없지만 그 의인 하나를 지키기 위해서 소알 성을 롯으로 인해서 심판을 면하게 하셨습니다. 우리는 하나님의 심판 가운데에서 그분의 자비를 읽습니다(창 19:16).

하나님께서는 당신의 계획을 말씀하시고 '그 사람들'은 소돔으로 떠났습니다(창 18:22). 이들을 모세는 '두 천사'라고 말하고 있습니다(창 19:1). 두 천사가 떠난 이후에 '여호와'께서는 그대로 계셨습니다. 이때 아브라함은 먼저 하나님께 가까이 다가갔습니다. 그리고 하나님께 말씀을 올렸습니다.

"주께서 의인을 악인과 함께 멸하려 하시나이까"(창 18:23)라고 아브라함이 말했습니다. 그런데 이 말은 훗날 창세기 20장에서 그랄 왕 아비멜렉이 아브라함으로 인해서 몰려온 재앙으로 하나님께 무엇인가를 항변이라도 하듯이 "주여 주께서 의로운 백성도 멸하시나이까"(창 20:4)라고 한 말과 동일한 의미를 담고 있습니다. 이미 18장에서 이 질문에 대해서 답을 하고 있습니다.

아브라함 이야기의 가장 중요한 주제는 바로 '의로운'(צַדִּיק, 짜디크) 사람에 관한 문제입니다. 비록 소돔이 더러운 악행의 악취 나는 어두운 뒷골목의 시궁창 같은 곳이며, 그곳의 향락의 웃음소리가 하늘에까지 들릴 정도로 요란하다고 하여도 그 안에 있는 의로운 사람, 스스로 고립시킴으로 외롭게 의로움을 지키는 사람이 악인들과 함께 하나님의 심판을 받아야 하는가의 문제입니다. 여기서 아브라함은 사실상 모든 의로운 이들의 중보자이며, 이 땅의 의로움의 기준으로 세움을 받게 됩니다.

아브라함은 '하나님과 소돔 안에 있는 의인', '하나님과 그랄 왕' 사이의 '중보자'이며 '선지자'로 세움을 받습니다. 그러므로 아브라함에게는 더 이상 소돔 안에 있는 형제, 곧 롯을 비롯한 의로운 사람들의 문제를 그들만의 문제로 취급할 수 없었습니다. 그들의 문제는 더 이상 그들만의 문제가 아니라 아브라함 자신의 문제입니다. 정의는 평등과 참여의 문제로 공동체, 곧 사회적인 문제입니다. 사랑은 '하나'가 되게 하는 힘이 있습니다. 구원은 분명히 참여와 사회성을 반영합니다. 사랑 안에서 하나 된 공동체 안에서 그대의 문제는 곧 나의 문제가 됩니다. 이것은 하나 됨의 의식에서 가장 중요한 인식(conscientia, La.)입니다.

소돔 안에 있는 의인의 구원과 멸망 사이의 중보자

아브라함은 이제 중보자의 삶을 살아가게 됩니다. 물론 훗날 아브라함은 '선지자'라는 정식적인 이름을 얻기도 합니다(창 20:7). 하지만 이미 아브라함은 의인들의 중보자로 세움을 받았습니다. 그는 하나님의 친구로 하나님의 뜻을 알기에 중보자가 되었으며, 아브라함 밖에서는 결코 하나님의 말씀을 들을 수 없습니다. 그는 오실 중보자 예수 그리스도의 예표입니다.

중보자 아브라함은 의인이 악인과 함께 멸망당하는 문제에서 하나님께 다음과 같이 말했습니다.

"그 성 중에 의인 오십 명이 있을지라도 주께서 그곳을 멸하시고 그 오십 의인을 위하여 용서하지 아니하시리이까"(창 18:24)라고 하나님께 물었습니다. 아브라함의 질문은 결코 하나님의 심판을 놓고 흥정하거나 주님의 뜻에 대적하거나 혹은 불손하게 따지는 것이 아닙니다. 오히려 겸손과 온유한 마음으로 스스로 중보자의 자리를 찾아가고 있는 것입니다. 여기서 심판이 하나님의 절대적인 자유임을 망각하지 않는다면 아브라함이 소돔과 고모라, 그리고 아드마, 스보임, 그리고 소알의 멸망에 개입할 수 없음을 알고 있습니다. 그러나 아브라함은 지금 롯과 다른 의인들의 삶에 개입하고 있습니다. 하나님께서 아브라함의 개입을 허락하심으로써 중보자에 의한 의인들의 구원을 계시하시는 것입니다. 모세는 분명하게 중보자에 대한 신앙을 가지고 있었으며 참된 중보자이신 메시아에 대한 신앙을 전하고 있습니다. 그리스도 안에서 모든 의인들의 구원을 예표하는 것입니다.

아브라함은 이어서 하나님께 다음과 같이 말했습니다.

"주께서 이같이 하사 의인을 악인과 함께 죽이심은 부당하오며 의인과 악인을 같이 하심도 부당하니이다 세상을 심판하시는 이가 정의를 행하실 것이 아니니이까"(창 18:25). 이 말 가운데에는 어떤 비장함과 아브라함 자신의 신앙이 고백되고 있습니다. 그러나 이것은 결코 건방지게 하나님께 의에 대해서 훈계하는 어조로 말하거나 교만하게 하나님의 심판이 부당하다고 판결하는 태도가 아닙니다. 환언해서 말하자면 "진노를 내리시는 하나님이 불의하시냐 결코 그렇지 아니하니라 만일 그러하면 하나님께서 어찌 세상을 심판하시리요"(롬 3:5-6)라는 말입니다.

본문은 '하나님께서 의인을 악인과 함께 죽이심은 부당합니다'라는 뜻이 아닙니다. 본문이 말하는 것은 '하나님께서 의인을 악인과 함께 죽이신다는 이런 말대로 행하신다는 것은 결코 당신에게 있을 수 없는 일입니다(חָלִלָה לְּךָ)'라는 아브라함의 신앙고백입니다. 왜냐하면 하나님께서는 방금 전에 아브라함에게 정의와 공의를 명령하도록 말씀하셨기 때문입니다. 아브라함은 하나님께서 의인과 악인을 동일하게 취급하지 않으실 것에 대한 확신을 가지고 있었습니다. '동일성', '평등성'의 문제는 정의의 문제입니다. 그래서 〈창세기〉 18장 25절이 의미하는 바는 다음과 같이 이해됩니다.

'하나님의 본심은 결코 의인을 죽일 계획을 가지신 것이 아님을 알고 있습니다. 아무리 적은 숫자의 의인이라도 하나님께서는 그들을 보존해 주심을 잘 알고 있습니다. 그런데 오늘 어찌하여 의인들을 악인과 함께 동일하게 죽이실 것처럼 말씀하시나이까? 주께서 이렇게 진노하시니 두렵습니다. 주님께서 얼마나 진노하셨는지 알겠습니다. 이젠 주님께서 악을 얼마나 미워하시는지 알았나이다. 그러니 이제 의인들에 관해서 말씀해 주십시오. 소돔에는 보호할 의인이 그렇게도 없나이까?' 정도로 이해될 수 있을 것입니다. 물론 이런 해설(interpretation)이 마음에 들지 않을 수도 있습니다. 그래서 하나님의 정의를 충분히 찬양하는 다른 모든 해설에 대해서 인정하는 바입니다. 그러나 아브라함의 말을 불경하게 이해하는 것은 인정할 수 없습니다. 아브라함은 하나님께 대답할 때에 "나는 티끌이나 재와 같사오나 감히 주께 아뢰나이다"(창 18:27)라고 말하고 있는데, 이 말은 결코 거짓된 말이 아니라 아브라함이 자신의 창조적인 기원에 대한 진지한 인식을 가지고 고백한 말입니다. 자신이 '티끌'(עָפָר, 아파르) 혹은 '재'(אֵפֶר, 에페르) 다시 말해서 '흙'(עָפָר, 아파르,)임을 진솔하게 인식하고 있습니다(창 3:19).

하나님께서는 "내가 만일 소돔 성읍 가운데에서 의인 오십 명을 찾으면 그들을 위하여 온 지역을 용서하리라"(창 18:26)라고 아브라함에게 대답하십니다. 이는 두 가지 뜻을 가지고 있습니다.

첫째는 아브라함의 신앙고백과 같은 말처럼 하나님께서는 의인을 결코 악인들과 함께 멸망시키지 않으신다는 것을 말씀하심으로 아브라함의 마음에 큰 위로를 제공하신 것입니다. 이제 문제는 소돔에 진정 의인이 있는가입니다. 여기서 아브라함은 먼저 50명을 언급했습니다(창 18:24).

하미쉼(חֲמִשִּׁים, 오십)은 실질적인 숫자이지만 동시에 언어유희가 숨겨져 있습니다. 하미쉼(חֲמִשִּׁים)과 발음이 유사한 '하마씸'(הֲמָסִים, 사 64:2; MT 64:1)과 언어유희가 보입니다.

하미쉼(חֲמִשִּׁים)은 '오십'(50)이지만 언어유희로 '하마씸'(הֲמָסִים)의 의미인 '작은 가지'(twigs, NIV)로 본문을 읽을 수 있습니다. 다시 말해서 본문을 얼핏 들으면 '하나님께서 진노하심으로 살아 있는 작은 나뭇가지들까지 불태우시나이까?'라고 읽을 수 있습니다. 이는 의인 50명이 큰 수가 아니라 아주 작은 수를 의미하는 것입니다.

둘째는, 하나님께서는 소돔에서 의인을 50명도 찾을 수 없을 만큼 그들이 타락했음을 말씀하신 것입니다. 만약에 50명을 찾는다면, 소돔과 그의 가나안 연합군(소알 포함)을 결성한 모든 도시를 합산해서 만약에 50명이 있다면 용서하시겠다는 말씀은 결코 의인 50명이 없음을 말씀하신 것입니다. 하나님께서는 이미 알고 계셨습니다. 의인이 50명도 없다는 것을 모르는 것은 아브라함이었습니다. 하나님께서는 '온 지역' 곧 '그 모든 장소'(לְכָל־הַמָּקוֹם)를 용서하실 것을 말씀하셨습니다(창 18:26). 여기서 '용서하다'라고 읽은 히브리어 나씨(נָשָׂא)는 '아끼다'(spare)란 말씀으로, 하나님께서 그 의인들을 소중하게 여기실 것을 말씀하신 것일 뿐만 아니라, 소돔과 그 주변 전체를 아끼실 것임을 말씀하신 것입니다.

아마도 아브라함은 당황했을 것입니다. 그는 급작스럽게 자신의 존재에 대한 고백으로 "나는 티끌이나 재와 같습니다"라고 말합니다(창 18:27). 인간이 자신의 기원에 대한 인식을 망각하지 않는다면 그는 결코 겸손의 자리에서 벗어나지 않을 것입니다. 아브라함은 여전히 온유하고 겸손하게 "감히 주께 아뢰나이다"라고 말을 이어갔습니다. 아브라함은 하나님께서 자신의 말을 들어주실 것에 대한 분명한 확신을 가지고 계속 말을 이어갑니다.

"오십 의인 중에 오 명이 부족하다면 그 오 명이 부족함으로 말미암아 온 성읍을 멸하시리이까"(창 18:28)라고 아브라함이 하나님께 묻자 곧바로 하나님께서도 아브라함에게 지체 없이 말씀하셨습니다.

"내가 거기서 사십오 명을 찾으면 멸하지 아니하리라"(창 18:28). 이 말씀에서 주의해서 읽어야 할 것은 1인칭으로 말씀하신 바 '만약에 내가 찾는다면'(אִם־אֶמְצָא)이라는 표현입니다. 여기서 모세는 인간에게 분명한 한계선을 긋고 있습니다. 다시 말해서 의로운 사람이란 아브라함이나 다른 어떤 피조물 곧 흙덩어리들이 말하는 선이나 의로움이 아니라 하나님께서 '보시기에 좋은 것'을 찾는 문제입니다. 모세는 쩨데크(צֶדֶק, 정의)의 문제가 아브라함의 손에 없음을 알고 있습니다. 하나님께서 제시하신 것은 '하나님의 데레크'(דֶּרֶךְ, way)로서의 '의로움'과 '공의'입니다(창 18:19).

아브라함은 의인 50명에서부터 시작해서 45명, 40명, 30명, 20명, 그리고 10명의 의인에 관하여 점강법으로 하나님께 간청합니다(창 18:24-32). 그러나 아브라함은 의인 5명이나 1명 혹은 0명으로 이끌어가지 않고 말을 멈춥니다. 왜냐하면 기원적 인간인 아담이든 타락한 이후의 현존하는 인류이든 그 삶(생명)의 궁극적인 목적은 하나님의 영광입니다. 다시 말해서 소돔을 비롯한 가나안 연합 도시들인 다섯 도시를 심판하는 것은 하나님의 영광을 드러내는 것입니다. 그래서 한 명이나 혹은 영(zero) 명을 주장하는 것은 하나님의 심판의 계획을 방해하는 것이며, 하나님께 '악인들을 그냥 아끼세요!'라고 하는 터무니없는 요구가 됩니다. 이 요구 자체가 의롭지 못한 악한 간청이 됩니다. 악취 나는 쓰레기를 아끼라고 말하는 것은 정의가 아닙니다.

또한 아브라함은 10명으로 충분히 소돔과 고모라, 아드마와 스보임(소알)을 구원할 수 있다고 확신했던 것으로 보입니다. 적어도 이들 다섯 도시에서 사랑과 자비의 하나님께서 보시기에 의로운 사람 10명은 충분히 있다고 생각할 수 있습니다. 이곳에 의인 10명이 없다는 것은 정말 할 말이 없는 것입니다. 하나님께서는 사람을 죽이시려는 것이 아니라 이 땅에서 악을 제거하시려는 것입니다. 하나님께서는 의를 원하십니다. 우리는 이미 이들 다섯 도시에서 10명에서 서너 명이 부족한 것을 알고 있습니다. 롯과 그의 일행은 사위들을 포함해도 6명이었습니다. 그리고 롯을 제외하면 아내나 두 딸들을 의인이라고 말하기는 어렵습니다. 결국 의인은 롯 한 명이라고 말할 수 있을 것입니다. 그러나 그 단 한 명을 위해서 소알 성을 파괴에서 제외시키셨습니다. 하나님의 사랑을 이제야 보았습니다.

의인은 없나니 하나도 없다

끝으로 모세는 "여호와께서 아브라함과 말씀을 마치시고 가시니 아브라함도 자기 곳으로 돌아갔더라"(창 18:33)라고 씀으로 소돔과 고모라, 그리고 아드마와 스보임(소알), 이렇게 가나안 지역의 다섯 개의 고대 도시에서 빛과 같은 의인 10명을 찾을 수 없다는 결론을 짓습니다.

하나님께서는 아브라함과의 대화를 끝내시고 걸어가셨습니다(וַיֵּלֶךְ יְהוָה, And the LORD went his way, KJV). 이 대화(사귐)를 통해서 변한 것은 아무것도 없습니다. 하나님께서 소돔과 그 주변 도시들을 멸망시키실 것을 말씀하셨고, 아브라함은 여기서 의인의 문제를 거론했으나 달라지는 것은 전혀 없습니다. 왜냐하면 의인이 없기 때문입니다. 성경에 기록된 바 '의인은 없나니 하나도 없습니다'(롬 3:10). 지혜자는 "선을 행하고 전혀 죄를 범하지 아니하는 의인은 세상에 없기 때문이로다"(전 7:20)라고 같은 말을 하였습니다. 만약에 의인이 없어서 소돔이 멸망했다면 그것은 바로 세상이 심판받아야 하는 이유이며, 아브라함의 중재에도 불구하고 아무 변화가 없는 이유입니다.

아브라함이 말하는 의인이란 바로 롯과 그 가족을 두고 한 말일 것입니다. 롯이 진정으로 의인인가에 대한 문제는 전혀 중요하지 않습니다. 왜냐하면 하나님께서는 소돔과 그 주변 성읍들을 엎으실 때에 아브라함을 생각하시고(זָכַר, 짜카르) '롯'을 그 소돔에서 강제로 끌어내셨기 때문입니다(창 19:29). 이는 롯의 의로움의 문제를 롯의 삶에서 찾는 것이 아니라 중보자 아브라함에게서 찾으신 것입니다. 이는 오실 아브라함의 후손 예수 그리스도에 대한 완전한 예표입니다(마 1:1). 왜냐하면 세상의 심판에서 구원을 받는 이들은 실질적으로 그들의 의로움보다는 바로 성부 하나님께서 성자 하나님을 생각하시고 성자 하나님 예수 그리스도께서 사랑하시는 이들을 구원하시기 때문입니다. 하나님과 아브라함의 대화가 중요한 이유는 바로 오실 그리스도에 대한 예언이 담겨 있기 때문입니다.

아브라함이 그리스도의 예표라는 구속사(Heilsgeschichte/ salvation-history) 관점에서 이 본문의 의미는 실로 위대하다고 말할 수 있습니다. 이 본문은 정의의 문제가 우리의 삶의 문제를 초월하고 있음을 말하고 있습니다. 이제 우리는 정의의 문제를 전혀 다르게 인식하지 않으면 안 됩니다. 정의의 문제는 분명히 빵의 분배이지만 우리는 중보자 안에서 빵의 분배 문제를 초월하고 있습니다.

또한 모든 일들이 우연으로 일어난 것이 아니라 하나님의 섭리임을 잊지 말아야 합니다. 예언이 있는 것은 세상이 우연으로 되는 것이 아님을 보여주기 위한 것입니다. 다시 말해서 우리가 그리스도의 의로 구원을 받는다(고전 6:11)는 것은 신약에서 우연히 만들어진 것이 아니라 아브라함 때부터 하나님의 뜻이었습니다.

소돔은 분명히 아름다움으로 가득한 도시였을 것입니다. 그들의 아름다움은 롯이 이집트에서 본 것처럼 영혼에 깊은 인상을 주기에 충분할 정도로 사람을 행복하게 만들었을 것입니다. 소박하고 검소한 것에 사람의 영혼이 빼앗기는 경우는 거의 없습니다. 언제나 아름다운 것에 마음을 빼앗기는 법입니다. 그래서 '아름답다'란 말과 '타락'이란 말은 가장 잘 어울리는 말입니다.

만약에 소돔이 가난하고 검소하고 마음에 인상이 남지 않을 정도로 아름답지도 않았다면, 야페(יָפֶה) 곧 '아름답다', '매력적이다'라는 인상(an impression)을 주지 못했다면 롯은 소돔으로 들어가지 않았을 것입니다. 아브라함과 헤어지지 않았을 것입니다. 비록 소돔이 악할지라도, 그들이 비록 하나님께서 보시기에 죄인들의 모임이라고 하여도(창 13:13) 그곳으로 가고 싶은 것은 소돔이 '사람의 눈에 보기에 심히 아름다웠기 때문'일 것입니다. 인간은 스스로 선악 곧 좋고 싫음을 결정하는 신처럼 절대적인 자기 판단을 가지고 있습니다. 이것이 타락의 증거이며, 세상에 의인이 없는 이유일 것입니다.

롯은 소돔의 악이나 죄의 문제에 대해서 크게 신경 쓰지 않았습니다. 왜냐하면 언제나 인간들은 자신의 힘을 믿고 있기 때문입니다. 자신은 충분히 소돔 사람들에게 영향을 받지 않고 살아가면서, 더 나아가 그들에게 명령하여 통제할 수 있다고 생각했을 것입니다. 그러나 소돔 사람들은 롯에게 "너는 물러나라"라고 고함을 치며 말했습니다. "이 자가 들어와서 거류하면서 우리의 법관이 되려 하는도다 이제 우리가 그들보다 너를 더 해하리라"(창 19:9). 소돔 사람들은 롯에게 성적으로 수치를 주며 목숨을 위협했습니다. 어느 쪽이든 롯은 그들을 통제할 수 없었습니다. 오만으로 스스로 위험에 빠진 것입니다. 아름다움에 취해서 자신의 본분과 의무를 망각한 것입니다.

고대사회든 현대사회든 인간의 필요에 의해서 형성된 '사회'

(social)는 비교를 통해서만 계급과 계층을 구별하고, 유용성으로 인간의 가치(값)를 결정합니다. 다시 말해서 '사회에 필요한 인간'과 '사회에서 필요로 하지 않는 인간'으로 분류합니다. '필요 없다'는 말은 '쓰레기' 곧 폐기되어야 함을 뜻합니다. 쓰레기를 처리하는 것을 죄로 인식하는 사회는 거의 없습니다. 그래서 효용성과 유용성, 그 사회가 필요로 하는 인재상은 언제나 인간을 대체가능한 소모품으로 인식하게 합니다. 이는 부부 사이에서도 적용됩니다. 배우자가 쓸모없다면 다른 것으로 대체가능할 것으로 여겨 이혼하고, 필요에 따라서 결혼합니다. 만약에 배우자가 성적인 쾌락을 주지 못하면 쓸모없는 인간이 되어 다른 배우자로의 대체가능성을 가지게 되는 것입니다. 유용하지 않으면 제거의 대상이 됩니다. 소돔과 같은 타락한 도시의 모습입니다. 그러나 여전히 사회에 필요한 인재는 아름다운 인간상을 줍니다.

사회적 '유용성'은 그것이 '값어치가 있다'란 뜻입니다. 다시 말해서 '가치가 있다'는 말입니다. 그런데 단순한 유용성과 필요성에 미적인 아름다움이 함께한다면 값어치는 더 비싸게 거래됩니다. 자신을 상품으로 만들어 노동 시장에 팔아야 합니다. 유용성과 미적인 값어치를 합산해서 팔지 않으면 값이 나가지 않습니다. 이런 세상의 가치관으로는 인간이란 버려질 수 있는 상품의 성격으로부터 벗어날 수 없습니다. 우리가 '사회'에서 살아가는 한 결코 해결될 수 없습니다. 우리는 이런 사회를 사랑합니다. '사랑'도 상품으로 거래가 가능합니다. 롯이 소돔을 사랑한 것처럼 우리는 세상을 사랑하고 있습니다. 아니, 사실은 롯의 아내처럼 소돔을 사랑해서 마음속으로 뒤돌아봅니다. 오만한 자신의 꿈과 이상을 사랑하는 것입니다. 자신의 공상, 자신의 꿈에 반해 버린 것입니다. 그 꿈이 소돔이었습니다. 오늘날의 소돔은 언제나 우리 곁에 있습니다. 왜냐하면 이것은 우리의 오만에서 성장한 우리 자신의 꿈이며 상상이며 소원이기 때문입니다. 이 땅에는 의인이 없습니다.

어쩌면 고대 마케도니아의 한 철학자가 말한 것처럼 인간은 사회적 동물(a Social Animal)일 것입니다. 비록 외적으로, 물질적(physical)으로는 사회를 만들어 문화를 창달하고 있지만 본질적으로는 여전히 '짐승'(animal)일 뿐입니다. 우리가 스스로를 고립시키지 않는다면 우리는 언제든지 타인을 대체가능성을 가진 존재, 곧 영적인 존재를 물질화(materialization)시킬 것입니다. 세상이 그 무엇이라고 주장하여도 우리는 하나님의 길, 곧 정의의 길을 지킴으로 스스로를 사회로부터 고립시킬 수 있어야 합니다. 사람을 의미 있는 존재로 여기고 대화(사귐)하며, 대체불가능성을 확정해야 합니다. 영혼을 가진 존재를 물질화로 타락시키는 것은 죄입니다.

그리스도, 우리 하나님을 만난 아브라함

앞에서 본 것처럼 아브라함이 롯의 삶에 개입하는 이야기는 두 번 나옵니다(C와 C′). 이제 우리는 〈창세기〉에서 너무나도 중요한 문제를 이야기해야 합니다(D와 D′). 물론 다른 것도 중요하지만 우리의 신앙과 교리라는 제한적인 입장에서 다른 모든 것보다도 더 중요한 이야기를 해야 합니다. 바로 그리스도를 만난 아브라함에 관한 이야기입니다. 그런데 이 이야기도 두 번 반복되어 평행을 이루고 있습니다.

한 번은 그리스도의 제사장 직분과 관련한 멜기세덱과의 만남입니다(창 14:17-24, D 부분). 그리고 이와 평행을 이루고 있는 부분은 바로 거룩한 삼위일체 하나님에 관한 경건한 교리에 관한 것입니다(창 18:1-15, D′ 부분). 이 두 이야기는 〈창세기〉가 우리의 생명과 신앙의 기원으로 모든 것을 이야기하고 있다는 사실을 보여줍니다. 그리스도를 만났으며, 거룩한 삼위일체 하나님을 만난 아브라함에 관한 주요(主要)하고도 잔잔한 이야기입니다.

먼저 아브람이 만난 그리스도의 제사장 직분의 예표인 멜기세덱에 관한 이야기를 함께 살펴보도록 하겠습니다(창 14:17-24, D 부분).

D. 아브람이 제사장 멜기세덱을 만남(14:17-24)

아브람이 멜기세덱을 만나다

"살렘 왕 멜기세덱이 떡과 포도주를 가지고 나왔으니 그는 지극히 높으신 하나님의 제사장이었더라"(창 14:18).
–13세기 성 마가 성당(San Marco)의 모자이크

이야기는 엘람 연합군과 소돔을 비롯한 가나안 연합군 사이에서 일어난 전쟁으로부터 시작됩니다. 아브람은 본의 아니게 어쩔 수 없이(necessary), 부득불(necessity) 이 전쟁에 참여하게 되었습니다.

아브람은 전쟁에서 승리를 하고 돌아오는 길에 멜기세덱을 만나게 됩니다. 이에 대한 본문은 바로 소돔 왕이 아브람을 기다리던 장면(창 14:17)과 소돔 왕이 전쟁의 전리품을 아브람과 나눌 것을 청하는 장면(창 14:21) 사이에 위치하고 있습니다. 이를 도식으로 나타내면 하나의 특징을 발견할 수 있습니다.

a. 소돔 왕 베라가 아브람을 영접함(창 14:17).

b. 멜기세덱이 아브람을 만남(창 14:18-19).

b′. 아브람이 멜기세덱에게 십일조를 드림(창 14:20).

a′. 아브람이 베라에게 전리품을 줌(창 14:21-24)

멜기세덱과 아브람의 본문은 베라의 이야기 사이에 있어서 전체 본문과 다소 동떨어진 느낌을 주기도 합니다. 하지만 모세가 글을

쓰는 특징을 생각한다면 위의 구조는 오히려 이 글이 모세에 의해서 멜기세덱을 강조하는 방식으로 기록되었음을 확신하게 합니다.

모세는 멜기세덱에 대해서 "살렘 왕 멜기세덱이 떡과 포도주를 가지고 나왔으니 그는 지극히 높으신 하나님의 제사장이었더라"(창 14:18)라고 말하고 있습니다. 여기서 말하는 살렘(שָׁלֵם, 평화로운)이란 곳은 시편 76편 2절에 따르면 '예루살렘'을 의미합니다.

〈시편〉에서는 하나님의 처소를 노래하면서, "그의 장막은 살렘에 있음이여 그의 처소는 시온에 있도다"라고 하였습니다. 이는 '살렘'과 '시온'을 대구법(parallelism)으로 배열하여 두 지명이 한 곳을 지시하게 합니다. 곧 '예루살렘'을 지목하고 있습니다.

또한 '멜기세덱'이란 이름은 히브리어로 말키-쩨데크(מַלְכִּי־צֶדֶק, 의로운 왕)란 이름으로 가나안 지역의 다른 왕들의 이름과 유사한 이름으로 충분히 예루살렘 왕이었음을 알 수 있습니다. 예컨대 "예루살렘 왕 아도니세덱"에서 '아도니세덱' 곧 '아도니-쩨데크'(אֲדֹנִי־צֶדֶק, 의로운 주님)의 경우에서도 예루살렘 왕들의 이름이 가지는 특징을 잘 반영해 주고 있습니다(수 10:3). 다시 말해서 '살렘'이나 '멜기세덱'이란 이름에서 알 수 있는 것은 이 지역이 역사적으로 예루살렘과 동일한 지역임을 지시하고 있습니다.

그런데 '살렘'이나 '멜기세덱'은 역사적인 이해를 너머서 그 이름 곧 그 존재가 상징하는 의미를 동시에 이해할 필요가 있습니다. 왜냐하면 〈히브리서〉에서는 '멜기세덱'이 '살렘의 왕'이라는 사실에 멈추지 않고 그의 이름의 의미를 해석하고(ἑρμηνεύω) 있기 때문입니다. '멜기세덱' 곧 그의 "이름을 해석하면 먼저는 의의 왕이요 그 다음은 살렘 왕이니 곧 평강의 왕"(히 7:2)입니다. 여기서 '해석하다'(ἑρμηνεύω, 헤르메뉴오)는 해설이나 설명(interpretation, KJV)이란 의미로 읽습니다. 이는 히브리어 '살렘'이나 '멜기세덱'을 헬라어로 해설하는 방식으로 '평화의 왕'과 '정의의 왕'으로 읽은 것입니다. 이는 〈히브리서〉가 〈창세기〉의 인물을 역사적 사건으로 읽을 뿐만 아니라 그 이름의 의미로 보다 깊은 것에 대한 이해로 이끌고 있음을 알 수 있습니다. 사실 본문을 '해석한다'는 것은 그 본문이 가지는 의미나 가치를, 보다 높은 가치 혹은 보다 깊은 의미를 찾는 것을 뜻합니다.

멜기세덱 곧 말키-쩨데크(מַלְכִּי־צֶדֶק)는 왕을 의미하는 멜레크(מֶלֶךְ)와 정의를 의미하는 쩨데크(צֶדֶק)를 같이 쓴 것입니다. 그러므로 문자 그대로 읽으면 '정의의 왕'(βασιλεὺς δικαιοσύνης)입니다. 또한 그는 예루살렘 곧 '살렘의 왕'이므로 그를 '평화의 왕'(βασιλεὺς εἰρήνης)이라고 읽는 것은 온당합니다. 그런데 모세는 이 말키-쩨데크를 "지극히 높으신 하나님의 제사장"(창 14:18)이라고 칭함으로 그가 단순한 왕이 아니라 하나님의 거룩한 제사장임을 밝히고 있습니다. 여기서 '엘 엘욘'(אֵל עֶלְיוֹן)은 비교급으로 '더 높은', '높은'이란 뜻을 가진 엘욘(עֶלְיוֹן)과 '강한 것', '힘', '능력'이란 뜻을 가진 엘(אֵל)을 같이 쓴 것으로, '지극히 높으신 능력자'란 표현으로 이것은 '지극히 높으신 하나님'의 지존하심을 고백하는 표현이자 예배적인 표현입니다.

모세는 '엘 엘욘'(창 14:18)과 아브람의 신앙고백 가운데 있는 '야훼 엘 엘욘'(יְהוָה אֵל עֶלְיוֹן)을 곧 "지극히 높으신 하나님 여호와"(창 14:22)와 완전히 일치시켜서 말하고 있습니다. 모세는 의도적으로 말키-쩨데크의 신앙과 아브람의 신앙을 반복적으로 언급함으로써 한 가지 의구심을 해결하고자 했던 것으로 보입니다. 다시 말해서 가나안 왕 곧 살렘의 왕이 참된 여호와 하나님의 대제사장이 될 수 있는가에 대한 강한 의구심을 제거하기 위해서 대구법을 사용한 것입니다.

가나안 땅의 살렘 왕이 "천지의 주재이시요 지극히 높으신 하나님"의 제사장(כֹּהֵן, 코헨)이라고 해도 가나안 땅에서 하나님의 참된 제사장이 있었다는 의미는 아닙니다. 오히려 '아버지도 없고 어머니도 없고 족보도 없고 시작한 날도 없고 생명의 끝도 없어 하나님의 아들과 닮아서 항상 제사장으로 있습니다'(히 7:3). 다시 말해서 가나안 사람인 코헨(כֹּהֵן, 제사장)이 아닙니다. 그 제사장은 '하나님의 아들'과 비교한다면 아마도 이 땅에서 유일하게 '하나님의 아들에 필적된 자'(ἀφωμοιωμένος τῷ υἱῷ τοῦ θεοῦ) 혹은 '하나님의 아들에 복제된 자'를 의미합니다. 그래서 이 코헨은 인간이라면 누구나 가지고 있는 혈육적인 부모가 없습니다. 인간적 요소를 초월하고 있습니다. 이런 측면에서 그는 분명히 하나님의 아들과 견줄 수 있는 유일한 제사장일 것입니다.

또한 인간이라면 당연히 부모가 있다는 것 말고도 반드시 시작이라는 기원이 있다는 점과 생명의 끝은 죽음이란 특징을 가지게 됩니다. 그러나 의의 왕, 평화의 왕은 시작과 끝이 없음으로 인간의 특징을 가지지 않습니다. 그는 시작과 끝이 없기에 "항상 제사장으로 있습니다"(μένει ἱερεὺς εἰς τὸ διηνεκές). 다시 말해서 '끊임없는 제사장으로 머물러 있습니다'(remains a priest continually, KJV). 〈히브리서〉에서 "하나님의 아들과 닮아서 항상 제사장으로 있느니라"(히 7:3)라고 말할 때에 '닮다'(like, KJV)라는 말은 헬라어 아포모이오오(ἀφομοιόω)로 '같다'(like)라는 의미를 가지고 있어서 '복사하다', '복제하다'(copy) 혹은 '견주다', '필적하다'(compare)라는 뜻을 가지고 있습니다. 비록 살렘 왕 멜기세덱이 '하나님의 아들'은 아니지만 그 성격에 있어서 혈육적인 부모가 없는 것과 그의 생명의 시작과 끝이 없는 것, 그리고 끊임없이 제사장의 직분을 감당하고 있다는 점에 있어서 '하나님의 아들을 닮아 있다'고 말하는 것입니다. 이는 육체적(physical) 인간인 아님을 알 수 있습니다. 이는 본보기(a pattern, 히 8:5)로 투포스(τύπος)입니다.

투포스(τύπος)는 어떤 형상(a form)을 도장을 찍듯이 새겨놓는 것을 말합니다. 거울에 반사된 이미지처럼 남겨진 흔적(mark), 견본, 모범(type)을 의미합니다. 그래서 이를 '예표론'(typology, 신학) 혹은 유형론(철학), 일반적으로는 '활자학', '인쇄학'이라고 읽습니다. 이는 활자로 글을 찍듯이 그렇게 찍은 것을 말합니다. 다시 말해서 멜기세덱은 오실 메시아에 대한 예표입니다.

하나님의 아들과 견주게 된 제사장 멜기세덱은 '지극히 높으신 하나님의 제사장'입니다(창 14:18). 이는 '하나님의 아들'의 제사장 직분에 관한 것으로, 성경 안에서는 두 개의 제사장 직분이 존재함을 뜻합니다. 하나는 바로 멜기세덱의 경우처럼 '하나님의 아들'을 예표(τύπος, 투포스)하는 코헨(כֹּהֵן, 제사장)이 있습니다. 다른 하나는 아론의 직계 자손들에 의해서 형성된 제사장 직분이 있습니다. 멜기세덱은 참된 제사장으로 아론의 계보가 아니라 별도의 다른 계보를 형성합니다.

아론의 계보는 그 조상 레위 지파에서 형성된 제사장 제도입니다(히 7:6). 레위는 야곱의 셋째 아들로 이스라엘의 제사장 계보(아론의 직계손)와 레위 계보를 형성하고 있습니다. 야곱은 아브람의 손자이자 이삭의 아들입니다. 그러므로 아브람이 멜기세덱을 만났을 때에 아직 레위는 세상에 태어나지도 않았습니다(히 7:10). 그러므로 멜기세덱의 계보는 레위나 아론의 계보와는 완전히 다른 계보임을 뜻합니다(히 7:15). 이 계보는 영생한 계보로 "불멸의 생명의 능력을 따라"(κατὰ δύναμιν ζωῆς ἀκαταλύτου) 별도로 구별된 제사장의 계보입니다(히 7:16). 바로 '하나님의 아들에' 버금가는 계보입니다. 아브람은 바로 이 멜기세덱 곧 의의 왕이며 평화의 왕을 만났습니다.

위로와 성만찬 그리고 축복의 예표

모세는 제사장 멜기세덱이 아브람을 만날 때에 '떡 한 덩이와 포도주'를 가지고 나왔다고 기록하고 있습니다(창 14:18). 여기서 떡과 포도주는 모두 단수형으로 아주 간소한 형태로 아브람에게 제공되고 있습니다. 이는 전쟁에 참여한 모든 이들에게 제공된 것이 아니라 오직 아브람만을 위해서 제공된 특별한 음식과 음료임을 뜻하는 것입니다.

우리는 엘람 연합군을 공격할 때의 이동경로를 이미 살펴보았습니다. 이들은 훗날 모압과 암몬 족속들에게 하나님께서 주실 그 땅을 점령하면서 남하했습니다(신 2:12). 이 말은 사실상 살렘 왕은 이 전쟁에 직접적으로 개입되지 않았음을 뜻하는 것입니다. 그러므로 아브람의 전쟁 승리는 살렘 왕에게 아무런 의미나 가치가 없었다고 말할 수 있을 것입니다. 그럼에도 불구하고 살렘 왕 멜기세덱은 전쟁에 참여하고 돌아오는 긴 여정에 있었던 아브람에게 안식과 위로가 될 떡과 포도주를 제공함으로 그를 위로하고 있습니다. 더욱이 살렘 왕 멜기세덱은 "천지의 주재이시요 지극히 높으신 하나님이여 아브람에게 복을 주옵소서"(창 14:19)라고 아브람을 축복하고 있습니다.

모든 이들이 동의하는 바는 아니겠지만, 이 본문은 분명히 멜기세덱과 아브람 사이에 있었던 성만찬의 예표(τύπος, 투포스)를 보여주고 있습니다. 전쟁의 승리, 이후 구약성경에서는 두 번 다시 나타나지 않은 평화의 왕이자 의의 왕, 참된 제사장께서 아브람에게 위로의 음료와 음식을 제공하는 것은 분명히 그리스도의 성만찬을 그려내고 있습니다. 떡과 포도주와 축복이 말하는 것은 멜기세덱의 위로와 성만찬이 그리스도에 대한 예표임을 드러냅니다.

한편 멜기세덱은 19절에서 '엘 엘욘 코네 솨마임 바아레쯔'(אֵל עֶלְיוֹן קֹנֵה שָׁמַיִם וָאָרֶץ)를 부르면서 아브람에게 축복이 있을 것을 간구했습니다. 그런데 아브람은 22절에서 동일하게 '야훼 엘 엘욘 코네 솨마임 바아레쯔'(יְהוָה אֵל עֶלְיוֹן קֹנֵה שָׁמַיִם וָאָרֶץ)에 대한 고백을 하고 있습니다. 모세는 19절과 22절의 고백을 연결시키려는 의도와 함께 불신앙과 불경건한 이들의 어리석은 공격을 대비하기 위해서 예변법으로 22절에서 '여호와'(יְהוָה)를 덧붙여서 말하고 있습니다. 그러므로 19절과 22절은 완전히 동일한 문장이라고 말할 수 있습니다.

히브리어 '코네'(קֹנֵה)가 '만들다', '창조하다', '소유하다' 혹은 '얻다'란 뜻을 가진 동사 카나(קָנָה)의 분사형이므로 '코네'는 '소유하신 분', '창조하신 분' 정도로 이해됩니다. 그리고 '솨마임 바아레쯔'는 '하늘 그리고 땅'을 뜻하는 명사구입니다. 결국 '엘 엘욘 코네 솨마임 바아레쯔'를 번역하면 '하늘과 땅의 참된 소유자이신 지극히 높으신 하나님'(God Most High, Possessor of heaven and earth, NASB)이란 의미로 이해됩니다. 이를 한자(漢字) 형태로 "천지의 주재이시요 지극히 높으신 하나님"이라고 읽습니다(창 14:19, 22). 그리고 바로 이분이 '여호와'라고 모세는 22절에서 수사적인 문장을 덧붙였습니다. 여하튼 중요한 것은 바로 '야훼 엘 엘욘 코네 솨마임 바아레쯔'(יְהוָה אֵל עֶלְיוֹן קֹנֵה שָׁמַיִם וָאָרֶץ)에게 축복을 받는다는 사실입니다. 축복은 창조주께 받습니다. 그리고 이를 제사장이 중재를 하고 있습니다. 이로 우리는 중보자 사역에 대한 예표(τύπος, 투포스)로 '선지자의 직분'과 '제사장의 직분'을 만나게 됩니다.

〈창세기〉는 그리스도를 예언하고 있는 책입니다. 이 예언은 그리스도께서 당신의 사랑하는 제자들에게 베푸신 성만찬에 대한 예표를 포함하고 있으며, 그들에게 임하는 절대적인 축복, 그리고 그 축복에 의한 위로를 담고 있습니다. 성만찬에서 그리스도께서는 죄 사함의 피에 대한 선언을 통해서 구원주의 축복의 잔을 베푸셨습니다. 구원은 창조의 완성으로 창조사역의 연속성에 서 있습니다. 우리는 떡과 포도주를 나누는 창조주와 아브라함, 그리고 구원주와 사도들을 동시에 마음속에 그릴 수 있습니다.

살렘 왕 멜기세덱은 "너희 대적을 네 손에 붙이신 지극히 높으신 하나님을 찬송할지로다"라고 외침으로 위로와 축복을 마무리하고 있습니다. 이에 아브람은 자원해서 '그 얻은 것에서' 십일조를 멜기세덱에게 드렸습니다(창 14:20). 여기서 십일조는 자원하는 마음에서 드려지고 있습니다. 이는 율법에 의한 것도 아니며, 어떤 축복에로 인도하는 미신적이며 마술적인 힘을 가진 것도 아닙니다. 이는 순수한 아브람의 마음에서 일어난 행위로, 축복을 받은 다음에 드려진 것입니다.

한편 사도는 "율법으로는 죄를 깨달음"(롬 3:20)이라고 말하였습니다. 다시 말해서 십일조에 대한 자원하는 마음을 잃어버려 십일조를 제사장에게 올리지 않는 것이 죄임을 깨닫게 하는 것이 율법입니다. 만약에 우리가 십일조에 대한 자원하는 마음이 있어서 이를 성실하게 지킨다면 율법은 성취된 것이며, 사실상 외적인 강제 규칙인 법(a laws)은 의미를 상실하게 될 것입니다. 중요한 것은 자원하는 마음에서 일어나는 것입니다.

또한 마아쎄르(מַעֲשֵׂר) 곧 십일조에 대해서 우리 주 하나님 예수 그리스도께서는 다음과 같이 말씀하셨습니다.

> "화 있을진저 외식하는 서기관들과 바리새인들이여 너희가 박하와 회향과 근채의 십일조는 드리되 율법의 더 중한 바 정의와 긍휼과 믿음은 버렸도다 그러나 이것도 행하고 저것도 버리지 말아야 할지니라"(마 23:23).

사회적 내지는 종교적 체계성을 이미 갖춘 유대 학자들은 십일조에 대해서 철저한 체계(a system)를 구비했습니다. 사도시대에 십일조는 자신이 얻은 소득의 십일조뿐만(눅 18:12) 아니라 매 식사와 관련된 십일조까지 내도록 했습니다. 바로 "박하와 운향과 모든 채소의 십일조"를 올리도록 정했습니다(눅 11:42). 이들의 철저한(성실한) 십일조 생활은 우리가 반드시 배워야 할 것입니다. 왜냐하면 주님께서는 '십일조도 바치고 이것도 버리지 말았어야 했다'라고 말씀하셨기 때문입니다(눅 11:42). 여기서 버리지 말아야 하는 것은 바로 십일조의 내적인 의미입니다. 이에 대해서 주님께서는 "정의와 긍휼과 믿음"(judgment, mercy, and faith, 마 23:23, KJV) 혹은 "공의와 하나님께 대한 사랑"(justice and the love of God, 눅 11:42, NIV)이라고 말씀하셨습니다.

십일조는 무섭도록 강인한 의지 가운데 성실하게 지켜야 할 삶의 규범입니다. 왜냐하면 십일조는 우리 자신의 신앙(faith)을 표현하는 것이며, 가난한 이들에 대한 사랑(mercy)의 실천이며, 정의(judgment)의 문제이기 때문입니다. 모세는 십일조의 율법을 받았을 때 바로 세 가지 정신을 실천적으로 받았습니다. 〈신명기〉에 따르면, 십일조는 하나님께서 당신의 거룩한 이름을 두시려고 택하신 곳에서 십일조를 내는 사람이 먹게 되어 있습니다(신 14:22-23). 물론 이 식사에 참여하는 이들은 십일조를 중심으로 모인 공동체입니다. 그런데 우리는 이 십일조가 하나님의 것이라는 사실을 알고 있습니다(말 3:8). 하나님의 것인 십일조를 올린 사람이 먹는다면, 이것은 곧바로 십일조를 올린 사람은 하나님의 자녀임을 의미하는 것이 됩니다. 왜냐하면 자녀들만이 아버지의 것을 아버지의 뜻대로 취해서 먹을 수 있기 때문입니다. 그래서 〈신명기〉에는 "네 곡식과 포도주와 기름의 십일조를 먹으며 또 네 소와 양의 처음 난 것을 먹고 네 하나님 여호와 경외하기를 항상 배울 것이니라"(신 14:23)라고 하였습니다. 분명히 율법에서는 십일조를 통해서 "하나님께 대한 사랑"(눅 11:42)을 말하고 있습니다. 우리는 십일조를 통해서 '우리 하나님 여호와 경외'하기를 배웁니다. 〈신명기〉에서 "네 하나님 여호와 앞에서 너와 네 권속이 함께 먹고 즐거워할 것"(신 14:26)이라고 하였습니다. 하지만 이 십일조는 자신만을 위해서 먹는 것은 아닙니다.

〈신명기〉에서는 "네 성읍에 거주하는 레위인은 너희 중에 분깃이나 기업이 없는 자이니 또한 저버리지 말지니라"(신 14:27)라고 하였습니다. 뿐만 아니라 "매 삼 년 끝에 그 해 소산의 십분의 일을 다 내어 네 성읍에 저축하여 너희 중에 분깃이나 기업이 없는 레위인과 네 성중에 거류하는 객과 및 고아와 과부들이 와서 먹고 배부르게 하라 그리하면 네 하나님 여호와께서 네 손으로 하는 범사에 네게 복을 주시리라"(신 14:28-29)라고 하였습니다.

3년에 한 번은 십일조 전체를 모아 고아와 과부, 그리고 레위인을 위해서 사용하도록 명시하였습니다. 이는 분명히 십일조를 통해서 가난한 이들을 돌보는 자비입니다(mercy, 마 23:23). 또한 빵을 나눈다는 의미에서 이를 정의라고 읽을 수 있습니다(justice, 마 23:23; 눅 11:42). 레위인과 가난한 이들에 대한 빵의 나눔이 자비이든 혹은 정의의 문제이든 보다 중요한 것은 십일조가 이러한 것을 교육하고 있다는 사실입니다. 만약에 십일조를 통해서 사랑(자비)과 정의 그리고 하나님을 경외하기(믿음)를 배우지 못한다면 우리는 그저 거대한 종교적 체계(a system) 안에서 돌아가는 기계 부품 같은 바리새인의 엄격성과 철저함만을 가지게 될 것입니다. 예수님은 "삼가 바리새인과 사두개인들의 누룩을 주의하라"(마 16:6)라고 하셨습니다. 그들의 "교훈을 삼가라"(마 16:12) 하셨습니다.

사도시대 때에 유대인들은 십일조를 삼등분해서 〈신명기〉의 가르침을 체계화, 물질화했습니다. 다시 말해서 사랑과 정의, 그리고 믿음과 같은 비물질적인 것들은 보다 감각적으로 만들어 율법을 지키기에 용이하게 만들었습니다. 이 체계에 따르면 유대인은 성전에서 사용할 제1십일조, 이웃을 돕기 위한 제2십일조, 그리고 자신과 그 공동체가 먹을 식사를 위한 제3십일조로 구분했습니다. 하지만 유대인들 대부분은 제1십일조만 성전에 바치고 제2십일조는 하지 않았습니다(말 3:8). 그래서 랍비들은 기회가 있는 대로 이 체계를 초극해서 제3십일조까지 구제비용으로 사용할 것이나 제2십일조를 성전에 바쳐서 성전을 통해서 구제할 것을 가르쳤습니다. 그러나 이는 잘 지켜지지 않은 것으로 보입니다. 한 번쯤 생각할 일은 이런 일들이 우리 안에서도 발견되고 있다는 사실입니다. 십일조는 이미 외적인 형식으로 제한되고 있습니다. 보다 추상적인 가르침, 간접적이며 내적인 교훈에 도달하지 못하고 있는 것처럼 보일 때가 간혹 있습니다.

주님의 가르침에 따라서 자신의 식사마저도 가난한 이들을 위해서 양보하기 위해서 식사의 십일조를 생각하는 철저함과 더불어 사랑과 정의, 그리고 믿음의 초월적인 가치를 결코 버릴 수 없다면 우리는 바리새인들과는 달라야 합니다. 주님께서는 "이것도 행하고 저것도 버리지 말아야 할지니라"(마 23:23)라고 말씀하셨습니다.

멜기세덱의 떡과 포도주, 아브람의 십일조는 신약에 대한 예언입니다. 〈신명기〉는 예언서입니다.

그리스도의 예표인 멜기세덱

다윗 선지자의 예언 찬송 가운데, "여호와께서 내 주에게 말씀하시기를 내가 네 원수들로 네 발판이 되게 하기까지 너는 내 오른쪽에 앉아 있으라 하셨도다"(시 110:1)라고 찬양한 것이 있습니다. 여기서 특징적인 것은 다윗 선지자가 그분에 대하여 '라도니'(לַאדֹנִי) 곧 '나의 주에게'(to my Lord, NIV)라고 노래하고 있다는 점입니다. 이 말은 '여호와 곧 주님께서 다윗의 주님에게' 하신 말씀이란 뜻입니다. 그럼으로 이 본문에서는 두 분의 '주님'이 등장하게 됩니다. 그러나 구약성경 전체에서 '여호와' 이외에 '또 다른 주님'에 관하여 언급하는 경우는 없습니다. 오직 〈시편〉 110편에서만 등장합니다. 셉투아진트에서는 109편으로 수록되어 있습니다.

'또 다른 주님'이신 그분은 '주님이신 여호와' 우편에 앉아 계십니다. 여기서 지시하고 있는 '또 다른 주님'은 바로 예수 그리스도이십니다(행 2:34-36). 곧 주님이신 성부 하나님께서 동일하신 주님 곧 성자 하나님께 말씀하신 것입니다. 이것은 다윗 선지자가 하늘에 올라가지는 못했으나(행 2:34) 주님이신 성령 하나님 안에서(ἐν πνεύματι)

‘그리스도’를 ‘주님’이라고 노래한 것입니다(마 22:43). 여기서 우리는 성부의 주님 되심, 성자의 주님 되심, 그리고 성령의 주님 되심을 신앙합니다. 하지만 우리에게는 오직 한 분 주님만 계십니다(엡 4:5). 그러므로 우리는 성부와 성자와 성령이 한 분이심을 신앙하게 됩니다.

선지자 다윗 왕은 ‘라도니’(לַאדֹנִי, to my Lord)라고 노래하고 있습니다. 이는 ‘그리스도’께서는 ‘다윗의 후손’이 아니라 다윗보다 먼저 계신 분으로 ‘그리스도’의 선재성(先在性, the preexistence of christ)을 계시하고 있는 본문 가운데 하나입니다(마 22:45). 우리 주 하나님이시며 그리스도이신 “예수께서 이르시되 진실로 진실로 너희에게 이르노니 아브라함이 나기 전부터 내가 있느니라”(요 8:58)라고 말씀하셨습니다.

‘주님’께서는 ‘주님’께 말씀하시길, “내가 네 원수들로 네 발판이 되게 하기까지 너는 내 오른쪽에 앉아 있으라”(시 110:1)라고 하신 말씀은 주님이신 그리스도께서 세상에 오시기 이전에 주님의 오른쪽에 계심을 뜻하는 것입니다. 바로 성육신(the Incarnation)하기 이전까지 ‘주님’과 함께 계신 ‘주님’에 관한 찬양입니다. 이 모든 일들은 ‘주님’이신 성령께서 다윗의 영혼에 알려 주신 고결한 노래입니다.

하나님은 영이십니다(요 4:24). 그러므로 ‘성부 오른편’이란 있을 수 없습니다. 그럼에도 불구하고 다윗 선지자는 ‘오른편’이란 말을 하였습니다. 이는 물질적으로 ‘오른쪽’을 뜻하는 것이 아닙니다. 이는 고대사회에서 왕의 명령이 왕의 오른편에 있는 사관에 의해서 기록되고 반포되어 실행된 것을 반영하여 ‘오른편’이라고 말한 것입니다. 다시 말해서 ‘왕의 오른편’이라는 말은 왕의 명령, 왕의 말씀, 왕의 지시 곧 왕의 모든 권력이 나오는 곳을 의미합니다. 이는 성부의 모든 것이 성자를 통해서 성취됨을 의미하는 것입니다.

시편 110편의 찬양에서 주어는 '내가'입니다. 다시 말해서 주님께서 주님의 원수들 곧 '너의 원수들'(אֹיְבֶיךָ, 오예베카)을 올려놓은 발판으로 만들기까지는 주님의 오른편에 머물러 계신다는 말입니다. 그리고 주님께서는 주님의 권능의 규를 보내실 것입니다. 그리고 세상에 오신 주님께서 다스리실 것입니다. 이를 다윗 선지자는 "여호와께서 시온에서부터 주의 권능의 규를 내보내시리니 주는 원수들 중에서 다스리소서"(시 110:2)라고 찬양하였습니다. "여호와는 맹세하고 변하지 아니하시리라"(시 110:4). 여기서 '변하지 않는다'(will not change his mind, NIV)라는 말은 히브리어 본문에서는 '한탄하지 아니하실 것'(will not repent, KJV, ASV)이란 뜻입니다.

히브리어 나함(נָחַם, regret)은 '후회하다'란 뜻을 가지고 있어서 '마음의 변화'(change of heart)라는 의미를 포함하고 있습니다. 그래서 이 나함(נָחַם)은 〈창세기〉 6장에서 '땅 위에 사람 지으셨음을 한탄하셨다'라고 말할 때에(창 6:5-6) '한탄하다'로 읽습니다. 이는 수사학적으로 의인화(personification)한 표현으로 '하나님을 인간 형태(morph)'로 말한 것입니다. 이런 표현을 '인간적(anthropo-) 형태(morph)'라고 합니다(anthropomorphism).

'오른쪽'이란 표현은 공간적인 의미를 말하는 것이 아닙니다. '오른쪽'이란 왕의 권위와 능력을 상징하는 표현입니다. 다윗 선지자가 "당신의 권능의 지팡이"(מַטֵּה־עֻזְּךָ)라고 말하는 것이 바로 '오른쪽' 곧 '왕권'의 의미입니다(시 110:2). '주님'과 '주님의 힘'에 대하여 우리는 분명히 구별할 수 있는 이성이 있습니다. 그러나 동시에 '주님'과 그분의 '능력', '힘'은 언제나 '하나'로 분리될 수 없음을 우리는 충분히 이해할 수 있습니다. 주님이신 성부와 주님이신 성자와 주님이신 성령을 구별할 이성이 있는 동시에 '주는 한 분이십니다'(εἷς κύριος, 헤이스 퀴리오스, 엡 4:5)라는 계시를 믿고 있습니다.

선지자 다윗 왕은 계속해서 주님이신 여호와께서 주님이신 그리스도께 "너는 멜기세덱의 서열을 따라 영원한 제사장이라"(시 110:4)고 말씀하신 것을 찬양하고 있습니다. 이는 아론의 서열이 아니라 전혀 다른 하나님의 아들과 같은 존재로 영원한 제사장임을 나타냅니다. 여기서 '서열'이라고 읽은 히브리어 '디브라'(דִּבְרָה)는 '방법'(manner, way), 법률적인 사실(case)이나 이유, 원인 등을 의미합니다.

성육신하실 그리스도 우리의 주님께서는 제사장의 법률적인 근거에 있어서 '레위'와 '아론'에게 그 기원이나 원인을 추구하지 않으십니다. 그분께서는 완전히 다른 멜기세덱 곧 '하나님의 아들'이라는 제사장의 원인으로 오심을 예언하고 있습니다.

우리 주 하나님 예수 그리스도께서는 시편 110편을 인용하시면서, 다윗이 그리스도를 '주님'이라고 칭하고 있는데 어떻게 그리스도께서 다윗의 후손이 될 수 있는가라고 반어적으로 강조하셨습니다(마 22:45; 막 12:37; 눅 20:44).

우리는 그리스도께서 아브라함의 씨 곧 아브라함의 후손(마 1:1)이라는 사실을 알고 있습니다. 그러나 동시에 그리스도께서는 이미 아브라함에게 떡과 포도주, 그리고 축복을 주었던 멜기세덱에게 그 기원을 두고 계심도 알아야 합니다. 아브라함보다 먼저 계신 분임을 의미합니다.

다윗 왕은 주님이신 성령의 감동 가운데 그리스도를 '주님'이라고 찬양하고 있습니다(마 22:43). 또한 다윗 왕은 분명히 주님이신 여호와 이외에 또 다른 주님을 찬양함으로 한 분 주님에게 있는 두 분의 인격(*persona*, 페르소나) 곧 두 위격(位格)에 대한 신앙을 가지고 있었습니다. 그리고 이것은 그리스도의 말씀에 따라서 주님이신 성령의 감동에 의한 것이었으므로 우리는 다윗의 찬양 가운데 함께 하신 세 위격에 감사를 표현해야 합니다. 왜냐하면 세 위격이 한 분 주님으로 계시되어, 신성한 교리를 우리가 이해할 수 있도록 노래와 찬양으로 교리를 주셨기 때문입니다.

찬양으로 배우는 신성하고 거룩한 교리이기에 누구나 배울 수 있도록 하신 주님께 감사해야 하며, 언제나 인간을 돌보시는 주님께 감사해야 합니다. 초대교회 안에서는 교리를 송영(doxology)이나 예배 중의 찬송으로 배웠습니다. 그 가운데 하나를 보면 4세기 교부 나지안주스의 그레고리우스(Gregory of Nazianzus, 329-390)는 "한 분이신 하나님을 생각하자마자 즉시 삼위의 광채에 싸이게 되고, 삼위를 구별하여 보자마자 곧바로 한 분 하나님으로 되돌아가게 된다"라고 노래합니다(《거룩한 세례에 관하여》, XL, 41.).

우리는 삼위를 구분(a distinction) 하지만 결코 분리(a division)하지는 않습니다. 왜냐하면 삼위는 상호내재(περιχώρεσις, 페리코레시스)하시어 분리되거나 나누어지지 않기 때문입니다. 물론 '주님'(주인)이란 표현을 위격에서만 찾아서는 안 됩니다. 왜냐하면 성경 안에서 '주님'은 '여호와'를 지시하는 표현이기 때문입니다. 그래서 헬라어로 퀴리오스(κύριος)는 '여호와'를 의미합니다. 이 사실은 주님이신 그리스도께서 바로 여호와이심을 뜻하는 것입니다.

D′. 아브라함이 하나님을 만남(18:1-15): 한 분 하나님 곧 세 사람

아브라함을 만나신 그리스도

〈요한복음〉을 보면 다음과 같은 내용이 등장합니다.

"진실로 진실로 너희에게 이르노니 사람이 내 말을 지키면 영원히 죽음을 보지 아니하리라"(요 8:51). 여기서 중요한 것은 주님이신 그리스도의 말씀을 '지킨다면'(τηρήσῃ) 영원토록 죽음을 보지 않을 것이라고 말씀하셨다는 사실입니다. 여기서 '지키다'(τηρέω)는 '돌보다', '보호하다'(protect), '시중들다', 약속 따위를 '지키다'(keep)라는 의미를 가지고 있습니다. 이는 히브리어 쇄마르(שָׁמַר)를 번역한 것입니다. 다시 말해서 하나님께서 아브라함에게 '하나님의 길'을 지킬 것을 말씀하신 것과 완전히 동일하게 그리스도께서는 우리에게 당신의 말씀을 지킬 것을 요구하고 계십니다. 뿐만 아니라 하나님의 길을 지키는 것은 아브라함 언약의 성취와 관련이 있는 것처럼(창 18:19) 그리스도의 말씀을 지키는 것은 영원한 생명으로 인도되는 것입니다(요 8:51).

유대인은 그리스도의 가르침에 대한 충격으로 '네가 귀신(δαιμόνιον, 다이모니온)을 가지고 있다'는 것을 안다고 말합니다(요 8:52). 그러면서 "너는 이미 죽은 우리 조상 아브라함보다 크냐 또 선지자들도 죽었거늘 너는 너를 누구라 하느냐"(요 8:53)라고 물었습니다. 다시 말해서 '하나님의 길을 지킨 아브라함도 죽음을 만나서 죽음을 보았으며, 아브라함의 후손들인 선지자들 역시 하나님의 말씀을 지키며 살았으나 죽음을 보았다. 그런데 도대체 너는 누구이기에 너의 말을 지킨다면 영원토록 죽음을 보지 않을 것이라고 말하는가'라고 비난과 분노에 가득 차 말했습니다. 이에 그리스도이신 예수님께서는 자신에게 비난을 쏟아내는 유대인에게 대답하셨습니다.

"내 아버지시니 곧 너희가 너희 하나님이라 칭하는 그이시라"(요

8:54). 이 말의 의미는 자명합니다. 그리스도이신 예수님께서는 '하나님의 아들'이심을 뜻하는 것입니다. 그리고 이어서 "너희 조상 아브라함은 나의 때 볼 것을 즐거워하다가 보고 기뻐하였느니라"(요 8:56)라고 말씀하셨습니다. 이 말은 그리스도이신 예수님께서 아브라함을 직접 만났다는 뜻입니다. 그리고 그 만남에 아브라함은 즐거워하고 기뻐했다고 말씀하셨습니다.

이에 유대인들은 "네가 아직 오십 세도 못 되었는데 아브라함을 보았느냐"(요 8:57)라고 비웃음으로 조롱하듯 말했습니다. 그러나 그리스도이신 예수님께서는 진실함과 진중함으로 "진실로 진실로 너희에게 이르노니 아브라함이 나기 전부터 내가 있느니라"(요 8:58)라고 말씀하셨습니다. 그리스도의 선재성(先在性, the preexistence of christ)을 계시하신 것입니다. 이 세상이 창조되기 이전에 계신 '하나님'이심을 말씀하신 것입니다. 〈요한복음〉은 '하나님의 아들' 곧 성자께서 하나님이시라는 신앙을 바탕으로 성령의 계시를 기록하고 있습니다.

유대인들도 '아브라함을 만난 하나님의 아들이라는 말'은 조롱하며 웃어넘길 수 있었으나, 이제 스스로 하나님이라고 하는 말에는 충격을 받았습니다. 그들은 돌을 들어 그리스도이신 예수님을 죽이려 하였습니다(요 8:59). 하지만 그리스도이신 예수님께는 이미 어떻게 죽어야 할 것이며, 언제 죽어야 할 것이라는 역사적 사건이 예정되어 있었습니다. 또한 유대인들을 심판하고 죽이려고 오신 것이 아니라 그들에게 그리스도이신 하나님께서 지금 이 땅에 임재하셨다는 복음을 전하려고 성육신하신 것입니다. 그리스도이신 예수님께서는 복음을 전도하기(preach) 위해서 세상에 오셨습니다(막 1:38). 그렇기 때문에 지금 유대인의 돌에 맞을 수는 없었습니다.

결국 예수 그리스도 우리 주 성자 하나님께서는 성전 밖으로 비밀리에 나가셨습니다(요 8:59).

그리스도의 선재성과 아브라함을 만난 그리스도에 대한 말씀에 대해서 우리는 오직 〈창세기〉에서만 그 내용을 읽을 수 있습니다. 먼저는 의의 왕이시며 평화의 왕이신 멜기세덱을 만난 아브람에 관한 이야기에서 우리는 아브람과 그리스도의 만남을 읽을 수 있습니다(D 부분, 창 14:17-24). 그러나 이보다 더 직접적으로 중요한 이야기가 바로 아브라함이 한 분 하나님 여호와 곧 세 사람을 만난 일입니다.

아브라함이 한 분 하나님, 세 사람을 만나다

〈창세기〉 18장 1절을 보면, 아브라함은 마므레 상수리 나무들이 있는 곳에서 거주하고 있었습니다(창 18:1). 아마도 아브라함은 항상 그러했던 것처럼 천사들의 인도함을 받았을 것입니다. 그리고 그곳에 "여호와"(יְהוָה)께서 나타나셨습니다(창 18:1).

18장 1절은 '바예라 엘라브 야훼'(וַיֵּרָא אֵלָיו יְהוָה)라고 시작합니다. 여기서 '나타나다'라고 읽은 것은 히브리어 라아(רָאָה, see)의 니팔형(수동형)입니다. 그러니까 이 문장을 다시 읽으면 '여호와께서 그에게 보여졌다' 정도로 독해할 수 있습니다. 여기서 모세는 단수형으로 분명하게 '아브라함에게 나타나신 여호와'를 말하고 있습니다. 그런데 2절에서 모세는 곧바로 다음과 같이 말하고 있습니다.

"눈을 들어 본즉 사람 셋이 맞은편에 서 있는지라 그가 그들을 보자 곧 장막 문에서 달려나가 영접하며 몸을 땅에 굽혀"(창 18:2)라고 말합니다. 이를 면밀하게 나누어 보면 아래와 같습니다.

a. 그리고 그가 그의 눈을 들었다(וַיִּשָּׂא עֵינָיו)

b. 그리고 그가 보았다(וַיַּרְא)

x. 봐! 그의 맞은편에 서 있는 세 사람(וְהִנֵּה שְׁלֹשָׁה אֲנָשִׁים נִצָּבִים)

b′. 그리고 그가 보았다(וַיַּרְא)

a′. 그리고 그가 만나기 위하여 달려갔다(וַיָּרָץ לִקְרָאתָם)

그 장막의 문으로부터(מִפֶּתַח הָאֹהֶל)

a″. 그리고 그가 땅에 엎드려 스스로 절하였다(וַיִּשְׁתַּחוּ אָרְצָה)

위의 구절은 아주 천천히 면밀하게 살펴볼 필요가 있습니다. 우선 모세는 자신이 늘 쓰는 문체(a literary style)로 같은 문장이나 유사한 문구를 서로 대구(parallelism)가 이루어지도록 배열하여 반복적으로 말하고 있습니다. 그래서 먼저 모두 5개의 동사를 사용하여 아주 자세하게 이야기를 진행하고 있습니다. 그리고 문법적으로 '그리고'를 사용하여 이 모든 것들이 연속적인 행위임을 나타내고 있습니다.

'날이 뜨거울 때' 다시 말해서 정오의 태양이 작열하여 내리쬐고 있으며, 하늘은 파란 빛의 커다란 이불처럼 세상을 덮고 있을 때였습니다. 모세는 이를 '케홈 하욤'(כְּחֹם הַיּוֹם) 곧 '그날은 불덩어리 같았다'라고 말하고 있습니다. 셉투아진트(LXX)에서는 그냥 '정오'(μεσημβρία)로 읽고 있습니다. 여하튼 그곳엔 태양이 내리쬐고 상수리 숲에서 미풍이 불고 풀벌레들과 새들의 지저귐이 들렸을 것입니다. 그리고 그때 아브라함은 장막 입구에 앉아 있었습니다. 그런데 '여호와 하나님께서' 아브라함의 눈에 들어왔습니다(창 18:1). 그는 여호와 하나님을 보게 되었습니다. 여기서 1절은 우연히 보게 된 것을 말하는 것입니다. 예측할 수 없었던 방문이며, 예고되지 않았던 여호와의 임재였습니다. 천둥도 없었고 지진도 없었습니다. 오히려 인격적으로 친구를 방문하듯이 그렇게 오셨습니다(사 41:8; 약 2:23). 그래서 2절에서 아브라함은 자리에서 일어나면서 눈을 들었습니다. 그리고 그는 보았습니다(look). 여기까지는 쉽게 이해됩니다. 그런데 급작스럽게 등장하는 감탄사가 문제를 일으킵니다.

본문을 직역하면, '봐! 그의 맞은편에 서 있는 세 사람'(behold, three men were standing opposite him, NASV)이라고 말하고 있습니다(창 18:2, x 부분). 모세는 3인칭으로 '그리고 그가 보았다'(וַיַּרְא)와 같이 관찰자 시점을 유지하고 있습니다. 그런데 급작스럽게 감탄사를 사용하여 직접적인 언급을 하고 있습니다. 아마도 이 부분은 아브라함의 내적인 인식을 언급한 것으로 보입니다. 왜냐하면 아브라함이 자신도 모르는 사이에 나그네를 대접한 것이 하나님을 대접한 결과가 된 것은 아니기 때문입니다. 그는 처음부터 그분(단수) 곧 세 사람(복수)이 하나님이심을 알고(인식) 달려간 것입니다. 아브라함은 롯의 경우처럼 부지중에 나그네를 대접한 것이 하나님을 대접한 것이라는 결과를 얻은 것이 아닙니다. 아브라함은 하나님이심을 인식하고 있었고, 모세는 이를 아브라함의 목소리로 우리에게 전달하고 있는 것으로 보입니다.

여하튼 모세는 곧바로 '그가 보았다'(b′ 부분)라고 말함으로 앞부분(b부분)과 평행(parallelism)을 유지하고 있습니다. 그리고 곧바로 아브라함은 자신이 있던 장막문으로부터 달려 그 '세 사람'에게 갔습니다.

위의 구조를 보면 모세는 먼저 '그가 눈을 들었다'(he lifted up his eyes, NASV)라고 말했고(a 부분), 다시 이것과 짝을 이루어 '그가 달려갔다'(he ran, NASV)라고 말합니다(a′ 부분). 다시 연속적인 행위로 아브라함은 어떤 감격한 감정에서 스스로 땅에 엎드려 절을 했습니다(a″부분). 이는 그 '세 사람'에 대한 깊은 존대함을 반영하고 있으며, 아브라함이 이 모든 것을 충분히 인식하고 한 행위임을 말하고 있습니다. 의식을 잃어버린 상태에서 무의식으로 한 행동이 결코 아닙니다.

1절에서 아브라함이 만난 분은 '여호와 하나님'이십니다. 그러나 동시에 2절에서 아브라함이 만난 분들은 '세 사람' 곧 '쉘로솨 아나쉼'(שְׁלשָׁה אֲנָשִׁים)이라고 모세는 명확하게 쓰고 있습니다. 여기서 '쉘로솨 아나쉼'(שְׁלשָׁה אֲנָשִׁים)은 '셋'(3)이란 쉘로솨에 '남자'를 의미하는 이쉬(אִישׁ)의 복수형인 '아나쉼'(אֲנָשִׁים)을 쓰고 있습니다. 다시 말해서 이 말을 있는 그대로 읽는다면 '세 남자들'이란 표현입니다. 물론 모세는 이를 다시 '여호와 하나님'과 '두 사내' 혹은 '두 천사'로 구별합니다. 곧 "그 사람들이 거기서 떠나 소돔으로 향하여 가고 아브라함은 여호와 앞에 그대로 섰더니"(창 18:22)라고 말합니다. 여기서 '그 사람들'은 '하아나쉼'(הָאֲנָשִׁים)으로 쓰고 있습니다. 그리고 다시 '두 천사'라고 말을 옮깁니다(창 19:1).

아마도 천사 세 분이 사람으로, 곧 가시적인(visible) 존재로 아브라함을 찾아오셨을 것입니다. 이들은 각자 하나님의 사신(使臣, angel)으로 그 역할이 있어서, 세 천사 가운데 두 천사는 소돔에 가서 그들의 악행을 확인해야 할 소임을 받고 왔을 것입니다. 왜냐하면 하나님께서는 소돔에 직접 가시어 그들의 악행을 확인하신다고 하셨기 때문입니다(창 18:21). 이때 하나님께서는 "내가 보고 알려 하노라"라고 말씀하심으로(창 18:21) '보낸 하나님'과 '보냄을 받은 천사'를 동일시하여 표현한 것입니다. 왜냐하면 고대사회에서는 보낸 분과 보냄을 받은 사신은 동일성을 가지기 때문입니다.

세 천사 가운데 한 천사는 '여호와'의 사역을 감당하기 위해서 아브라함과 대화를 나누게 됩니다. 모세는 여기서도 '천사'를 '여호와'와 동일시합니다(창 18:17). 그러나 이 모든 것을 명확하게 구별할 수 있다고 하여도 성령의 감동을 받은 모세의 기록은 보다 자명한 사실을 우리에게 알려 주고 있습니다. 그것은 아브라함이 '한 분 하나님 여호와를 만났다'는 사실과 그 한 분 하나님께서는 '세 사람'이었다는 사실입니다. 이것은 1절과 2절 사이의 급격한 변화 가운데 우리의 신앙을 신비한 삼위일체 안으로 인도하고 있습니다. 앞에서도 4세기의 한 교리 찬송을 인용했지만 몇 번이라도 인용하여 반드시 우리의 노래가 되어야 할 것이 있습니다. 바로 나지안주스의 그레고리우스의 노래입니다.

"한 분이신 하나님을 생각하자마자 즉시 삼위의 광채에 싸이게 되고, 삼위를 구별하여 보자마자 곧바로 한 분 하나님으로 되돌아가게 된다." 이 노래와 같이 모세는 1절에서 한 분 하나님 여호와를 언급하자마자 2절에서 세 사람에 대한 영광 안에 싸이게 합니다. 그리고 다시금 3절에서 한 분 '주님'에 대한 인식으로 되돌아오게 합니다. 다시 말해서 아브라함은 세 사람에게 달려가 "내 주여 내가 주께 은혜를 입었사오면 원하건대 종을 떠나 지나가지 마시옵고"(창 18:3)라고 청합니다. 여기서 분명히 '아도나이'(אֲדֹנָי, my Lord)라고 하여 다시 단수형을 쓰고 있습니다.

단수형으로 한 분 하나님께 말씀드리다가, 다시 아브라함은 곧바로 이렇게 말합니다.

"물을 조금 가져오게 하사 당신들의 발을 씻으시고 나무 아래에서 쉬소서"(창 18:4). 여기서 아브라함은 '당신들의 발들'(רַגְלֵיכֶם)이라고 말함으로 복수형을 쓰고 있습니다. 단수형과 복수형의 연속적 변화는 우리로 하여금 한 분에 대한 인식을 세 분으로, 세 분에 대한 인식을 한 분으로 옮겨놓도록 만듭니다.

성삼위일체
– 안드레이 루블료프(Andrei Rublev, 1360–1427)

아브라함은 급히 서둘러 사라에게 달려가 고운 가루 세 스아(three seahs, NIV)로 떡을 만들도록 하고, 다시 가축 떼 있는 곳으로 달려가서 하인에게 송아지를 잡도록 지시했습니다(창 18:6-7). 그리고 어느 정도 요리가 되었을 때에 모세는 "아브라함이 엉긴 젖과 우유와 하인이 요리한 송아지를 가져다가 그들 앞에 차려 놓고 나무 아래에 모셔 서매 그들이 먹으니라"라고 여기서도 복수형으로 쓰고 있습니다(창 18:8). 결국 아브라함이 대접한 것은 한 분이 아니라 세 사람에 대한 대접이었습니다. 그러나 분명히 모세는 아브라함은 한 분 하나님 여호와를 만났다고 말하고 있습니다(창 18:1).

우리는 하나의 확고한 사실에 도달할 수 있습니다. 모세는 아브라함의 이야기를 통해서 멜기세덱의 서열을 따른 '하나님의 아들' 그리스도께서 오실 것을 신앙하고 있었습니다. 그리스도께서는 '하나님의 아들'이시며 제사장이며 왕이십니다.

또한 모세는 '신앙의 조상 아브라함이 한 분 하나님 여호와를 만났으며, 그분은 세 인격으로 사람들처럼 먹고 마실 수 있는 존재로 찾아오셨음'을 알고 있었습니다. 이러한 성경의 사실을 그대로 받아들여 모세는 삼위일체를 신앙하고 있었다는 점에서 우리와 동일한 신앙을 가지고 있었다고 말할 수 있습니다. 그리고 이는 우리가 성경을 통해서 계시 받은 것입니다. 이것이 우리의 찬송이자, 찬송 가운데 배우는 거룩한 교리입니다.

사라의 웃음

아마도 식사가 끝났을 때쯤일 것입니다. '그들' 곧 세 사람들은 아브라함에게 아내가 어디 있느냐고 물으셨습니다. 아브라함은 장막에 있다고 대답합니다(창 18:9). 모세는 계속해서 단수형과 복수형을 함께 사용하고 있습니다. 9절에서는 '그들'이 아브라함에게 질문을 했지만 10절에서는 '그가'라고 단수형으로 말을 하고 있습니다. 곧 "그가 이르시되 내년 이맘때 내가 반드시 네게로 돌아오리니 네 아내 사라에게 아들이 있으리라"(창 18:10)라고 모세는 쓰고 있습니다. 단수형과 복수형이 문법적으로 맞지 않게 배열되어 있는 것은 모세가 의도적으로 보다 초월적인 것을 설명하기 위해 그렇게 한 것으로 보입니다. 왜냐하면 인간은 절대적인 것에 대하여 구체적인 인식으로 도달할 수 없기 때문에 초월하여 추상적으로, 간접적으로 인식해야 하기 때문입니다. 다시 말해서 모세는 절대자이신 성삼위일체 하나님을 언급하기 위해서 일반적인 문법을 초월하고 있습니다.

10절에는 두 가지 약속이 담겨 있습니다. 하나는 '하나님께서 아브라함을 다시 찾아 방문하실 것'이란 약속입니다. 여기서 모세는 강조형으로 '쇼브 아슈브 엘레카'(שׁוֹב אָשׁוּב אֵלֶיךָ) 곧 '나는 반드시 너에게로 돌아올 것이다'(I will surely return to you, NIV)라고 쓰고 있습니다.

또 다른 약속은 바로 하나님께서 다시 아브라함을 찾아오실 때에는 사라에게 아들이 있을 것이라는 약속입니다. 여기서 제시된 미래의 시간은 '내년 이맘때'입니다. 미래에 대한 전망이 주어졌습니다. '미래'는 앞으로 다가올 시간입니다. 하지만 이 미래의 시간을 소망 가운데 현재에 투영해야 합니다. 약속의 성취는 미래에 있지만 그것을 소망하는 것은 언제나 오늘, 곧 현재에 하는 것입니다. 이제 약속은 아브라함의 현실이 됩니다. 하지만 아브라함이나 사라는 이 미래를 받아들일 수 없었던 것으로 보입니다.

사라는 장막 문에서 이 두 가지 약속을 들었습니다. 아마도 하나님께서 사라에 관해서 아브라함에게 묻는 것을 듣고 장막 안에서 일어나 장막 문 곁에 서 있었던 것으로 보입니다(창 18:10). 그리고 하나님의 약속에 사라는 그만 속으로 웃고 말았습니다(창 18:12). 모세는 사라의 웃음의 원인을 "아브라함과 사라는 나이가 많아 늙었고 사라에게는 여성의 생리가 끊어졌는지라"(창 18:11)라고 제시해 주고 있습니다. 사라는 이런 일들이 자신에게 일어날 것이라고 인식하지 못했기 때문에 웃었습니다. 여기서 '웃다'(צָחַק, 짜하크)란 말은 '웃음' 그 자체보다는 그 '웃음'의 진의가 더 중요합니다. 왜냐하면 '웃음'에는 즐거움의 웃음이 있는 동시에 비웃음도 있는데, 둘 다 짜하크(צָחַק)로 쓰고 있기 때문입니다.

모세는 하나님의 약속에 대해서 중요한 사실을 알려 주고 있는데, 먼저 아브라함과 사라는 나이가 많아 늙었다는 사실입니다(창 18:11). 〈창세기〉 17장을 보면 아브라함은 이미 99세로 언급되고 있습니다. 아브라함이 99세라고 한다면 사라는 89세가 됩니다. 왜냐하면 아브라함은 자신을 100세라고 칭하면서 아내를 90세라고 말하고 있기 때문입니다(창 17:17). 아마도 이것은 대략의 나이이지만 얼추 아브라함과 사라의 나이 차이가 열 살 정도 났음을 알 수 있습니다. 그리고 아브라함이 이삭을 낳았을 때는 100세였습니다(창 21:5). 그러므로 아브라함이 17장에서 99세였고(창 17:1) 21장에서 100세였다면(창 21:5) 18장부터 20장까지는 99세 때의 일이 됩니다. 모세가 아브라함과 사라가 늙었다고 하는 것은 아브라함이 99세이고 사라가 89세 정도였음을 뜻하는 것입니다. 그래서 모세는 "사라에게는 여성의 생리가 끊어졌는지라"(창 18:11)라는 말을 덧붙이고 있습니다. 이는 사라가 출산을 하지 못하는 여인이라는 사실을 밝히고자 의도적으로 덧붙인 것입니다. 성경을 통해 사라의 절대적인 불임(infertility) 상태를 말하려는 것이기 때문입니다. 참고로 성경 안에서는 '여성의 생리'란 표현이 없습니다. '오라흐 카나쉼'(אֹרַח כַּנָּשִׁים)은 '여성적 방법'(manner of women, KJV)을 말합니다. 다시 말해서 자연상태에 있는 일반적인 여성적 방법을 말합니다. 그래서 '여성의 생리가 끊어졌는지라'라고 읽은 것입니다. '그 여성과 같은 방법이 존재하지 않는다'라는 뜻으로 '사라는 일반적인 여성과 같은 방법이 그녀에게는 존재하지 않는다'라는 절대적인 불임을 말합니다.

사라가 속으로 웃으며 말했습니다.

"내가 노쇠하였고 내 주인도 늙었으니 내게 무슨 즐거움이 있으리요"(창 18:12)라고 스스로 속으로 말했습니다. 여기서 사라는 남편 아브라함을 '내 주인'이라고 말하고 있습니다. 이는 사라가 아브라함의 뜻에 순종하였음을 의미하는 것입니다. 그리고 이 순종은 사라에게만 국한된 것이 아니라 모든 믿는 이들에게 보여주는 모범입니다. 그래서 베드로 사도는 "사라가 아브라함을 주라 칭하여 순종한 것같이 너희는 선을 행하고 아무 두려운 일에도 놀라지 아니하면 그의 딸이 된 것이니라"(벧전 3:6)라고 하였습니다.

만약에 성경의 가르침에 따라서 선을 행한다면 그것은 정말 좋은 몫을 택한 것입니다. 또한 아무 일에도 두려워하지 않고 선을 행하는 자가 된다면 그것은 사라의 자녀라고 말할 수 있습니다. 자신이 선(good)이라는 좋은 몫을 택했고, 성실하게 모든 현실적인 한계를 초극하면서 그 길을 끝까지 걷는다면 이는 사라의 자녀들로 신앙하는 삶을 살아가는 것이 됩니다. 다시 말해서 부부는 서로에게 기꺼이 복종할 의무가 있습니다. 자신의 몸을 자신의 것이라고 주장할 수 없습니다(고전 7:4). 서로의 생각을 존중하고 선을 행하는 일에 두려움 없이 서로 순종해야 합니다.

사라가 남편을 '나의 주'(my lord)라고 부르는 것은 아브라함의 판단이 옳다고 믿는 것입니다. 사라는 아브라함에 대해서 '그는 선한 사람이며 언제나 그의 판단은 선한 것임'을 믿기에 그에게 순종할 수 있는 것입니다. 이는 남편에 대한 배려의 문제가 아니라 선에 대한 존경심의 문제입니다. 아브라함은 하나님의 말씀을 위해서 아내를 버릴 수 있는 제단 앞에 서 있는 선지자입니다. 사라는 그런 남편에 대한 무한한 존경심으로 '나의 주'라고 고백합니다. 사라는 아무도 듣지 못하게 속으로 말하고 있습니다(창 18:12).

하지만 사라는 자신을 둘러싼 세상(현실)을 인식하고 있습니다. 사라는 자신과 남편이 이미 늙어 시들었다는 현실을 분명하게 인식하고 있습니다. 그리고 이러한 현실인식은 하나님께서 주신 미래의 약속을 자신의 삶에 투영하여 소망이 되지 못하게 만듭니다. 그녀가 얻은 결론은 "내게 무슨 즐거움(עֶדְנָה, 에드나)이 있으리요"라는 슬픈 전망입니다(창 18:12). 현실에 대한 냉철한 자각, 철저한 분석(analysis)으로 얻은 것은 불가능성입니다.

여호와 하나님께서 "사라가 왜 웃으며 이르기를 내가 늙었거늘 어떻게 아들을 낳으리요 하느냐"(창 18:13)라고 말씀하셨습니다. 우선 두 가지 사실을 이야기해야 합니다. 하나는 훗날 하나님께서 사무엘 선지자에게 계시하신 바와 같이 "사람은 외모를 보거니와 나 여호와는 중심을 보느니라"(삼상 16:7)라고 하셨다는 것입니다. 다른 하나는 하나님께서 사라의 문제에 관해서 사라에게 직접 말씀하시지 않고 아브라함에게 말씀하셨다는 사실입니다.

사람은 외모를 봅니다. 그래서 사람은 결코 이웃을 사랑할 수 없는 존재입니다. 왜냐하면 불결한 외모, 악취에 덮인 육체와 더러운 옷차림, 공포와 위협적인 얼굴빛과 두려움이 느껴지는 눈빛 등으로 인해 우리는 언제나 이웃을 불쌍하게 여기는 것이 아니라 나에게 더러움, 병균, 위협을 가하는 적대적인 존재로 생각하게 됩니다. 불쌍한 이웃이 아니라 나의 생명을 위협하는 적입니다. 그래서 사랑을 포기하게 됩니다.

우리 곁에 가까이 있는 불쌍한 이웃이 주는 위협으로 그들은 '대적자', '원수'가 됩니다. 사랑은 어렵고 힘든 일입니다. 그러나 눈에 보이지만 먼 곳에 있는 불쌍한 이웃, 아프리카에 있는 불쌍한 이웃에게는 위협을 느끼지 않아 언제든지 자신의 돈 주머니를 열 수 있는 관대한 마음을 가지고 있습니다. 그래서 눈에 보이는 것, 곧 인간의 얼굴은 이웃 사랑에 걸림돌이 됩니다. 하지만 하나님께서는 진실을 보십니다. 사람의 중심을 보십니다(삼상 16:7).

만약에 우리가 이웃을 진심으로 사랑하기로 결단했다면 자신의 얼굴을 나타내서는 안 됩니다. 사랑하고자 하는 사람은 외모를 인식하지 않아야만 이룰 수 있습니다. 만약에 외모 곧 얼굴을 의식하고 그것을 드러내기 시작한다면 그 순간 사랑은 끝나고 고통과 괴로움으로 힘겨워하는 외식만 남게 됩니다. 무대효과만을 바랄 수 있을 뿐입니다. 인간의 얼굴은 사랑에 걸림돌입니다. 그렇다고 사람의 중심을 추구하는 것도 있을 수 없습니다. 한 가지 방법이 있다면 '자기부정'(Abnegatio Nostri, La.)으로 이끌어가는 것뿐입니다.

사라가 속으로 생각하여 말을 하여도 하나님께서는 그 마음의 소리까지 다 듣고 계십니다. 모세는 이를 우리에게 알리기 위해서 사라가 '속으로' 웃으며 말했다는 사실을 밝히고 있습니다(창 18:12). 이에 하나님께서는 아브라함에게 "사라가 왜 웃으며 이르기를 내가 늙었거늘 어떻게 아들을 낳으리요 하느냐"(창 18:13)라고 물으셨습니다. 사실 아브라함은 아는 것이 없습니다. 그럼에도 불구하고 하나님께서는 아브라함하고만 말씀하십니다.

하나님께서 엄하게 아브라함에게 계속 말씀하셨습니다.

"여호와께 능하지 못한 일이 있겠느냐 기한이 이를 때에 내가 네게로 돌아오리니 사라에게 아들이 있으리라"(창 18:14)라고 말씀하셨습니다. 사라는 자신의 마음을 들킨 것에 대한 놀라움과 두려움에 자신이 웃었다는 사실을 부정하면서 "내가 웃지 아니하였나이다"(창 18:15)라고 말합니다. 하지만 그녀는 웃었습니다. 사실 이 두 말은 모두 사실입니다. 사라가 거짓말을 하는 것은 아닙니다.

앞에서도 잠시 언급했지만 웃음은 두 가지로, 하나는 즐거움의 웃음이고 다른 하나는 조롱이 섞인 비웃음입니다. 사라는 겉으로는 웃지 않았기 때문에 웃지 않았다고 주장할 수 있으며, 또한 자신은 하나님의 말씀에 비웃음으로 답한 것은 아니라는 의미에서 '웃지 않았다'고 말할 수 있습니다. 하지만 그녀는 분명히 웃었습니다. 그 웃음은 불가능한 미래에 대한 것이었습니다.

그녀는 자신이 절대적인 불임 상태에 놓였다는 현실적인 인식을 확고히 하고 있었기에 현실과 다른 비현실적이며 불가능한 미래에 대한 약속을 거부하고 있었습니다. 그녀의 뜻은 아닐지라도 다소 비웃음의 성격이 포함되었습니다. 여기서 문제가 되는 것은 '가능성'(possibility)의 문제입니다.

미래의 약속을 현재에 투영하는 것은 사실 전능하신 하나님에 대한 신뢰에서 비롯되는 것입니다. 그래서 "여호와께 능하지 못한 일이 있겠느냐"(Is anything too hard for the LORD?, 창 18:14)라는 말씀은 사라로 하여금 과거 곧 절대적 과거 곧 창조주 하나님에게로 이끌어 가는 것입니다. 세상의 창조 곧 인간을 흙으로 만드신 조물주에 대한 회귀를 통해서 사라의 현실은 새로운 국면을 맞이하게 됩니다. 흙으로 날 창조하신 그 하나님, 세상의 창조주께로의 회귀는 곧바로 그분의 절대적 약속을 현실에 그대로 투영하게 만듭니다. 여기서 이성적인 판단에 따른 현실의 냉철한 자각과 분석은 절대적 과거에로의 회귀를 통해서 사라지게 됩니다.

세상을 창조하신 전능하신 하나님께는 '힘든 일', '어려운 일'(too hard)이란 있을 수 없습니다. 인간에게 절대적으로 불가능한 일 곧 절대적인 불임(infertility)의 문제도 전능하신 창조주에게는 하나의 '가능성'(possibility)으로 변하여 곧 하나님께서 뜻하신다면 곧 역사 안에서 실현됩니다. 결국 '힘든 일'이란 있을 수 없습니다. 창조주 앞에서 죽은 자의 부활은 생명 없는 흙이 인간이 되는 것처럼 오직 하나님의 뜻 안에 있을 뿐입니다. 현존하는 인간이 자신의 기원으로 회귀한다는 것은 인간의 냉철한 판단과 분석으로 얻은 현실에 대한 자각도, 지식도, 논리도 사라지고 마음 깊은 곳에서부터 사랑하고 있다는 사실만을 붙잡게 합니다. 하나님을 사랑한다는 사실만을 붙잡는 것입니다.

사라는 전능하신 하나님에게로 회귀함으로 미래의 약속을 순수하게 현재의 삶에 투영할 수 있었습니다. 그렇게 현재는 다른 모습으로 변합니다. 이제 인내와 기다림으로 약속의 성취를 묵묵히 바라보고 있으면 되는 것입니다.

한 분 여호와 곧 세 사람들께서는 아브라함과 사라와의 대화(사귐)를 끝내시고 거기서 일어나서 소돔으로 향하고 아브라함은 그들을 전송하러 함께 나갔습니다(창 18:16).

파란 하늘에서 찬란한 별무리를 보다

E. 아브람 언약(15장): 횃불 언약

우리는 이제 아브라함의 언약기에서 실질적으로 언약을 체결하는 내용으로 들어왔습니다. 하나님과 아브라함 사이에 이루어진 언약은 거룩하고 신성한 미래로의 약속입니다. 이 약속은 아브라함에게만 귀속되는 것이 아니라 아브라함의 후손 전체의 삶을 지배하는 것으로, 지켜야 할 것(법적 성격)으로의 약속입니다. 이 언약은 두 부분으로 나누어 생각할 수 있습니다. 왜냐하면 인격 당사자 사이에서 관계를 견고히 하기 위해서 체결된 것이기 때문입니다.

언약 당사자 양측의 입장과 권리, 의미를 나열하기 위해서 언약은 먼저 언약 당사자이신 하나님의 입장에서 체결하게 됩니다(E 부분, 창 15장). 하지만 언약의 다른 당사자인 아브라함도 언약에 참여해야 합니다. 그런 의미에서 아브라함 측에서 이루어진 언약의 증표를 다루고 있는 부분이 바로 할례에 관한 내용을 다루고 있는 부분입니다(E′ 부분, 창 17장).

〈창세기〉 15장을 읽을 때에 우선적으로 시간에 대한 흐름을 이해해야 합니다. 아브람은 엘람을 중심으로 한 연합군과의 전쟁에서 승리하고 돌아오는 길에 멜기세덱 제사장을 만났습니다. 그 후에 하나님께서 아브람의 환상 가운데 나타나셨습니다(창 15:1). 아마도 이때는 한낮의 태양이 작열하는 오후이거나 아니면 이보다 더 앞선 시간이었을 것입니다. 왜냐하면 하나님께서는 언약을 위한 제물을 준비하도록 하셨고(창 15:9), 아브람이 이를 다 준비하고 하나님을 기다리고 있는데 '해 질 때에'(as the sun was setting, NIV) 아브람에게 깊은 잠이 임하고 큰 흑암과 두려움이 그에게 임하였기 때문입니다(창 15:12). 아브람은 환상(in a vision, NIV) 가운데 있었지만 그의 인식력은 잠들지 않았습니다. 의지와 지성, 그리고 감성은 그대로 있었습니다. 의식이나 분별력이 없는 무의식 상태(an ecstasy)에서의 환상이 아닙니다.

12절에서 '해가 질 때'라고 한다면 1절은 분명히 해가 지지 않은 때를 말하는 것입니다. 그러므로 이 언약의 역사적 사건은 오전이나 태양이 그 빛을 발산하고 있었을 때인 정오경이었습니다.

아브람은 여전히 마므레 상수리 숲 부근에 머물고 있었습니다(창 14:13). 상수리 나뭇가지는 울창하게 자라고 있고, 신에게 선택받은 한 영혼 곧 아브람은 우리가 말하거나 추측할 수도 없는 환상(מַחֲזֶה, 마하쩨) 속에서 거룩한 자의 음성을 들었습니다. 그곳 에는 태양이 내리쬐고 상수리나무 그늘은 아브람을 덮어 불볕의 열기를 미풍으로 날려보내고 있었고, 파란 하늘이 아브람을 위안하듯 그의 머리 위에서 맑은 빛 궁창으로 넓게 펼친 파란 비단같이 아브람을 덮어주었을 것입니다. 그곳에 '콜 민-솨마임'(קוֹל מִן־שָׁמַיִם), 하늘로부터 음성(a voice from heaven) 하나가 있었습니다.

모세는 아브람의 전쟁 곧 포로로 끌려간 이들에 대한 구원의 전쟁을 끝낸 이후에, 멜기세덱과 감격적인 만남 이후에, 태양이 내려쬐는 한낮에, 파란 하늘이 비단처럼 펼쳐졌을 정오쯤에 아브람에게 한 환상이 찾아왔음을 이야기하고 있습니다.

① 일반적 서언(창 15:1-4)

고대의 언약은 일반적으로 정해진 틀(a form)을 가지고 있습니다. 그 틀 안에서 제일 먼저 거론되는 것은 '일반적 서언'입니다. 이 서언(서론)은 언약을 체결한다는 일반적인 언약의 도입부 역할을 합니다.

15장 1절은 언약의 서언 역할을 하는 부분으로 아브람에게 선지자의 성격을 더 확고히 하고 있습니다. 왜냐하면 하나님께서 '환상(מַחֲזֶה) 중에' 아브람에게 말씀하셨기 때문입니다. 여기서 '환상'(a vision)으로 읽은 히브리어 '마하쩨'(מַחֲזֶה)는 하나님께서 주시는 '이상'(Vision)을 의미합니다. 마하쩨는 구약성경 안에서 4회 정도만 사용되고 있어서 극히 제한적으로 사용되는 단어입니다. 특히 모세가 이 단어를 세 번 사용하고(창 15:1; 민 24:4, 16), 에스겔 선지자가 단 한 번 사용하지만 부정적인 의미로 사용합니다(겔 13:7). 모세의 경우는 발람의 예언에서 '마하쩨'(מַחֲזֶה)를 사용합니다(민 24:4, 16). 이 '마하쩨'(מַחֲזֶה)는 '보다'(see), 눈이란 감각기관으로 '지각하다', '눈치 채다'(perceive)라는 뜻을 가진 '하짜'(חָזָה)에서 온 말입니다. 이 '하짜'(חָזָה)는 눈으로 보는 것 자체를 의미하지만 이보다는 눈으로 봄으로 지각하여 이해하는 것을 말합니다(출 24:11).

셉투아진트(LXX)에서는 '호라마'(ὅραμα)라고 읽고 있습니다. 헬라어 '호라마'(ὅραμα)는 동사 호라오(ὁράω, to see, to look)에서 파생한 낱말입니다. '호라오'는 어떤 것을 '봄'으로 그것을 인식하는 것 혹은 어떤 지각을 가지고 보는 것을 뜻합니다. 그래서 '호라마'는 '출현', '현상'(appearance)이란 뜻을 가지고 있습니다.

'마하쩨'(מַחֲזֶה)나 '호라마'(ὅραμα)는 어떤 현상의 출현으로 그것을 '보는 것'(a vision)을 뜻하지만 육체적인 기반의 눈으로 볼 수 있는 것을 포함하지는 않습니다. '볼 수 없는 것'을 볼 때에 사용하는 낱말입니다. 그래서 하나님께서 보여주시는 것을 '보는 것'(the Vision)을 의미합니다.

아브람은 육체의 눈으로는 결코 볼 수 없는 현상의 출현으로 그것을 보게 되었습니다. 그러나 이것은 단순히 보는 것으로 그치지 않습니다. 왜냐하면 이 '마하쩨'(מַחֲזֶה) 가운데 아브람의 인격은 존중받고 있기 때문입니다. 아브람은 의사결정에 있어서 분명하게 자기의 목소리를 내고 있습니다. 단순히 보는 것이 아니라 그 '마하쩨'(מַחֲזֶה)에 '참여'하고 있습니다. '참여한다'는 사실은 함께 공동체를 이루는 것을 뜻하며 참여의 기회에 대한 평등, 균등함으로 정의의 문제를 수반합니다. 사실 하나님과 인간의 언약은 처음부터 불가능한 일입니다. 그러나 하나님께서 아브람을 당신의 계획 안에 참여시켜 주심으로 언약은 인격적인 대화, 사귐으로 확장됩니다. '바마하쩨'(בַּמַּחֲזֶה) 곧 '그 이상 안에서'(in the Vision)에서 '하야 데바르-야훼'(הָיָה דְבַר־יְהוָה) 곧 '여호와의 말씀이 있었습니다'(창 15:1). 모세는 '바마하쩨'(בַּמַּחֲזֶה)라고 쓰고 있습니다. 분명히 정관사를 붙이고 있습니다. 또한 동사 '하야'(הָיָה)는 '있다'란 말입니다. 아브람은 볼 뿐만 아니라 들었습니다.

하나님께서는 아브람에게 말씀하셨습니다.

"아브람아 두려워하지 말라 나는 네 방패요 너의 지극히 큰 상급이니라"(창 15:1)라고 말씀하셨습니다. 다시 말해서 '두려워 말라 아브람아, 나는 너를 위한 방패다. 너의 매우 많은 보수다'(שְׂכָרְךָ הַרְבֵּה מְאֹד אַל־תִּירָא אַבְרָם אָנֹכִי מָגֵן לָךְ)라는 뜻입니다. '상급', '보수'(reward)라고 읽는 싸카르(שָׂכָר)는 정당한 노동에 대한 임금(wage)을 뜻합니다. 셉투아진트에서도 미스토스(μισθός)로 같은 의미로 읽습니다. 이는 아브람의 모든 행위(노동)에 대한 정당한 보수가 바로 하나님 자신임을 말하는 것입니다. 환상(Vision) 가운데 아브람은 하나님의 임재의 두려움에 사로잡혔고, 이에 하나님께서는 그의 마음을 위로해 주셨습니다. 무아, 무의식, 몰아의 상태에 빠지는 형태의 환상이 아닙니다. 두려움을 느끼고 위로를 받을 수 있는 의식이 존재하는 상태에서 하나님과 대화(사귐)를 나눌 수 있는 환상(vision) 곧 '마하쩨'(מַחֲזֶה)입니다.

위로와 더불어 하나님께서는 아브람에게 '나는 너의 많은 보수다'(your very great reward, NIV)라고 말씀하셨습니다. 아브람이 얻은 것은 세상의 물질이 아니라 바로 하나님과의 만남(사귐) 그 자체였습니다. 이 '환상 가운데' 주님의 음성, 하늘로부터의 음성(קוֹל מִן־שָׁמַיִם, a voice from heaven), 성령의 말씀을 듣는 것은 선지자의 한 특징입니다. 하지만 아브람은 자신의 불편한 마음을 감추지 않고 말했습니다.

"주 여호와여 무엇을 내게 주시려 하나이까 나는 자식이 없사오니 나의 상속자는 이 다메섹 사람 엘리에셀이니이다"(창 15:2)라고 아브람은 하나님께 말했습니다. 비록 환상(מַחֲזֶה, 마하쩨)이지만 아브람은 자신의 감정과 생각을 표현하고 있습니다. 특히 아브람은 이미 자신이 받은 약속이 실현되지 않았음을 주장하고 있습니다. 약속에 대한 이행을 요구하는 아브람의 상태는 분명히 인격적인 관계를 보여주고 있습니다.

아브람의 대답은 '나에게 무엇을 주실 것인가?'(מַה־תִּתֶּן־לִי)에 대한 질문이 아니라 '왜 나에게 주시기로 한 약속을 이행하지 않으시고 또 다른 무엇을 주시려고 하십니까?'라고 묻는 것입니다. 사실 아브람은 75세의 나이에 하나님의 약속을 믿고 새로운 생활을 시작했습니다(창 12:4). 그런데 〈창세기〉 17장 1절에 아브람의 99세 때의 기록이 있고 그는 이때까지 아직 아들을 얻지 못했습니다. 아브람은 하나님의 약속에 근거해서 하나님께 항변하고 있는 것입니다. 자신의 욕망이나 야망을 추구하는 것이 아니라 오직 하나님의 약속 안에서 그 약속이 성취될 것을 항변하고 있는 것입니다. 아브람은 오직 하나님께서 주신 미래를 현재의 삶에 그대로 투영했습니다. 그러나 그 현실은 아직도 먼 미래로 그대로 남아 있는 것처럼 아브람의 현실에서는 불가능성만 더 강해지고 있습니다. 이런 상황에서 더 기다릴 수도 있습니다. 견인(堅忍, perseverance), 곧 참고 인내하는 삶은 죽는 순간까지 지속됨을 압니다.

그런데 하나님께서 "나는 네 방패요 너의 지극히 큰 상급이니라"(창 15:1)라고 말씀하심으로 옛 약속의 내용이 변경된 것인지 아닌지를 확인할 필요가 있었습니다. 이전의 약속을 근거로 아브람은 "주께서 내게 씨를 주지 아니하셨으니 내 집에서 길린 자가 내 상속자가 될 것이니이다"(창 15:3)라고 하였습니다. 여기서 '길린 자'란 표현은 '집안 아들'(one born in my house, KJV)이란 표현으로, 자신의 직접적인 '씨'가 아니라 공동체 안에서 결정된 후계자를 의미하는 것입니다. 이미 언급했지만 아브람은 1천여 명으로 구성된 공동체를 이끌고 있었습니다. 그리고 이 공동체는 신약의 공동체를 예표하고 있습니다. 비록 이집트에서 얻은 종들이지만 아브람은 교육을 통해서 새로운 관계를 구성하고 있었습니다. 바로 이 공동체 안에서 아브람의 일을 함께한 제자 격이었던 인물이 '다메섹 출신의 엘리에셀(אֱלִיעֶזֶר)'입니다(창 15:2). '엘리에셀' 곧 '엘리에쩨르'(אֱלִיעֶזֶר)는 '하나님의 도움'이란 뜻으로 아마도 이 이름으로 보아 아브람이 그의 이름을 붙여 주며 교육했던 인물로 보입니다.

하나님께서는 "그 사람이 네 상속자(your heir, NIV)가 아니라 네 몸에서 날 자가 네 상속자가 되리라"(창 15:4)라고 대답하셨습니다.

오직 아브람의 몸에서 태어난 아브람의 씨(זֶרַע, 쩨라)만이 그 상속권을 가질 수 있습니다. 결코 엘리에셀은 상속자가 될 수 없습니다. 하나님께서는 과거의 그 약속을 변경하지 않으십니다. 이를 위해서 아브람을 장막 밖으로 이끌어내셨습니다(창 15:5). 비록 마하쩨(מַחֲזֶה, vision) 가운데 있었던 일이지만 아브람은 실제로(in fact) 하나님의 이끌림에 의해서 장막 밖으로 인도되었을 것입니다. 왜냐하면 '마하쩨'(מַחֲזֶה)는 그저 단순한 환상 속(in a vision)에서만 이루어지는 것이 아닙니다. '마하쩨'(מַחֲזֶה)는 하나님께만 받는 환상(the Vision)으로 육체의 눈으로 볼 수 없는 현상이 나타난 것을 보는 것, 지각(知覺)하는 것입니다. 다시 말해서 꿈결같이 밖으로 나갔다는 말이 아니라 실재적이고 현실적으로 밖으로 나갔다는 뜻입니다.

② 역사적 서언(창 15:5-8)

일반적 서언 다음에는 역사적 서언을 밝힙니다. 여기서는 이 언약이 체결되는 역사적 배경을 다룹니다. 그래서 모세는 이 부분에서 아브람 언약이 체결되는 과정을 비교적 상세히 기록하고 있습니다. 특히 역사를 기록하기 위해서 '사건'과 그 사건에 대한 '대화'를 모두 기록하고 있습니다.

언약의 체결 과정은 두 부분으로 구성되어 있습니다. 하나는 씨 곧 아브람의 후손에 관한 약속입니다(창 15:5-6). 다른 하나는 밭 곧 약속의 땅에 관한 것입니다(창 15:7-8). 이 두 가지는 이미 과거에 약속하신 언약을 다시 확증하는 의미가 있습니다. 그래서 사실상 과거를 현재에 다시 확증하는 과정으로 역사적 확증이라고 말할 수 있습니다.

씨에 대한 약속: 파란 하늘에서 찬란한 별무리를 보다

아브람이 장막 밖으로 나올 때 하늘은 파란 빛을 자랑하듯이 청명했습니다. 태양은 눈부시도록 강렬하게 내리쬐고 있었으며 공동체의 일원들은 노동하러 먼 곳까지 가서 일을 하고 있었을 것입니다. 어떤 이들은 가축을 돌보고, 또 어떤 이들은 밭에서 농사와 과수를 돌보고 있었을 것입니다. 선한 전쟁과 성실한 노동, 그리고 제단 앞에 선 경건한 예배는 아브람의 공동체를 표현하는 가장 적절한 말들일 것입니다. 아브람은 신앙생활에 유익한 방향으로 이주해 왔고 이는 경건한 예배생활을 중시했음을 알 수 있는 부분입니다. 선한 싸움(딤전 6:12; 딤후 4:7), 성실한 노동(살전 4:11; 약 2:22), 그리고 어떤 어려움이나 시련 앞에서도 묵묵히 참고 인내하며 제단 앞에서 주님을 섬기는 예배의 삶(마 4:10; 눅 4:8; 롬 12:11)은 현존하는 교회의 삶입니다.

또한 그는 적지 않은 공동체의 생계를 책임지기 위해서 성실한 노동을 했음이 분명합니다. 게다가 형제의 어려움을 결코 외면하지 않고 전쟁에 참여하여 그를 구원하기도 했습니다. 물론 하나님께서 아브람에게 의로움과 공정함의 길 곧 여호와의 길을 명령하도록 지시하셨기 때문에 이 모든 일을 의로움과 공정함 가운데에서 실천했을 뿐만 아니라 종들에게도 교육했을 것이 분명합니다. 그렇게 아브람은 파란 하늘 아래에 서 있었습니다.

그리고 하나님께서는 아브람에게 '그 파란 하늘에서 반짝이는 수많은 별무리를 보라'고 하셨습니다. 이 일을 모세는 "하늘을 우러러 뭇별을 셀 수 있나 보라 또 그에게 이르시되 네 자손이 이와 같으리라"(창 15:5)라고 기록하고 있습니다. 역사의 진실은 항상 사건(일, 행위)과 말(대화)이 있어야만 파악할 수 있습니다. 역사는 시간과 문자(글)의 학문입니다. 모세는 역사를 기록하고 있으며, 우리의 작업은 역사 해설적 작업에 지나지 않습니다. 역사를 쓰는 것이 아니라 고대의 한 역사가에 의해서 기록된 역사책을 오늘날의 언어로 해설하는 것에 불과합니다.

하나님의 말씀은 간접적 형태로 주어집니다. 다시 말해서 '너의 자손이 많다'라고 말씀하시는 대신에 별 하나 없는 한낮의 파란 하늘에서 뭇별들에 비유해서 "네 자손이 이와 같으리라" 곧 '너의 씨'(זַרְעֶךָ)가 '한낮에 태양이 내리쬐고 있는 파란 하늘의 별이 셀 수 없을 만큼 많은 것처럼 그렇게 많을 것이라'고 다시 한 번 약속을 확정해 주셨습니다(창 15:5). 아브람은 그 파란 하늘에서 진정으로 그 수많은 별무리를 보았습니다. 모세는 이 장면을 "아브람이 여호와를 믿으니 여호와께서 이를 그의 의로 여기셨다"라고 쓰고 있습니다(창 15:6). 여기서 '믿다'라고 독해한 히브리어는 아만(אָמַן)입니다. 우선 이 아만(אָמַן)의 문제를 먼저 해결해야 합니다. 왜냐하면 우리의 작업이 시간과 문자의 작업이므로 우리는 최소단위인 낱말에 대한 이해를 확보해야 하기 때문입니다.

히브리어 아만(אָמַן)은 든든하고 견고하게 선다는 의미에서 '진실하다'(창 42:20), '충성하다'(민 12:7)로 읽을 뿐만 아니라 '믿다'(출 4:1)라고 독해합니다. 그런데 모세는 여기서 아만(אָמַן) 동사의 히필형(사역능동형)인 헤에민(הֶאֱמִן, believe, think)을 쓰고 있습니다. 그리고 바로 뒤따르는 전치사구(prepositional phrase)로 '여호와 안에서'(בַּיהוָה, in Lord)가 함께 등장합니다. 그래서 본문이 말하는 바는 다음과 같습니다. '아브람이 여호와께서 하신 말씀 안에서 견고하게 흔들리지 않고 굳건히 서 있다'라는 의미입니다.

굳건히 서 있지 못하고 흔들리며 비틀거리는 것은 '믿음'이 아닙니다. 어떤 유혹이 왔기 때문에 그것을 핑계 삼아 유혹에 넘어가는 것을 '충성'이나 '진실'이라고 말할 수 없는 것처럼 이를 '믿음'이라고 말하지 않습니다. 히브리어 아만(אָמַן)에서 파생한 낱말 가운데 '아멘'(אָמֵן)이 있습니다. 이는 견고하고 확실하다는 의미에서 '진실로', '확실히', '정말로'라는 부사형입니다. 사실상 이 '아멘'(אָמֵן)은 번역이 불가해(不可解)해서 셉투아진트에서 그냥 '아멘'(ἀμήν)이라고, '진실로'라고 읽습니다. '아멘'(ἀμήν)은 하나님 말씀 안에 서 있는 믿음이며 '진실함'을 의미합니다.

아브람이 경험하고 판단할 수 있는 현재 상황은 '자식이 단 한 명도 없다'는 사실입니다. 게다가 그의 나이는 이미 90세쯤이고 아내 사래 역시 80세가량으로 자식을 출산한다는 것은 불가능한 상황으로 절대적인 불임의 상태에 있습니다. 그러나 아브람은 자신의 모든 판단과 이성적 분석, 감정적인 불안감을 모두 버리고 오직 하나님의 말씀으로 인하여 눈에 보이지 않는 자신의 씨들, 곧 별처럼 많을 자녀들을 눈으로 보는 것처럼 확실히 흔들림 없이 서 있습니다. 진정으로 "믿음은 바라는 것들의 실상이요 보이지 않는 것들의 증거"(히 11:1)라고 하였습니다. 아브람은 눈에 보이지 않는 것들의 실상(substance, KJV) 곧 휘포스타시스(ὑπόστασις)를 진실로 보았습니다.

아브람의 이러한 '견고함'에 대해 하나님께서는 '아브람의 의로움' 곧 '쩨다카'(צְדָקָה)라고 말씀해 주셨습니다(창 15:6). 우리는 앞에서 이미 〈창세기〉 18장의 내용을 보고 왔습니다. 지금 15장을 다루고 있지만 18장의 내용을 여기서 언급한다면, 하나님께서 아브람을 선택하신 이유가 바로 이 쩨다카(צְדָקָה) 때문이었으며, 약속의 성취를 위한 노력으로 아브람이 해야 할 일이 바로 이 쩨다카(צְדָקָה)였음을 밝히셨습니다(창 18:19). 왜냐하면 '의로운 씨'를 얻기 위한 것은 그저 '씨를 얻는 것'보다 더 중요하기 때문입니다. 그래서 이 쩨다카(צְדָקָה)는 성경의 가장 중요한 주제 가운데 하나입니다. 아니, 하나님께서는 바로 이 쩨다카(צְדָקָה)를 계시하신 것입니다. 이제 우리는 쩨다카(צְדָקָה)에 대한 새로운 국면에 접어들었습니다. 이를 위해서 우리는 일반적인 의미에서 쩨다카(צְדָקָה) 곧 정의의 문제를 이해해야 합니다. 그리고 이 문제는 이미 앞에서 정의가 '빵의 분배' 문제라는 아티스토텔레스(Aristoteles, 주전 384-322) 철학을 계승한 철학적 입장을 언급했습니다. 그러나 모세는 쩨다카(צְדָקָה)를 빵의 분배가 아니라 '믿음'의 문제로 이야기합니다. 그래서 우리는 쩨다카(צְדָקָה)의 문제를 물질적(physical)인 '빵의 분배' 문제에서 초극해서 보다 추상적이고 초월적인 쩨다카(צְדָקָה)에 대한 심성(心性, mentality)을 그려야 합니다. 이를 위해서 '믿음'에 대한 철학적 관점에서부터 이야기를 시작해야 할 것 같습니다.

도덕철학적 관점에서 본다면 '신념(belief)이 선(good)을 형성한다'고 말할 수 있습니다. 아직까지 인간은 '선'(善, good)이 무엇인지 규정하지 못하고 있습니다. 단지 이 '선'은 단순한 것으로 즉 '노랑'이나 '파랑'처럼 단순한 것으로 더 이상 분석(analysis, 분해)할 수 없는 것으로, 정의내릴 수 없다고 보고 있습니다. 철학의 분석(analysis)은 무엇인가 혼합되어 있어서 그것을 단순한 것으로 분해하는 작업인데 '선'은 너무나 단순하기 때문에 분석의 대상이 되지 않는다는 점에 의견이 모아지고 있습니다. 그러나 분명한 것은 이 '선'의 개념이 무엇인지 확정할 수는 없지만 이것이 현존하는 인간이 가지는 개인적 혹은 집단적 신념(belief)에 의해서 형성된다는 점입니다. 예를 들어 19세기 러시아 소설에 등장하는 한 인물을 보면, 그는 장군으로 막대한 부와 권력을 가지고 있었는데 자신의 '하인들을 마음대로 죽이고 살릴 수 있는 권한을 가졌다고 확신하는 그런 족속들' 중의 한 사람으로 등장합니다. 그런데 어느 날 여덟 살 먹은 한 사내애가 돌팔매질을 하다가 잘못 던져 장군의 개의 다리에 상처를 입히는 일이 생겼습니다. 이 장군은 그 아이를 어머니에게서 빼앗아 창고에 밤새 가두었다가 이튿날 아침에 모든 하인들을 모아놓고, 그 사내아이를 발가벗겨서 몰이꾼들에게 아이를 몰게 하곤 사냥개를 풀었습니다. 사냥개들은 어머니가 보는 앞에서 무슨 짐승을 쫓듯 달려가서 순식간에 어린 아들을 갈기갈기 찢어 버렸습니다. 이 장군은 자신이 악을 행한다고 생각하지 않았습니다. 왜냐하면 그의 신념이 이 모든 일을 성실하게 이행하도록 만들었기 때문입니다.

소설에서 이 장군은 금고형인가 뭔가를 받았다고 합니다. 그러나 만약에 장군과 동일한 신념을 가진 왕이나 귀족들이 지배하고 있는 곳이라면 이런 일은 환희와 축배의 함성이 하늘까지 들렸을 것입니다. 문제는 선과 악의 분별이 아닙니다. 문제는 신념 곧 '그가 무엇을 믿고 있는가'의 문제입니다. 아니, 보다 정확하게 말해서 '누구를 믿고 있는가'의 문제입니다. 러시아의 소설가 도스토예프스키(Fyodor Dostoyevsky, 1821-1881)가 신념(믿음)과 선악의 개념 사이의 관계를 이야기하기 위해서 한 이야기는 아닙니다. 그러나 우리는 이런 간접적인 방식 혹은 추상적인 방식에서 '보다 깊은', '보다 높은' 곧 배후의 것에 대한 이해에 도달할 수 있습니다.

아브람의 신념 곧 '아브람은 누구를 믿었는가?'는 아브람의 선과 정의의 개념 형성에 결정적 의미를 가지게 합니다. 모세는 이 부분에서 '여호와 안에서'(בַּיהוָה) 믿었다고 함으로 아브람의 도덕적 관념이 바로 '하나님' 곧 창조주 하나님에 대한 의존감(依存感)에서 일어나는 정의감(正義感, a Sense of justice)이라고 말할 수 있을 것입니다. 이는 '하나님의 데레크'(דֶּרֶךְ, Way)와 동일시되는 것입니다. 진정으로 '믿음으로 의롭다'(justified by faith, KJV)라는 사실은(롬 5:1) 믿음을 통해서(through faith, NIV) 형성된 '정의감'(a Sense of justice)으로 살아가는 것임을 도덕 철학적으로 이해할 수 있습니다. 그렇기 때문에 무엇을, 누구를 믿는가가 정의를 결정합니다.

아브람은 쩨라(זֶרַע, 씨)의 문제에 있어서 '하나님 안에서 믿음으로' 흔들림 없이 견고히 서 있었습니다. 이것은 아브람의 믿음이었으며 하나님께서는 이 견고한 '믿음'을 그의 쩨다카(צְדָקָה)라고 판단하셨습니다. 또한 본문에서 '의로 여기다'에서 동사 '여기다'(reckoned, NASV)라는 말은 '생각하다'(consider, think)란 뜻을 가진 히브리어 하솨브(חָשַׁב)입니다. 다시 말해서 아브람이 하나님 안에서 그분의 말씀을 믿고 확신을 얻은 그 신념(믿음)에 대해서 정의로 '생각하셨다'는 의미입니다. 하나님의 말씀과 그 약속은 비록 먼 미래의 어느 날에 관한 것이지만 그 미래의 약속이 '지금' 곧 현재의 삶에 그대로 투영될 수 있는 이유가 있습니다. 육체적(physical)으로는 보이지 않는 파란 하늘 위의 별들에 대해서 하나님의 말씀을 이성적으로 충분히 이해하여 지적이고 이성적인 동의(the same meaning)를 하고, 감정적 동감(the same feeling, sympathy)을 하는 것입니다. 뿐만 아니라 창조주 하나님에 대한 자신의 '의존하고 있는' 의지에 따른 동의(the same opinion, agreement)를 가진 믿음, 곧 인식(conscience)의 견고함에 따른 것이기에 미래의 약속이 현재의 삶에 투영될 수 있는 것입니다.

쩨다카(צְדָקָה)는 빵의 분배 문제로 국한될 수 없습니다. 왜냐하면 현존하는 인간은 내적인 동의 없이 외적인 강제력, 예를 들어 법적(in the eye of the law) 강제력에 의해서 '빵의 분배' 문제를 해결할 수 있습니다. 유대의 바리새인 전통에서 발견할 수 있는 것처럼 사회의 체계적(systematic)인 틀 안에서 '빵의 분배'를 정의롭게 만들 수 있습니다. 이때 법(a laws)의 강제력은 절대적 가치를 가지며 종교적, 도덕적 신념을 바탕으로 모든 삶(생명, a life)을 정의에 부합하게 유지할 수 있습니다. 유대인들의 제2십일조는 이러한 강제적 법의 체계성으로 얻은 성과물이라고 말할 수 있습니다. 그러나 이런 물질적인 해결책은 결국에는 눈에 보이지 않는 초월적이고 내적인 '하나님의 데레크'(דֶּרֶךְ, Way)를 물질화(materialization)하여 눈에 보이게 하는 것입니다. 이것은 우상을 만드는 작업입니다. 사랑을 강제적이고 강압적으로 정한 법질서 테두리 안에서 보다 고결한 삶을 기대할 수는 없습니다.

추상적인 것을 구체화(materialization)하는 것으로 형체를 부여하는 것은 우상을 만드는 것입니다. 아론이 "내가 불에 던졌더니 이 송아지가 나왔나이다"(출 32:24)라고 말한 것처럼 추상적인 것을 구체화, 사물화(materialization)하게 되는 것은 우상을 만들어내는 것입니다. 분명히 십일조에는 제2십일조의 성격이 있습니다. 그러나 그것은 어디까지나 사랑과 정의와 믿음의 내적인 것입니다. 이를 법적인 문제로 해결하려는 것은 '타락'입니다. 높은 곳에서 보다 낮은 곳으로 떨어지는 것, 추상적인 것이 구체적으로 떨어지는 것입니다. 우리는 '빵의 분배' 문제를 다루는 정의 문제에 있어서 보다 추상적(abstract)으로 접근해야 합니다. 바로 '믿음으로'(by faith) 법을 더욱 견고하게 하는 것입니다. 사도는 "우리가 믿음으로 말미암아 율법을 파기하느냐 그럴 수 없느니라 도리어 율법을 굳게 세우느니라"(롬 3:31)라고 하였습니다.

체계적(systematic)인 틀 안에서는 모든 것을 대체가능성으로 전락시킵니다. 그래서 약속을 할 수 있는 인격적 인간 존재는 사라지고 법적 체계 안에서 원활하게 이동하는 사물화(materialization)된 그 무엇만 남게 됩니다. 인격과 개성을 가진 인간이 존재하지 않게 됩니다. 한 철학자는 이렇게 말했습니다. "사람들이 불행한 것은 그들이 추상을 할 수 없기 때문이다." 눈을 전환하는 것, 곧 추상(abstraction)의 능력은 훈련에 의해서만 획득될 수 있는 마음이라고 말했습니다(임마누엘 칸트, 《실용적 관점에서 본 인간학》, 1장 3절). 눈에 보이지 않는 것들에 대하여 시선을 집중하는 것, 주의를 하는 것(attention)은 의식적 노력이 요구됩니다.

한낮의 파란 하늘 아래에서 오직 말씀(약속, 언약)을 자신 안에 믿음으로 확증하는 것은 우리의 삶이 쩨다카(צְדָקָה)에 다가서는 가장 쉬운, 그러나 가장 위대한 방법입니다. 믿음이 없이는 결코 쩨다카(צְדָקָה)에 다가설 수 없습니다. 바리새인들처럼 외적인 가치를 추구하는 것은 오히려 쩨다카(צְדָקָה)를 타락시키는 죄의 길입니다. 그리고 믿음이 그렇게 중요하다면 이제는 우리가 '무엇을', '누구를' 믿는지 명확하게 인식해야 합니다. 과연 우리가 믿는 그분도 우리와 같이 이 세상의 즐거움을 낙원이라고 말할까요? 성경은 롯의 사고를 허락하지 않습니다.

밭(땅)에 대한 약속: 무엇으로 알리이까?

아브람에게 주신 약속은 두 가지 방향에서 이루어졌습니다. 하나는 아브람의 씨, 곧 후손에 관한 것입니다. 그리고 다른 하나는 아브람에게 줄 땅(밭)에 관한 것입니다. 이 두 가지 약속을 공적인 관계로 언약을 체결하심으로써 하나님께서는 과거의 당신의 약속을 더욱 견고히 하셨습니다(창 12:7). 미래로 초대하는 이 약속과 언약에서 아브람은 씨에 관해서 분명히 '믿음'으로 자신의 '의로움'을 입증했습니다.

모세는 다시금 땅(밭)에 대한 약속을 이야기합니다(창 12:7, 15:7-8). 그런데 하나님께서는 이 약속을 언급하시면서 역사적인 사건을 상기시키고 계십니다. 하나님께서는 아브람에게 "나는 이 땅을 네게 주어 소유를 삼게 하려고 너를 갈대아인의 우르에서 이끌어낸 여호와니라"(창 15:7)라고 말씀하셨습니다.

하나님께서는 아브람을 하란이 아니라 '갈대아인의 땅 우르에서부터 이끌어내었다'고 말씀하십니다. 아브람의 여행은 처음부터 하나님께서 뜻하신 것이며, 이 역사적 언급으로 아브람의 삶 자체가 나그네의 삶이라는 것에 대한 이해를 이끌어냅니다. 이 과거의 일을 상기함으로써 아브람은 더욱 견고한 믿음에 도달할 수 있었을 것입니다. 하지만 아브람은 전혀 다른 대답을 합니다.

"주 여호와여 내가 이 땅을 소유로 받을 것을 무엇으로 알리이까?"(창 15:8)라고 아브람이 하나님께 물었습니다. 이 말이 의미하는 바는 다음과 같습니다. "주 여호와여, 주께서 이 땅을 나에게 주실 것을 내가 어떻게 알 수 있겠습니까?"(현대인의 성경, 창 15:8). 이 말은 아브람이 확고하게 서 있지 못함을 반영하는 것입니다. 아마도 메소포타미아 지역의 연합군과 가나안 땅의 연합군 사이의 커다란 전쟁에서 승리한 이후에(창 14장) 어떤 식으로든 '땅'에 대한 갈등이 아브람의 마음에 자리 잡고 있었던 것으로 보입니다. 이제 하나님께서는 언약이란 방법으로 '이 땅'의 문제를 다시 약속하여 아브람의 마음에 확증을 주시려고 하셨습니다. 왜냐하면 믿음은 보이지 않는 것들의 확증(the evidence, KJV)이기 때문입니다(히 11:1). 하지만 아브람은 땅의 문제에 있어서 확고히 서 있지 못하고 있습니다.

아브람의 언약에서 '씨'에 대한 견고한 믿음과 '땅'(밭)에 대한 견고하지 못한 모습이 드러납니다. 이러한 아브람의 모습은 이후 성경 전체를 이끄는 하나의 주제로 '씨'와 '밭'의 경쟁 구도와 조화의 구도로 나타나게 됩니다. 예를 들어, 다윗 왕의 계보는 남자(씨)가 모두 죽음으로(룻 1:1-5) 여인들(밭)이 가계를 계승하게 됩니다(룻 4:17-22). 반대로 베냐민 지파의 경우는 여자들이 다 죽고 지파 전체에서 남자만 600명 생존하게 됩니다(삿 20:47-21장). '여자'(밭)만 살아남은 유다 지파의 다윗 왕의 가계와 '남자'(씨)만 살아남은 베냐민 지파의 사울 왕 가계의 경쟁 구도는 왕국 시대의 가장 큰 특징으로 등장합니다.

또한 우리 주 하나님 예수 그리스도께선 '씨 뿌리는 자의 비유'를 통해서 '씨'의 중요성이 아니라 '그 밭'이 얼마나 좋은 밭인가에 따라서 다른 결과를 초래함을 말씀하셨습니다(마 13:3-23). 하지만 곧바로 자신의 밭에 두 개의 씨 곧 '좋은 씨'와 '원수가 뿌린 가라지'의 비유가 등장합니다(마 13:24-30). 주님께서는 먼저 '같은 씨'(좋은 씨)에 서로 '다른 밭'으로 비유하셨습니다. 그리고 곧바로 '같은 밭'에 서로 '다른 씨' 곧 좋은 씨와 가라지를 비유하셨습니다. 씨와 밭은 다 중요합니다. 왜냐하면 아브람의 언약이 씨와 땅(밭)에 관한 것이기 때문입니다.

아브람이 '땅'에 관한 문제에서 확고한 믿음을 고백하지 못한 것을 계기(契機)로 횃불 언약이 체결됩니다. 이 언약의 규례 부분(창 15:9-11)을 보기 이전에 "나는 이 땅을 네게 주어 소유를 삼게 하려고 너를 갈대아인의 우르에서 이끌어 낸 여호와니라"(창 15:7)라는 말씀에 대해서 생각할 것이 있습니다.

모세는 〈출애굽기〉에서 십계명을 기록할 때에 "나는 너를 애굽 땅, 종 되었던 집에서 인도하여 낸 네 하나님 여호와니라"(출 20:2)라는 표제부를 붙이고 있습니다. 또한 〈신명기〉에서도 같은 표제가 붙어 있습니다(신 5:6). 이 표제부는 중요한 역할을 하는데, 그것은 바로 이 십계명은 결코 멸시받거나 무시되지 않아야 한다는 것을 말하기 때문입니다. 이 세상의 현존하는 인류가 '십계명'을 멸시한다고 하여도 '너희들' 곧 하나님께서 종살이하던 이들에게 부여하신 자유를 받은 이들은 자유를 주신 분의 말씀에 순종해야 합니다. 십계명을 멸시하거나 무의미하게 만들어서는 안 됩니다. 그래서 하나님께서는 바로 십계명이 하나님의 뜻임을 선언하심으로 십계명을 모든 신앙하는 이들이 바르게 순종하고 지켜야 하는 하나님의 말씀임을 선언하셨습니다. 특히 하나님께서는 이 십계명을 지키는 이들이 바로 종살이에서 자유를 얻은 자들이라고 선언하심으로 이 계명이 자유자들의 삶이라고 선언하셨습니다.

그런데 하나님께서는 대단히 유사한 방식으로 아브람에게도 이런 말씀을 하셨습니다. 아브람을 우상숭배의 땅에서 이끌어내셨고(수 24:2-3), 약속의 땅을 주시기 위해서 아브람을 메소포타미아 우르에서 이끌어내셨습니다. 이와 평행(parallelism)하게, 하나님께서는 이스라엘 백성들을 종살이하던 땅에서 이끌어내셨고 약속의 땅을 주셨습니다. 이러한 평행은 모세가 이스라엘의 삶의 여정을 아브람의 삶의 여정과 동일시하였음을 보게 합니다. 왜냐하면 아브람의 후손이라면 '하나님의 데레크'(דֶּרֶךְ)를 지켜야 했으며, 이는 바로 아브람이 걸었던 그 길(דֶּרֶךְ)을 걷는 것이기 때문입니다. 십계명은 쩨다카(צְדָקָה)에 관한 사랑의 계명입니다.

③ 언약의 규례(창 15:9-11)

위에서 언약의 일반적 서언과 역사적 서언의 틀을 구비했다면 이제 실질적인 언약 체결을 위한 '지켜야 할 것들'이 등장합니다. 그리고 반드시 '지켜야 한다'는 의미에서 이를 언약적 규례, 삶의 모범이 되는 법이라고 말합니다. 여기서는 언약 체결을 위한 외적인 규범이 중요하게 작용합니다. 이를 위해서 하나님께서는 아브람에게 언약을 체결하기 위한 제물을 준비시키셨습니다. 곧 "나를 위하여 삼 년 된 암소와 삼 년 된 암염소와 삼 년 된 숫양과 산비둘기와 집비둘기 새끼를 가져올지니라"(창 15:9)라고 아브람에게 말씀하셨습니다.

아브람은 하나님의 지시에 따라서 그대로 순종했습니다. 그런데 모세는 아브람이 희생제물을 "그 중간을 쪼개고 그 쪼갠 것을 마주 대하여 놓고 그 새는 쪼개지 아니하였다"라고 쓰고 있습니다(창 15:10). 이는 하나님께서 지시하신 바와 같은 내용으로 압니다. 왜냐하면 언약을 체결할 때에 아브람이 하나님의 지시 없이 자기 임의대로 희생을 드렸다고는 생각할 수 없기 때문입니다. 아브람은 하나님의 뜻에 따라서 언약의 희생제물을 준비하였을 것입니다. 한편 하나님께서는 당신을 위한 희생제물들에 대해서 '메슈라쉬'(מְשֻׁלָּשׁ)란 낱말을 번갈아 붙이셨습니다. 이를 미드라쉬(the Midrash)에서는 스페인 출신 이븐 에즈라(Ibn Ezra, 1089-1167)의 주석에 따라서 '삼 년 된' 희생제물로 읽습니다. 이는 훗날 모세가 〈레위기〉를 받아쓸 때에 희생제물에 대한 일정한 한계선을 제공한 것으로 보입니다.

여하튼 아브람은 희생제물의 중앙을 쪼개어 놓았습니다. 여기서 '쪼개다'(בָּתַר, 바타르, cut in pieces)라는 것은 쪼갠 것이 서로 부합(附合)하는 것처럼 언약 당사자 사이에 체결된 것이 쌍방에게 모두 합당한 것임을 상징합니다. 또한 언약을 위반할 경우에는 쪼개진 희생제물처럼 자신의 생명을 쪼개도 됨을 의미합니다. 다시 말해서 언약의 희생제물이 상징하는 것은 목숨을 건 언약으로 목숨을 걸고 지킬 것에 대한 다짐의 뜻입니다. 고대사회에서의 언약은 그저 어길 수도 있는 그런 약속을 말하는 것이 아닙니다. 이것은 살아서 약속을 이행하거나 아니면 죽어서 이행할 수 없게 되거나에 대한 의미일 따름입니다. 바울 사도는 "형제들아 내가 사람의 예대로 말하노니 사람의 언약이라도 정한 후에는 아무도 폐하거나 더하거나 하지 못하느니라"(갈 3:15)라고 하였습니다. 이 말은 사람이 약속한 것도 결코 어기거나 변경할 수 없는데, 하물며 하나님의 약속을 어기거나 변경하는 것이 있을 수 있겠느냐는 의미입니다.

아브람이 준비한 제물을 보면 암소, 암염소, 숫양과 산비둘기와 집비둘기들입니다. 이들 제물을 보면 〈레위기〉의 번제의 제물들과 유사함을 읽을 수 있습니다. 〈레위기〉를 보면 소(레 1:3), 양과 염소(레 1:10), 그리고 산비둘기와 집비둘기(레 1:14)가 번제물로 등장합니다. 물론 약간의 차이는 있습니다. 〈레위기〉에서는 수컷으로 규정하셨으나 아브람의 경우는 암컷(밭)으로 정하셨습니다. 물론 양의 경우는 수컷으로 하셨습니다. 여하튼 〈레위기〉의 제사제도는 비록 외적이며 형식적인 제사제도를 지시하신 것이지만 이는 〈창세기〉를 알고 있는 이들이라면 누구든지 아브람의 언약을 상기할 수 있도록 내적인 일에 주의를 기울이도록 만들고 있습니다. 그래서 〈레위기〉에서 소, 염소와 양의 제물은 아마도 3년 된 제물을 사용했을 것으로 보입니다. 다시 말해서 너무 늙거나 혹은 너무 어린 것이 아니라 3년 정도 된 제물이 사용되었을 것입니다. 왜냐하면 〈레위기〉에서는 몇몇 경우를 제외하고는 제물의 연수에 대한 언급이 없습니다. 그러나 악한 마음으로 늙은 제물을 바칠 수는 없는 문제입니다. 모세 때에 희생제물을 바치는 제사인이라면 3년 정도 된 제물을 준비했을 것이며, 이때에 과거에 대한 회상으로 아브람의 언약을 충분히 상기했을 것입니다. 다시 말해서 외적인 〈레위기〉도 여전히 내적인 문제를 유지하고 있어야만 타락의 길을 면할 수 있습니다. 타락은 사물화(materialization) 곧 우상을 만든 것입니다. 분명한 것은 〈레위기〉의 제사제도가 자신의 잘못에 관한 것으로(레 4:13) 이는 아브람의 흔들림이라는 연속성에 안에서 이해될 수 있다는 점입니다.

희생제물에서 우리는 '집비둘기'(גּוֹזָל, 고짤)가 있음을 압니다. 이는 아마도 가난한 이들을 위한 제물로 보입니다. 가난한 이들도 제단 앞의 삶을 위해서 집 안에서 집비둘기를 기르는 마음이 요구됩니다. 만약에 집비둘기마저 기를 수 없을 정도로 가난하다면 산에서 산비둘기라도 잡아와야 합니다. 피가 없이는 죄 사함도 없습니다(히 9:22). 여기서 '피'를 물질화(materialization)의 타락에서 벗어나 초월적이며 추상적인 '피'로 이해한다면 '그리스도의 사랑(희생) 없이는 죄 사함은 결코 없다'는 것을 알 수 있습니다. 모든 아브람의 후손들은 자신의 마음에 집비둘기 하나는 기르고 있어야 합니다. 이런 삶의 여유마저 잃은 마음이라면 산비둘기라도 찾을 삶의 태도가 필요합니다.

히브리어 고짤(גּוֹזָל)은 매우 특별한 낱말입니다. 이는 성경에서 단 두 번 사용되고 있는데, 〈신명기〉에서는 아주 어린 새끼 새를 의미합니다(신 32:11). 고짤(גּוֹזָל)은 어린 새끼 새(a young pigeon, NIV)로 읽어서 비둘기(a dove, NIV)와 구별합니다. 아마도 고짤(גּוֹזָל)은 〈신명기〉에서 읽고 있는 것처럼 아직 날지 못하는 아기 새를 의미하는 것으로 보입니다. 희생제물을 얻을 수 없을 정도로 가난하고 궁핍한 사람이 있다면 그 사람은 들이든 산이든 찾아가서 아직 날갯짓도 못하는 아기 비둘기 새끼라도 가지고 올 것을 말씀하신 것입니다.

모세는 아브람이 제물을 준비한 이후에 일정한 시간이 흘렀음을 말하고 있습니다. 곧 희생제물이 있는 곳에 솔개가 그 사체 위에 내려왔습니다. 이에 아브람은 태양이 파란 하늘을 스치며 서쪽으로 미끄러져 붉은 장밋빛으로 물들도록, 석양이 지도록 솔개를 쫓았습니다(창 15:11). 이윽고 태양은 서녘 하늘을 붉게 물들이며 지고 있었습니다(창 15:12). 파란 하늘은 저 멀리 장밋빛 노을과 더불어 아청빛 하늘로 변했고, 그제야 모습을 보이는 별들 몇 개가 석양 곁에 반짝이고 있었습니다.

④ 언약적 축복과 저주(창 15:12-16)

언약 체결에서 규례로 희생제물이 제시되었습니다. 언약적 관점에서 규례들이 등장한 이후에는 언약적 저주와 축복이 덧붙여집니다. 이는 언약을 이행했을 때에 얻어지는 실질적이고 현실적인 축복들과 언약을 실행하지 못했을 때에 당하게 될 실질적인 저주들을 나열하는 부분입니다. 이러한 언약의 형식 가운데 언약의 당사자 가운데 한쪽이 언약을 파기했을 때에는 임의대로 고통을 주는 것이 아니라 약속된 대로 고통을 받게 됩니다. 왜냐하면 이 언약적 축복과 저주는 의도적으로 저주하거나 축복하려는 것이 아니기 때문입니다. 이는 언약을 신실하고 충실하게 이행할 것을 서로 다짐하는 것입니다. 저주와 재앙 역시 언약으로 제한을 받게 됩니다. 그러나 인간이 하나님을 저주할 수는 없습니다. 그 결과 이 언약은 하나님 편에서만 쪼갠 희생제물 사이를 지나가게 되십니다.

오직 하나님만이 이 제한을 받게 됩니다.

'바예히 하쉐메쉬 라보'(וַיְהִי הַשֶּׁמֶשׁ לָבוֹא). '그리고 그 태양은 떠나가고 있었습니다'(And when the sun was going down, ASV)라고 모세가 분명히 말했습니다(창 15:12). 바로 12절에서 태양이 서녘 하늘을 향해 가고 있었습니다. 바로 "해 질 때에"(창 15:12) 알 수 없는 잠이 아브람의 영혼을 평온한 쉼으로 인도했습니다. 이를 모세는 "아브람에게 깊은 잠이 임하고 큰 흑암과 두려움이 그에게 임하였다"라고 말하고 있습니다(창 15:12). 아브람은 깊은 잠에 떨어졌습니다(a deep sleep fell upon Abram, KJV). 하지만 이것이 아브람의 의식과 인격 자체가 혼수상태처럼 그저 있는 상태를 말하는 것은 아닙니다. 하나님께서는 선지자의 인격을 보존하시어 그들로 하여금 하나님의 말씀을 명확하게 알도록 도우십니다. 선지자들이 하나님께 받은 이상(Vision)을 전혀 이해하지 못하고 그저 수동적으로 보여주시는 것만을 관람한다면 선지자들은 하나님의 백성들에게 하나님의 뜻을 옮길 수 있겠지만 그들을 가르칠 수는 없습니다. '가르침'이 없다면 삶의 변화는 기대할 수 없습니다. 선지자들은 비록 꿈속에서라도 그의 의식과 감정들이 그대로 유지되도록 특별한 돌봄을 받습니다.

하나님께서는 아브람에게 언약적 저주와 축복을 말씀하셨습니다. 그 내용을 확인하면 다음과 같습니다(창 15:13-16).

a. 아브람의 씨가 사백 년 동안 종살이(13절): 저주

b. 섬기던 나라에서 나올 때에 많은 재물을 가지고 나옴(14절): 축복

b′. 아브람은 장수하다가 평안히 조상에게 돌아감(15절): 축복

a′. 아브람의 씨가 4대째에 이 땅으로 돌아올 것임(16절): 축복

└→ 아모리 족속의 죄악이 아직 가득 차지 아니하였음

위의 표에서도 보는 바와 같이 아브람의 자손들은 400년 동안 종살이할 것입니다(a, 창 15:13). 그런데 하나님께서는 이 400년을 4대째란 말로 환언해서 다시 언급하셨습니다(a′, 창 15:16). 여기서 400년과 4대째는 서로 평행(parallelism)을 이루고 있습니다. 여기서 알 수 있는 것이 있습니다. 그것은 400년이란 시간이 정확하게 400년째 되는 해를 의미하는 것이 아니라 4대째와 상호 관계 안에서 이해된다는 것입니다.

모세는 〈출애굽기〉에서 아브람의 언약이 하나님의 말씀대로 성취되었음을 지속적으로 보여주고 있습니다. 먼저 이스라엘 자손은 이집트에 거주한 지 430년 만에 나왔습니다(출 12:40-41).

또한 400년은 곧바로 4대째와 평행을 이루면서 역시 같은 내용을 반복하고 있습니다. 모세는 〈출애굽기〉에서 이스라엘 자손이 4대째에 이집트에서 나왔다는 것을 설명하기 위해서 레위의 족보를 기록하고 있습니다(출 6:16-25). 이를 살펴보면 다음과 같습니다.

야곱과 레위를 포함한 그의 아들들과 가족, 전체 70명이 이집트로 들어갔습니다(출 1:1-5). 레위는 137세를 살았고(출 6:16), 그의 아들들로 게르손, 고핫, 므라리가 있습니다. 이 가운데 고핫이 133년을 살았습니다(출 6:18). 고핫의 아들들로는 아므람을 포함해서 4명의 아들들이 있었습니다. 아므람은 137년을 살았습니다(출 16:20). 아므람의 자녀들로는 아론과 미리암, 그리고 모세가 있습니다. 모세의 나이 80세, 아론이 83세 때에 이집트의 파라오 앞에 서서 하나님의 뜻을 전했습니다(출 7:7). 이는 4대째임을 보여주는 동시에 430년이란 계산을 충분히 얻어낼 수 있도록 돕고 있습니다(출 12:40-41).

그런데 아브람의 언약은 아브람에게 '4대째'라고 말씀하신 것이므로 아브람을 기준으로 계산하면 아브라함에서 이삭으로, 이삭에서 야곱으로, 야곱에서 아들 레위까지가 4대로 레위가 4대째 인물입니다. 그리고 다시 레위, 고핫, 아므람, 그리고 모세가 됩니다. 그러므로 모세는 레위를 기준으로 하면 4대째이지만 아브람을 기준으로 하면 7대째가 됩니다. 그리고 아론의 아들 엘르아살이 8대째가 됩니다. 그러므로 4대째란 표현은 레위를 어떻게 계산하는가의 여부에 따라서 모세가 4대째가 될 수도 있고, 모세의 다음 세대인 엘르아살이 4대째가 될 수도 있습니다. 하나님께서는 조금 더 일찍 당신 백성을 인도하기 위해서 모세와 아론을 4대째로 보아 이집트에서 이끌어 약속의 땅으로 인도하셨습니다. 그러나 광야교회의 무질서와 배은망덕은 다시금 그 기준을 바꾸게 합니다. 모세와 아론이 아니라 그 다음 세대 곧 엘르아살 때에 약속의 땅에 들어감으로 그들이 실질적인 4대째의 약속을 성취하게 됩니다. 우리는 사랑도 배은망덕으로 모질게 외면하는 짐승인 것 같습니다.

한편 아브람이 100세에 아들 이삭을 낳고 175세에 죽음을 보았으며(창 25:7), 이삭은 60세에 에서와 야곱을 낳고 180세에 죽음을 보았습니다(창 35:28-29). 야곱은 12지파를 얻었고 130세에 이집트 파라오를 만났으며(창 47:9), 이집트에서 17년을 거주하고 향년 147세에 죽음을 보았습니다(창 47:28-29). 그리고 레위가 이집트에서 거주하게 됩니다. 결국 아브람으로부터 계산하면 4대째 이집트에 들어간 것이 됩니다. 그러므로 "네 자손은 사대 만에 이 땅으로 돌아오리니"(창 15:16)라고 약속하신 것은 4대째 이집트로 들어가 종살이하는 것과 다시 4대째 가나안 땅으로 돌아오는 것의 이중적 의미를 동시에 내포하고 있습니다. 이는 모세의 눈으로 보면, 먼 과거에 있었던 아브람의 언약이 현재 자신의 삶을 결정함을 인식하게 되는 순간이 됩니다.

400년과 4대째는 분명히 평행을 이루고 있으며, 모세는 이를 정확하게 파악하고 과거의 삶으로 자신의 삶을 맡기고 있음을 알 수 있습니다. 모세의 모든 삶은 이미 아브람 때의 약속에 의지하고 있습니다. 오늘(현재)의 삶은 이미 어제(과거) 결정되었으며, 내일(미래)의 삶은 약속으로 어제 주어졌습니다. 우리는 이제 '오늘'을 살아가야 합니다.

위의 아브람 언약의 짜임새를 보면 이스라엘 민족이 이방인들을 섬기다가 나올 때에 많은 재물을 가지고 나오게 될 것이라고 하나님께서 약속하시는 것이 나옵니다(b 부분, 창 15:14). 이와 평행해서 아브람 개인의 장수의 축복이 약속됩니다(b' 부분, 창 15:15). 여기서 두 가지 약속을 확인해 보면, 먼저 b부분(14절)에서 언급된 약속은 이집트에서 나올 때에 그대로 성취됩니다. 모세 때에 이스라엘은 이집트에서 나올 때에 먹을 양식을 챙기지 못했으나(출 12:39) 금은 패물과 옷을 이집트인들에게 받아가지고 나왔습니다(출 3:22, 12:35-36). 이로 인해 하나님의 언약은 일차적으로 성취되었다고 말할 수 있습니다.

한편 아브람은 175세를 살았으므로 그가 장수하다가 죽을 것이라는 말 역시 분명히 이루어져 장수의 축복을 받았다고 말할 수 있습니다(창 25:7). 이는 과거에 공기나 환경이 좋은 곳에서 살았다는 이유에서 아브람의 장수의 근원을 찾으려는 모든 어리석은 작업을 멈추게 합니다. 장수의 축복은 하나님의 뜻에 의한 것이며, 구약성경에서 말하는 이 '오랜 삶'(장수)은 신약성경 안에서 '영생'에 대한 예표(τύπος, 투포스)로 읽어야 할 줄로 압니다.

그런데 하나님께서는 아브람에게 "너는 장수하다가 평안히 조상에게로 돌아가 장사될 것이요"(창 15:15)라고 말씀하셨는데, 이 말이 의미하는 바는 장례 장소를 의미하는 것이 아니라 사람은 반드시 죽음을 피할 수 없음을 뜻하는 것입니다. 왜냐하면 아브람은 조상들이 묻힌 곳에 장사된 것이 아니라 사라와 함께 막벨라 굴에 장사되었기 때문입니다(창 25:8-10). 그럼에도 불구하고 하나님께서 '조상에게로 돌아가 장사될 것'을 말씀하신 것은 아담 이후로 인간이 흙으로 돌아갈 것을 말씀하신 것입니다.

사람은 흙에서 시작했으며 반드시 흙으로 돌아갑니다(창 3:19). 〈창세기〉 15장 15절에서 말하는 바는 '아브람은 175세까지 장수의 축복을 누리다가 때가 되었을 때에 평화 속에서 그의 조상에게로 돌아갈 것이며 매장될 것이다'라는 의미입니다. 이는 조상들의 '땅에 매장된다'는 의미가 아니라 죽은 조상들과 같이 흙으로 돌아간다는 의미로 인간의 필멸(必滅)하는 삶에 대한 것입니다.

아브람 언약에서는 후손들이 종살이할 것이라는 '저주'와 그들이 재물을 얻고 다시 돌아올 것이란 '축복'이 함께 있습니다. 이는 언약의 성격 가운데 하나입니다. 그런데 하나님께서는 400년 곧 4대째라는 긴 시간을 기다려야 하는 이유로 "아모리 족속의 죄악이 아직 가득 차지 아니함이니라"(창 15:16)라고 말씀하셨습니다. 이 말은 아주 중요한 내용을 포함하고 있습니다. 곧 아브람의 후손들이 미래에 들어갈 그 약속의 땅 곧 '가나안으로 간다'는 것은 결국 '죄악이 가득한 땅으로 들어간다'는 의미가 됩니다. 어쩌면 롯이 소돔으로 들어간 것과 같은 일입니다. 그러나 결코 롯과 같이 되어서는 안 됩니다. 롯의 삶은 우리에게 거울이 되어 교훈을 주고 있습니다.

모세에게 약속의 땅은 이중적인 의미가 있습니다. 먼저 과거의 의미로 말씀하신 것에 따라서 그곳은 죄악으로 가득한 땅입니다. 하지만 현재적 의미에서 그곳은 "젖과 꿀이 흐르는 땅"(출 3:8)입니다. 다시 말해서 그 땅은 젖과 꿀이 흐른다고 말할 정도로 풍요롭고 사람이 살기 좋은 곳입니다(민 13:27; 신 26:15). 하지만 그 풍요로운 곳에서 살아가는 사람들은 그 풍요에 감사하는 대신에 죄악으로 땅을 덮었습니다. 흡사 소돔과 같은 곳입니다. 모세는 소돔이 하나님의 심판을 받아야 하는 것처럼 가나안 땅에 거주하는 이들이 하나님의 심판을 받아야 함을 알고 있었습니다. '가나안 정복 전쟁'이라는 왜곡된 표현에서 벗어나 '가나안의 죄악을 심판하는 하늘의 음성'으로 인식하는 것이 더 합당할 것입니다.

죄악(iniquity) 곧 아본(עָוֺן)은 '부정', '타락' 등을 의미합니다. 가나안의 타락은 아직까지 소돔이나 고모라의 경우처럼 심판할 정도는 아닙니다. 아마도 그 땅에 의인 열 명이 있었거나 혹은 그 열 명에서 서너 명이 부족한 이들이 400년의 세월을 지키고 있을 수도 있습니다. 의인의 삶은 세상의 빛임이 분명합니다. 하지만 여호수아(יְהוֹשֻׁעַ, 예호슈아) 곧 예수(Ἰησοῦς)가 그 땅에 올 때, 바로 그때가 심판할 때이며 아브람의 후손들이 그곳에 도달할 것입니다.

히브리어 아본(עָוֺן)은 갈고리처럼 굽고 비틀리거나 도덕적으로 그릇되고 부정한 것에 있어서 활기(活氣)가 가득한 것을 말합니다. 다시 말해서 부정하고 불법적인 행위(iniquity)에 활동적이며 적극적인 것을 의미합니다. 사실 도덕적 선악의 문제는 정도의 문제를 가지고 있습니다. 어떤 악행은 다른 악행보다 더 악한 것을 우리는 충분히 구별하며, 또 그 악행보다 더 악한 행위를 구별할 수 있습니다. 반대로 선한 일에 대해서 더 선한 것을, 이보다 더 선한 것에 대해서 더 선한 것을 구별할 수 있습니다. 물론 이런 구별을 위해서는 '지혜'가 요구됩니다. 그러나 이 선악에 대한 구별을 형성하기 위해서는 무엇보다 신념(믿음)을 올바르게 가지고 있어야 합니다. 잘못된 신앙 곧 우상숭배나 눈에 보이지 않는 비물질적인 것을 물질화하는 것, 영적인 것을 사물화하는 것은 분명히 죄악 곧 아본(עָוֺן)에 관한 것입니다. 우상을 인간이 만들었다는 것은 그 신들이 바로 인간을 이상화한 것이며, 악마란 현존하는 인간의 진정한 모습을 반영하고 있음을 입증하는 것뿐입니다.

한편 하나님께서 '가나안'의 악을 말씀하시는 대신에 '아모리'에 관해서 말씀하신 것은 바로 '아모리 족속'이 '가나안의 아들'이기 때문입니다(창 10:15-16). 아브람 언약에서 가나안과 아모리는 동일성을 가지고 이해됩니다. 그리고 아브람은 바로 이 아모리 족속들과 함께 살아가고 있습니다(창 14:13). 아브람이 "이곳에서는 하나님을 두려워함이 없다"라고 말한 것은 이방인에 대한 그의 깊은 편견인 동시에 분명한 이유 있는 편견이었음을 알 수 있습니다(창 20:11).

롯의 이야기에서도 언급했지만 인간을 타락(iniquity)시키기에 정말 좋은 곳은 아름답고 풍요로운 곳입니다. 인간은 가난하고 검소한 것을 보고 타락하는 경우가 거의 없습니다. 아름답기 때문에 스스로를 파열(破裂)시켜서라도 그것을 추구하는 것입니다. 왜냐하면 그것을 사랑하기 때문에 모든 희생을 감수하고 쾌락을 추구하는 것입니다. 인간은 아름다움을 사랑하고, 그 사랑 때문에 타락합니다. 스스로 비틀리고 갈고리처럼 굽어지고 도덕적으로 망가집니다. 아본(עָוֹן, iniquity)의 모습입니다. 하나님께서 모세를 통해서 그 아본(עָוֹן)으로 가득한 곳으로 이스라엘 백성들을 보내신 것은 그들의 아름다움에 취해서 스스로 망가지라는 뜻이 아니었습니다. 오히려 그 아본(עָוֹן)을 심판하라는 것입니다. 이는 그들이 올무(מוֹקֵשׁ, 모케쉬)가 될 수도 있음을 의미하는 것입니다.

아브람 언약에 따르면 모세 시대의 가나안 땅에 대한 전쟁은 이스라엘의 가나안 정복이 아니라 아브람의 소유였던 그 땅을 되찾는 일이며, 이보다 더 중요한 것은 바로 이 땅에서 아본(עָוֹן)을 심판하는 하나님의 사신(使臣, angel) 곧 말아크(מַלְאָךְ)의 역할을 하는 것입니다. 소돔에 간 두 천사와 동일한 사명을 감당하는 것입니다.

모세는 아브람 언약을 통해서 현재를 이해하였습니다. 예를 들어, 이집트에서 나오면서 자신들은 왜 먹을 양식보다도 금과 은 같은 재물을 가지고 약속의 땅으로 가야 하는지를 오직 과거의 삶 곧 아브람 언약 안에서 자신의 삶을 이해하게 됩니다. 가나안과의 전쟁은 아브람의 전쟁이며, 소돔의 멸망에 대한 역사적 실현입니다. 또한 모세는 아브람 안에서 미래를 소망하게 됩니다. 약속의 땅을 주시는 하나님의 약속 성취에 대한 소망입니다. 이것은 광야교회(행 7:38)뿐만 아니라 현존하는 모든 교회의 과거이자 미래입니다.

⑤ 승인절차(창 15:17-18) 및 선포(창 15:19-21)

언약의 마지막 단계는 언약을 승인하는 절차입니다. 여기서 고대인들은 자신들의 우상들의 명단을 나열함으로써 증인으로 신을 참여시킵니다. 그리고 신들의 이름으로 언약을 선포합니다. 하지만 거룩한 경전에서는 신들의 명단 따위는 존재하지 않습니다.

오직 언약의 승인 절차에서 '횃불'이 등장하며(창 15:17), 선포에서도 신들의 명단 대신에 하나님께서 주실 땅의 경계 목록을 공적으로 선언하신 것으로 모세는 마무리하고 있습니다(창 15:19-21).

본문은 이제 "해가 져서 어두울 때에"(창 15:17)라고 말하고 있습니다. 이는 모세가 지속적으로 시간의 흐름을 우리에게 알려 줌으로 아브람이 파란 하늘에서 별무리를 보았음을 기억하도록 돕고 있습니다. 12절에서 "해 질 때에"라고 표현한 것은 17절에서 "해가 져서 어두울 때에"라고 말함으로 시간의 흐름을 분명히 밝히고 있습니다. 이제 분명한 것은 어둠이 내려와 눈에 보이는 별무리가 하늘에 가득했다는 사실입니다.

어두운 공기가 땅에 내려왔습니다. 달콤한 밤공기엔 한낮에 피었던 꽃들의 향기가 아직도 그윽하게 남아 입 안 가득 꽃을 머금은 듯 했습니다. 아청빛 하늘에는 짙게 물든 어둠으로 인하여 별무리는 더욱 검은 비단에 소금을 뿌린 듯했을 것입니다. 그러나 눈에 보이는 별무리 따위는 중요하지 않습니다. 오히려 "연기 나는 화로가 보이며 타는 횃불"이 드러났다는 것이 중요합니다(창 15:17). 여기서 '횃불'(לַפִּיד אֵשׁ, 라피드 에쉬)이란 '연기 나는 화로, 그리고 등잔대의 불'(a furnace of smoke and a lamp of fire, YLT)을 말합니다. 이는 수사학적으로 중언법(hendiadys)으로 '연기 나면서 타고 있는 등잔대의 불'(a smoking firepot with a blazing torch, NIV)을 말하는 것입니다. 그리고 등잔대 불꽃 곧 횃불(a blazing torch)이 아브람이 쪼갠 고기 사이로 지나갔습니다(창 15:17). 그리고 모세는 "그날에 여호와께서 아브람과 더불어 언약을 세웠다"라고 선언합니다(창 15:18).

'언약을 세웠다'는 말은 히브리어로 카라트 베리트(כָּרַת בְּרִית)라고 하는데 '카라트'는 '자르다', '베다'란 의미로 '언약을 잘랐다'는 뜻입니다. 그런데 표현이 흡사 언약을 파기하는 것 같은 이미지를 주기 때문에 언약을 '세우다'로 의역한 것으로 압니다. 멋진 번역으로 생각됩니다. 여하튼 짙은 어둠이 덮였을 때에 '라피드 에쉬'(לַפִּיד אֵשׁ) 곧 '등잔대 불'(a burning lamp, KJV)이 쪼개 놓아 둔 고기 사이를 지나갑니다. 이것은 언약의 가장 기본적인 형식이 됩니다.

카라트 베리트(כָּרַת בְּרִית)는 쪼갠 고기 사이를 언약 당사자들이 지나감으로 그 언약 앞에서 목숨을 걸고 지킬 것을 맹세 혹은 서약하는 의식입니다. 예를 들어 부부의 언약을 맺을 때 신랑과 신부는 그 쪼갠 고기 사이를 지나감으로 언약을 배신했을 때에는 쪼갠 고기처럼 그렇게 죽음을 받아들이겠다는 서약 의식이 결혼 언약식입니다. 카라트 베리트(כָּרַת בְּרִית)입니다. 이는 목숨을 건 약속이며, 자신의 인생을 다 바침으로 성취해야 할 서약입니다.

성스러운 경전에서 카라트 베리트(כָּרַת בְּרִית)하는 것은 언약에 참여하여 목숨을 나눈 공동체 사이를 의미합니다. 그런데 여기서 아브람은 쪼갠 고기 사이를 지나가지 않고 오직 하나님 편에서만 쪼갠 고기 사이를 지나가심으로 하나님께서 목숨을 걸고 아브람에게 땅을 주시겠다고 확증하고 맹세해 주십니다.

아브람이 '무엇으로 그 땅이 자신의 기업이 될 줄 알 수 있는가'라고 확증적인 표시를 원한 것에 대하여 하나님께서는 카라트 베리트로 응답해 주신 것입니다. 이에 하나님께서는 진실로 아브람의 씨를 약속의 땅 곧 하나님 왕국으로 인도하십니다. 그리스도이신 예수님의 죽으심과 언약 백성들이 하나님 왕국으로 인도되는 신성한 예표입니다. 곧 하나님께서 생명을 담보로 당신 백성을 약속의 땅으로 인도하는 것입니다.

언약의 마지막 부분에서 하나님께서는 아브람의 후손들에게 주실 땅의 경계를 결정하셨습니다. 이에 대해서 모세는 "그날에 여호와께서 아브람과 더불어 언약을 세워 이르시되 내가 이 땅을 애굽 강에서부터 그 큰 강 유브라데까지 네 자손에게 주노니"(창 15:18)라고 쓰고 있습니다. 여기에는 두 가지의 중요한 특징을 담고 있습니다. 하나는 그 약속의 땅은 아브람에게 주는 것이 아니라 아브람의 후손에게 주어지는 것으로 명시됩니다. 다른 하나는 그 땅의 범위가 이집트 강에서부터 유프라테스 강까지로 한정되었다는 점입니다.

모세가 '그날에'라고 말한 것(창 15:18)은 아직 해가 뜨지 않은 밤중임을 뜻하는 것입니다. 그 깊은 밤에 하나님께서는 약속의 땅을 말씀해 주셨습니다(창 15:19-21).

"곧 겐 족속과 그니스 족속과 갓몬 족속과 헷 족속과 브리스 족속과 르바 족속과 아모리 족속과 가나안 족속과 기르가스 족속과 여부스 족속의 땅이니라"(창 15:19-21).

겐 족속은 모세의 장인 이드로가 속한 민족입니다(삿 1:16, 4:11). 발람은 겐 족속에 대해서 "네 거처가 견고하고 네 보금자리는 바위에 있도다"(민 24:21)라고 예언을 하기도 했습니다. 〈사사기〉에는 겐 족속의 여인 가운데 헤벨의 아내 야엘(יָעֵל)이 등장합니다(삿 4:17). 한편 야베스에 거주하는 서기관들(סֹפְרִים, 쏘페림) 가운데 겐 족속이 있습니다(대상 2:55). 겐 족속은 가인의 후손처럼 언급되기도 하지만(민 24:22) 아다도 미디안 지역과 그 일대를 아우르는 민족을 의미하는 것으로 브입니다. 왜냐하면 미디안 족속은 아프리카 에티오피아 지역에까지 흩어져 살았기 때문입니다. 모세의 아내 십보라는 미디안 여인(출 2:15)이지만 겐 족속 여인이기도 합니다. 게다가 그녀는 구스 곧 에티오피아 여인으로 불리기도 합니다(민 12:1). 왜냐하면 구스 곧 에티오피아 지역과 미디안 지역은 해상으로 손쉽게 왕래가 있었으며, 흩어진 겐 족속이 구스에 거주했기 때문입니다(합 3:7). 겐 족속은 아브람 안에 들어왔습니다.

그니스(קְנִזִּי, Kenizzites)는 '그나스'(קְנַז, Kenaz)와 같은 족속입니다. 우선 갈렙은 그나스 사람이며(민 32:12) 갈렙의 동생 옷니엘은 사사의 소명을 감당했습니다(수 15:17; 삿 1:13, 3:9). 그리고 〈여호수아〉에서는 갈렙을 '그니스 사람'이라고 부르고 있습니다(수 14:6, 14). 갈렙이 유다 지파의 대표로 뽑힌 것으로 보아서 그는 그니스 사람으로 유다 지파에 편입된 것으로 보입니다(민 13:6).

에서의 아내 아다의 소생 가운데 엘리바스가 있는데(창 36:10) 이

엘리바스의 아들들 가운데 그나스가 있습니다(창 36:11). 그나스는 에서의 후손들이 형성한 족장 가운데 그나스 족장이었습니다(창 36:15). 그니스의 모든 사람은 아니지만 분명히 그 가운데 어떤 이들은 유다를 통해서 아브라함의 후손으로 인정되고 있습니다.

갓몬 족속에 대해서는 성경에 별도의 언급이 없습니다. 그리고 헷 족속은 가나안의 아들로 기록되고 있는데(대상 1:13) 아브람은 이들에게서 사라의 장지(葬地)를 돈을 주고 구입했습니다(창 25:9-10). 또 에서는 헷 족속의 여인과 결혼함으로 부모의 근심이 되었습니다(창 26:34-35). 헷 족속은 역사 안에서 철기를 사용하던 히타이트(Hittite) 족속을 말합니다. 이들은 지금의 터키 지역인 소아시아 지역의 히타이트족으로 가나안 땅까지 영향력을 미친 것으로 보입니다. 그래서 소아시아 지역의 히타이트족과 가나안 땅의 히타이트족은 같은 민족이었으나 이후 지리적으로 격리되어 서로 다른 길을 걷게 된 것으로 압니다.

브리스 족속은 아모리 족속이나 헷 족속과 함께 가나안 지역에 거주하는 민족으로 성경 안에서 종종 등장합니다. 그리고 르바 족속 역시 가나안에 거주했던 민족으로 르바의 남은 사람들 가운데 아스다롯과 에드레이에 거주하던 바산 왕 옥이 있습니다(수 12:4). 아마도 르바 민족의 주요 거주지가 바산 지역이었던 것으로 보입니다.

여기서 잠시 '족속' 곧 '민족'의 구분에 대한 이해가 필요합니다. 적어도 성경에서 민족은 두 가지 방향에서 구별됩니다. 가장 중요한 것은 바로 언어의 구별입니다. 언어가 다르면 다른 민족으로 구별합니다. 또 하나는 지역입니다. 한 형제이지만 거주지가 서로 다른 상황에서 오랜 세월이 지나면 시간과 공간의 격리로 인해 서로 다른 언어의 차이를 보이게 됩니다. 이 경우에 서로 다른 민족 혹은 족속이라고 부릅니다.

모세는 '아모리 족속'과 '가나안 족속', 그리고 '기르가스 족속'과 '여부스 족속'을 언급합니다(창 15:21). 그런데 이들의 명단은 〈창세기〉 10장에서 함의 계보를 언급하면서 언급된 명단들입니다(창 10:15-17). 함에게는 네 명의 아들들이 있었고 그 가운데 구스가 장자이고 가나안이 막내였습니다(창 10:6). 그리고 구스의 아들들 가운데 특별한 사냥꾼인 니므롯이 있었고(창 10:8-9), 니므롯은 앗수르 지역의 니느웨까지 세력을 확장했습니다(창 10:11). 함의 둘째 아들 미스라임에게는 7명의 아들들이 있었는데 그 가운데 가슬루힘이라는 아들이 있었습니다(창 10:13-14). 그리고 이 가슬루힘에게서 블레셋 곧 팔레스타인 민족이 형성됩니다(창 10:14).

함의 막내 가나안에게는 11명의 아들들이 있는데, 그 가운데 '장자 시돈과 헷 족속, 또 여부스 족속과 아모리 족속과 기르가스 족속과 히위 족속과 알가 족속과 신 족속'이 있었습니다(창 10:15-19). 결국 하나님께서 아브람에게 약속하신 땅들은 가나안의 땅으로 아모리 족속과 기르가스 족속과 여부스 족속의 땅입니다.

위의 지도를 보면 '이집트 강'(the River of Egypt)이 보입니다. 이 강은 이집트 본토에 있는 나일 강(the Nile)과는 구별되는 강입니다. 이 이집트 강의 상류 지역이 가데스바네아로 이 강을 넘으면 아브람이 살던 브엘세바에 이르게 됩니다. 아마도 아브람의 활동 반경은 헤브론을 중심으로 남쪽으로는 브엘세바까지 이르고, 북쪽으로는 살렘 곧 예루살렘까지 이른 것으로 보입니다.

E′. 아브라함 언약(17장): 언약의 증표인 할례

언약은 인격 당사자 사이에서 이루어지는 것입니다. 그러나 하나님과 인간이 인격자로 서로 만나는 것은 불가능한 일입니다. 이것은 일방적인 것입니다. 아담 언약이나 노아 언약은 하나님께서 일방적으로 베풀어 주신 선물(the Royal Gift)로 인간의 의사결정이 반영되지 않는 일방적 성격을 가지고 있습니다. 그러나 아브라함의 언약은 조금 다릅니다. 이는 두 인격이 자유로운 의사결정 안에서 체결한 언약으로 생명에 '참여'한 하나의 지체 곧 교회의 머리이신 분(골 1:18)과 그분의 지체의 관계를 그려내고 있습니다(고전 12:27). 이는 하나님께서 당신 스스로 인간만큼 낮아지신 것입니다(빌 2:6-8).

라피드 에쉬(לַפִּיד אֵשׁ, 횃불) 언약에서는 하나님 측면에서의 언약을 이야기했습니다(창 15장). 이제 또 다른 언약의 당사자인 인간 편에서의 언약을 이야기해야 합니다(창 17장). 바로 언약의 증표이며 언약의 '참여'를 상징(생명의 상징)하는 할례의 문제입니다.

① 일반적 서언(a general introduction, 창 17:1-2)

아브람이 99세 되었을 때 하나님께서 아브람에게 나타나셨습니다. 여기서 '나타나다'란 말은 히브리어 라아(רָאָה, see)의 니팔형(수동형)을 독해한 것으로 직역하면 '보여졌다'란 뜻이 있습니다. 하나님께서는 인간의 눈으로 볼 수 없는 분이십니다(요 6:46). 그분은 영이시라 육체적(physical)인 눈으로는 볼 수 없습니다(요 4:24). 아마도 모세는 15장에서처럼 눈으로 볼 수 없는 것을 보는 믿음 혹은 '마하제'(מַחֲזֶה)를 말하는 것으로 보입니다. 여하튼 아브람은 하나님의 명령을 들었습니다.

하나님께서는 아브람에게 '아니-엘 샤다이 히트할레크 레파나베헤예 타밈'(אֲנִי־אֵל שַׁדַּי הִתְהַלֵּךְ לְפָנַי וֶהְיֵה תָמִים)이라고 말씀하셨습니다. 이를 번역하면 '나는 엘 샤다이. 너는 스스로 걸어라! 내 앞에서 그리고 완전함이 있어라!'(I am God Almighty. Walk before me, and be thou perfect, ASV) 정도로 읽을 수 있습니다(창 17:1). 의미적으로는 "나는 전능한 하나님이라 너는 내 앞에서 행하여 완전하라"란 뜻입니다(개역개정). 개역개정은 언약의 내용과 무관하게 아브람에게 어떤 행위의 완전성을 요구하는 것처럼 잘못 오해될 수 있습니다. 하지만 아브람에게 행위의 완전성을 요구하는 것이 아니라고 이 본문을 확실하게 인식만 한다면 어느 쪽으로 읽든 문제 될 것은 없을 것이라 생각합니다. 왜냐하면 하나님께서는 당신의 전능을 전제로 이 명령을 하셨기 때문입니다.

걸어라 그리고 완전하라

1절의 명령은 '내 앞에서'(לְפָנַי, before me)를 중심으로 두 개의 명령형이 배열되어 있습니다. 하나는 '너 스스로 걸어라!'이고, 다른 하나는 '너는 완전함이 있어라!'입니다. 다시 말해서 '하나님 앞에서' '걷고'(walk), '하나님 앞에서' '완전하라'(perfect, KJV)라는 명령입니다. 이 명령은 중언법(hendiadys)으로 읽어서 '걷기에 완전하라'라고 읽을 수도 있을 것입니다. 다시 말해서 "행하여 완전하라"라고 읽을 수도 있습니다.

첫 번째 명령 부분을 보면 '걷다'(walk)란 의미를 가진 할라크(הָלַךְ) 입니다. 하나님께서는 18장에서 아브라함에게 그를 선택하신 이유를 밝히시면서 '하나님의 도(道, way)' 곧 데레크(דֶּרֶךְ, way)를 지킬 것(שָׁמַר, 솨마르, keep)을 명령하십니다. 또한 이 길(道)은 아브라함에게 약속하신 씨와 땅의 언약을 성취하기 위한 것이기도 합니다. 바로 정의(צְדָקָה, 쩨다카)와 공정함(מִשְׁפָּט, 미쉬파트)의 문제입니다(창 18:19). 이 문제는 사실상 17장에서 할례와 함께 주어진 하나님의 언약적 내용이었습니다.

하나님께서는 아브람에게 '히트할레크'(הִתְהַלֵּךְ)라고 명령하셨습니다. 이는 '걷다'란 할라크(הָלַךְ)의 히트파엘 명령형으로 '하나님의 길을 걸어라'라고 독해할 수 있습니다. 다시 말해서 '정의와 공의를 지켜라'라는 의미입니다. 여기서 문법적으로 재귀적인 성격을 가진 히트파엘형을 어떻게 독해하느냐에 따라서 그 의미가 달라집니다. 그냥 재귀적으로 읽는다면 '스스로 걸어라'라는 의미가 됩니다. 재귀의 의미는 상호성 혹은 반복성의 의미가 있어서 '멈추지 말고 끊임없이 걸어라'라고 독해할 수도 있습니다. 어느 쪽이든 하나님께서는 아브람에게 하나님의 길을 걸을 것을 요구하고 계시며, 아브람은 그 길을 걸어야 할 의무가 있습니다. 이런 의무에 충실했던 인물로 성경은 에녹(창 5:24)이나 노아(창 6:9)를 언급할 수 있습니다. 거룩한 경전에서는 '하나님과의 동행'을 말하고 있는데 이 '동행'이란 말이 바로 '히트할레크'(הִתְהַלֵּךְ)를 번역한 것입니다.

두 번째 명령 부분은 '완전함 있어라'는 말씀입니다. 여기서 '타밈'(תָּמִים)은 '전체의' 혹은 '전부의'(whole), '온전한', '완전한'(entire, perfect), '비난할 것이 없는'(blameless)이란 뜻을 가지고 있습니다. 이 역시 아브람의 의무에 관한 것입니다.

아브람에게 완전할 수 있는 능력이 있는가 없는가는 여기서 중요하지 않습니다. 중요한 것은 아브람은 전체적으로 온전한 삶, 완전한 삶을 살 의무가 있다는 사실입니다. 그래서 본문이 말하는 것은 '끊임없이 걸어라, 그리고 완전하라' 혹은 중언법으로 읽어서 '끊임없이 걸어 완전하라'고 읽을 수도 있습니다. 신성한 경전인 성경에서는 이 타밈(תָּמִים)과 관련해서 노아의 삶을 '완전함'(perfect)으로 이야기하고 있습니다(창 6:9). 특히 이 타밈(תָּמִים)은 제의적으로 '흠 없는' 희생제물을 뜻할 때 사용됩니다(레 1:3).

언약 안에서 두 가지 곧 하나님의 도(道, way)를 걷는 것과 완전하게 살아가는 것을 중언법으로 읽을 수도 있지만 여기서는 두 가지로 분리해서 읽고자 합니다. 물론 하나님의 도를 지키는 것이 완전한 삶이기 때문에 중언법으로 읽어서 '행하여 완전하라'라고 읽어도 됩니다(창 17:1). 이는 행위의 완전성을 요구하는 것이 아니라 '하나님의 도'를 자원하여 그것을 즐거워하며 스스로 걷는 것입니다. 끊임없이 멈추거나 좌절하지 않고 걷는 것입니다. 성실함을 말합니다. 이것은 그 자체로 완전한 삶입니다. 그러나 완전한 삶은 행위의 완전함이 아니라 포기하지 않는 삶입니다. 포기하는 것은 죄입니다. 아담이 하나님의 말씀 가운데 일하고 지키는 것을 포기했을 때에 그는 이미 죄의 구렁텅이 한가운데 있게 되었습니다. 말씀을 지킬 것을 포기할 때에 유혹은 힘을 가지게 됩니다.

하나님의 도를 지키며 걷는 것과 완전한 삶에 대한 의무는 인간의 할 수 있는 능력에 대해서는 고려하지 않습니다. 모세는 하나님의 도를 실천하는 일이 우리의 삶 가까이 있으며 그것이 쉽다는 사실을 알고 있었습니다. 〈신명기〉를 보면 모세는 다음과 같이 쓰고 있습니다.

"내가 오늘 네게 명령한 이 명령은 네게 어려운 것도 아니요 먼 것도 아니라 하늘에 있는 것이 아니니 네가 이르기를 누가 우리를 위하여 하늘에 올라가 그의 명령을 우리에게로 가지고 와서 우리에게 들려 행하게 하랴 할 것이 아니요 이것이 바다 밖에 있는 것이 아니니 네가 이르기를 누가 우리를 위하여 바다를 건너가서 그의 명령을 우리에게로 가지고 와서 우리에게 들려 행하게 하랴 할 것도 아니라 오직 그 말씀이 네게 매우 가까워서 네 입에 있으며 네 마음에 있은즉 네가 이를 행할 수 있느니라"(신 30:11-14).

하나님의 도는 일상생활 안에서 규정되는 것입니다. 거룩한 경전의 가르침은 일상생활을 벗어나 학문적 탐구나 진리를 찾아가는 구도자의 길이 아닙니다. 그것은 우리가 늘 말하는 그 입에 있으며, 그 입에서 나오는 마음에 있는 것입니다.

그러나 진정으로 인간에게 하나님의 모든 요구를 이행할 능력이 있습니까? 비록 그것이 능력을 말하는 것이 아니라 일상생활 가운데 포기하지 않고 걸어야 하는 의무라고 하지만 정말 인간이 이 길을 포기하지 않고 갈 수 있습니까? 우리는 언제나 자신의 무능력을 핑계로 우리 자신의 의무에 대한 충실함(성실함)은 이야기하지 않고, 대신에 인간은 할 수 없다는 마음으로 주저하고 망설이고 제자리에 서 있습니다. 가지도 못하고 그렇다고 계속 서 있을 수도 없습니다. 불안과 혼란이 모든 것을 설명할 수 있는 유일한 답변서 같은 생각이 듭니다. 하지만 아브람에게 하신 이 말씀은 모든 것을 망라한 단 하나의 선언에 그 반석을 두고 있다는 사실을 기억해야 합니다. 바로 '아니-엘 샤다이'(אֲנִי־אֵל שַׁדַּי)입니다.

아니-엘 샤다이(אֲנִי־אֵל שַׁדַּי) 곧 '나는 전능한 하나님이다'(I am God Almighty, NIV)라는 하나님의 자기 계시가 모든 것의 반석이 됩니다. 다시 말해서 하나님의 전능하심에 대한 하나님의 자기 계시는 '하나님께서는 전능하시다'는 사실관계를 선언하는 것이 아닙니다. 이것은 관계적인 개념이며 일상적인 어법에 따른 것입니다. 그래서 이 말이 의미하는 바는 다음과 같습니다. '나는 전능한 하나님이다. 바로 너 아브람을 위해서 이 전능의 힘을 쓰고 싶은 하나님이다. 이 전능은 바로 너를 위한 전능함이란다. 그러니 주저하지 말고 나의 도(道, way), 나의 데레크(דֶּרֶךְ)를 지켜라. 너는 멈추지도 말고, 중단하거나 포기하지도 말고 나의 길 곧 전능한 하나님의 길을 걸어라. 그리고 온전하라, 완전하라, 전부 다 실행하라. 나는 너의 하나님이란다. 어떤 어려움도 피하지 말고 그대로 인내하면서 나의 길 곧 정의의 길을 걸어라. 내가 너를 그렇게 만들었다.' 엘 샤다이(אֵל שַׁדַּי)의 신앙은 전능하신 하나님께서 그 전능의 능력을 아브람을 위해서 인간의 역사 안에 베푸실 것이라는 사실을 확정해 주시는 것입니다.

일반적 서언에서 하나님께서는 아브람에게 "내가 내 언약을 나와 너 사이에 두어 너를 크게 번성하게 하리라"(창 17:2)라고 하셨습니다. 이제 아브람의 하나님께서는 엘 샤다이(אֵל שַׁדַּי) 곧 아브람을 위해서 전능하신 그 능력을 베푸실 것을 언약하신 하나님이심을 선언하셨습니다. 그러므로 우리의 신앙은 엘 샤다이(אֵל שַׁדַּי) 곧 전능하신 하나님께서 살아 계신 하나님이라는 신앙으로는 부족하게 되었습니다. 진정으로 우리의 신앙은 엘 샤다이(אֵל שַׁדַּי)께서 그 전능을 우리를 위해서 당신의 언약 안에서 사용하실 것이라는 사실에까지 도달하는 신앙이어야 합니다. 언약은 관계이므로 하나님께서 우리의 삶에 관계를 맺고 있다는 사실까지를 믿어야 합니다.

아브람은 엘 샤다이(אֵל שַׁדַּי)께서 선언하신 말씀에 어찌할 수 없는 경탄과 떨림에 무릎을 땅에 떨어뜨렸습니다. 그는 땅에 엎드렸습니다(창 17:3). 더 이상 변명이나 겸손을 가장한 자신의 연약함 따위를 입에 담을 수 없습니다. 오직 고백할 수 있다면, "내게 능력 주시는 자 안에서 내가 모든 것을 할 수 있느니라"(빌 4:13)라는 말뿐일 것입니다.

② 역사적 서언(historical introduction, 창 17:3-8)

고대사회에서 경배(worship)란 땅에 엎드려 이마를 땅에 대고 절을 하는 행위를 말합니다. 그러므로 경배(worship)는 그 행위에 가치가 있는 것이 아니라 그 영혼이 누구를 경배하고 있으며, 어떤 마음으로 경배하고 있는지가 더 중요하고 어려운 문제로 남게 됩니다. 왜냐하면 인간은 언제든지 자신의 모든 행동을 거짓으로 꾸밀 수 있기 때문이며, 때로는 진실된 경배를 하고 있다고 스스로를 속일 수 있는 타락한 존재이기 때문입니다.

하지만 아브람이 땅에 엎드려 경배한 것은 그를 압도한 전능하신 하나님 엘 샤다이(אֵל שַׁדַּי) 앞에 땅에, 엎드린 것입니다. 그런 아브람을 향해 하나님께서 계속 말씀하셨습니다.

"보라 내 언약이 너와 함께 있으니 너는 여러 민족의 아버지가 될지라"(창 17:4). 여기서 '아브람'(אַבְרָם)이란 이름은 새로운 인류의 기원을 의미하는 '아버지' 곧 '아브라함'(אַבְרָהָם)으로 개칭됩니다. 하나님께서는 "내가 너를 여러 민족의 아버지가 되게 함이니라"(창 17:5)고 말씀하심으로 이제 새로운 인류의 시작을 선언하셨습니다. 다시 말해서 하나님의 데레크(דֶּרֶךְ)를 지키는 사람들, 그 길을 포기하지 않고 걷는 이들, 그 길 안에서 삶의 완전함을 추구하는 이들의 새로운 시작이 선언되었습니다. 사실 이 말씀은 창세기 15장에서 체결된 언약을 다시금 확정하는 역사적 서언입니다. 아브라함이 보이지 않는 것을 믿음으로 많은 민족을 형성하는 초석이 되게 하신 것입니다(롬 4:18).

아브라함은 새로운 민족의 시작을 의미합니다. 이것은 단순히 이스라엘 민족만을 의미하는 것이 아닙니다. 오히려 '민족들', 그리고 '왕들'을 세움으로 여러 나라를 형성하게 됨을 뜻하는 것입니다(창 17:6). 하나님의 길을 지키는 이들을 이 땅에 충만하게 하시려는 하나님의 뜻입니다. 정의와 공평이 땅에 충만하게 하시려는 하나님의 의지입니다. 그래서 아브라함의 언약은 아브라함 개인적인 것이 아니라 "나와 너 및 네 대대 후손 사이에 세워서 영원한 언약"(창 17:7)이라고 말씀하셨습니다. 만약에 아브라함의 후손들에게 정의의 문제가 생긴다면 그것은 전능자의 의지에 거역하는 것, 곧 죄가 됩니다. 우리는 도덕적 죄의 개념을 넘어 그 이상의 추상적 관념을 가지고 있어야 합니다.

또한 언약 관계에 있음으로 엘 샤다이(אֵל שַׁדַּי)께서는 "너와 네 후손의 하나님이 되리라"(창 17:7)라고 약속하셨습니다. 믿음 가운데 아브라함의 후손이 되며, 엘 샤다이(אֵל שַׁדַּי)께서는 아브라함의 후손의 하나님이 되어 주십니다.

한편 하나님께서는 "내가 너와 네 후손에게 네가 거류하는 이 땅 곧 가나안 온 땅을 주어 영원한 기업이 되게 하고 나는 그들의 하나님이 되리라"(창 17:8)라고 말씀하셨습니다. 여기서도 하나님께서는 약속의 땅을 아브라함의 후손에게로 의미를 확장하고 계십니다. 이미 창세기 15장을 통해서 약속의 땅을 '아브라함'과 '모세 시대의 이스라엘'을 결합시키는 것으로 의미를 확정하고 있습니다. 그리고 17장에서 이를 다시금 확인시켜 주고 있습니다.

③ 언약적 규례들(covenanted rules, 창 17:9-14)

15장의 약속들을 다시금 확정하신 하나님께서는 이제 '아브람'에서 '아브라함'으로 개칭된(창 17:5) 당신의 친구, 당신께서 선택하신 인간에게 언약의 규례를 제시하십니다. 바로 '물라'(מוּלָה, 할례, circumcision)입니다. 여기서 '할례'(מוּלָה, 물라)는 엘 샤다이와 아브라함 사이의 언약의 표징(the sign of the covenant)으로 등장합니다(11절).

하나님께서 아브라함에게 말씀하셨습니다.

"너희 중 남자는 다 할례를 받으라 이것이 나와 너희와 너희 후손 사이에 지킬 내 언약이니라"(창 17:10). 여기서 '할례를 베풀다', '할례받다'(מוּל, 물)라는 것은 고대의 풍습으로 유대인들에게만 한정적인 것은 아닙니다. 보다 광범위한 지역으로 이집트로부터 팔레스타인 지역에까지 행해진 종교적 행위였습니다. 아프리카 지역에서는 남성들뿐만 아니라 여성들도 할례를 행했습니다. 그렇기 때문에 '할례'라는 행위 자체는 아무런 가치나 의미도 없습니다. 할례(מוּלָה, 물라)를 한다는 것보다 더 중요한 것은 이것이 '언약 표시'(a covenantal sign)라는 점입니다. 또한 물라(מוּלָה, 할례)는 '되찾음', '구속', '구원의 희생'(a sacrifice of redemption)이라는 의미가 더 중요합니다. 그래서 모세는 처음부터 마음의 할례를 이야기했습니다.

> "네 하나님 여호와께서 네 마음과 네 자손의 마음에 할례를 베푸사 너로 마음을 다하며 뜻을 다하여 네 하나님 여호와를 사랑하게 하사 너로 생명을 얻게 하실 것이며"(신 30:6).

모세는 알고 있었습니다. 하나님께서 '너의 마음을'(אֶת־לְבָבְךָ) 할례하실 것을 알고 있었습니다. 이는 마음을 다해서 하나님을 사랑하게 하시려는 것입니다. 우리가 하나님을 사랑하는 것이 아니라 하나님께서 우리로 하여금 당신을 사랑하게 만드실 것입니다. 이것이 마음의 할례입니다. 그리고 이 할례는 곧 '생명'을 얻게 하는 것입니다. 할례는 결코 육체에 있는 것이 아닙니다. 그것은 하나님의 주권에 의해서 이루어지는 생명에 관한 섭리입니다. 이것은 언약의 표증입니다.

하나님께서는 아담 언약에서는 '여자의 씨'를, 노아 언약에서는 '무지개'를, 그리고 아브라함 언약에서는 '할례'를 언약의 표증으로 주셨습니다(창 17:11). 할례는 아브라함이 언약 백성이라는 사실을 보이는 외적인 표증인 동시에 아브라함의 행위를 요구하는 표증입니다. 다시 말해서 자연적(필연적)으로 주어진 것이 아니라 언약에의 '참여'를 의미하는 것으로 인위적으로 제시된 것입니다. 이미 우리는 참여의 의미가 사귐, 평등, 그리고 정의의 문제와 연결되고 있음을 이야기했습니다.

"너는 내 언약을 지키고 네 후손도 대대로 지키라"(창 17:9)고 하나님께서 아브라함에게 말씀하셨습니다. 여기서 약속의 땅이 후손들에게 확장되는 것처럼 할례도 후손들에게까지 확장됩니다.

창세기 15장의 언약만 있다면 사실상 인간이 지킬 것은 없게 됩니다. 왜냐하면 아브라함의 씨, 약속의 땅, 400년과 4대째의 약속들은 모두 인간이 할 수 있는 것들이 아니기 때문입니다. 그러므로 사실상 약속을 지킬 것은 없습니다. 그러나 일반적 서언에서 언급한 바와 같이 이제 창세기 17장을 통해서 아브라함은 걷고, 그리고 완전해야 할 의무가 생겼습니다. 또한 구체적으로 아브라함은 몸에 언약의 표증을 지니고 다녀야 했습니다. 바로 '할례'입니다. 하나님께서는 "너희 중 남자는 다 할례를 받으라 이것이 나와 너희와 너희 후손 사이에 지킬 내 언약이니라"(창 17:10)라고 말씀하셨습니다.

'오트 베리트'(אוֹת בְּרִית) 곧 '언약의 표'(the sign of the covenant, NIV)로 제시된 '물'(מוּל, 할례 받다)은 세상에 태어나 8일째에 해야 했습니다(창 17:12). 이 표(אוֹת, the sign, 오트)는 하나님의 언약이 그의 언약 백성들의 살 곧 육체에 있어 '영원한 언약'(בְּרִית עוֹלָם, 베리트 올람)이 되게 하는 것입니다(창 17:13). 이는 일평생 그 몸에 붙이고 살아가는 언약의 표입니다. 일평생 하나님의 길을 걷겠다는 다짐이자 맹세입니다.

만약에 언약 백성으로 할례가 없으면 그것은 죽음을 의미합니다(14절). 할례가 생명을 결정한다는 뜻입니다. 만일에 할례가 없다면 그것은 언약의 사람이 아니며 엘 샤다이와는 아무 관계가 없는 존재임을 뜻합니다. 그것은 죽음을 의미합니다. 이것은 영원한 규례로 결코 할례 없이는 구원도 없습니다. 왜냐하면 언약의 백성에게 할례가 없음은 곧 언약을 배반한 것이기 때문입니다(창 17:14). 베리트 헤파르(בְּרִית הֵפַר) 곧 언약이 깨진 것입니다. 여기서 모세는 언어유희로 '할례'와 '언약의 깨짐'을 이야기합니다.

14절에서, 하나님께서는 "그 포피를 베지 아니한 자는 백성 중에서 끊어지리니"라고 말씀하셨습니다. 여기서 '끊어지다'(cut off)라고 읽은 히브리어는 '자르다'란 뜻을 가진 카라트(כָּרַת)의 니팔형(수동형)을 쓰고 있습니다. 그런데 '언약을 세우다'라고 말할 때에도 카라트

(כָּרַת)를 씁니다(창 15:18). 여하튼 증표는 단순히 표(sign)를 의미하는 것이 아니라 그 표가 지시하는 의미를 담고 있습니다.

만약에 몸에 있는 표인 할례만 있고, 그 할례가 의미하는 것인 추상적인 개념을 가지고 있지 않다면 표는 아무 가치가 없을 것입니다. 중요한 것은 추상적인 그 의미에 가치가 있는 것입니다.

우리는 간혹 신약시대에 오면서 구약의 규례인 '할례'가 없어도 되는 듯이 오해하여 말합니다. 그러나 그것은 성스러운 경전의 가르침이 아닙니다. 이것은 영원한 규례로 신약시대까지 아우르고 있습니다. 이미 앞에서 잠시 언급했지만 성경에서의 '영원'(עוֹלָם, 올람)이란 말은 두 가지로 읽어야 합니다. 하나는 '오랜 시간'(עוֹלָם)을 뜻합니다. 그래서 구약에서 언급된 '영원'은 아주 오랜 시간으로 읽습니다. 예를 들어 유월절 절기를 '영원한 규례'라고 말할 때(출 12:14) 이 말이 의미하는 바는 '하나님의 아들 그리스도께서 오실 때까지 오랜 시간 동안 지킬 규례'라는 뜻입니다. 그러므로 그리스도께서 오신 이후로 유월절은 전혀 다른 의미 안에서 이해됩니다.

다른 하나는 '영원' 곧 시간을 초월해서 그대로 있는 영원(עוֹלָם, 올람)입니다. 이것은 시간이 오래됨을 뜻하는 것이 아니라 시간을 초월해 있는 것으로 역시 그리스도의 재림 때까지 유효한 것입니다. 예를 들어 '살인하지 말라'와 같은 도덕적 규례들은 그리스도께서 오심(초림)으로 그 의미가 한층 더 분명하게 나타났습니다.

정리하면 제사제도와 같은 형식적인 것에 붙인 '영원'이란 말은 그리스도의 초림으로 완성되어 더 이상 행해지지 않습니다. 그러나 도덕적 규범들은 그리스도의 초림 이후에도 여전히 가치와 의미를 가지고 있습니다. 이는 그리스도의 재림의 때에, 인간의 완전한 구원 때에 완성되어 더 이상 의미가 없게 될 것입니다. 이런 도덕적 규례가 없어도 구원받은 모든 이들이 다 그렇게 살 것이기 때문에 규례가 유명무실하게 될 것입니다. 그리스도의 재림의 때에 우리의 변화에 대해서 성경은 다음과 같이 계시하고 있습니다.

> "사랑하는 자들아 우리가 지금은 하나님의 자녀라 장래에 어떻게 될지는 아직 나타나지 아니하였으나 그가 나타나시면 우리가 그와 같을 줄을 아는 것은 그의 참모습 그대로 볼 것이기 때문이니 주를 향하여 이 소망을 가진 자마다 그의 깨끗하심과 같이 자기를 깨끗하게 하느니라" (요일 3:2-3).

'할례'는 제의적이며 의례적인 규례로 오랜 시간 동안 구약에서 중요한 의미를 가졌습니다. 그래서 신약에서는 할례의 외적인(법률적인, 형식적인) 규례가 없어졌습니다. 하지만 '할례'는 도덕적 규례 그 이상의 초월적인 의미를 동시에 가지고 있습니다. 예를 들어 '유월절 어린 양'의 제도는 제의적 규례로 지키지 않지만 "보라 세상 죄를 지고 가는 하나님의 어린 양"(요 1:29)이라는 초월적(추상적) 의미는 여전히 우리에게 남아 있습니다. 모세는 이미 '할례'가 가지는 형식적 가치 그 이상의 초월적 의미를 알고 있었습니다. 그가 받은 계시를 기록한 〈신명기〉에서 이 할례와 관련해서 아주 중요한 내용을 가르쳐 주고 있습니다. 할례가 구원과 관련하여 '영원한 베리트'라는 점입니다.

〈신명기〉에서 이야기하는 할례를 이해하지 못한다면 우리는 할례에 대한 깊은 오류에 빠지게 될 것입니다. 그래서 비록 지금은 〈창세기〉를 이야기하고 있지만 여기서 먼저 〈신명기〉를 읽어야만 합니다.

할례의 또 다른 의미를 찾아서

다시 한 번 더 〈신명기〉를 읽어 봅시다.

"네 하나님 여호와께서 네 마음과 네 자손의 마음에 할례를 베푸사 너로 마음을 다하며 뜻을 다하여 네 하나님 여호와를 사랑하게 하사 너로 생명을 얻게 하실 것이며"(신 30:6).

위에 있는 신성한 경전의 글귀를 보면 이미 모세는 '할례'를 육체(몸)의 할례를 초월해서 '영혼의 할례'에 대한 신앙에 도달하고 있음을 알 수 있습니다. 이 본문에서는 세 가지의 중요한 특징을 말하고 있습니다.

첫째, 하나님께서 직접 '마음에 할례'를 베푸신다는 것입니다. 이것은 인간에 의해서 육체에 있는 것이 아닙니다. 하나님께서 직접 하십니다. 육체의 할례는 그림자로 본질은 하나님께서 하시는 마음의 할례입니다.

둘째, 이 할례는 육체에 하는 것이 아니라 마음(לֵבָב, 레바브)에 하는 것입니다. 선지자들도 이 말씀에 의지해서 '마음의 할례'를 받지 못한 이들에게 경고를 합니다. 그리고 '마음의 할례'를 받으라고 선포합니다(렘 4:4, 9:26; 겔 44:7, 9). 그리고 이 '마음의 할례'는 신약시대에도 그대로 이어집니다(행 7:51; 롬 2:29).

거룩한 사도는 "하나님의 성령으로 봉사하며 그리스도 예수로 자랑하고 육체를 신뢰하지 아니하는 우리가 곧 할례파라"(빌 3:3)라고 하였습니다. 그리스도를 자랑하는 이들이 바로 진정한 '할례자들'입니다. 그러므로 그리스도가 없이는 할례가 없는 것으로 죽음을 의미하는 것입니다. 육체의 할례를 받은 것은 외적인 표(sign)입니다. 이 외적인 표만을 간직하고 그 추상적인 의미를 전혀 모른다면 할례는 무익한 것입니다(롬 3:30, 4:9-14; 갈 5:6). 하지만 외적인 표징이 의미하는 추상적인 가치 곧 그 의미로 '마음의 할례'가 있다면 외적인 표징은 충분한 가치를 가지게 됩니다. 마음의 할례 곧 그리스도에 대한 신앙은 육체에 있지 않습니다. 그것은 영혼의 자리인 마음에 있습니다.

셋째, 하나님께서 아브라함에게 할례를 주신 것은 은혜를 베푸신 것입니다. 그것은 생명의 은혜였습니다. 모세는 이것이 '마음의 할례'에 대한 시작이며 예표임을 알고 있었습니다. 선지자들도 알고 있었습니다. 전능하신 하나님께서 당신의 은혜 가운데 베푸신 축복임을 알고 있었습니다. 하지만 유대인들은 외적인 표징이 가지는 그 소중함만을 기억하고 그 의미를 상실하게 되었고, 거룩한 사도께서는 할례의 진정한 의미인 은총을 외쳤습니다. 율법은 은혜 가운데 주어진 것으로 복음을 주신 바로 그 하나님께서 주신 것입니다. 규례와 법도 그리고 율법을 주신 엘 샤다이(אֵל שַׁדַּי)께서 복음도 주셨습니다. 같은 분이 주셨습니다. 엘 샤다이(אֵל שַׁדַּי)이십니다.

유대인들도 하나님의 은혜를 믿고 그 은혜로 구원을 받음을 알고 있었습니다. 단지 이 은혜를 율법(a laws)이란 체계 안에서 구체화(materialization)함으로 은혜를 타락시켰습니다. 하나님의 법(the Law)은 은혜 가운데 있습니다. 유대인들은 그 은혜를 바탕으로 자신들의 종교적 신념을 만들었습니다. 그러나 그것은 은혜를 타락시키는 인간의 전형적인 죄악을 보여주는 것입니다.

④ 언약적 축복과 저주(the Benediction and the malediction in the Covenant, 창 17:15-22)

"네 아내 사래는 이름을 사래라 하지 말고 사라라 하라"(창 17:15). 하나님께서 '아브람'에서 '아브라함'으로, 언약의 조상으로 선언하셨습니다(창 17:5). 또한 하나님께서 '사래'(שָׂרַי)를 '사라'(שָׂרָה)로 개명하심으로 아브라함과 사라를 언약적 당사자로 세우셨습니다. 사라 역시 언약의 당사자입니다. 부부는 하나입니다.

고대사회에서 이름의 변화는 그 사람의 존재의 변화를 의미합니다. 여기서도 '사라'의 존재적 의미가 변화되었음을 의미합니다. 이 변화는 아브라함이나 사라의 노력에 의한 것이 아니라 하나님의 선언에 의해서 결정된 것입니다. 이 존재적 의미에서 '사라'는 '어머니'를 의미합니다. 곧 하나님께서 이렇게 말씀하셨습니다.

'내가 그녀에게 복을 주어 그녀가 네게 아들을 낳아 주게 하며 내가 그녀에게 복을 주어 그녀를 여러 민족의 어머니가 되게 하리니 민족의 여러 왕이 그녀에게서 나리라'(창 17:16). 이제 엘 샤다이(אֵל שַׁדַּי)의 전능하신 능력이 축복(בֵּרֵךְ, 베라크)이란 이름으로 사라에게 임하게 될 것을 말씀하셨습니다. 여기서 베라크(בֵּרֵךְ, bless)는 바라크(בָּרַךְ, blessed, be praised)의 피엘형(강조 능동형)으로 하나님의 축복을 강조하는 의미를 가지고 있습니다.

축복(בֵּרֵךְ, 베라크)은 기적적인 현상에 의지하는 것은 아닙니다. 물론 기적으로도 드러날 수 있습니다. 사라의 경우는 기적의 형태로 '아들을 낳을 것'이라는 말씀을 포함하고 있습니다(16절). 그러나 이보다 더 중요한 것은 기적이 아니라 찬양과 경배에 있습니다. 베라크(בֵּרֵךְ, bless)는 '하나님을 찬양하다'(praised God)란 의미로 어떤 일에 있어서의 성공과 번영, 그리고 풍성함을 위한 능력의 기원이신 하나님을 찬양하는 것입니다. 이에 관해서 사라의 찬양을 주의 깊게 이야기할 시간이 있을 것입니다. '사라'가 어머니가 된다는 의미에 대해서 그녀가 아들 이삭을 낳은 이후에 우리는 그녀의 입에서 나온 찬양으로 '어머니 됨'을 발견하게 될 것입니다.

한편 우리가 생각해야 할 것은 하나님께서 사라에게 "내가 그에게 복을 주어 그를 여러 민족의 어머니가 되게 하리니 민족의 여러 왕이 그에게서 나리라"라고 말씀하신 부분을 기억해야 합니다(창 17:16). 왜냐하면 사라는 오직 '이삭'만을 출산했기 때문입니다. 그리고 이삭은 야곱 곧 이스라엘을 낳았습니다. 그러므로 '사라'는 이스라엘의 어머니일 뿐 결코 '여러 민족의 어머니'는 아닙니다.

사라에게 주신 축복은 신약시대에 대한 예언을 담고 있습니다. 이는 결코 육체적으로 이해되지 않으며, 구약성경 전체에서 이 약속은 성취되지 않습니다. 오직 신약성경을 통해서만 이 본문은 이해될 수 있습니다. 사도 베드로는 '숨은 사람'(the hidden man, KJV) 곧 내적인 자아(inner self, NIV)를 썩지 아니하는 것(not corruptible, KJV), 퇴색하지 않는 것(the unfading beauty, NIV)으로 단장할 것을 권면하였습니다(벧전 3:4). 곧 온유함(a meek, KJV)과 조용한 영혼(quiet spirit, KJV, NIV)으로 자신의 마음을 단장하라고 하였습니다. 이어서 순종의 미덕을 이야기하면서 '사라의 딸들'이 되라고 말합니다(벧전 3:6). '사라의 딸'이 된다는 것은 그녀가 어머니로 많은 이들을 출산한다는 의미가 아닙니다. 그녀의 삶과 같은 삶 곧 '사라와 같은'(like Sarah, KJV) 삶을 살아가는 것이 바로 사라의 딸이 되는 것입니다. 이런 의미에서 그녀는 '어머니' 곧 삶의 모범이자 신앙의 모범으로 제시되어 많은 민족의 어머니가 됩니다.

또한 사라와 하갈에 대한 이야기가 있습니다. 여기서 '사라'는 복음(the Law)에 대한 예표이며, '하갈'은 율법(a laws)에 대한 비유입니다(갈 4:24). 이 비유는 〈갈라디아서〉 4장에서 충분히 해석되고 있습니다. 우리는 이 부분에 대해서 이야기할 시간이 있을 것입니다. 우선적으로 성경은 "형제들아 우리는 여종의 자녀가 아니요 자유 있는 여자의 자녀니라"(갈 4:31)라고 계시합니다. 여기서 '자유 있는 여자'가 바로 '사라' 곧 우리의 어머니입니다(갈 4:26).

여하튼 엘 샤다이(אֵל שַׁדַּי) 앞에서 얼굴을 땅에 대고 엎드려 있던 아브라함은 하나님의 약속 곧 '사라'가 많은 민족의 어머니가 될 것이란 말에 속으로 웃으며 '100세가 된 사람이 어떻게 자식을 낳을 수 있을까? 사라는 90세나 되었는데 어떻게 자식을 낳을 수 있겠는가?'라고 생각했습니다(17절, 현대인의 성경). 그의 마음은 그대로 입 밖으로 나왔습니다. "이스마엘이나 하나님 앞에 살기를 원하나이다"(창 17:18).

이미 16장에서 아브람은 여종 하갈을 통해서 아들 '이스마엘' 곧 '하나님께서 들으실 것이다'라는 뜻을 가진 이쉬마엘(יִשְׁמָעֵאל)을 얻었습니다(창 16:11). 그는 다른 아들이 아니라 이쉬마엘이 죽지 않고 성장하기를 바라고 있습니다. 왜냐하면 그는 다른 소망을 바랄 수 없는 불가능한 상황 곧 절대적 불임에 놓여 있었기 때문입니다. 그리고 이런 현상은 18장에서 사라의 경우에도 마찬가지였습니다. 현실에 대한 냉정한 판단은 미래에 대한 약속과 소망을 시들게 만듭니다. 소망이 없으면 미래도 없습니다.

아브라함은 현실에 대한 냉정한 자기반성 가운데 엘 샤다이(אֵל שַׁדַּי)에 대한 신앙 곧 전능하신 하나님께서 그 전능의 능력을 나 자신을 위해서 선하게 쓰신다는 믿음에 도달하지 못하고 있습니다. 그래서 하나님께서는 "네 아내 사라가 네게 아들을 낳으리니 너는 그 이름을

'이삭'이라 하라 내가 그와 내 언약을 세우리니 그의 후손에게 영원한 언약이 되리라"(창 17:19)라고 거듭 말씀해 주셨습니다. 여기서 아들의 이름이 '이삭'으로 정해집니다.

이름에는 역사가 녹아 있습니다. 아버지가 웃었고 어머니도 웃었습니다. 아니, 엘 샤다이(אֵל שַׁדַּי)의 능력이 인간을 위한 것이라고 할 때 만민이 웃을 것입니다. 그래서 그의 이름이 '웃을 것이다' 곧 이쯔하크(יִצְחָק, 이삭)입니다.

이쯔하크(יִצְחָק, 이삭)는 '그가 웃을 것이다'란 뜻으로 동사 짜하크(צָחַק)에서 파생한 이름입니다. 히브리어 짜하크(צָחַק)는 '웃다' 혹은 '비웃다'란 뜻입니다. 예를 들어 모세는 롯의 사위들이 롯이 전하는 구원의 선포를 비웃음거리로 여겼을 때에 바로 짜하크(צָחַק)를 사용했습니다(창 19:14). 그래서 성경은 언어유희를 통해서 '웃음'을 즐거움과 기쁨의 웃음과 불행한 가운데 있는 '비웃음'으로 양자를 다 사용합니다. 예를 들어 〈창세기〉에서는 '이삭'을 '이쯔하크'(יִצְחָק)로 씁니다. 그런데 선지자 아모스는 '이삭'을 '이쓰하크'(יִשְׂחָק)로 수사학적으로 언어유희를 이루고 있습니다(암 7:9, 16). 이는 '이삭'이란 이름을 부정적으로 사용하는 것에 대해서 선지자가 한 걸음 예의를 갖춘 것으로 압니다. 이쓰하크(יִשְׂחָק)는 싸하크(שָׂחַק)에서 파생한 이름으로 히브리어 싸하크(שָׂחַק)는 '웃다' 혹은 '조롱하다'란 뜻을 가지고 있습니다. 여하튼 하나님께서는 "내 언약은 내가 내년 이 시기에 사라가 네게 낳을 이삭과 세우리라"(창 17:21)라고 언약을 확정해 주십니다.

사실 이 부분에서 언약적 저주는 없이 오직 언약적 축복으로 이삭에 대한 확정적인 약속만을 주셨습니다. 물론 이스마엘에 대한 축복도 있습니다.

아브라함은 이스마엘이 하나님 앞에 살기를 원했습니다(창 17:18). 이 소망에 대해서 하나님께서는 "이스마엘에 대하여는 내가 네 말을 들었나니 내가 그에게 복을 주어 그를 매우 크게 생육하고 번성하게 할지라 그가 열두 두령을 낳으리니 내가 그를 큰 나라가 되게 하리라"(창 17:20)라고 약속하셨습니다. 그런데 하나님께서는 천사를 하갈에게 보내어 "그가 사람 중에 들나귀같이 되리니 그의 손이 모든 사람을 치겠고 모든 사람의 손이 그를 칠지며 그가 모든 형제와 대항해서 살리라"(창 16:12)라고 선언하셨습니다. 다시 말해서 이스마엘은 들나귀(a wild donkey, NIV)가 사람들을 뒷발로 치듯이 그렇게 그의 손에 의해서 사람들을, 사람들의 손에 의해서 이스마엘을 치게 될 것이라고 말씀하셨습니다. 이는 이스마엘과 이삭의 다툼에 관한 것입니다. 보다 상세한 것은 16장에서 이야기를 할 기회가 있을 것입니다.

모세는 "하나님이 아브라함과 말씀을 마치시고 그를 떠나 올라가셨더라"라고 함으로 언약의 축복만을 기록하고 있습니다(창 17:22). 그리고 언약의 승인절차를 생략하고 있습니다. 언약의 승인절차에서 언약 당사자이신 하나님께서 올라가심으로 승인절차는 없다고 봐야 합니다. 단지 모세는 아브라함이 하나님의 말씀에 따라서 할례를 시행하는 것으로 승인절차를 대신하고 있습니다.

⑤ 승인절차(the official recognition, 창 17:23-27)

아브라함은 하나님께서 자신에게 지시한 대로 모든 남성에게 할례를 실행했습니다(창 17:23). 이때 아브라함이 99세이고(24절), 이스마엘이 13세였습니다(25절). 여기서 모세는 그의 문체를 그대로 보여주고 있습니다. 그래서 이 부분의 본문의 짜임새를 보면 아래와 같습니다.

a. 아브라함이 그 집안 모든 남성에게 할례를 행함(창 17:23)

b. 아브라함이 99세(24절)

b′. 이스마엘이 13세(25절)

a′. 그날에 모든 남성들이 받음(26-27절)

위의 도식에서 보는 바와 같이 모세는 먼저 할례를 행한 것을 언급하고(a 부분, 23절) 다시금 할례를 받은 것을 반복해서 쓰고 있습니다(a′ 부분, 26-27절). 이렇게 서로 유사한 내용을 반복함으로 이야기를 평행하게 이끌어갑니다. 그리고 그 사이에 아브라함과 이스마엘의 나이를 언급함으로 이야기의 진행을 다시 한 번 상기하게 도와주고 있습니다. 이를 정리하면 다음과 같습니다.

아브람은 75세에 하란을 떠났습니다(창 12:4). 그리고 가나안 땅의 기근으로 이집트에 잠시 머물렀다가 다시 가나안으로 돌아왔습니다(12장). 아브람은 롯과 이별하고(13장), 롯으로 인해서 전쟁에 참여합니다(14장). 그리고 하나님과의 언약을 받았습니다(15장). 16장에서 86세인 아브람이 이스마엘을 얻었습니다(창 16:16). 그리고 할례를 받을 때가 99세입니다(창 17:24). 한편 하갈이 이스마엘을 임신한 때가 아브람이 가나안으로 돌아온 지 10년 후의 일이므로(창 16:3) 아브람이 76세에 가나안에 온 것이 됩니다. 결국 아브람은 이집트에서 잠시 머물다 곧바로 돌아온 것이 됩니다. 그리고 10년 뒤인 86세에 이스마엘을 낳은 것이 됩니다. 이는 15장의 언약 체결 10년 후의 일을 16장에서 기록하고 있으며, 다시 13년 후의 일을 17장에서 99세의 아브라함을 기록하고 있습니다.

18장에서 소돔에 대한 중보를 하고, 19장에서 소돔의 멸망, 20장에서 그랄 왕에게 아내를 준 일을 겪게 됩니다. 이것이 모두 1년 사이의 일들입니다. 그리고 21장에서 100세인 아브라함이 이삭을 얻게 됩니다(창 21:5). 이를 도식으로 나타내면 아래와 같습니다.

a. 아버지의 집 곧 고향을 떠나 사래를 바로에게 줌(창 12장): 75세
b. 소돔으로 들어간 롯과 이별함(13장): 75-76세가량
c. 전쟁에 참여하고 멜기세덱을 만남(14장): 76세가량
d. 언약 체결(15장): 76세가량
(10년이 흐름)
x. 사라와 하갈의 분쟁(16장): 86세(창 16:16)
(13년이 흐름)
d′. 언약 체결(17장): 99세
c′. 하나님을 만나고 소돔에 대한 의논(18장): 99세
b′. 소돔에서 나옴과 롯의 수치(19장): 99세
a′. 그랄 왕에게 사라를 줌(창 20장): 99세

위의 도식에서 볼 수 있는 바와 같이 모세는 1년 안에 일어난 거의 모든 이야기를 기록하고 있습니다. 그리고 16장을 기준으로 한 번은 10년, 또 한 번은 13년의 시간을 넘기고 있습니다. 이는 모세가 '시간' 배열과 더불어 '의미' 단위의 기록을 함께 하고 있음을 보여주는 부분입니다.

사래와 하갈의 분쟁을 기준으로 10년과 13년의 시간이 흘렀고, 나머지는 1년 안팎의 일들입니다. 결국 중요한 것은 사라와 하갈의 이야기 안에 숨겨진 복음과 율법의 관계입니다.

복음과 율법의 긴장

X. 사래와 하갈의 분쟁(16장): 비밀의 이야기

아브라함 언약 이야기에서 중요한 본문 가운데 하나가 바로 창세기 16장입니다. 이 신비하고 비밀스러운 이야기를 듣는다는 것은 인생에 신성한 추억 하나를 간직하는 것과 같습니다. 도스토예프스키는 우리에게 아름다운 추억이 하나라도 그 영혼에 남아 있다면 그 인생은 심한 악에 빠지지 않을 수 있을 것이라고 말했습니다. '추억'이란 현재에 과거를 회상하는 것으로, 과거의 아름다움을 현재에 회상함으로 그 아름다움은 지금 자신의 것이 되기 때문일 것입니다.

아브라함 언약에서의 경이로운 내용으로도 우리는 충분히 아름다운 추억을 간직한 이들입니다. 그리스도의 예표 하나를 간직한 것입니다. 절대적 제사장 멜기세덱은 그리스도를 예표하고, 멜기세덱의 떡과 포도주는 그리스도의 성만찬을 예표하며, 아브람의 십일조는 사랑과 정의, 그리고 믿음의 보다 추상적인 가치를 반영하고 있습니다. 소돔의 멸망과 가나안 땅의 심판은 악에 대한 하나님의 심판으로 보다 먼 미래에 있을 종말을 배우게 합니다. 아브라함은 하나님의 말씀 앞에서 사랑하는 아내를 버림으로 아담의 절망을 극복하는 모습을 제시하고 있습니다. 이는 사랑에 대한 진지한 또 다른 의미를 찾는 것이었습니다. 아브라함이 여호와 곧 세 사람을 만나서 영접한 이야기 등의 아름다운 과거의 역사를 오늘에 추억한다는 것은 우리를 심한 죄악으로부터 벗어나게 할 것입니다. 특히 파란 하늘에서 별무리를 본 아브람에게 언약을 세우시어 횃불 같은 거룩한 불이 쪼갠 고기 사이를 지나가는 순간은 숨이 멈출 것 같은 감동이 일어납니다. 주님께서 목숨을 걸고 우리를 약속의 땅으로 인도하실 것을 약속하셨고 그리스도께서 죽기까지 당신의 사랑을 보이셨습니다. 이 모든 경이로운 고대의 역사는 현재의 모든 삶을 망라하고 있음을 일깨워 줍니다. 그럼에도 불구하고 한 가지 부족한 것이 있습니다. 그것은 비밀의 이야기입니다. 지난 수천 년 동안 아무도 이해할 수 없었던 일의 베일을 벗기는 일입니다. 바로 복음과 율법의 긴장 속으로 들어가는 첫걸음으로 사래와 하갈의 분쟁입니다(창 16장, X 부분).

앞에서 소돔의 경우에서처럼, 인간 스스로의 판단에서 결정된 아름다움은 인간을 타락시키는 것임을 이야기했습니다. 그 '아름다움'이란 즐거움과 기쁨으로 사람을 타락시키는 것입니다. 병적으로 아름다움을 추구하는 것은 인간이 타락하는 유혹의 서막입니다. 그러나 또 다른 의미에 있어서의 '아름다움'이 있습니다. 그것은 타락의 유혹에서 인간의 발걸음을 멈추게 할 수 있는 추억 하나로, 이때에는 그 아름다움에 대한 작은 빛 하나만으로도 충분합니다. 아름다운(καλός, 칼로스) 기억 하나로 타락을 막을 수 있습니다. '아름다움'의 이중적 형태는 사실 현존하는 인간이 '아름다움'에 대한 무지를 의미합니다. 그래서 우리는 아름다움에 대하여 배워야 합니다.

헬라어 칼로스(καλός)는 '선한 목자'(ὁ ποιμὴν ὁ καλός)의 경우에서처럼 선(good)의 의미를 가지고 있는 아름다움입니다(요 10:11). 만약에 우리에게 '아름다운 목자'(ὁ ποιμὴν ὁ καλός)만 있다면 인생은 결코 악으로 떨어지지 않을 것입니다. 물론 그 목자의 인도함에 순종한다는 전제가 있기는 하지만 우리를 타락시키려고 유혹하는 아름다운 것들 곧 병적, 쾌락적으로 자기 스스로 좋은 것이라고 확신하는 그런 아름다움과 구별된 아름다운 것들이 있습니다.

칼로스(καλός)는 '건전한'(sound), '강한'(powerful), '강열한'(vigorous), '훌륭한'(excellent)이란 의미를 가지고 있는 형용사입니다. 이는 명사로 '선'(a good), '덕'(a virtue), 그리고 '아름다움'(a beautiful)의 감각(a sense) 안에서의 질서 혹은 '건강함'(a sound)이란 뜻을 가집니다. 반면에 아가토스(ἀγαθός, good)와 칼로스(καλός)는 둘 다 '선한'(good) 혹은 '아름다운'(beautiful)이란 뜻이 있지만 이는 정치적이고 사회적인 것과 도덕적이고 영적인 것의 차이점을 보입니다. 하지만 정치적이고 사회적이란 것이 도덕적인 것과 날카롭게 구별되는 것은 아닙니다. 그래서 이 둘을 구별하는 것은 어려운 일입니다. 단지 아가토스(ἀγαθός) 안에는 사회적 가치, 문화, 양육 혹은 소유(possessions)의 개념이 보다 강합니다. 성경에서 주님께서는 당신을 '선한 목자' 곧 '호 포이멘 호 칼로스'(ὁ ποιμὴν ὁ καλός)로 계시하셨는데 이는 '그 아름다운 목자'로 정치적인 지도자가 아니라 도덕적이고 영적인 지도자로 탁월한(excellent), 강한(powerful) 지도자란 의미입니다.

우리에게는 우리의 과거를 현재에 기억하고 추억하게 할 수 있는 역사가 필요합니다. 성경이 필요합니다. 성경의 아주 작은 것 하나라도 우리의 영혼에 자리 잡아 그것을 추억할 수 있다면 적어도 우리는 소돔이나 아모리(가나안)와 같은 죄악으로 떨어지지 않을 것입니다.

사래와 하갈의 갈등: 복음과 율법의 긴장 1

창세기 16장은 아브라함 언약기에 대한 분명한 이해 안에서 중요하게 이야기해야 합니다. 먼저 아브라함의 언약은 두 가지의 중대한 약속이 있습니다. 그것은 바로 아브라함의 쩨라(זֶרַע, 씨)와 에레쯔(אֶרֶץ, 땅) 곧 '약속의 후손'과 '약속의 땅'의 문제입니다. 여기서 우선적으로 '에레쯔'(אֶרֶץ, 땅)의 문제는 단순합니다. 왜냐하면 가나안 땅이라는 역사적인 지역의 명칭을 수반하고 있기 때문입니다. 그리고 이것은 적어도 400년간 곧 4대째의 괴로움의 시간이 요구되지만 아브라함은 미래의 약속으로 초대받아 들어가고 있습니다.

언젠간, 그분의 선한 때, 난 목적지에 도착할 것입니다.
그분은 날 그리고 새를 인도하십니다. 그분의 선한 때에!

– 로버트 브라우닝(Robert Browning, 1812–1889)

400년 그리고 4대째, 이보다 더 중요한 것은 하나님께서 선한 때(his good time)라고 정하신 그때에 아브라함의 약속들이 성취될 것입니다. 그 약속이 성취되는 때가 바로 그분의 선한 때임을 알게 될 것입니다. 여기서 '미래'에 대한 소망 가운데의 기다림, 인내에서 '믿음'은 가장 중요한 요소로 등장합니다. 진정으로 400년 후의 일에 대한 '소망'을 버리지 않을 수 있으며, 그 일이 진정으로 일어날 것에 대한 확신과 신뢰로서의 '믿음'이 있는가는 중요한 내용입니다. 아브라함의 언약은 이후 신성한 경전 안에서 보다 본질적인 것으로 확장(擴張)되어 '하나님의 나라'에 대한 계시는 점진적으로 확장됩니다. 약속의 땅의 문제는 '하나님 나라'의 문제입니다.

그런데 아브라함의 쩨라(זֶרַע, 씨) 곧 '하나님의 씨'(경건한 자손, 말 2:15)의 문제는 복잡합니다. 물론 하나님께서는 '이삭'(יִצְחָק, 이쯔하크)이라고 말씀하셨습니다(창 17:19). 우리는 이 사실을 명확하게 알고 있습니다. 그런데 아브라함에게는 이쯔하크(יִצְחָק) 이외에 이스마엘(יִשְׁמָעֵאל, 이쉬마엘)도 있습니다. 바로 두 명의 아내에게서 얻은 두 명의 아들이 있습니다. 바로 이 둘의 문제입니다.

창세기 16장은 사래의 불임(infertility)에 관한 이야기로부터 시작합니다. '불임'과 관련한 라틴어 인페쿤두스(*infecundus*)는 '불모의', '생식력이 없는', '수정하지 않은'(infertile)이란 의미에서 '불임'입니다. 다시 말해서 '무정(無精)인' 상태에 있는 것처럼 사래의 불임은 절대적인 불임을 의미합니다. 난임이 아니라 불임입니다. 모세는 "아브람의 아내 사래는 출산하지 못하였고 그녀에게 한 여종이 있으니 애굽 사람이요 이름은 하갈(הָגָר, 하가르)이라"(창 16:1)라고 쓰고 있습니다. 여기서 '출산하지 못하다'란 말은 '로-얄다'(לֹא יָלְדָה)입니다. 히브리어 '얄다'(יָלְדָה)는 '얄라드'(יָלַד)의 여성형 동사로 '낳다' 혹은 '산고를 겪다'란 의미를 가지고 있습니다. 여기서 부정형 로(לֹא)를 붙인 것은 사래가 단순히 난임(임신하기 어려움)의 상태에 있는 것이 아니라 '임신 불가능성'을 가지고 있음을 의미합니다. '로-얄다'(לֹא יָלְדָה)는 '산고의 고통이란 것이 없다'란 뜻으로 절대적 불임(임신의 불가능)을 의미합니다. '수정하지 않은'(*infecundus*) 것과 같은 상태입니다.

그녀의 절대적 불임 곧 임신 불가능성은 '엘 샤다이'(אֵל שַׁדַּי) 신앙과 간접적으로 연결되어 있습니다. 왜냐하면 전능하신 분 곧 '엘 샤다이'(אֵל שַׁדַּי)께서만 '가능성'이 있기 때문입니다. 이는 순결한 여인 마리아가 하나님의 사신(천사)에게 "나는 남자를 알지 못하니 어찌 이 일이 있으리이까"라고 물었을 때 천사가 "성령이 네게 임하시고 지극히 높으신 이의 능력이 너를 덮으시리니"라고 말한 것과 같습니다(눅 1:34-35). 인간에게는 절대적인 불가능이지만 엘 샤다이의 전능으로는 곧바로 역사 안에서 현실이 될 것입니다. 이는 '엘 샤다이'(אֵל שַׁדַּי)에 대한 계시입니다. 성령 하나님에 관한 계시입니다. 사래의 이야기는 마리아의 이야기 곧 '수정(受精)하지 않은'(*infecundus*) 절대적 불임에 대한 예표입니다. 그리스도의 '낳으심'에 대한 예표입니다.

사래에게는 이집트 출신의 여종(שִׁפְחָה, 쉬프하) 하갈(הָגָר, 하가르)이 있었습니다. 아마도 하갈(הָגָר)은 이집트에서 도망친 여인이거나 파라오가 사래에게 준 종일 것입니다(창 12:16). 왜냐하면 그녀의 이름은 '도망자'란 의미와 관련이 있기 때문입니다. 여하튼 사래는 불임의 원인이 하나님께 있음을 분명하게 인식하고 있습니다. 그녀는 "여호와께서 내 출산을 허락하지 아니하셨다"라고 남편 아브람에게 말합니다(창 16:2). 그런데 이 본문에서 '허락하다'라고 읽은 히브리어 '아짜르'(עָצַר)는 '묶다', '억제하다'(imprison) 혹은 '보류하다'(retain), '억제하다'(restrained, KJV)란 의미를 가지고 있습니다. 다시 말해서 본문의 의미는 '여호와 하나님께서 사래의 마음을 출산으로부터(מִלֶּדֶת, form bearing, KJV) 억제하지 못하게 했다'란 뜻입니다. 이는 하나님께서 사래에게 '출산을 허락하지 않았다'는 의미가 아니라 '출산을 억제하는 마음을 주시지 않았다'는 뜻으로 사래는 아기를 간절히 원했으며, 아브람의 아기를 얻고자 하는 그 마음을 억제할 수 없을 정도로 간절했음을 의미합니다. 그리고 이런 마음은 바로 하나님께서 주신 마음이라고 고백한 것입니다. 사래는 아브람이 하갈에게서 '이스마엘'을 얻어야 한다는 성령의 감동을 받았음이 분명합니다(갈 4:21-31). 그녀는 남편 아브람에게 말했습니다.

"내 여종에게 들어가라 내가 혹 그로 말미암아 자녀를 얻을까 하노라"(창 16:2)라고 말했습니다. 이에 아브람이 사래의 말을 들어 하갈의 장막에 들어갔습니다. 앞에서 이야기했지만 부부는 서로를 존중하여 서로의 말을 들어줄 의무가 있습니다. 물론 그것은 본질적인 의무에 있어서는 제외됩니다. 하지만 사래의 경우는 성령의 감동에 의해서 억제할 수 없는 심정으로 한 일이었습니다. 아브람 역시 사래의 말을 들은 것이 아니라 그것이 하나님의 뜻이기에 순종한 것입니다. 아브람의 이 결정을 오해하지 않도록 우리의 마음을 붙잡아야 합니다.

참고로 '첩'이란 말은 히브리어 잇샤(אִשָּׁה)로 '여자'란 의미이지 '첩'이란 뜻은 없습니다(창 16:3). '첩'은 의도적으로 '하갈'을 멸시하는 독해로 적절하지 않은 것으로 압니다. '하갈'도 아브람에게는 소중한 여인이었으며 하나님께도 의미 있는 여인이었습니다. 그녀의 아들 이스마엘도 하나님의 뜻 가운데 할례 받은 아브람의 아들입니다.

여하튼 이 일은 이집트에서 가나안으로 돌아온 지 10년 곧 아브람이 86세 때에 이 일이 있었습니다(창 16:16). 그리고 하갈은 임신했습니다(הָרָה, 하라, 창 16:4). 하갈은 자신이 임신한 것을 인식하자 사라를 멸시하기 시작했습니다(창 16:4). 자신에게 아브람의 아들(생명)이 있음을 인식하고 멸시한 것입니다. 여기서 '멸시하다'란 말은 히브리어 칼랄(קָלַל)로 '보잘것없다', '가볍다', '하찮다'란 뜻으로 하갈은 아브람의 후사를 계승할 수 있다는 자긍심에 사래를 하찮게 여겼으며 멸시했습니다(4절). 이에 모욕감을 느낀 사래는 참을 수 없었습니다. 사래는 아브람에게 말했습니다.

"내가 받는 모욕은 당신이 받아야 옳도다 내가 나의 여종을 당신의 품에 두었거늘 그녀가 자기의 임신함을 알고 나를 멸시하니 당신과 나 사이에 여호와께서 판단하시기를 원하노라"(창 16:5).

사래가 말한 '모욕'은 하마쓰(חָמָס)로 부당하게 '나쁜'(wrong, KJV) 혹은 '난폭한'(violence, YLT) 것을 뜻합니다. 이는 하갈이 사래에게 폭력적이고 난폭하게 처신했기에 사래가 모욕감을 느낀 것입니다. 사래는 하나님의 감동 가운데 남편 아브람을 위해서 하갈을 준 것입니다. 그런데 오히려 자신에게 폭력적인 상황이 전개되었습니다. 이것은 부당하게 나쁜 상황 곧 불의한 일이 전개된 것입니다. 이런 상황에서 아브람은 하갈이 본래 사래의 종이었음을 기억하고 "당신의 여종은 당신의 수중에 있으니 당신의 눈에 좋을 대로 그녀에게 행하라"(창 16:6)고 아내 사래에게 말했습니다.

사래는 아브람에게 허락을 받은 이후에 하갈을 학대하기 시작합니다. 주인이 종을 부리는 것은 고대사회에서는 당연한 일이며 불의한 일은 아닙니다. 여하튼 이 학대를 참지 못한 하갈은 그대로 도망쳤습니다(창 16:6). 그러나 본문에서 '학대하다'(mistreated, NIV)라고 번역하고 있는 히브리어 '아나'(עָנָה)는 '굽히다', '머리를 숙이다'(stoop)라는 뜻을 가지고 있습니다. 그래서 '아나'(עָנָה)의 피엘형(강조능동형)을 쓸 경우에는 '억압하다', 의존(dependence)하는 마음을 만들어낸 것으로 '압도하다'(subdue)란 뜻으로 읽습니다. 예를 들어 하나님께서 '다윗의 자손을' 괴롭게 하시겠다고 할 때(왕상 11:39) 이것은 솔로몬을 괴롭히는 것이 아니라 솔로몬의 마음을 억압하여 하나님을 더욱 의지하는 감정 곧 '의존감'을 만들기 위한 것입니다.

주인이 종을 학대하는 것처럼 사래가 하갈을 학대하거나 괴롭힌 것은 아닙니다. 분명 사래가 하갈의 마음을 힘들게 한 것은 사실이지만 그것은 하갈로 하여금 사래에게 복종하게 하기 위한 것이었습니다. 사래가 임신한 여종을 학대해서 도망가게 만든 것이 아닙니다. 사래는 그렇게까지 잔혹한 여인은 아닙니다. 오히려 현명하고 지혜로운 여인이었습니다. 문제는 하갈이 자신이 종이라는 신분을 망각하고 주인이자 자유인인 사래 위에 군림하려고 폭력적으로 행동했으며, 사래는 그때마다 그녀가 종이라는 사실을 일깨우기 위해서 힘들게 했습니다.

하갈은 자신이 아브람의 씨를 가졌음에도 종의 신분으로 살아가는 것이 힘겨웠던지 도망쳤습니다. 아마도 그녀의 이름은 이 일과 관련이 있는 예언적 이름으로 보입니다. 여하튼 하갈은 겸손을 배우지 못했습니다. 예를 들어 하나님께서 이집트 왕인 파라오에게 "네가 어느 때까지 내 앞에 겸비하지 아니하겠느냐"(출 10:3)라고 그의 오만과 교만을 지적하셨습니다. 여기서 '겸비하다'란 말은 히브리어 '아나'(עָנָה)의 니팔형(수동형)입니다. 아마도 문장의 의미론적 독해를 볼 때에 사래가 하갈에게 한 것은 '겸비'(謙卑)로 읽는 것이 적절할 것으로 압니다.

사래는 하갈을 겸손하게 만들기 위해서 압제하기 시작하고 이 괴로움에 하갈은 사래를 피해 도망하게 됩니다(6절). 그런데 여기서 잠시 생각해 볼 것이 있습니다.

임신한 여인을 괴롭히는 사래의 모습에서 우리는 신앙인의 모습을 찾아볼 수 없다는 사실입니다. '불임의 여주인과 임신한 몸종 사이의 분쟁과 싸움을 꼭 '계시'라는 방법을 통해서 배워야 하는 것일까, 진정으로 거룩한 경전이 기록하고 있는 계시가 두 여인의 임신과 관련한 다툼과 싸움을 계시한 것인가'와 같은 의문을 가질 수 있습니다.

이 분쟁에 담겨 있는 보다 깊은, 보다 높은 참된 의미를 찾기 위해서는 성령 하나님의 가르침이 필요합니다. 곧 사도들의 글에서 이 본문을 해석하고 있는 내용을 읽어야 합니다. 바로 〈갈라디아서〉 4장을 읽지 않는다면 우리는 이 본문을 결코 이해할 수 없습니다.

'성경은 성경이 해석한다'는 말은 단순한 풋말이 아닙니다. 이것은 성경을 독해하고 그 의미를 찾는 모든 구도자(求道者, a seeker after truth)와 청법자(聽法者, a hearer)의 가장 기본적인 사유방식입니다. 하나님의 도(way)를 지키는 방법 가운데 성경의 의미를 성경 안에서 읽는 것보다 확실한 것은 없습니다. '데레크 야훼'(דֶּרֶךְ יְהוָה, 창 18:19) 곧 하나님의 도(道)를 지키기 위해서 먼저 그 도(道, way)를 구하는 사람인 청법자는 진리 가운데 정의를 구하는 사람입니다. 그러므로 청법자는 반드시 가장 먼저 들어야 합니다. 듣지 않고는 도를 구할 수 없습니다. 진정으로 '믿음은 들음에서 나며 들음은 그리스도의 말씀으로 말미암는 것입니다'(롬 10:17). 왜냐하면 하나님께서 말씀하심은 반드시 그 말씀을 듣는 자가 있음을 의미하기 때문입니다. 그 말씀을 듣는 자 곧 청법자가 되는 것은 '데레크 야훼'(דֶּרֶךְ יְהוָה, 창 18:19)를 지키는 첫걸음입니다. 만약에 이 첫걸음을 내디뎠다면 이제 그 걸음을 멈추지 않고 걷는 것이 바로 사도들과 우리 모두의 삶입니다.

고대의 이야기들을 보면 사람들은 진리의 한마디를 듣기 위해서 사막을 걷고, 바다를 항해하며, 죽음의 골짜기마저 두려움 없이 찾아갑니다. 바로 진리를 듣기 위해서입니다. 그리고 그것을 듣는다면 그대로 죽어도 좋을 만큼 간절히 진리를 찾습니다. 지혜자들의 모습을 그린 이런 방식의 이야기는 진리를 듣는 것이 얼마나 중요한지를 다시금 깨닫게 합니다. 만약에 이런 마음이 우리에게 있다면 진정 일주일 단 하루, 주일에 교회 장의자에 앉아서 진리의 말씀을 듣는 것만으로도 우리의 예배와 삶은 이미 충분히 아름다운 구도자의 길에 서 있다고 말할 수 있을 것입니다. 왜냐하면 중요한 것은 진리를 듣는 것이기 때문입니다. 그래서 누구든 진리를 듣는 자 곧 청법자의 겸손한 자세를 가져야 하는 줄로 압니다.

숨겨진 비밀: 복음과 율법의 긴장 2

〈갈라디아서〉 4장에 따르면, 아브라함에게 있는 두 아들 곧 자유한 사라의 아들 이삭과 여종 하갈의 아들 이스마엘이 있습니다(갈 4:22-23). 여기서 사라는 하나님의 약속 가운데 정한 기한에 이삭을 낳았습니다. 그러나 하갈에 대한 부분은 사라가 남편을 위해서 한 일입니다. 물론 성령의 감동이 있었으나 이는 모두 계시의 '비유'를 위해서 감동을 주신 것입니다. 이는 분명한 비유(allegory, KJV)입니다(갈 4:24). 실재 역사 이야기를 통하여 앞으로 있을 사건들에 대한 예표이자 상징을 나타낸 것입니다. 예를 들어, 선지자 예레미야는 멍에를 목에 메고 다녔습니다(렘 28:10-12). 이 멍에를 멘 것은 앞으로 유다 백성들이 종의 멍에를 멜 것에 대한 예언적 행위였습니다. 이처럼 성경은 현실적이고 역사적인 사건들을 통하여 앞으로 있을 참된 일에 대하여 간접적(비유적)으로 보여줍니다. 그래서 구약의 가르침을 '그림자'(σκιά, shadow)라고 말하고, 신약의 가르침을 그 그림자에 대한 '형상'(εἰκών, image)이라고 말합니다(히 10:1).

〈갈라디아서〉 4장에서는 사라와 하갈 곧 두 여인을 '두 언약'이라고 말합니다(갈 4:24). 먼저 출산한 하갈은 종의 신분으로 '율법 아래에 있는 자'를 상징합니다(갈 4:21). 그래서 하갈에 대하여 "시내 산으로부터 종을 낳은 자니 곧 하갈이라"(갈 4:24)라고 하였습니다.

여기서 시내 산은 장소의 문제가 아니라 언약의 문제입니다. 그래서 '시내 산'은 바로 '예루살렘'에 대한 대조적 관계에 있는 비유로 이해됩니다(갈 4:25).

'시내 산 언약' 곧 모세에 의한 율법(the Law)으로 하나님께서 주신 것입니다. 예루살렘은 '새 언약'(눅 22:20; 렘 31:31; 히 8:8)으로 그리스도이신 예수님에 의한 복음으로, 율법을 주신 하나님께서 복음도 주신 것입니다. 여기서 복음은 자유를, 율법은 법에 매인 종으로 사라와 하갈로 비유됩니다. 사라는 자유한 여인으로 '위에 있는 예루살렘'을 비유합니다(갈 4:26). 사도 바울은 사라를 "오직 위에 있는 예루살렘은 자유자니 곧 우리 어머니라"(갈 4:26)라고 하였습니다. 이로 '사라가 많은 민족의 어머니'가 될 하나님의 약속이 성취됩니다(창 17:16).

하갈이 낳은 '이스마엘'은 율법 아래에서 낳은 자이며, 육체를 따라 태어난 자를 비유적으로 말한 것입니다. 반면에 이삭은 자유한 여자에게서 출산하였으며 약속의 자녀입니다(갈 4:28). 여기서 '약속'과 '자유'는 동일한 것으로 인식됩니다. 왜냐하면 자유가 없이는 약속이란 있을 수 없기 때문입니다. 종에게 하는 것은 약속이 아니라 명령입니다. 자유한 이는 그 약속을 인식하고, 감정적으로 동감하며, 의지적으로 동의함으로 약속의 내용에 참여하고 이행에 따른 책임을 수반할 수 있습니다. 하지만 종은 알지 못하며, 그래서 동감이나 동의가 있을 수 없습니다. "종은 주인이 하는 것을 알지 못함"(요 15:15)이라고 말씀하셨습니다. 언약(약속)에는 자유의 원칙(a liberty principle)이 있습니다. 그리고 이 자유는 언약에 스스로 참여하는 것으로 평등성의 원칙(a equality principle) 곧 평등하게 참여할 수 있다는 원칙이 있습니다. 그러나 종에게는 이런 자유가 없습니다.

법은 자유와 참여가 아니라 비인격적으로 그냥 복종하는 것만 있을 뿐입니다. 자유의 원칙(a liberty principle)과 평등성의 원칙(a equality principle)은 롤스(John Rawls, 1921-2002)가 말하는 정의론의 원칙들과 동일한 것으로 이해됩니다.

여하튼 사도 바울은 선지자 이사야가 예언한 불임에 관한 축복의 노래를(사 54:1) 불임한 사라에 관한 노래로 부르고 있습니다(갈 4:27). 그래서 여종 하갈은 '시내 산 언약' 곧 '율법'을 비유한 것이며, 자유한 사라는 '약속' 곧 '복음'으로 비유됩니다.

율법(시내 산 언약, 예루살렘) ↔ **우리**(위에 있는 예루살렘)

종(하갈) ↔ **자유**(사라)

육체 ↔ **약속**

위의 구조에서 '우리', '자유', '약속'(언약)은 '복음'을 의미하며, 모두 그리스도를 신앙하는 그리스도인을 의미합니다. 성경은 복음을 믿는 이들을 "형제들아 우리는 여종의 자녀가 아니요 자유 있는 여자의 자녀니라"(갈 4:31)고 말함으로 우리가 바로 사라의 자녀임을 밝히고 있습니다. 반면에 율법 아래에 있는 이들 곧 유대인들(바리새 전통)은 하갈의 자녀로 율법의 종이라는 의미입니다. 여기서 약속과 율법은 대립적입니다.

하갈이 사라를 하찮고 가볍게 여기자 사라는 그녀를 겸비하게 하기 위해서 압제했습니다. 이는 '율법'과 '복음'이라는 관계를 설명한 것입니다. 다시 말해서, 하갈이 아브라함의 씨를 먼저 낳은 것처럼 '약속의 복음'보다 '율법'이 먼저 아브라함의 씨에게 주어졌습니다. 진정으로 "믿음이 오기 전에 우리는 율법 아래에 매인 바되고 계시될 믿음의 때까지 갇혔느니라"(갈 3:23)라는 말씀과 같습니다.

율법은 지리적(물리적)인 예루살렘으로, 스스로 섬겨야 하는 신분이라는 것을 잊어버리고 교만하게 주인 노릇을 하게 됩니다. 복음을 가볍게 여기고 심지어 복음에 모욕적인 폭력을 사용하게 됩니다. 이에 '복음'(사라)은 '율법'(하갈)을 겸비하게 만들려고 억압합니다. 결국 율법이 견디지 못하고 도망치자 하나님께서는 '율법'은 언제나 '복음' 아래에 있어야 한다고 하시며 '율법'을 다시 '복음' 아래로 돌려보내셨습니다(창 16:9). '위에 있는' 예루살렘(복음, 약속) 곧 추상적이고 초월적인 예루살렘 아래에 지리적인 예루살렘(율법) 곧 육체적이고 물질화된 예루살렘이 있어야 합니다. 율법은 복음을 떠나서는 아무 가치도 인정받을 수 없습니다. 그리스도 없는 율법은 무의미한 것입니다.

이후에 이스마엘은 13세에 할례를 받았고, 이스마엘 14세 때 이삭이 태어났습니다. 이에 하갈과 이스마엘은 사라와 이삭을 다시 박해했습니다. 이에 하갈과 이스마엘을 내쫓게 됩니다(창 21:8-21). 다시 말해서 돌아온 율법이 복음을 여전히 박해하고 멸시하자 이에 율법을 내쫓을 것으로 결정하게 됩니다. 왜냐하면 율법주의와 복음주의가 함께 하나님의 유업을 받을 수 없기 때문입니다(갈 4:30). "또한 아브라함의 씨가 다 그의 자녀가 아니라 오직 이삭으로부터 난 자라야 네 씨라 불리리라 하셨으니 곧 육신의 자녀가 하나님의 자녀가 아니요 오직 약속의 자녀가 씨로 여기심을 받느니라"(롬 9:7-8)라고 하였습니다. 여기서 아브라함의 씨를 결정하는 것은 아브라함이 아니라 사라(그 밭) 곧 약속과 복음의 상징입니다. 그리고 복음은 '자유'(ἐλευθερία, 엘류테리아)를 의미합니다.

'자유'란 낱말의 개념을 파악하기 위해서는 반드시 두 개의 전치사를 사용해야 합니다. 하나는 '~으로부터'의 자유인가를 파악해야 합니다. 다른 하나는 '~으로 향하는' 자유인가를 인식하는 것입니다. 예를 들어 정치적인 억압'으로부터의' 자유와 경제적 빈곤'으로부터의' 자유는 그 개념이 완전히 다른 것입니다. 또한 정치적 참여권의 확대를 '향한 자유'나 경제적 안정을 '향한 자유'의 경우에서도 '자유'는 서로 다른 개념을 가지게 됩니다. 거룩한 사도가 언급한 것은 '죄로부터의 자유'이며 '하나님께 향하는 자유'입니다.

인간은 분명히 '의도'를 가지고 행동할 수 있는 '의지'를 가지고 있습니다. 그러나 스스로 죄로부터 자유할 수는 없으며 스스로 하나님께로 향하는 자유는 없습니다. 만약에 인류에게 이런 자유가 있었다면 역사상 단 한 명이라도 그런 사람이 있어야 했으나 그런 이는 찾을 수 없습니다. 오히려 오직 들음에서부터 시작한 믿음으로 말미암아 주어진 것이며, 하나님의 약속 곧 그리스도를 통해서 얻어지는 자유입니다. 진정으로 인간에게 '죄로부터의 자유'(롬 6:18-23; 요 8:31-36), '율법으로부터의 자유'(롬 7:3 이하; 갈 2:4, 5:1), '죽음으로부터의 자유'(롬 6:21 이하, 8:21)가 있다고 말하는 것은 모두 거짓말입니다. 도덕적인 측면에서 '자유한 의지'가 있는 것은 확실하지만 죽음으로부터의 '자유한 의지'가 있다고 말하는 것은 거짓말입니다. 인간은 죽음을 거부하려는 '의도'를 가진 '의지'가 있습니다. 그러나 결코 죽음으로부터 자유롭지 못합니다. '한 번 죽는 것은 사람에게 정해진 것'입니다(히 9:27).

율법의 역할: 하갈과 이스마엘에 대한 축복

이제 다시 〈창세기〉 16장으로 돌아가 봅시다.

주인은 겸비한 여종을 만들고자 했으나 이를 거부할 만큼 교만해진 여종 하갈은 결국 도망을 치게 됩니다(창 16:6). 주인을 피해 도망간다고 하지만 사실상 도망친 여종을 돌보는 곳은 없습니다. 게다가 임신한 상황입니다. 오직 그녀가 갈 수 있는 곳이란 고향인 이집트 쪽뿐이었습니다. 그래서 그녀는 이집트로 가다가 '술 광야'(the wilderness of Shur)로 가는 길에서 하나님의 천사(מַלְאָךְ, 말아크)를 만나게 됩니다(창 16:7).

"사래의 여종 하갈아 네가 어디서 왔으며 어디로 가느냐"(창 16:8). 천사가 하갈에게 말했습니다. 광야에서 헤매고 있는 그녀를 불쌍히 여기신 하나님께서 그녀에게 구원의 손길을 베푸신 것입니다. 사실 율법주의가 가지는 가장 큰 문제는 목적지 없이 헤매게 된다는 점입니다. 율법을 지키지만 점차 왜 그래야 하는지 이유를 망각하게 되고 결국 그것을 지키는 이에게는 외적인 규율만이 남게 됩니다. 규칙과 법을 지켜야 한다는 것만이 중요할 뿐 그 규례와 법들이 가진 보다 추상적인 의미, 가치에 대해서는 망각하게 됩니다.

천사의 질문에 "나는 내 여주인 사래를 피하여 도망하나이다"(창 16:8)라고 하갈이 대답했습니다. 복음이 오면 율법은 필요 없이 사라지는 것으로 오해합니다. 약속의 복음이 세상에 왔으니 더 이상은 율법이 의미가 없다고 믿는 것은 잘못입니다. 율법도 하나님께서 주신 은총입니다. 그러므로 그 신성한 존재의 가치를 영원히 간직하게 됩니다. 단지 복음 앞에서 겸비할 수 있어야 한다는 점을 강조하고 있을 뿐입니다. 그러나 율법주의는 이런 사실을 종종 망각하는 오류를 범하게 합니다. 그래서 천사는 하갈에게 "네 여주인에게로 돌아가서 그 수하에 복종하라"(창 16:9)라고 지시합니다. 이것이 율법의 자리입니다. 여기서 '복종하다'로 읽은 히브리어가 아나(ענה)의 히트파엘형(재귀형) 명령형 '히트아니'(הִתְעַנִּי)입니다. '히트아니'는 스스로 겸비한 것으로 '순종하다'(submit)란 의미로 읽습니다. 그래서 천사의 말을 다시 번역하면 다음과 같습니다.

'너는 너의 여주인에게 돌아가라! 그리고 너는 그녀의 손아래에서 너 스스로 순종하라!'(Return to your mistress, and submit yourself under her hand, NKJV) 정도로 읽을 수 있습니다. 이는 비유입니다. 다시 말해서 율법은 복음 아래에서 복음에 순종해야 합니다. 복음은 율법을 겸손하게 만들 뿐만 아니라 품어 줍니다. 여기서 율법에 대한 세 가지 기능을 정리하도록 합시다.

하나님께서는 천사를 통해서 하갈을 축복하시며 말씀하셨습니다. "내가 네 씨를 크게 번성하여 그 수가 많아 셀 수 없게 하리라"(창 16:10). 그러므로 '이스마엘' 곧 율법도 이 땅에서 번성해야 합니다. 율법은 율법의 분명한 역할과 기능을 가지고 있습니다. 이것이 '이스마엘'이 축복 받는 이유입니다.

율법의 기능 가운데 첫째는 우리에게 죄가 무엇인지 깨닫게 하는 기능입니다(롬 3:20). 그리고 두 번째는 사회 질서를 위한 법적인 기능이 있습니다. 이 두 번째 기능은 첫 번째 기능에 대한 이해를 확대한 것입니다. 다시 말해서 인간이 율법을 통해서 죄를 인식한다면 그것은 사회질서를 지키는 기능을 하게 됩니다. 루터파 교회에서는 이 기능을 소중하게 생각합니다. 그리고 마지막 세 번째는 오직 거듭난 자에게만 속한 것으로, 바로 율법에 스스로를 복종시키면서 살아가는 것입니다. 이것을 율법의 제3용법이라고 합니다.

율법의 제3용법이라고 불리는 이 기능은 바로 칼빈에 의해서 주장되어 개혁파 교회 안에서 소중하게 생각하는 율법관입니다. 사실 루터파 교회나 다른 교파의 교회에서는 언급하지 않는 것입니다. 이 율법의 제3용법에 대한 칼빈의 말은 다음과 같습니다. "참된 신자는 율법에 대해서 자주 명상함으로써 복종하겠다는 열성을 얻으며 복종하는 힘을 얻으며 범법의 미끄러운 길에 들지 않게 됩니다"(《기독교 강요》 2권 7장 12.).

하나님께서 율법을 주셨습니다. 그러니 그 율법은 선한 것이며 하나님의 은혜입니다. 또한 이 은혜의 율법으로 충분히 사람을 구원할 수도 있습니다. 그러나 문제가 있습니다. 그 율법의 요구를 모두 다 만족시킬 현존하는 인간이 없다는 사실이 문제일 뿐입니다. 왜냐하면 율법이란 단 하나만 어겨도 그 법을 어긴 것이기 때문입니다. 율법은 저주에 관한 것을 말하는 것이 되기 때문입니다. 그래서 율법 아래에 있는 이들은 하나님의 저주 아래에 있게 되는 것입니다(갈 3:10).

한편 복음 아래에 있는 자유한 사라의 자녀들, 곧 약속의 자녀들은 율법으로부터 자유합니다. 이 말은 '율법을 모두 버린다'는 뜻이 아닙니다. 오히려 우리 스스로 율법을 따를 힘이 있기에 거듭난 신자들은 율법의 진정한 요구에 순종하여 율법의 요구를 모두 다 만족시킬 수 있다는 의미입니다. 그래서 오직 참된 신자만이 율법을 지킬 수 있는 것입니다. 아니 율법을 종 부리듯이 자유롭게 지킴을 뜻합니다. 율법의 제3용법 안에서, 믿는 자들에게 십계명은 폐지된 것이 아니라 복음 안에서 스스로 복종함으로 성취되는 것입니다.

여하튼 하나님께서는 하갈에게 태어날 아들의 이름을 주셨습니다. 바로 이스마엘(יִשְׁמָעֵאל, 이쉬마엘) 곧 '하나님께서 들으실 것이다'란 뜻입니다(창 16:11). 하나님께서는 율법 아래에 있는 이들의 고통을 늘 듣고 계십니다. 그래서 율법 외에 하나님의 의가 나타났습니다. 율법과 선지자에 의해서 증거한 분 곧 예수 그리스도 안에 있는 복음을 주셨습니다(롬 3:21-22).

또한 천사는 하갈에게 "그가 사람 중에 들나귀같이 되리니 그의 손이 모든 사람을 치겠고 모든 사람의 손이 그를 칠지며 그가 모든 형제와 대항해서 살리라"(창 16:12)라고 말씀하셨습니다. 이 본문의 성실한 독해를 꿈꾸면서 읽으면, 율법은 사람들 가운데에서 들나귀 곧 뒷발로 치는 존재가 될 것입니다. 우리의 잘못을 발견하면 형벌의 저주로 우리를 칠 것입니다. 진정 율법은 신앙인들에게 들나귀같이 길들여지지 않는 존재가 될 것입니다. 그래서 '그의 손이 모든 [사람] 안에(יָדוֹ בַכֹּל) 그리고 모든 [사람]의 손이 그 안에(וְיַד כֹּל בּוֹ)' 있을 것입니다. 이 말이 의미하는 바는 '율법의 손이 모든 사람 안에서 들나귀처럼 후려쳐서 삶을 심판할 것이다. 그리고 모든 사람의 손이 율법 안에서 들나귀처럼 칠 것이다'란 뜻입니다.

우리는 율법으로 상대방을 공격할 것입니다. 법정은 화해하는 공간이 아니라 싸우고 다투는 공간입니다. 법은 상대방이 죽을 때까지 공격할 것입니다. 그것은 저주입니다. 우리가 잠시 잠깐 스쳐간 간음까지도 찾아내어 우리를 공격하고 죽을 때까지 다투고 싸울 것입니다. 또한 우리 손에 율법이 있어서 상대방의 작은 잘못도 법으로 해결해서 죽을 때까지 싸웁니다. 이는 저주입니다. 율법이 사랑의 빛인 복음의 인도함을 받지 못한다면 그것은 저주 곧 복수가 될 뿐입니다. 그러나 사랑의 빛에 인도된 법은 질서이며 조화입니다. 사랑 없는 정의는 냉혹한 복수극일 뿐입니다. 정의 없는 사랑이란 악취로 가득한 음란일 뿐입니다. 순전하게, 아무 이득이 없이도, 아무 이득을 추구할 의도도 없이 순전하게 사랑하는 것이 정의입니다. 사랑이 정의입니다. 사랑이란 불의한 것을 모른 척하는 것이 아니며, 정의는 모질게 대하는 것이 아닙니다. 정의가 없는 사랑은 그저 욕망 곧 에피튀미아(ἐπιθυμία)일 뿐입니다. 사랑 없는 정의는 복수일 뿐입니다.

하나님께서는 천사를 통해서 이스마엘이 "그가 모든 형제와 대항해서 살리라"(he will live in hostility toward all his brothers, NIV)라고 하셨습니다(창 16:12). 곧 율법(이스마엘)은 복음(이삭)과 대항하여 존재합니다. 그런데 문제는 히브리어 본문에서 '대항하다'란 표현이 없다는 점입니다. 이는 오히려 '그가 모든 형제에 대하여 동방에서 살리라'(he will live to the east of all his brothers, NASV)라고 읽기도 합니다. 여기서 모세가 사용하고 있는 히브리어는 파네(פָּנֶה, face)의 연계형 페네(פְּנֵי, of face)입니다. 그래서 본문은 '모든 형제들의 얼굴에'라는 의미입니다. 그래서 이스마엘이 그의 형제 이삭의 면전에서 서로 적대적으로 살아갈 것으로 의역한 것입니다. 여기서 수사학적인 접근을 시도한다면, 페네(פְּנֵי)는 그 발음상에서 페레(פֶּרֶא, 들나귀)와 언어유희를 이루고 있습니다. 이는 이삭과 이스마엘의 전쟁을 예언한 것이 아니라 사랑의 빛인 복음 앞에서 들나귀 같은 율법의 존재를 예언한 것입니다. 복음에 길들여지기 싫어하는 율법, 그래서 복음 면전에서 살아가는 율법을 예언한 것으로 압니다. 사실 오직 거듭난 자만이 율법을 자신의 삶 가운데 순종시키며 살아갈 것입니다.

천사의 약속을 받은 하갈은 하나님께서 자신을 지켜보셨다는 의미에서 "나를 살피시는 하나님" 곧 '엘 로이'(אֵל רֳאִי, the God who sees me, NIV)라고 하나님의 이름을 찬양했습니다(창 16:13). '엘-로이'의 하나님은 우리를 지켜보시는 하나님을 의미하며, 이는 율법이 우리의 삶에 무슨 잘못이 있나 찾아보는 것처럼 보는 것을 의미합니다. 그래서 '감찰하시는 하나님'(개역한글)이란 뜻으로 읽는 것이 적절할 것입니다. 우리는 기억해야 합니다. 하나님께서 율법 가운데 우리를 감찰하고 계심을 기억해야 합니다. 이는 분명히 모세를 통해서 우리에게 전하는 계시입니다.

한편 천사를 만나 '술 광야'에 있었던 하갈은 샘 곧 '가데스와 베렛 사이에' 있는 샘의 이름을 '브엘라해로이'라고 불렀습니다(창 16:14). 여기서 말하는 지명을 보면 먼저 '가데스'(קָדֵשׁ)와 베렛'(בֶּרֶד)이 등장합니다(앞의 289쪽 지도를 참조).

가데스(קָדֵשׁ)는 '신성하다', '거룩하다'란 뜻을 가진 카다쉬(קָדַשׁ)에서 온 지명입니다. 그리고 베렛(בֶּרֶד)은 '우박'(בָּרָד)에서 온 지명입니다. 그래서 '가데스와 베렛'은 중언법으로 '거룩한 우박이 내리는 곳'이란 뜻이 됩니다. 아마도 이 지역은 모세가 약속의 땅을 살펴보기 위해서 정찰병을 보낸 '가데스 바네아'(קָדֵשׁ בַּרְנֵעַ) 지역으로 보입니다(수 14:7). 가데스(민 13:26) 혹은 가데스 바네아(수 14:7)에서 정탐자들을 보냈습니다. 여기서 열 사람은 부정적인 보고를 하고 두 사람은 좋은 보고를 했습니다. 열 사람은 들나귀처럼, 율법처럼 그 땅을 판단하고 후려쳐 백성들의 마음을 괴롭게 했습니다.

여호수아와 갈렙 두 사람은 사랑의 빛인 약속을 의지하여 그 땅을 사모했습니다. 하갈이 천사를 만난 곳에서 아브라함의 후손들은 서로 대항하고 갈등했습니다. 그리고 그곳의 샘의 이름이 '브엘라해로이' 곧 '베에르 라하 로이'(בְּאֵר לַחַי רֹאִי)입니다. 다시 말해서 '살아 계시어 감찰하시는 분의 샘' 정도의 뜻이 있습니다.

하갈은 사래에게로 돌아가 아들 이스마엘을 낳았습니다. 바로 이때 곧 아브람의 나이 86세 때 하갈이 이스마엘을 출산하였습니다(창 16:16).

하갈의 이야기는 앞으로 올 그리스도의 약속과 그 약속에 따른 복음에 관한 이야기를 담고 있습니다. 그러나 율법이 복음보다 먼저 생명에 관한 이야기를 하게 될 것입니다. 사래보다 하갈이 먼저 생명을 낳은 것처럼 그렇게 율법이 먼저 왔습니다. 하지만 이것만으로는 아직 복음의 참 빛이라고 할 수 없습니다. 오히려 율법은 복음을 받아들이도록 예비하는 것이며 복음으로 인도하는 파이다고고스(παιδαγωγός, child-conductor, YLT)입니다(갈 3:24). 율법도 은혜이며, 사도는 그 누구보다 율법의 이점을 잘 알고 있었습니다. 그래서 '믿음이 온 후로는 우리가 초등교사 곧 파이다고고스(παιδαγωγός) 아래에 있지 아니하도다'라고 하였습니다(갈 3:25).

갈무리

완전한 사랑에 대한 요구

아브라함의 언약은 현존하는 교회의 의미를 분명하게 인식시켜 주는 중요한 계시입니다. 특히 전능자 곧 엘 샤다이께서 요구하신 '완전함'에 대한 의무는 현존하는 교회가 걸어갈 길을 제시해 주고 있습니다. 우리 주 하나님 예수 그리스도께서는 말씀하셨습니다.

> 그러므로 하늘에 계신 너희 아버지의 온전하심과 같이 너희도 온전하라.
> (Be perfect, therefore, as your heavenly Father is perfect. NIV, 마 5:48)

아브라함 언약에서 제시(提示)된 '온전함' 내지는 '완전함'(perfect)의 요구는 현재의 교회에게도 여전히 동일하게 제시되고 있습니다. 여기서 인간이 '완전할 수 있는가'에 대한 가능성을 타진하는 것은 그리스도의 계명 안에 서 있는 이들에게 올바른 사유의 방식은 아닐 것입니다. 물론 '계시'에 대한 올바른 태도도 아닐 것입니다. 이는 인간의 가능성 혹은 능력에 관한 문제가 아니라 '완전해야만 하는 의무'에 관한 것입니다. 꾸준한 노동, 조용한 생활(살전 4:11), 평안과 믿음을 겸비한 사랑(엡 6:23), 사랑 안에서 연합하여 확실한 이해의 모든 풍성함(골 2:2), 무엇보다도 연약한 '육체'와 소망의 빛을 가진 '영혼' 이외에 아무 것도 없는 신자들이 '완전'하기 위해서 아주 작은 것에도 괴로워하는 것이 얼마나 소중한 것임을 알아채야 합니다.

〈마태복음〉에서 언급된 '완전한'(τέλειος, 텔레이오스)이란 말은 명사형 텔로스(τέλος)에서 온 말입니다. 텔로스(τέλος)는 어떤 일이나 수행해야 할 의무 따위를 '이룸' 혹은 '달성함', '완수함'(achievement)이란 의미를 가지고 있습니다. 이런 뜻에서 텔로스는 '성취', '끝냄'(마무리), '충족'(충만, fulfillment)이란 뜻으로 읽습니다. 또한 자신에게 주어진 책임(obligation)을 성취한다는 의미에서 '의무'(obligation)의 뜻으로 읽기도 합니다. 다시 말해서 '완전하다'라고 하는 것은 자신에게 주어진 과업이나 의무 따위에 대해서 묵묵히 끝까지 이행하는 것을 말합니다. 그 의무에 최종적인 성취에 대한 결과의 문제가 아니라 그런 삶의 태도 내지는 삶의 체계(a life system)를 말하는 것입니다. 자신의 인생(삶)과 이 세상(우주)을 바라보는 시선(a life and world view, Weltanschauung)을 말하는 것입니다.

자신에게 주어진 삶의 목표를 달성(completion)하거나 어떤 이상적인 상태에 '마무름'(일의 뒤끝을 맺음, perfection)으로서의 '완전한'(τέλειος, 텔레이오스)이라는 것은 그 일을 포기하지 않고 성실히 지속하는 영혼의 노동, 내적인 씨름입니다. 이러한 내적인 영혼의 전쟁에 대해서 모세는 야곱의 이야기를 통해서 아브라함의 언약 백성들에게 들려주고 있습니다. 사실 눈에 보이는 세계 곧 외적인 경험의 세계에서는 '마무름'이라는 것이 경험적으로 인식될 수 있습니다. 하지만 모든 두려움, 심지어 죽음이 안겨다 주는 그 충격 앞에서 소스라치게 만드는 두려움마저도 몰아내는 '완전한 사랑'(perfect love, 요일 4:18)은 철저히 내적인 영혼의 '마무름'을 요구합니다. 다시 말해서 마지막 발걸음까지 그 길에서 벗어나지 않는 것, 최후의 순간까지 자신의 과업 앞에서 손을 놓지 않는 것을 말합니다.

예를 들어 아브라함이 모리아 산에서 했던 것처럼, 자신에게 주어진 '일'을 포기하지 않고 마지막 순간까지 붙잡는 것입니다. '일'(행위, work)은 외적인 경험의 세계에 속한 것이지만 그 시작은 내적인 경험의 세계에서 나온 것입니다. 아브라함이 모리아 산에서 자신의 일(행위)을 흔들림 없이 이끌어갈 수 있었던 것은 바로 하나님에 대한 사랑과 두려움 곧 경외심에서 나온 것이었습니다(창22:12). 현존하는 교회 역시 '완전한 사랑'을 위해서 내적인 영혼의 싸움을 멈추지 않아야 함을 배웁니다.

원수까지 사랑 안에 품는 '완전한 사랑'

모든 것은 내적인 경험으로부터 나옵니다. 우리가 경험하는 외적인 모든 것은 내적인 경험을 바탕으로 해석하여 인식하게 되는 것들입니다. 그리고 이 인식을 다시금 외부에 표현하는 것은 자신의 내면을 표현하는 것과 분리되지 않습니다. 우리가 아브라함의 언약을 가장 올바르게 인식할 수 있는 것은 바로 내적인 경험 곧 내적인 '은혜'(χάρις, 카리스)에 의존합니다. 주님께서 당신 백성에게 주시는 카리스(χάρις)에 대한 경험으로부터 시작된 것입니다(엡 4:7).

카리스(χάρις)는 우리가 내적으로 경험하는 기쁨이나 친절, 특히 지배자의 호의(a ruler's favour)의 표명(表明)을 위한 용어입니다. 다시 말해서 은혜의 내적인 경험을 한다는 것은 우리를 통치하시는 분이 계시며, 그분께서 베푸신 선물을 받음으로 얻는 기쁨을 인식한다는 뜻입니다. 통치자, 절대 주권자에 대한 인식이 없다면 은혜

(χάρις) 혹은 은사(χάρισμα)는 언제든지 오류에 빠질 수 있습니다. 카리스마(χάρισμα) 곧 '은사'(gift)는 카리스(χάρις)와 상호교환해서 사용할 수 있는 동의어입니다(고전 12:4).

우리가 기대하며 소망했든, 아니면 전혀 예상하지 못했든 각자가 주님으로부터 선물(δωρεά, 도레아)을 받았습니다. 우리에게 주신 이 선물은 분명히 이 세상에서 주는 것과 같지 않은 것(요 14:27)으로 신의 은총인 카리스(χάρις) 곧 '은혜'를 말합니다. 사도 바울은 분명히 우리가 선물을 수동적으로 받는다고 말씀하셨습니다. 능동적으로 요구해서 얻어내는 것은 선물이 아닙니다. 하나님의 은총은 우리의 노력이나 상태와 무관하게 주어진 것입니다. 절대적인 주권자께서 베푸신 호의이자 친절함입니다. 그리고 이로 인해서 각 사람들은 교회와 이 세상의 빛으로써의 일(행위) 곧 직분을 가지게 됩니다(엡 4:11).

우리의 내적인 경험인 카리스(χάρις)로 인해서 외적인 경험으로 일(행위)을 하는 것은 "성도를 온전하게 하여 봉사의 일을 하게 하며 그리스도의 몸을 세우려 하심"입니다(엡 4:12). 그러므로 우리는 꾸준한 노동과 영혼의 완전함을 위한 직분을 마지막 호흡이 나약한 육체를 떠나지 않는 이상 포기해서는 안 되는 줄로 압니다. 교회사 안에서 우리는 '순교자들의 영혼' 가운데 이 완전한 삶에 대한 삶의 태도를 목격할 수 있습니다. 바로 아브라함의 언약은 이런 삶의 태도, 삶의 체계(Weltanschauung)를 요구하고 있습니다. 분명히 하나님께서는 아브라함에게 다음과 같이 명령하셨습니다.

> 나는 전능한 하나님이라 너는 내 앞에서 행하여 완전하라.
>
> I am the Almighty God; walk before me, and be thou perfect(KJV,

창 17:1).

〈마태복음〉은 교회 안에 여전히 아브라함의 언약이 지속되고 있으며, 우리 주 하나님 예수 그리스도 안에서 '성취'되었음을 증거하고 있습니다. 왜냐하면 텔로스(τέλος) 곧 '완전함'이란 '신에게 바쳐지는 희생의 제물'(offering)을 의미하고 있기 때문입니다. 그래서 텔로스(τέλος)는 전체(the whole)를 나누어 부분으로 나누고 구별하고 분리(detachment)한다는 뜻이 있습니다. 사실 완전함(perfect)이란 자기 안에 모든 것을 품고 포함합니다. '완전한 사랑'은 사랑 받아야 하는 대상뿐만 아니라 사랑할 수 없는 원수까지 모든 것을 품고 있습니다.

"하늘에 계신 너희 아버지의 온전하심과 같이 너희도 온전하라"(마 5:48)라는 말씀은 "너희 원수를 사랑하며 너희를 박해하는 자를 위하여 기도하라"(마 5:44)라고 말씀하신 이후에 이를 마무름하기 위해서 하신 말씀입니다. 다시 말해서 '완전한 사랑'이란 "네 이웃을 사랑하고 네 원수를 미워"하는 것(마 5:43)이 아니라 그 사랑 안에 '모든 것'을 포함하는 것입니다. 비록 그것이 '원수' 곧 '미워하고 증오하는'(ἐχθρός, 엑트로스) 대상이라고 하더라도 사랑 안에 품을 수 있을 때에 비로소 완전한 사랑이라고 말할 수 있게 됩니다.

비록 타인이 날 핍박하는 자, 괴롭히는 사람이라고 하여도 그의 행복과 영혼의 평안을 위해서 우리 주님께 기도할 수 있을 때에 온전한 사랑 곧 모든 것을 품은 사랑이라고 말할 수 있습니다. 우리 주 하나님 예수 그리스도께서는 '원수를 사랑하라'고 교회에게 명령하심으로 우리에게 '완전한 사랑' 곧 아브라함의 언약이 우리의 삶에 체계로, 우리의 인생에 뿌리가 되길 원하시는 것입니다.

원수를 어떻게 사랑할 수 있는가에 대한 고민 안에는 이미 원수를 품지 못한다는 뜻이 있습니다. 완전함은 모든 것을 포함하기에 원수마저도 품게 됩니다. 다시 말해서 '원수를 사랑하라' 하신 말씀은 '완전하라'라고 하신 말씀으로, 우리 신앙의 선조(先祖)인 아브라함이 하나님 앞에 얻은 언약의 내용을 이행하여 성취할 것을 말씀하신 것입니다. 그리고 우리가 아브라함의 언약 앞에서 충실할 때에 이 세상과 다른 삶, 이 세상과 구별된 삶, 분리된 존재로 살아가게 될 것입니다. 이런 의미에서 '완전함'은 모든 것을 포함하고, 모든 것과 분리됩니다. '완전함'이란 포함과 분리(구별)를 총체적(모두+부분)으로 아우릅니다.

우리 주 하나님이시며 그리스도이신 예수님께서는 당신을 배신하고, 당신에게 원수가 되어버린 인간, 당신을 핍박한 우리까지 품어 주심으로 완전한 사랑을 보여주셨습니다. 십자가의 사랑은 아브라함 언약의 성취라는 관점에서 가장 잘 이해될 수 있습니다.

십자가의 사랑

'완전한 사랑'인 '십자가의 사랑'은 세 가지 상황을 총체적으로 이해해야 합니다. 먼저 '앎'의 문제가 있습니다. 이 '앎'은 '계시'와 '예배' 그리고 '친구 됨'의 문제와 연결되어 있습니다. 왜냐하면 '계시'가 없이는 '하나님을 아는 지식'으로써의 '앎'이란 있을 수 없기 때문입니다(마 11:27). 또한 우리는 아는 것을 '예배'하기 때문입니다(요 4:22). 그리고 '앎'으로 '친구'라고 말할 수 있기 때문입니다(요 15:15). 교회는 이 '앎'을 '믿음'(πίστις, 피스티스)이라고 부릅니다. 왜냐하면 마음에서 믿어지게 된 것을 입으로 고백한다는 것은(롬 10:10)

그 자신의 고백을 충분히 알고 찬동(贊同)하여 외부로 표현한 것을 말하기 때문입니다. 그러므로 외적인 고백은 내적인 앎을 표현한 것이며, 내적인 앎은 그리스도의 뜻에 따라서 계시를 받아 믿어지게 되었음을 의미합니다(마 11:27).

십자가의 사랑이 가지는 두 번째 상황은 '친구 됨'입니다.

주께서는 제자들 곧 신자들을 '종'(δοῦλος, 둘로스)이 아니라 '친구'(φίλος, 필로스)라고 부르셨습니다(요15:15). 하나님께서 아브라함을 '당신의 친구' 곧 '나의 벗'이라고 부르신 것처럼(사 41:8) 그리스도께서는 당신의 제자들에게 '사랑'(φίλος, 필로스)을 나눈 친구(φίλος, 필로스), '나의 친구'라고 불러주셨습니다(요 15:14). 흔히 친구(φίλος, 필로스)와 관련해서 필리아(φιλία)를 '우정' 내지는 '우애'(friendship)로 이해합니다. 하지만 이는 필리아(φιλία)가 가지고 있는 풍성한 의미 가운데 한 부분의 의미만 강조한 것입니다. 필리아(filiva)는 '사랑'(love) 혹은 '우정'(friendship)이란 의미 가운데 진실한 결혼 혹은 결합(결속)을 의미합니다. 다시 말해서 어떤 이해관계(利害關係)를 배제(排除)한 상태에서 교류를 나누게 되는 것을 말합니다.

필리아(φιλία)의 결속은 때로는 종교, 인종, 나이, 성별 따위의 외적인 조건들을 완전히 배제시키고 두 인격체의 내적인 사귐으로 결속되는 것을 말합니다. 이 결속은 '가족 같은 친구' 혹은 '친절한 환대'로 상대의 존재에 대하여 언제든지 열려 있는 마음상태를 가진 것을 뜻합니다. 필로스(φίλος)나 필리아(φιλία)는 정치적으로 동맹을 위해서 언약적 관계로 결속한 것을 뜻하고, 두 사람 사이에서는 조화(harmony) 곧 '일치'(union)의 원리로 상호 조화를 의미합니다. 다시 말해서 주께서 신자들에게 '친구' 곧 필로스(φίλος)라고 불러주신 것은 당신과 신자들 사이의 결속, 하나 된 일치, 그분의 지체된 교회에 대한 선언입니다.

마지막으로 십자가의 사랑은 '희생'의 상황을 가지고 있습니다. 완전한 사랑은 희생으로 마무름을 합니다. 왜냐하면 '사람이 친구를 위하여 자기 목숨을 버리면 이보다 더 큰 사랑이 없기' 때문입니다(요 15:13). '십자가의 사랑'보다 더 큰 사랑(ἀγάπη, 아가페)은 없습니다. 십자가의 사랑이 가장 완전한 사랑입니다. 이것은 '친구 됨'과 '희생'을 말하는 것입니다. 진정으로 십자가의 '사랑은 죽음같이 강하고 질투는 스올같이 잔인하며 불길같이 일어나니 그 기세가 여호와의 불과 같아서'(아 8:6) 우리의 모든 허물, 허다한 죄를 덮어주셨습니다(벧전 4:8). 이전에는 하나님께 원수 되었었던 우리를 당신의 희생으로 다 품어주셨습니다(롬 5:10; 엡 2:16).

진실로 우리 주 하나님 예수 그리스도께서는 당신께서 모세에게 주신 당신의 말씀인 율법을 폐지시키지 않으십니다. 그것은 "완전하게 하려 함"입니다(마 5:17). "사랑은 율법의 완성"(πλήρωμα νόμου ἡ ἀγάπη)입니다(롬 13:10). 외적인 경험인 율법(행위)은 내적인 경험인 사랑, 믿음, 소망으로부터 나오는 것입니다. 우리 영혼에 마르지 않는 샘인 그분으로부터 얻은 은혜인 내적 경험과 더불어 외적 경험인 그분의 말씀에 근거를 두지 않는 것은 계시에 대한 온전한 태도가 아닐 것입니다. 그리고 모든 것은 내적인 것으로부터 흘러나와 외적인 세상을 바라보고 해석하는 것입니다.

이것은 '세계관'(Weltanschauung)의 문제이지 결코 추상적 개념들을 직조(織造, weaving)해서 얻는 것이 아닙니다. 우리의 삶은 대수학(代數學, algebra)의 예제 문제가 아닙니다. 인간의 삶은 다변수함수(Function of Many Variables)처럼 설명되거나 계산되지 않습니다. 필리아(φιλία)의 사랑과 우정은 일치를 이루는 것이지 계산해서 얻어진 것이 아닙니다. 계시의 학문인 우리의 이야기는 머리가 아니라 마음에서, 외부에서가 아니라 내부에서 그 마무름을 하게 됩니다. 그리고 이 계시에 관한 학문을 존 칼빈(John Calvin, 1509-64)은 자신의 책 《기독교 강요》(*L'Institution de la religion chrétienne*, 1560, 불어판)에서 '기독교 철학'(La philosophie chrétienne)이라고 부릅니다.

정의와 공의의 길로 인도하는 아브라함 언약

아브라함의 언약은 '완전함'에 대한 언약적 요구를 제시하고 있습니다. 그리고 이는 '완전한 사랑' 안에서, 십자가 위에서 그 언약적 요구가 성취됩니다. 한편 '완전한 사랑'은 경험을 배제한 논리의 문제가 아니라 온 몸으로 살아가는 실천적인 문제 곧 도덕적인 문제로 치환(置換) 됩니다. 이 과정에서 아브라함의 언약은 하나님의 심판이라는 중요한 주제를 만나게 됩니다. 이에 대해서 이야기하기위해 잠시 '기독교 철학'에 역할을 살펴볼 필요가 있습니다.

칼빈은 성령 하나님께서 성도와 함께 하심을 굳건하게 믿었습니다. 사실 칼빈의 체계 안에서 가장 중요한 것이 바로 '살아계신 성령 하나님'께서 당신의 교회, 당신의 자녀들, 곧 신자들과 함께 계시며(요14:16), 지금도 여전히 신자들 곧 그리스도의 제자들을 위해서 당신의 전능하신 능력을 베푸시고 계심을 강조하는 것입니다. 만약에 이 부분이 강조되지 않는다면 칼빈의 여러 유익한 말들(용어)에 대해서 오해가 생길 수 있습니다.

이러한 오해 가운데 가장 심한 것이 '예정'이란 용어일 것입니다. '예정'을 어떤 방식으로 이해를 하든 성령 하나님께서 살아계시며, 당신께서 '작정' 하신 일을 자유롭게 누구의 도움도 없이 성취하시는 전능자임을 먼저 말하지 않는다면 '예정'은 관점과 논리의 논쟁으로 변질되어 끝없는 대립의 흔적만 남기게 될 것입니다. 그의 체계는 성령 하나님에 대한 견고한 신앙에 뿌리를 두고 있습니다. 그래서 성령 하나님께서 직접적으로 당신의 신자들을 진리로 인도하심을 결코 의심하지 않습니다. 이는 성경을 이해하는 일에 있어서도 마찬가지입니다. 성령 하나님께서는 우리의 참된 스승으로 우리를 직접 가르치십니다(요 14:26).

그러나 동시에, 칼빈은 신자들을 비롯한 모든 인류가 이행해야 하는 거룩한 의무에 대해서는 반드시 성경을 통해서 배워야 하며 이때 '약간의 인도함과 안내'를 받아야 한다고 보았습니다. 하나님께서 당신의 말씀으로 신자들에게 가르쳐 주고자 하시는 내용의 핵심을 찾을 수 있도록 신자들은 손을 내밀어야 하고, 그 손을 잡아야 합니다. 바로 이런 일을 하는 것이 '기독교 철학' 곧 '신학'이 존재해야 하는 이유입니다. 그리고 이 모든 것은 성경을 통해서 다루는 것보다 더 훌륭한 방법은 없을 것입니다(《기독교 강요》, 원광연(2008), 14, 참조). 우리가 해야 할 의무에 대해서 말한다는 것은 '기독교 철학'은 기본적으로 실천적 지식 곧 도덕적 지식을 제공함을 의미하는 것입니다.

우리가 '철학'(φιλοσοφία, philosophy)을 어떻게 이해하든 그 본래의 말은 '지혜'(σοφία, 소피아)에 대한 '사랑'(φίλος, 필로스)을 말하는 것입니다. 아마도 필로스(φίλος)와 소피아(σοφία)로 구성된 이 낱말은 '사랑에 대한 지혜' 내지는 '지혜에 대한 사랑'을 의미하는 것으로 '사랑'과 '지혜'를 탐구하는 것을 의미합니다. 그리고 이는 탐구(찾기)를 통해서 보다 '좋은 삶' 내지는 '지극히 선한 것'으로 나아가는 '지혜'를 얻고자 하기에 학문 곧 탐구하는 영역으로 '철학'이라고 부릅니다. 결국 인간의 '행복한 삶'과 그 삶으로 나아가기 위한 지혜가 '철학'이 걷는 길입니다.

그런데 일반 철학은 신(神)에 대한 역할을 제한하거나 아예 무신론(無神論)의 방향에서 인간학의 측면에서 접근합니다. 비록 유신론을 바탕으로 한다고 해도 이때의 신은 저 높은 곳, 인간 세계와는 무관한 저 하늘 위에 있는 존재로 그려집니다. 신은 축복을 가득 들고 인간이 그 높은 곳까지 도달하기를 기다리고 있을 뿐 인간의 삶에 개입하지는 않습니다. 이런 형식의 철학을 '세속적 철학' 혹은 '일반적으로 말하는 철학'이라고 합니다.

반대로 신의 존재를 단순히 인정하는 것을 넘어서 그 신이 인간의 삶에 영역 전체 혹은 세밀한 부분까지 직접적, 간접적으로 영향을 미치고 있다고 믿는 철학이 바로 '기독교 철학' 혹은 '신학'이라고 합니다.

한편 인간의 행복에서 가장 큰 문제가 되는 것이 바로 죽음의 충격입니다. 모든 삶과 그 안에서 얻을 수 있는 미미한 행복마저도 다 파괴하는 어두운 그림자인 이 죽음이 문제로 등장하게 됩니다. 결국 철학은 죽음을 극복하는 학문으로 나아가게 됩니다. 고대에 그리스의 한 철학자는 이 죽음과 영원불멸(the immortality of the soul)에 대해서 언급하고 있습니다. 그는 일반 사람들이 죽음을 두려워하는 것은 '죽음'이 무엇인지 모르기 때문이라고 지적합니다. 무지가 두려움에 대한 원인으로 등장합니다. 그리고 '철학자'란 '죽음만을 추구하며 죽음을 연습하고 있는 사람이며, 죽음을 두려워하지 않는 용기 있는 사람'이라고 외칩니다. 그는 '죽음'을 영혼을 가두어 두는 감옥(監獄)인 육체에서의 해방, 자유, 영혼의 불멸에 들어가는 것으로 이해하고 있습니다(플라톤,《파이돈》, 참조).

이런 일반적인 철학이 추구하는 영생의 문제를 '세속적 영성'이라고 말할 수 있을 것입니다. 여기서 말하고자 하는 것은 '철학'이라는 것은 인간의 삶을 더 좋게, 더 아름답게, 더 훌륭하게 인도하고 안내하는 지침서를 제공하고자 하는 지혜의 학문이라는 사실입니다. 인간이 어떻게 살면 진정으로 행복해질 수 있는가를 아는 사람이 바로 '철학자'입니다. 이것은 네덜란드의 철학자 스피노자(Baruch Spinoza, 1632-77)의 경우도 마찬가지입니다. 그는 자신의 책 《에티카, 기하학적 순서로 증명된 윤리학》(*Ethica, ordine geometrico demonstrata*, 1675)의 마지막 부분에서, '지혜로운 자'에 대해서 언급하고 있는데, 어떤 내면의 동요 없이 확고하고 영원한 필연에 따라서 자기 자신, 신, 사물들을 의식하고 끊임없이 참된 만족에 거하는 사람이라고 말합니다. 그러면서 '극도로 힘겨워 보일지라도 우리는 그 길에 들어설 수 있다. 그리고 드물게 발견한 것은 당연히 힘든 법이다. 구원이 손닿는 곳에 있고 크게 힘들이지 않고 얻을 수 있다면 어떻게 거의 모든 사람이 도외시하겠는가? 그러나 모든 아름다운 것은 드물기에 얻기 어려운 법이다'라고 말합니다(《에티카》, 5부, 명제 42, 주).

여기서 말하고 싶은 것은 '철학'이라는 것은 '영생'이나 '행복'과 같이 인간의 삶, 보다 훌륭한 삶(덕(德), virtue)과 같은 문제를 탐구하는 학문이며, 이러한 의미에서 '기독교 철학'은 이와 같은 모든 문제를 오직 성경의 가르침에 의지하여 성령 하나님의 내적인 인도하심에 소망을 두고 있음을 결코 망각하지 않는 상태에서 약간의 인간적인 안내, 인도함을 제공하는 얼마간의 사랑의 도움이라는 사실입니다.

칸트(Immanuel Kant, 1724-1804)는 《도덕 형이상학 원론》(*Grundlegung zur Metaphysik der Sitten*) 서론(序論)에서 철학을 세 영역으로 구분하는 고대 그리스의 철학을 계승하면서, '논리학'은 인간의 어떤 경험적 부분도 가질 수 없다고 말합니다. 인간의 경험에 의존하는 철학으로는 '자연철학'과 '도덕철학'을 언급합니다. 결국 칸트에게는 '철학이 경험에 의거(依據)하는 한 모두 경험적 철학이라고 할 수 있다'라는 결론에 도달합니다. 분명 철학은 인간의 경험에 의존하는 학문입니다. 문제는 '죽음'은 경험할 수 없다는 사실입니다. 우리는 죽어가는 사람들의 현상이나 살아남은 자들의 내적인 경험만을 알 수 있을 뿐입니다. 오직 '죽음을 경험한 사람' 다시 말해서 '죽음으로 죽음을 경험하고 다시 살아나서 그 경험을 나눌 수 있는 사람'만이 참된 죽음에 대한 학문을 탐구할 수 있을 뿐입니다. 물론 이 문제를 칸트는 아주 먼 길로 우회하여 해결하려고 노력했고, 정말로 아주 멀리 우회를 했습니다. 그러나 그는 돌아오지는 못했습니다. 우리는 칸트의 길에서 '죽음'을 우회하는 방법만을 배우거나 플라톤의 경우처럼 '죽음'을 미화하는 법을 배울 수 있을 뿐입니다.

여하튼 계시의 학문인 '기독교 철학'으로서의 '신학'은 우리에게 아주 작은 안내서로 성경에만 그 기초를 둘 때에 비로소 그 의미를 찾을 수 있습니다. 그리고 이것은 도덕적인 문제와 결부되어 있습니다. 왜냐하면 도덕철학이란 '~을 해야 할 법칙' 곧 '의무'에 관한 것이기 때문입니다. 칼빈이 지적한 바와 같이, 하나님께서 우리에게 가르쳐 주시고자 하는 것들과 그 가르침 앞에서 우리가 해야 할 것들에 관하여 이야기하는 것이 '신학'의 주요한 작업입니다. 그리고 모세는 이 문제를 추상적인 개념들을 나열하여 잘 직조(織造)하는 대신에 아브라함의 경험을 우리에게 제공함으로 우리로 하여금 그 경험을 공유하게 도와주고 있습니다.

같은 것을 경험함으로 같은 것을 사랑하게 되고, 같은 지혜를 얻을 수 있습니다. 우리는 심판(죽음)의 순간 곧 이 세상의 마무름의 순간에 대한 사고와 행위를 공유하는 기독교 철학자 곧 죽음(심판)을 준비하는 이들이 됩니다. 다시 말해서 '완전함'이란 말 안에서는 세상의 종말 곧 하나님의 심판에 대한 사고를 포함하고 있습니다. 그래서 아브라함 언약은 심판과 도덕적인 역사 곧 경험 세계 안에서의 하나의 사실로 이야기하게 됩니다. 바로 소돔과 고모라에 대한 심판입니다.

소돔과 고모라에 대한 심판은 하나의 예표입니다. 다시 말해서 우리는 내적인 경험과 외적인 경험을 통해서 세계를 이해하게 됩니다. 그러나 최후의 심판은 죽음처럼 우리의 경험 가운데 없는 일입니다. 자연과학(자연철학) 안에서 결코 경험될 수 없는 미래이며, 경험과 무관한 논리학으로 도달할 수 없는 미래의 역사입니다. 그렇다고 우리가 '~을 해야 한다'는 당위(當爲)의 법칙 가운데에서 경험할 수 있는 것도 아닙니다. 그렇기 때문에 소돔과 고모라는 최후의 심판에 대한 경험을 제공하기 위해서 역사 안에서, 경험되는 세계 안에서 우리에게 주어지는 것이 가장 정확하게 이해하는 길입니다. 우리 주 하나님 예수 그리스도께서도 '심판의 날'을 소돔과 고모라에 대한 역사 안에서 우리를 가르치셨습니다(마 10:15, 11:24; 눅 17:28-30; 계 11:8). 역사를 품고 있는 기독교 철학의 중요성이 여기에 있습니다.

하나님께서는 소돔과 고모라에 대한 심판에 앞서서 아브라함 언약을 다시금 확인해 주셨습니다(창 18:18, 12:3, 15:5). 그리고 곧바로 하나님께서는 아브라함에게 다음과 같이 말씀하셨습니다.

내가 그로 그 자식과 권속에게 명하여 여호와의 도를 지켜 의와 공도를 행하게 하려고 그를 택하였나니 이는 나 여호와가 아브라함에게 대하여 말한 일을 이루려 함이니라(창 18:19).

모세가 전해주는 심판의 이야기는 '여호와의 도'(the way of the LORD, NIV)를 지키는 것으로 시작합니다. 그리고 '정의와 공의'(right and just)를 행할 것을 말씀하십니다. 그리고 아브라함은 이것을 후손들에게 '명령'하고 그들을 이끌어주어야 했습니다. 아브라함은 모든 언약의 자손들에게 안내자, 인도자가 되도록 하나님께서 선택하신 것입니다.

아브라함이 어떤 인도자의 능력이나 조건, 혹은 자격이 있기에 선택받은 것이 아닙니다. 혹은 앞으로 그가 인도자가 될 자격을 구비할 수 있을 것을 미리 아셨기 때문에 하나님께서 그를 선택하신 것은 더더욱 아닙니다. 이 선택은 주께서 "너희가 나를 택한 것이 아니요 내가 너희를 택하여 세웠나니"라고 말씀하신 바와 같습니다(요 15:16).

그리고 하나님께서 그를 선택하셨을 뿐만 아니라 그와 함께 동행(同行)하셨습니다. 아브라함이 겪어야 하는 가뭄의 고통과 이집트에서의 생활, 때론 아브라함이 전쟁 속으로 뛰어 들어갈 때에 그는 혼자가 아니었습니다. 하나님께서는 가뭄에 비를 내리시는 대신에 그와 함께 동행하시어 이집트로 들어가셨습니다. 이집트에서 그가 실수했을 때에 그의 어리석음을 축복으로 바꾸어 주셨으며, 전쟁에 함께 하시어 그를 전쟁의 승리뿐 아니라 멜기세덱에게 인도하셨습니다. 하나님께서는 저 높은 거룩한 곳에 계시는 분이 아니라 그분의 영으로 당신께서 선택한 백성과 함께 하시는 살아계신 하나님, 전능자 '엘 샤다이'이십니다. 그렇기에 하나님의 선택은 인간에게 그 어떤 조건(a condition) 곧 인간의 과거, 혹은 현재 내지는 미래의 상태를 전제로 하지 않으십니다.

왜냐하면 그분은 전능자, 엘 샤다이(창 17:1)이실 뿐만 아니라 우리와 함께 하시는 절대자이시기 때문입니다. 지혜로운 교회의 선배들은 이를 '무조건적 선택'(Unconditional Election)이라고 불렀습니다. 다시 말해서 인간의 그 어떤 조건이나 상태로부터 완전히 자유하신 통치자께서 은혜 가운데 당신의 백성을 선택하셨습니다. 이것은 성경에 기록된 역사적인 외적 경험이 하나님의 은혜 가운데 이루어지는 내적 경험을 만날 때에만 진정으로 고백할 수 있는 아름다운 인간의 인식(conscience)입니다. 그래서 이 인식(conscience)은 머리에 있는 것이 아니라 마음의 양심(conscience)으로 자리하게 됩니다. 우리를 감시하고 고발하고 질책하는 이 인식(conscience)은 아브라함의 경험을 내적으로 체험함으로 우리가 정의와 공의의 길 곧 '여호와의 길'(the way of the LORD, NIV)을 걷도록 인도합니다. 이는 사랑의 길입니다.

아브라함의 언약은 아브라함 한 개인의 경험이 아니라 언약 안에 있는 모든 이들이 공유하는 체험입니다. 이 역사적인 체험을 통해서 우리는 같은 운명 공동체임을 확신하게 됩니다. 이제 우리는 아브라함에게서 배우고 인도함을 받은 이삭과 야곱에 대한 이야기를 확인함으로 같은 역사적 체험을 공유하게 될 것입니다.

별처럼 많은 아브라함의 후손들은 단순히 외적으로 많은 후손들을 의미하는 것은 아닙니다. 정의와 공의를 행할 줄 아는 후손들이 많음을 의미하는 것입니다. 하나님의 길을 걷는 후손들이 별처럼 찬란하게 존재할 것을 말씀하신 것입니다. 유일하시면서 무제한적이신 입법자의 요구는 소돔과 고모라의 심판 앞에서 표명된 내용입니다. 우리는 이 역사 안에서 아브라함의 언약 안에서, 완전한 사랑 안에서 정의와 공의의 길을 내적으로 인식하게 됩니다. 또한 아브라함의 언약이 십자가의 사랑으로 마무름이 되었기에 진실로 "그리스도의 것이면 곧 아브라함의 자손"입니다(갈 3:29). 이 사랑과 정의는 서로 대립되지 않고 오히려 필리아의 깊은 일치를 이루며, 조화(harmony)를 이룹니다. 우리가 죽음을 두려워하여 한평생 매여 죄의 종 노릇 하지 않고, 죄로부터 자유하게 하시고자 주님께서는 오직 아브라함의 자손을 붙들어 주십니다(히 2:16). 그런데 여기서 잊어서는 안 되는 사실이 있습니다. 그것은 우리의 부족한 인식과 어설픈 양심이 이삭과 리브가, 야곱에 관해서 오해를 일으킨다고 해도 반드시 '사랑' 가운데에서 모세의 이야기를 경청해야 한다는 사실입니다.

왜냐하면 성경의 모든 가르침은 사랑의 가르침이기 때문입니다. 우리 주 하나님 예수 그리스도께서는 성경의 강령이 바로 '사랑'이라고 말씀하셨습니다. 곧 "네 마음을 다하고 목숨을 다하고 뜻을 다하여 주 너의 하나님을 사랑하라 하셨으니 이것이 크고 첫째 되는 계명이요 둘째도 그와 같으니 네 이웃을 네 자신같이 사랑하라 하셨으니 이 두 계명이 온 율법과 선지자의 강령이니라"(마 22:37-40). 다시 말해서 성경의 가르침은 사랑의 끈에 매달려 있습니다. 그러므로 우리는 사랑 안에서 이삭과 리브가를 읽고, 야곱의 삶 안에서 숨겨진 사랑의 마음을 찾아야 합니다. 왜냐하면 사랑은 내적인 경험으로 외부 모습을 관찰해서는 그것을 찾을 수 없기 때문입니다.

또한 우리 주 하나님 예수 그리스도께서는 '모세의 율법과 선지자의 글과 시편'이 주님을 가리켜 기록되었다고 말씀하셨습니다(눅 24:44). 이는 모세가 우리에게 들려주는 이삭과 리브가의 이야기 가운데 주님에 대한 예언, 예표가 있음을 뜻하는 것입니다. 야곱의 이야기는 한 개인의 과거 기록을 넘어서, 현재(모세)의 삶을 규정하며, 미래(교회)에 대한 예언을 담고 있습니다. 그러니 반드시 사랑의 지혜 곧 기독교 철학자의 마음으로 이삭과 리브가, 야곱의 이야기를 들어봅시다. 인간이 제공하는 작은 안내서를 참조해서 모세가 들려주는 이야기를 직접 들어봅시다.

성경을 작은 소리로 마음에서 꺼내어 읽음으로 스스로에게 성경을 들려주세요. 만약에 우리가 인간의 책을 통해서 얻은 안내에만 의지하고, 성경을 직접 대면하지 않는다면 우리는 아무것도 하지 않은 것입니다. 그러니 언제나 넉넉히 주시는 성령님께 기도와 감사함으로 성경 앞에 조용히 앉아 모세가 들려주는 이야기를 경청하시길 소망합니다. 완전한 사람의 삶에 대한 역사적이며 내적인 성찰의 이야기인 이삭과 리브가, 야곱의 이야기를 사랑 안에서, 정의와 공의 안에서 읽읍시다.

창세기 2-1
파란 하늘에서 찬란한 별무리를 보다

1판 1쇄 인쇄 _ 2016년 4월 15일
1판 1쇄 발행 _ 2016년 4월 20일

지은이 _ 이정석
펴낸이 _ 이형규
펴낸곳 _ 쿰란출판사

주소 _ 서울특별시 종로구 이화장길 6
편집부 _ 745-1007, 745-1301~2, 747-1212, 743-1300
영업부 _ 747-1004, FAX 745-8490
본사평생전화번호 _ 0502-756-1004
홈페이지 _ http://www.qumran.co.kr
E-mail _ qrbooks@gmail.com /qrbooks@daum.net
한글인터넷주소 _ 쿰란, 쿰란출판사
등록 _ 제1-670호(1988.2.27)
책임교열 _ 김영미, 최찬미

ISBN 978-89-6562-868-2 94230
978-89-6562-870-5 (세트)

책값은 뒤표지에 있습니다.

파본(破本)은 구입처에서 교환해 드립니다.